ANÁLISE COMPORTAMENTAL CLÍNICA

A532 Análise comportamental clínica : aspectos teóricos e estudos de caso / Ana Karina C. R. de-Farias e colaboradores. – Porto Alegre : Artmed, 2010.
341 p. ; 25 cm.

ISBN 978-85-363-2100-4

1. Psicologia do comportamento. I. de-Farias, Ana Karina C. R.

CDU 159.9.019.4

Catalogação na publicação: Renata de Souza Borges CRB-10/1922

Ana Karina C. R. de-Farias
e colaboradores

ANÁLISE COMPORTAMENTAL CLÍNICA

aspectos teóricos e estudos de caso

artmed®

2010

© Artmed Editora S.A., 2010

Capa: *Heybro Design*

Preparação de original: *Marcos Vinícius Martim da Silva*

Leitura final: *Rafael Padilha Ferreira*

Editora sênior - Saúde mental: *Mônica Ballejo Canto*

Editora responsável por esta obra: *Carla Rosa Araujo*

Editoração eletrônica: *Techbooks*

Reservados todos os direitos de publicação, em língua portuguesa, à
ARTMED® EDITORA S.A.
Av. Jerônimo de Ornelas, 670 – Santana
90040-340 – Porto Alegre – RS
Fone: (51) 3027-7000   Fax: (51) 3027-7070

É proibida a duplicação ou reprodução deste volume, no todo ou em parte, sob quaisquer formas ou por quaisquer meios (eletrônico, mecânico, gravação, fotocópia, distribuição na Web
e outros), sem permissão expressa da Editora.

SÃO PAULO
Av. Angélica, 1.091 – Higienópolis
01227-100 – São Paulo – SP
Fone: (11) 3665-1100   Fax: (11) 3667-1333

SAC 0800 703-3444

IMPRESSO NO BRASIL
PRINTED IN BRAZIL

A Marcílio Flávio Rangel de Farias (*in memoriam*), um exemplo de educador e de modificador de "práticas culturais", por seu trabalho no Instituto Dom Barreto e na Casa do Menor (atual Casa Dom Barreto), em Teresina, Piauí.

Autores

Ana Karina Curado Rangel de-Farias
Doutoranda em Ciências do Comportamento pela Universidade de Brasília (UnB). Mestre em Processos Comportamentais pela Universidade de Brasília (UnB). Professora do Centro Universitário de Brasília (UniCEUB). Professora do Instituto Brasiliense de Análise do Comportamento (IBAC). Professora da Faculdade Senac (Brasília). Psicóloga Clínica (Brasília).

Alceu Martins Filho
Graduado em pela Universidade Federal de São Carlos (UFSCar).

Alessandra Rocha de Albuquerque
Doutora em Psicologia pela Universidade de Brasília (UnB). Professora da Universidade Católica de Brasília (UCB). Professora do Instituto Brasiliense de Análise do Comportamento (IBAC).

Alysson B. M. Assunção
Especialista em Análise Clínica do Comportamento pelo Instituto Brasiliense de Análise do Comportamento (IBAC). Graduado em Psicologia pela Universidade Católica de Goiás (UCG). Psicólogo do Centro de Atenção Psicossocial (CAPS) em Catalão (GO).

Andréa Dutra
Pós-graduada em Terapia Comportamental pela Universidade Católica de Goiás (UCG). Professora do Instituto Brasiliense de Análise do Comportamento (IBAC). Psicóloga Clínica (Brasília).

André Amaral Bravin
Mestre em Ciências do Comportamento pela Universidade de Brasília (UnB). Especialista em Análise Clínica do Comportamento pelo Instituto Brasiliense de Análise do Comportamento (IBAC). Graduado em Psicologia pela Universidade Católica de Brasília (UCB). Professor da Universidade Federal de Goiás (UFG), Campus de Jataí. Professor do Instituto Brasiliense de Análise do Comportamento (IBAC).

Carlos Augusto de Medeiros
Doutor em Psicologia pela Universidade de Brasília (UnB). Professor do Centro Universitário de Brasília (UniCEUB). Professor do Instituto Brasiliense de Análise do Comportamento (IBAC).

Caroline Cunha da Silva

Especialista em Análise Clínica do Comportamento pelo Instituto Brasiliense de Análise do Comportamento (IBAC). Psicóloga Clínica (Brasília).

Cristiano Coelho

Doutor em Psicologia pela Universidade de Brasília (UnB). Professor da Universidade Católica de Goiás.

Denise Lettieri Moraes

Especialista em Análise Clínica do Comportamento pelo Instituto Brasiliense de Análise do Comportamento (IBAC). Professora do Instituto Brasiliense de Análise do Comportamento (IBAC). Psicóloga Clínica e Responsável Técnica da Atitude Clínica Psicológica e Multidisciplinar (Brasília).

Gabriela Inácio Ferreira Nobre

Especialista em Análise Clínica do Comportamento pelo Instituto Brasiliense de Análise do Comportamento (IBAC). Aluna do Curso de Especialização em Terapia Analítico-comportamental Infantil do Instituto Brasiliense de Análise do Comportamento (IBAC). Psicóloga Clínica (Goiânia).

Geison Isidro-Marinho

Mestre em Processos Comportamentais pela Universidade de Brasília (UnB). Professor do Centro Universitário de Brasília (UniCEUB). Professor do Instituto São Paulo de Análise do Comportamento (INSPAC). Psicólogo Clínico (Brasília).

Gustavo Tozzi Martins

Mestrando em Ciências do Comportamento pela Universidade de Brasília (UnB). Aluno do Curso de Especialização em Análise Clínica do Comportamento do Instituto Brasiliense de Análise do Comportamento (IBAC). Consultor da Super Infância – Psicologia Infantil (Brasília). Psicólogo Clínico (Brasília).

Hellen Ormond Abreu-Motta

Graduada em Psicologia pela Universidade Católica de Goiás (UCG). Psicóloga da Secretaria de Segurança Pública do Estado de Goiás. Aluna do Curso de Especialização em Gestão de Pessoas na Faculdade de Tecnologia Equipe Darwin de Brasília. Psicóloga Clínica (Goiânia).

João Vicente de Sousa Marçal

Doutor em Psicologia pela Universidade de Brasília (UnB). Diretor e Professor do Instituto Brasiliense de Análise do Comportamento (IBAC). Professor do Centro Universitário de Brasília (UniCEUB). Psicólogo Clínico (Brasília).

Luc M. A. Vandenberghe

Doutor em Psicologia pela Université de Liège (Bélgica). Professor da Universidade Católica de Goiás (UCG). Psicólogo Clínico (Goiânia).

Luciana Freire Torres
Especialista em Análise Clínica do Comportamento pelo Instituto Brasiliense de Análise do Comportamento (IBAC). Graduada em Psicologia pela Universidade Católica de Goiás (UCG). Psicóloga Clínica (Goiânia).

Michela Rodrigues Ribeiro
Doutora em Psicologia pela Universidade de Brasília (UnB). Professora da Universidade Católica de Goiás (UCG). Professora do Instituto Brasiliense de Análise do Comportamento (IBAC). Psicóloga Clínica (Goiânia).

Mônica Rocha Müller
Mestre em Psicologia da Saúde pela Universidade de Brasília (UnB). Especialista em Análise Clínica do Comportamento pelo Instituto Brasiliense de Análise do Comportamento (IBAC). Psicóloga Clínica, Especialista em Medicina do Sono (Brasília).

Nathalie Nunes Freire Alves
Graduada pelo Centro Universitário de Brasília (UniCEUB). Aluna do Curso de Especialização em Análise Clínica do Comportamento do Instituto Brasiliense de Análise do Comportamento (IBAC).

Paula Carvalho Natalino
Doutoranda em Ciências do Comportamento pela Universidade de Brasília (UnB). Mestre em Processos Comportamentais pela Universidade de Brasília (UnB). Professora do Instituto Brasiliense de Análise do Comportamento (IBAC). Professora da Faculdade Projeção (?) (Brasília). Psicóloga Clínica (Brasília).

Regiane de Souza Quinteiro
Mestre em Processos Comportamentais pela Universidade de Brasília (UnB). Especialista em Análise Clínica do Comportamento pelo Instituto Brasiliense de Análise do Comportamento (IBAC). Psicóloga Clínica.

Regiane Oliveira Fugioka
Graduada em Psicologia pela Universidade Católica de Goiás (UCG). Psicóloga Clínica (Goiânia).

Suelem Araújo Ruas
Especialista em Análise Clínica do Comportamento pelo Instituto Brasiliense de Análise do Comportamento (IBAC). Graduada em Psicologia pela Universidade Católica de Brasília (UCB). Psicóloga Clínica (Brasília).

Vanessa de Fátima Nery
Especialista em Análise Clínica do Comportamento pelo Instituto Brasiliense de Análise do Comportamento (IBAC). Especialista em Gestão de Pessoas pela Universidade de Brasília (UnB). Psicóloga Organizacional das Centrais Elétricas do Norte do Brasil (Eletronorte). Psicóloga Clínica (Brasília).

Sumário

Agradecimentos 13
Prefácio 15

Parte I
Aspectos teórico-conceituais

1. **Por que "análise comportamental clínica?
   Uma introdução ao livro** 19
   Ana Karina C. R. de-Farias

2. **Behaviorismo radical e prática clínica** 30
   João Vicente de Sousa Marçal

3. **Habilidades terapêuticas: é possível treiná-las?** 49
   Hellen Ormond Abreu-Motta
   Ana Karina C. R. de-Farias
   Cristiano Coelho

4. **Relação terapêutica sob a
   perspectiva analítico-comportamental** 66
   Nathalie Nunes Freire Alves
   Geison Isidro-Marinho

5. **Comportamento governado por regras
   na clínica comportamental: algumas considerações** 95
   Carlos Augusto de Medeiros

6. **Autocontrole na perspectiva da análise do comportamento** 112
   Vanessa de Fátima Nery
   Ana Karina C. R. de-Farias

7. **Análise comportamental do transtorno de ansiedade
   generalizada (TAG): implicações para avaliação e tratamento** 130
   André Amaral Bravin
   Ana Karina C. R. de-Farias

8. **Atendimento domiciliar a pacientes autistas
   e quadros assemelhados** 153
   Gustavo Tozzi Martins

Parte II
Estudos de caso

9. **Caso clínico: formulação comportamental** 171
   Denise Lettieri Moraes

10. **Um estudo de caso em terapia analítico-comportamental: construção do diagnóstico a partir do relato verbal e da descrição da diversidade de estratégias interventivas** 179
    Suelem Araújo Ruas
    Alessandra Rocha de Albuquerque
    Paula Carvalho Natalino

11. **Esquiva experiencial na relação terapêutica** 201
    Andréa Dutra

12. **Rupturas no relacionamento terapêutico: uma releitura analítico-funcional** 215
    Alysson B. M. Assunção
    Luc M. A. Vandenberghe

13. **Comportamento governado por regras: um estudo de caso** 231
    Caroline Cunha da Silva
    Ana Karina C. R. de-Farias

14. **Relação terapêutica em um caso de fobia social** 252
    Luciana Freire Torres
    Ana Karina C. R. de-Farias

15. **Fuga e esquiva em um caso de ansiedade** 263
    Regiane Oliveira Fugioka
    Ana Karina C. R. de-Farias

16. **"Prefiro não comer a começar e não parar!": um estudo de caso de bulimia nervosa** 273
    Gabriela Inácio Ferreira Nobre
    Ana Karina C. R. de-Farias
    Michela Rodrigues Ribeiro

17. **Disfunções sexuais e repertório comportamental: um estudo de caso sobre ejaculação precoce** 295
    Alceu Martins Filho
    Ana Karina C. R. de-Farias

18. **Intervenções comportamentais em uma paciente com insônia crônica** 311
    Mônica Rocha Müller

19. **O medo de morte na infância: um estudo de caso** 321
    Regiane de Souza Quinteiro

    Apêndice geral 334
    Índice 339

Agradecimentos

A algumas das pessoas que participaram, em maior ou menor grau, dos trabalhos que culminaram neste livro: Alessandra da S. Souza, Arthur Tadeu Curado, Cyntia S. Dias, Elenice S. Hanna, Goiandira Curado, Helioenai Araújo, Hya Dias, João Ricardo Siqueira, José Rangel, José Roberto M. Pinto, Josele Abreu-Rodrigues, Luciana de Lima, Luciana Verneque, Ludimilla O. Souza, Márcio B. Moreira, Maria Eliana Lustosa, Rachel Nunes da Cunha, Ruth do P. Cabral, Regina M. Bernardes e Vivian de Paula Figueiredo.

Em especial, aos clientes que nos "emprestaram" parte de sua história, assim como muito conhecimento acerca do comportamento humano.

Ana Karina C. R. de-Farias

Prefácio

A publicação de livros sobre Análise Comportamental Clínica tem crescido muito na última década. A história da Análise do Comportamento no Brasil demonstra a capacidade que nós, analistas do comportamento, temos demonstrado na condução e na organização de atividades acadêmicas, clínicas e sociais, determinando o crescimento da produção literária de alto nível. Contudo, não são muitos os livros que tratam de aspectos teóricos, contextualizados com estudos de casos, de forma tão bem-feita como este. Este livro representa uma boa amostra da produção da nossa área de conhecimento, sobretudo pela qualidade dos textos e pelo cuidado com o qual os autores tratam de tópicos fundamentais do processo terapêutico, tais como: relação terapeuta-cliente, habilidades terapêuticas, autocontrole, comunicação, aspectos filosóficos e culturais, entre outros. Com certeza, vai possibilitar ao público especializado, tanto profissionais quanto estudantes, um acesso à maneira como um terapeuta comportamental atua na clínica, com exemplos de casos muito pertinentes e contextualizados.

Que nossa classe continue dando exemplos de organização, fazendo acontecer! Boa leitura.

Prof. Gilberto Godoy
Centro Universitário de Brasília
(UniCEUB)
Instituto Brasiliense de Análise do
Comportamento (IBAC)

Parte I

Aspectos teórico-conceituais

Capítulo 1

Por que "Análise Comportamental Clínica"?
Uma introdução ao Livro[1]

Ana Karina C. R. de-Farias

Sim, sou eu, eu mesmo, tal qual resultei de tudo,
Espécie de acessório ou sobressalente próprio,
Arredores irregulares da minha emoção sincera,
Sou eu aqui em mim, sou eu.

Quanto fui, quanto não fui, tudo isso sou.
Quanto quis, quanto não quis, tudo isso me forma.
Quanto amei ou deixei de amar é a mesma saudade em mim.

E ao mesmo tempo, a impressão, um pouco inconsequente,
Como de um sonho formado sobre realidades mistas,
De me ter deixado, a mim, num banco de carro elétrico,
Para ser encontrado pelo acaso de quem se lhe ir sentar em cima.

E, ao mesmo tempo, a impressão, um pouco longínqua,
Como de um sonho que se quer lembrar na penumbra a que se acorda,
De haver melhor em mim do que eu.

Sim, ao mesmo tempo, a impressão, um pouco dolorosa,
Como de um acordar sem sonhos para um dia de muitos credores,
De haver falhado tudo como tropeçar no capacho,
De haver embrulhado tudo como a mala sem as escovas,
De haver substituído qualquer coisa a mim algures na vida.
Baste! É a impressão um tanto ou quanto metafísica,
Como o sol pela última vez sobre a janela da casa a abandonar,
E que mais vale ser criança que querer compreender o mundo –
A impressão de pão com manteiga e brinquedos,
De um grande sossego sem Jardins de Prosérpina,
De uma boa vontade para com a vida encostada de testa à janela,
Num ver chover com som lá fora
E não as lágrimas mortas de custar a engolir.

Baste, sim baste! Sou eu mesmo, o trocado,
O emissário sem carta nem credenciais,
O palhaço sem riso, o bobo com o grande fato de outro,
A quem tinem as campainhas da cabeça
Como chocalhos pequenos de uma servidão em cima.

Sou eu mesmo, a charada sincopada
Que ninguém da roda decifra nos serões de província.

Sou eu mesmo, que remédio!...

Álvaro de Campos (Fernando Pessoa)
06/08/1931[2]

---

[1] A autora agradece a Alessandra da S. Souza pelos comentários na primeira versão deste capítulo.
[2] Consulta realizada no dia 22 de julho de 2008, no site http://www.jornaldepoesia.jor.br/facam39.html.

Poderíamos discorrer um capítulo inteiro sobre os versos acima. Vontade não me falta! Talvez me falte coragem e "talento literário". De qualquer modo, este não é o momento para uma verdadeira análise funcional ou conceitual desses versos. A poesia foi escolhida por ilustrar, mesmo que não tão claramente em alguns momentos, fatores como a complexidade do "Eu" (ou *self*) e a multideterminação do comportamento (p.ex., "tal qual resultei *de tudo*", grifos adicionados).

Os trechos "a impressão (...) de haver melhor em mim do que eu" e "haver falhado tudo" poderiam sair da boca de diversos indivíduos que nos procuram em consultórios de Psicologia, em busca desse "melhor", de minimizar a culpa e/ou dor por haver "falhado", de rever ou descobrir essa criança que é feliz com coisas simples (como ver e ouvir a chuva) e não sofre diante da complexidade da vida. Em outras palavras, buscar conforto e autoconhecimento são processos básicos na clínica. "Sou eu, que remédio!" revela muito do que poderíamos reconhecer não só como esse autoconhecimento, mas também como aceitação do que se é (ou melhor, do que se *está*).

Apesar da beleza desses versos, vale a pena ressaltar que, em nossa opinião, a prática clínica não pode resumir-se ao autoconhecimento e à aceitação. Ela deve envolver, também, um comprometimento com a mudança, uma ação mais efetiva de nossos clientes *no* meio do qual emergem seus reforçadores (tais como o "pão com manteiga", o "sossego", e a "boa vontade").[3]

Cabe a nós, terapeutas, identificar os fatores históricos e atuais responsáveis pelas "falhas" de nosso cliente, as consequências dessas falhas, os potenciais reforçadores para diversos comportamentos já existentes no repertório de tal indivíduo, assim como a necessidade de desenvolver novos comportamentos, complementando esse repertório. Diante de queixas diferenciadas, o presente livro busca, de forma despretensiosa, ilustrar alguns comportamentos emitidos por analistas clínicos do comportamento.

O termo "Análise Comportamental Clínica" foi escolhido sem pressupor ligação com alguma "corrente" da Terapia Comportamental.[4] Visou-se apenas chamar a atenção para o fato de que, aqui, serão apresentados conceitos e casos clínicos tratados de um ponto de vista funcional, com análises sistêmicas (ou molares). O objetivo dos capítulos não consiste em dar "receitas" de como intervir em casos clínicos nem apresentar técnicas específicas para transtornos específicos. Como um todo, o livro tem por intuito fazer com que o leitor busque responder a algumas questões, tais como:

(1) Que vantagens a visão externalista/interacionista tem em relação a uma visão internalista?
(2) Como um analista do comportamento poderia beneficiar-se de um diagnóstico tradicional para um determinado caso? Que limitações existiriam nesse diagnóstico tradicional?
(3) Que outros dados deveriam ser coletados com um cliente específico?
(4) Que tipo de questões são prioritárias em casos semelhantes?

---

[3] A ACT, sigla em inglês para Terapia de Aceitação e Compromisso, defende a importância da aceitação dos problemas (pensamentos, sentimentos e atos públicos) e do compromisso com a mudança. Maiores informações podem ser buscadas em Hayes, Strosahl, Bunting, Twohig e Wilson (2004) e Hayes, Strosahl e Wilson (1999). O capítulo de Dutra, neste livro, também consiste em uma boa referência sobre o tema.

[4] Portanto, os termos "Análise Comportamental Clínica" e "Terapia Comportamental" serão utilizados como sinônimos neste capítulo.

(5) Que outras estratégias de intervenção poderiam/deveriam ser utilizadas?
(6) Como análises moleculares (ou microanálises) de comportamentos específicos podem nos ajudar a formular análises molares como as apresentadas por este(s) autor(es)?
(7) Outras análises seriam possíveis?
(8) O que deveria ser levado em conta no prosseguimento da intervenção descrita neste capítulo? Qual seria o momento da alta?
(9) Como deveríamos proceder no seguimento do caso (ou *follow-up*)?

ANÁLISE COMPORTAMENTAL CLÍNICA

> Muito da confusão teórica em Análise Comportamental Clínica, que repercute no mau entendimento sobre seus objetivos e seus métodos, vem do fato de que a expressão "Terapia Comportamental" foi acoplada por diferentes vertentes behavioristas e em múltiplos contextos.

Para alguns autores, as expressões "Terapia Comportamental" e "Modificação do Comportamento" (aplicação de técnicas específicas para transtornos/sintomas específicos) são sinônimas, o que prejudica o entendimento de que a prática atual dos analistas do comportamento consiste em muito mais do que a mera aplicação de técnicas.

Hoje em dia, a Análise Comportamental Clínica utiliza-se de diversos procedimentos terapêuticos, mas com a atenção voltada principalmente para a relação que se estabelece entre o cliente e o terapeuta. O cliente é tido como produto e produtor das contingências às quais está exposto (ou, melhor, nas quais age), o que lhe imputa um papel ativo na terapia. Outro fator é a importância da história de vida do cliente, pois é por meio dessa análise que se pode avaliar sua atuação nas contingências atuais, que controlam (influenciam, determinam) a probabilidade do comportamento. O que há de comum entre os que se denominam, hoje, "terapeutas comportamentais" é um compromisso com a avaliação, com a intervenção e com os conceitos que devem apoiar-se em algum tipo de análise científica bastante cuidadosa. Seu objetivo primordial é ensinar o cliente a realizar análises funcionais (estabelecer relações entre o que sente, o que pensa e o que faz publicamente com o que ocorre no ambiente antecedente e consequente). A realização dessas análises funcionais (autoconhecimento) consiste em aprender que o seu comportamento tem uma função, e que há contingências que favorecem a instalação e a manutenção do mesmo, envolvendo sua história passada, seu comportamento atual e a relação terapêutica (Franks, 1999; Kohlenberg e Tsai, 1991/2001; Nobre, 2005; Rangé, 1995).

O terapeuta busca, *em conjunto com o cliente*, responder à questão: "por que aquele indivíduo se comporta daquela maneira, naquelas circunstâncias, e por que esse comportamento se mantém?". O trabalho consistirá, portanto, em formular hipóteses, controlar mudanças em variáveis ambientais – denominadas variáveis independentes (VIs) – e observar seu efeitos nas variáveis ambientais – denominadas variáveis dependentes (VDs) –, reformular hipóteses, relacionar variáveis a queixas trazidas pelo cliente, criar metodologia de mudança e avaliar constantemente o caso (comparando com a Linha de Base, ou seja, com o comportamento observado no momento em que o cliente procurou a terapia)[5].

---
[5] O Capítulo 2 deste livro, aprofunda essa discussão.

Para a realização desse trabalho, torna-se necessária uma definição operacional das queixas e das demandas (o que envolve responder a perguntas, tais como: que respostas ocorrem? Onde? Como? Quais são suas topografias/formas? Com que frequência? Com que intensidade? Quando começaram a ocorrer? Quando são mais frequentes, hoje em dia? Como os outros reagem a esse comportamento?), assim como um constante intercâmbio com outras áreas do conhecimento (p.ex., Neurologia, Psiquiatria, Sociologia, Biologia, Nutrição, Endocrinologia). Além disso, um bom terapeuta procura analisar tanto comportamentos públicos quanto comportamentos privados (aqueles aos quais somente o próprio indivíduo que se comporta tem acesso direto) e a interação que possa existir entre eles.

Aqui está uma questão de grande interesse para diferenciar Análise Comportamental Clínica (ou, como é mais conhecida, Terapia Comportamental) de Terapia Cognitiva ou de Terapia Cognitivo-comportamental. Na visão behaviorista radical (baseada em Skinner), crenças, expectativas, regras, propósitos, intenções, sonhos, alucinações, delírios e outros eventos tidos como cognitivos ou mentais *não* são negligenciados como no Behaviorismo Metodológico (de Watson), mas também *não* são considerados de natureza diferente (abstrata e simbólica) em relação aos eventos públicos. Esses eventos passam a ser tratados como eventos comportamentais e/ou ambientais (aqueles que podem vir a ter funções de estímulo, ou seja, podem vir a fazer parte do controle de outras respostas do indivíduo). Em outras palavras, para os analistas do comportamento, as causas devem ser buscadas em todas as interações passadas e atuais do indivíduo com o ambiente, e não em eventos internos/privados. Isso *não* implica dizer que os analistas do comportamento ignoram a relevância do estudo científico e da intervenção terapêutica sobre tais eventos (Abreu-Rodrigues e Sanabio, 2001; Banaco, 1999; Matos, 2001a; Moreira, 2007; Tourinho, 1997, 1999, 2001a, 2001b, 2006; Skinner, 1953/1998, 1974/1982, 1989/2003).

Toda essa complexidade na análise dos comportamentos requer, dentre outras coisas, conhecimento teórico acerca da metodologia científica, do impacto do comportamento do terapeuta sobre o comportamento do cliente e vice-versa,[6] das técnicas terapêuticas e, principalmente, da exposição direta do terapeuta às contingências clínicas (Banaco, 1993; Cavalcante e Tourinho, 1998; Delitti, 2001. Ver Capítulo 3). No entanto, é "importante ressaltar que as dificuldades apontadas referem-se somente à *organização* da multiplicidade de dados que fazem parte das relações funcionais. Não são dificuldades com a base teórica do behaviorismo, fornecida por Skinner" (Meyer, 2001, p. 33). É com essa visão de Clínica ou de Terapia Comportamental que os capítulos deste livro foram escritos.

O LIVRO

Não é objetivo deste livro ser um Manual de Terapia Comportamental – e muito menos de Terapia Cognitivo-Comportamental (exemplos desses manuais poderão ser encontrados nas referências dos capítulos seguintes). Desse modo, na segunda parte do livro, não serão abor-

---

[6] Estes impactos poderiam ser, considerando-se as devidas diferenças teórico-conceituais, comparados aos conceitos psicanalíticos de transferência e contratransferência.

dados transtornos específicos, e sim sugestões de análises funcionais de casos clínicos. Essas análises, em sua grande maioria, trataram o indivíduo como um todo, e não os comportamentos-problema ou "sintomas" trazidos como queixas iniciais. Os capítulos, portanto, visam permitir que profissionais, professores e alunos possam levantar e discutir outras possíveis análises.[7]

A preocupação em ressaltar a complexidade dos fenômenos comportamentais, a possibilidade de diferentes tipos de análise de cada caso e o respeito à individualidade de nossos clientes decorre das errôneas críticas, ainda tão presentes, à Análise do Comportamento. Dentre elas, podem-se destacar as afirmações de que o Behaviorismo Radical (filosofia da ciência na qual a Análise do Comportamento se baseia) é mecanicista, ignora a consciência e os sentimentos, reduz o homem a um ser autômato, não tenta explicar os "processos cognitivos" (ou "processos mentais superiores") nem as intenções e propósitos, negligencia a unicidade/subjetividade e consiste em uma Psicologia estímulo-resposta (Skinner, 1974/1982).

Diversos trabalhos podem ser apontados para que o leitor interessado busque essas críticas e as possíveis respostas a elas. Dentre as possíveis explicações para críticas não pertinentes, pode-se apontar o fato de o Behaviorismo Metodológico (fundado por Watson) ter sido o precursor do Behaviorismo Radical (de Skinner); sua terminologia específica; a preocupação constante por parte dos analistas do comportamento com a experimentação e com o controle de variáveis, assim como sua esquiva de suposições/afirmações que não estejam baseadas numa cuidadosa análise científica dos comportamentos (Barros, 2003; Matos, 2001b; Pinheiro, 2003; Silva, 2003; Skinner, 1974/1982; Weber, 2002. O Capítulo 14, também aborda rapidamente esse tema).

A partir de minha experiência em sala de aula, corroborada por afirmações de vários outros professores da área, os alunos de graduação em Psicologia chegam às disciplinas ministradas por analistas do comportamento com diversos preconceitos. Infelizmente, nossa prática não tem sido suficiente para fazer com que, nessas disciplinas, os alunos realmente compreendam a filosofia behaviorista e a prática analítico-comportamental.[8] Dessa constatação,[9] surgiu o interesse pela publicação deste livro. O maior propósito é apresentar a Análise do Comportamento como uma visão que objetiva entender o "organismo como um todo", em sua interação passada e atual com um ambiente complexo. Por sua vez, esse ambiente só pode ser entendido em relação ao organismo que nele opera; portanto, a Análise do Comportamento exige uma análise bidirecional. A descrição de casos clínicos pode consistir em uma forma de apresentar os conceitos analítico-comportamentais de maneira mais interessante aos alunos, diminuindo as críticas de que a Análise do Comportamento só é capaz de lidar com queixas específicas ou, pior, com os ratinhos de laboratório (Ruas, 2007).

---

[7] Pesquisadores e clínicos de outras instituições foram convidados a contribuir com suas análises. Infelizmente, muitos não puderam neste momento. Espera-se que outras obras como esse livro sejam produzidas, a fim de fortalecer nossa área.

[8] Deve-se ressaltar que estou me referindo apenas à compreensão, e não à aceitação ou defesa desta filosofia e prática.

[9] Ver Moreira (2004) para uma discussão acerca do ensino de Análise do Comportamento.

> O real entendimento dos casos aqui discutidos só será possível àqueles que tenham claras as definições operacionais dos termos utilizados por analistas do comportamento.

Apropriamo-nos, então, da fala de um famoso psicólogo cognitivista referente a seu próprio livro:

> Para o aluno ter aproveitamento com a leitura do livro, ele deve possuir consideráveis habilidades de linguagem, e deve também ter ricas representações de conhecimento que sejam relevantes para o material do livro. Pode haver um elemento de resolução de problemas nas tentativas do aluno de relacionar o que está no livro com as informações possivelmente conflitantes que ele aprendeu em outros locais. (Eysenck, 2007, p. 36)

Desse modo, professores que desejem utilizar algum dos capítulos para debate em sala de aula deverão oferecer subsídios para que os alunos entendam os princípios básicos envolvidos na discussão do(s) capítulo(s).

Ressalto tal necessidade, apesar de as definições dos termos estarem contidas em cada um dos capítulos deste livro, tendo em vista o preconceito acima mencionado. Um aluno que tenha dificuldades com a terminologia e/ou que chega à disciplina com a visão de que analistas do comportamento são meros "engenheiros" ou "modificadores comportamentais", provavelmente, pouco aproveitará a discussão que os capítulos podem gerar. Como sugestões de textos a serem utilizados como básicos ou complementares, pode-se citar Baum (1994/1999), Carrara (1998), Catania (1998/1999), Chiesa (1994/2006), Moreira e Medeiros (2007), Skinner (1953/1998, 1974/1982, 1989/2003).

Os próximos sete capítulos deste livro referem-se a temas teórico-conceituais (apresentação de definições ou princípios básicos para a Análise Comportamental Clínica). No Capítulo 2, Marçal apresenta princípios filosóficos que influenciaram o Behaviorismo Radical, assim como suas implicações clínicas. Nesse sentido, é um capítulo introdutório de grande relevância para os primeiros contatos com a prática analítico-comportamental. O autor procurou abordar esses fenômenos de forma clara e simples, a fim de dirimir possíveis dúvidas ou preconceitos relacionados à área. Além disso, propõe, ao final de seu texto, análises funcionais de casos clínicos, como exercícios a serem realizados por iniciantes na área.

Em seguida, Abreu-Motta, de-Farias e Coelho discutem algumas habilidades gerais necessárias à formação de um bom terapeuta analítico-comportamental. Os autores preocuparam-se em discutir a relevância da relação terapêutica para o bom andamento do processo, assim como em apontar o papel da supervisão clínica sobre o desenvolvimento de habilidades terapêuticas. Vale ressaltar que a relevância da relação terapêutica é também *diretamente* abordada nos Capítulos 4 (Alves e Isidro-Marinho), 11 (Dutra), 12 (Assunção e Vandenberghe), 14 (Torres e de-Farias) e 15 (Fugioka e de-Farias), o que demonstra a grande preocupação da Análise Comportamental Clínica "atual" com esse tema.

Alves e Isidro-Marinho, no Capítulo 4, apresentam os conceitos de reforçamento diferencial, controle aversivo, comportamentos governados por regras e autoconhecimento. São discutidos possíveis efeitos indesejáveis de procedimentos da Psicoterapia Analítica Funcional (interpretações e controle aversivo) – discussão que não é muito frequente – sobre o comportamento do cliente e são sugeridas algumas alternativas.

No Capítulo 5, Medeiros discute o uso de regras (conselhos, sugestões, instruções e ordens) como forma de intervenção na clínica. O autor aponta, sucintamente, prós e contras desse uso, apresentando alguns exemplos de breves diálogos entre terapeuta e cliente. Nesses diálogos, fica clara a possibilidade de fazer com que o próprio cliente interprete seus comportamentos e formule suas regras, evitando, desse modo, dependência do terapeuta ou resistência à terapia. Nesse sentido, o autor defende que o uso de regras, por parte do terapeuta, deve ocorrer apenas em condições especiais.

Em seguida, Nery e de-Farias contrapõem a definição tradicional (senso-comum) de autocontrole à definição comportamental. As autoras defendem a ideia de que uma visão externalista ou interacionista, como a da Análise do Comportamento, permite maiores previsão e controle dos comportamentos por parte dos clientes, o que torna os estudos experimentais de autocontrole, assim como a busca por variáveis ambientais, imprescindíveis para a prática clínica.

Bravin e de-Farias (Capítulo 7) apontam os critérios diagnósticos tradicionais para os Transtornos de Ansiedade, com ênfase no Transtorno de Ansiedade Generalizada, e discutem a necessidade de levantamento da história individual do cliente para um tratamento adequado. Em outras palavras, os autores defendem que um bom tratamento não pode se basear exclusivamente em um diagnóstico tradicional e no uso de fármacos. O capítulo é também indicado para discutir as diferenças entre comportamentos respondentes e operantes, assim como suas possíveis interações.

No último capítulo desta primeira parte, Martins discute o já famoso "Método ABA" para o tratamento de autismo e transtornos assemelhados. O autor apresenta dados empíricos da Análise Comportamental Aplicada, assim como os fatores históricos e atuais que contribuem para o tratamento domiciliar. Por fim, levanta importantes questões referentes à atuação do psicólogo nesta nova e complexa realidade, envolvendo acompanhamento de todas as etapas da intervenção, treino de pais e/ou de estagiários, utilização de manuais, dentre outros.

Na segunda parte do livro, são apresentados Estudos de Casos Clínicos. No Capítulo 9, Moraes discute a relevância da elaboração do que se denomina Formulação Comportamental (um meio de "diagnosticar" funcionalmente casos clínicos), e ilustra com um caso no qual o cliente referia-se à sua infelicidade e às dificuldades assertivas. Todos os demais capítulos apresentarão exemplos de formulações comportamentais.[10]

Ruas, Albuquerque e Natalino (Capítulo 10) apresentam um estudo de caso no qual se fez necessário o treino de correspondência entre comportamentos verbais e não verbais. As autoras definem o conceito de correspondência verbal-não-verbal, que é fundamental para as mais diferentes queixas clínicas. Apresentam também, brevemente, os conceitos de autocontrole e de autoconhecimento, e discutem algumas diferenças entre o diagnóstico tradicional e a formulação analítico-comportamental.

No Capítulo 11, Dutra utiliza um caso clínico para ressaltar a relevância da relação terapêutica na Terapia Comportamental, apresentando conceitos básicos da Psicoterapia Analítica Funcional (FAP) e da Terapia de Aceitação e Compromisso (ACT). A autora discute a esquiva experencial (ou emocional), tema que vem recebendo cada vez mais atenção de terapeutas comportamentais. O capítulo seguinte, de Assunção e Vandenberghe, também discute o papel da relação terapêutica, com ênfase nas rupturas que podem ocorrer

---

[10] Apresentar modelos de formulação comportamental mostra-se de extrema importância, tendo em vista que, para que o aluno possa "fazer uma entrevista inicial adequada, precisa estar preparado para fazer uma avaliação comportamental completa" (Silvares e Gongora, 1998, p. 39).

nessa relação, e no quanto uma relação terapêutica genuína e autêntica pode ser a base para a melhora clínica do indivíduo em terapia. Os autores apresentam um breve histórico da Terapia Comportamental, bastante elucidativo para explicar os avanços nessa área de conhecimento e para discutir as críticas que são erroneamente dirigidas à Terapia Comportamental atual.

Silva e de-Farias definem, no Capítulo 13, o conceito de comportamento governado por regras, tão relevante para o entendimento dos mais diferentes tipos de comportamentos humanos, em diferentes contextos. As autoras apresentam um estudo de caso no qual a discussão de regras e autorregras mostrou-se decisiva para mudanças comportamentais no cliente.

Os Capítulos 14 e 15 apresentam estudos de caso de transtornos de ansiedade, discutindo o papel da relação terapêutica para os avanços comportamentais dos clientes atendidos. Torres e de-Farias apresentam um caso diagnosticado como fobia social, no qual a evocação de comportamentos relevantes na própria situação terapêutica mostrou-se suficiente para a observação de algumas mudanças comportamentais. Por sua vez, Fugioka e de-Farias enfatizam o papel do reforçamento negativo (fuga-esquiva) na manutenção de um repertório de baixa assertividade e de exposição às contingências sociais e, em decorrência disso, a alta ocorrência de respostas tidas como ansiedade. Mais uma vez, a relação terapêutica mostrou-se como pano de fundo para o desenvolvimento de um repertório comportamental capaz de ensinar o cliente a produzir reforçadores positivos no seu meio social (natural).

Nobre, de-Farias e Ribeiro apresentam, no Capítulo 16, os critérios diagnósticos do transtorno alimentar denominado Bulimia Nervosa. Com um estudo de caso, as autoras discutem a multideterminação dos comportamentos observados, assim como a necessidade de análises funcionais mais completas/globais dos indivíduos que demonstram os sintomas em questão.

Martins Filho e de-Farias discutem brevemente um caso clínico de ejaculação precoce, apresentando a definição desse "transtorno sexual". Fica clara a limitação de um atendimento que se refere apenas ao indivíduo que demonstra o "comportamento-problema", sem a participação de seu parceiro e/ou de análises mais completas de toda a vida (passada e atual) do cliente. Em outras palavras, a multideterminação do comportamento tido como "disfuncional" refere-se a eventos passados e atuais, públicos e privados, assim como às consequências ambientais (no caso, as respostas da esposa) produzidas pelas mudanças no comportamento-alvo da terapia.

No Capítulo 18, Müller descreve um tratamento breve, focado em um distúrbio de sono (insônia). Apesar de os terapeutas comportamentais não mais defenderem terapias focais, direcionadas ao(s) sintoma(s), este capítulo deixa clara a eficácia de técnicas comportamentais e pode demonstrar que essas técnicas, aliadas a uma visão mais ampla do indivíduo, consistem em importantes ferramentas para a intervenção clínica comportamental.

Por fim, Quinteiro descreve um estudo de caso infantil, no qual a criança demonstrava medo de morte após ter perdido um irmão. A autora apresenta consequências reforçadoras para as respostas de medo e de ansiedade emitidas pela criança e enfatiza o papel de um tratamento mais global, que envolve toda a família, para o alcance dos objetivos terapêuticos.

Deve-se destacar que todos os casos apresentados no presente livro respeitaram as normas éticas para publicações em Psicologia. As identidades dos clientes foram mantidas em sigilo e informações que poderiam identificá-los foram retiradas ou camufladas (p.ex., idade, sexo, profissão, local de nascimento e de moradia, estado civil, número de irmãos e de filhos, período em que foi atendido). Além disso, os clientes assinaram contratos terapêuticos, os quais incluíam cláusulas que permitiam a discussão do caso (em supervisão clínica) e a divulgação dos mesmos em meios científicos.[11] A apresentação desses casos só se torna possível com a prática da sistematização dos prontuários clínicos, ou seja, pesquisas clínicas e apresentações/discussões de casos dependem do comportamento do terapeuta de manter em dia os registros das sessões realizadas com seus clientes.

Uma última informação faz-se relevante. Analistas clínicos do comportamento estão, cada vez mais, evitando utilizar termos como "disfuncionais", "desadaptativos" ou "disruptivos".[12] Isso porque, para a Análise Comportamental, um comportamento só existe porque foi selecionado pelo ambiente ao qual o indivíduo foi e é exposto. Tal pressuposto tem, ao menos, três implicações diretas: (i) não se pode julgar *a priori* um comportamento como sendo normal ou anormal/doentio/patológico, tendo em vista que ele foi modelado e está sendo mantido pelas relações com o ambiente; (ii) não se pode simplesmente eliminar um comportamento do repertório do indivíduo, pois isso geraria o que se denomina substituição de sintomas e (iii) a ênfase terapêutica deve estar na implementação de repertórios comportamentais, a fim de diminuir a probabilidade do "comportamento-problema" e aumentar a probabilidade de comportamentos que tenham a mesma função (produzam a mesma classe de consequências) e que não tragam sofrimento ao indivíduo e/ou àqueles que com ele convivem.

REFERÊNCIAS

Abreu-Rodrigues, J. & Sanabio, E. T. (2001). Eventos privados em uma psicologia externalista: Causa, efeito ou nenhuma das alternativas? Em H. J. Guilhardi, M. B. B. P. Madi, P. P. Queiroz & M. C. Scoz (Orgs.), *Sobre Comportamento e Cognição: Vol. 7. Expondo a variabilidade* (pp. 206-216). Santo André: ESETec.

Banaco, R. A. (1993). O impacto do atendimento sobre a pessoa do terapeuta. *Temas em Psicologia, 2,* 71-79.

Banaco, R. A. (1999). O acesso a eventos encobertos na prática clínica: um fim ou um meio? *Revista Brasileira de Terapia Comportamental e Cognitiva, I,* 135-142.

Barros, L. da C. (2003). O Behaviorismo ignora a consciência, os sentimentos e os estados mentais, não atribuindo qualquer papel ao Eu ou a consciência do Eu. Em N. Costa (Org.), *Até onde o que você sabe sobre o Behaviorismo é verdadeiro? Respondendo às principais críticas direcionadas ao Behaviorismo Radical de Skinner* (pp. 15-17). Santo André: ESETec.

Baum, W. M. (1994/1999). *Compreender o Behaviorismo: Ciência, comportamento e cultura* (M. T. A. Silva, M. A. Matos, G. Y. Tomanari & E. Z. Tourinho, trads.). Porto Alegre: Artmed.

Carrara, K. (1998). *Behaviorismo Radical: Crítica e metacrítica.* Marília: Unesp Marília publicações; São Paulo: FAPESP.

Catania, A. C. (1998/1999). *Aprendizagem: Comportamento, linguagem e cognição* (A. Schmidt, D. das G. de Souza, F. C. Capovilla, J. C. C. de Rose, M. de J. D. dos Reis, A. A. da Costa, L. M. de C. M. Machado & A. Gadotti, trads.) Porto Alegre: Artmed.

Cavalcante, S. N. & Tourinho, E. Z. (1998). Classificação e diagnóstico na clínica: Possibilidades de um modelo analítico-comportamental. *Psicologia: Teoria e Pesquisa, 14,* 139-147.

Chiesa, M. (1994/2006). *Behaviorismo radical: A filosofia e a ciência* (C. E. Cameschi, trad.). Brasília: IBAC Editora & Editora Celeiro.

---

[11] Maiores informações sobre ética em Psicologia podem ser obtidas no *site* do Conselho Federal de Psicologia, assim como nos textos de Kohlenberg e Tsai (1991/2001) e de Lipp (1998).

[12] Por isso, todas as vezes em que esses termos aparecerem neste livro, serão apresentados entre aspas.

Delitti, M. (2001). Análise funcional: O comportamento do cliente como foco da análise funcional. Em M. Delitti (Org.), *Sobre Comportamento e Cognição: Vol. 2. A prática da Análise do Comportamento e da Terapia Cognitivo-Comportamental* (pp. 35-42). Santo André: ESETec.

Eysenck, M. W. (2007). *Manual de Psicologia Cognitiva*. Porto Alegre: Artmed.

Franks, C. M. (1999). Origens, história recente, questões atuais e estados futuros da terapia comportamental: Uma revisão conceitual. Em V. E. Caballo (Org.), *Manual de técnicas de terapia e modificação do comportamento* (pp. 3-22). São Paulo: Santos.

Hayes, S. C., Strosahl, K. D., Bunting, K., Twohig, M. P. & Wilson, K. G. (2004). What is Acceptance and Commitment Therapy? In S. C. Hayes & K. D. Strosahl (Eds.), *A practical guide to Acceptance and Commitment Therapy* (pp. 1-30). New York: Guilford Press.

Hayes, S. C., Strosahl, K. & Wilson, K. G. (1999). *Acceptance and commitment therapy: An experiential approach to behavior change*. Nova York: Guilford Press.

Kohlenberg, R. J. & Tsai, M. (1991/2001). *Psicoterapia Analítica Funcional: Criando relações terapêuticas e curativas* (F. Conte, M. Delitti, M. Z. da S. Brandão, P. R. Derdyk, R. R. Kerbauy, R. C. Wielenska, R. A. Banaco, R. Starling, trads.). Santo André: ESETec.

Lipp, M. N. (1998). Ética e psicologia comportamental. Em B. Rangé (Org.), *Psicoterapia comportamental e cognitiva. Pesquisa, prática e problemas* (pp. 109-118). Campinas: Editorial Psy.

Matos, M. A. (2001a). Introspecção: Método ou objeto de estudo para a análise do comportamento. Em R. A. Banaco (Org.), *Sobre Comportamento e Cognição: Vol. 1. Aspectos teóricos, metodológicos e de formação em análise do comportamento e terapia cognitivista* (pp. 185-195). Santo André: ESETec.

Matos, M. A. (2001b). O Behaviorismo Metodológico e suas relações com o Mentalismo e o Behaviorismo Radical. Em R. A. Banaco (Org.), *Sobre Comportamento e Cognição: Vol. 1. Aspectos teóricos, metodológicos e de formação em análise do comportamento e terapia cognitivista* (pp. 57-69). Santo André: ESETec.

Meyer, S. B. (2001). O conceito da análise funcional. Em M. Delitti (Org.), *Sobre Comportamento e Cognição: Vol 2. A prática da Análise do Comportamento e da Terapia Cognitivo-Comportamental* (pp. 29-34). Santo André: ESETec.

Moreira, M. B. (2004). "Em casa de ferreiro, espeto de pau": O ensino da Análise Experimental do Comportamento. *Revista Brasileira de Terapia Comportamental e Cognitiva*, VI, 73-80.

Moreira, M. B. (2007). Curtindo a vida adoidado: Personalidade e causalidade no behaviorismo radical. Em A. K. C. R. de-Farias & M. R. Ribeiro (Orgs.), *Skinner vai ao cinema* (pp. 11-29). Santo André: ESETec.

Moreira, M. B. & Medeiros, C. A. (2007). *Princípios básicos de Análise do Comportamento*. Porto Alegre: Artmed.

Nobre, G. I. F. (2005). *"Prefiro não comer, a começar e não parar!" Estudo de um Caso Clínico de Bulimia Nervosa*. Monografia de Conclusão de Especialização em Análise Comportamental Clínica, não publicada, Instituto Brasiliense de Análise do Comportamento, Brasília, DF.

Pinheiro, N. P. (2003). O Behaviorismo apresenta o comportamento simplesmente como um conjunto de respostas a estímulos, descrevendo a pessoa como um autômato, um robô, um fantoche ou uma máquina. Em N. Costa (Org.), *Até onde o que você sabe sobre o Behaviorismo é verdadeiro? Respondendo às principais críticas direcionadas ao Behaviorismo Radical de Skinner* (pp. 23-26). Santo André: ESETec.

Rangé, B. (1995). Psicoterapia comportamental. Em B. Rangé (Org.), *Psicoterapia comportamental e cognitiva: Pesquisa, prática, aplicações e problemas* (pp. 16-38). Campinas: Editorial Psy II.

Ruas, S. A. (2007). *Um estudo de caso em Terapia Comportamental: Construção do diagnóstico a partir do relato verbal e descrição da diversidade de estratégias interventivas*. Monografia de Conclusão de Graduação em Psicologia, não publicada, Universidade Católica de Brasília, Brasília, DF.

Silva, I. F. S. (2003). O Behaviorismo só se interessa pelos princípios gerais e por isso negligencia a unicidade do individual? Em N.

Costa (Org.), *Até onde o que você sabe sobre o Behaviorismo é verdadeiro? Respondendo às principais críticas direcionadas ao Behaviorismo Radical de Skinner* (pp. 57-59). Santo André: ESETec.

Silvares, E. F. M. & Gongorra, M. A. N. (1998). *Psicologia Clínica Comportamental: A inserção da entrevista com adultos e crianças*. São Paulo: EDICON.

Skinner, B. F. (1953/1998). *Ciência e comportamento humano* (J. C. Todorov & R. Azzi, trads.). São Paulo: Martins Fontes.

Skinner, B. F. (1974/1982). *Sobre o Behaviorismo* (M. da P. Villalobos, trad.). São Paulo: Cultrix.

Skinner, B. F. (1989/2003). *Questões recentes na análise comportamental* (A. L. Neri, trad.). Campinas: Papirus.

Tourinho, E. Z. (1997). Evento privado: função e limites do conceito. *Psicologia: Teoria e Pesquisa, 13*, 203-209.

Tourinho, E. Z. (1999). Eventos privados: o que, como e porque estudar. Em R. R. Kerbauy & R. C. Wielenska (Orgs.), *Sobre Comportamento e Cognição: Vol. 4. Psicologia Comportamental e Cognitiva: da reflexão teórica à diversidade de aplicação* (pp. 13-25). Santo André: ESETec.

Tourinho, E. Z. (2001a). Privacidade, comportamento e o conceito de ambiente interno. Em R. A. Banaco (Org.), *Sobre Comportamento e Cognição: Vol. 1. Aspectos teóricos, metodológicos e de formação em análise do comportamento e terapia cognitivista* (pp. 213-225). Santo André: ESETec.

Tourinho, E. Z. (2001b). O conceito de comportamento encoberto no Behaviorismo Radical de B. F. Skinner. Em R. A. Banaco (Org.), *Sobre Comportamento e Cognição: Vol. 1. Aspectos teóricos, metodológicos e de formação em análise do comportamento e terapia cognitivista* (pp. 261-265). Santo André: ESETec.

Tourinho, E. Z. (2006). *O autoconhecimento na Psicologia Comportamental de B. F. Skinner*. Santo André: ESETec.

Weber, L. N. D. (2002). Conceitos e pré-conceitos sobre o Behaviorismo. *Psicologia Argumento, 20*, 29-38.

Capítulo 2

Behaviorismo Radical e Prática Clínica

João Vicente de Sousa Marçal

A relação entre Behaviorismo Radical e Terapia Comportamental teve início na década de 1950 com as primeiras aplicações dos princípios operantes, estudados em laboratório desde a década de 1930, na modificação de comportamentos considerados inadequados (Micheletto, 2001). Baseadas em princípios como modelagem, reforçamento diferencial, extinção ou mesmo punição, e sob o rótulo de Modificação do Comportamento, as técnicas eram empregadas em ambientes artificialmente construídos, normalmente em instituições psiquiátricas. O público-alvo era constituído por pessoas diagnosticadas com retardo mental, esquizofrenia, autismo e transtornos psicóticos em geral (Vandenberghe, 2001; Wong, 2006)[1]. As estratégias envolviam a manipulação de variáveis independentes (ambientais), as chamadas VIs[2], no sentido de aumentar ou reduzir a frequência de comportamentos-alvo, também chamados comportamentos-problema (as variáveis dependentes, ou VDs[3]). Nesses modelos iniciais de intervenção, os eventos privados (p. ex., pensamentos e sentimentos) não eram levados em consideração[4].

Inicialmente, o emprego das técnicas comportamentais não incluía os chamados YAVIS, sigla em inglês para *young, attractive, verbal, intelligent and social person* (pessoas jovens, atrativas, verbais, inteligentes e sociais), que apresentariam demandas de tratamento em um ambiente verbal não institucionalizado, como aquele que se tem em um consultório particular. Contudo, a extensão dessas técnicas aos ambientes verbais contribuiu para o desenvolvimento, nos anos de 1960 e 1970, de modelos terapêuticos de base cognitiva ou comportamental-cognitiva, como uma forma de compensar a não atenção dada, pelas técnicas de modificação do comportamento à influência que os sentimentos e os pensamentos poderiam ter na compreensão e no tratamento dos comportamentos humanos (Vandenberghe, 2001).[5] Embora o termo Terapia Comportamental[6] já fosse utilizado em consultórios nesse

---

[1] Justamente um público que estava à margem nessas instituições (Wong, 2006).

[2] Variáveis independentes (VIs) – Em um estudo controlado, como num experimento, as VIs são aquelas variáveis manipuladas pelo experimentador, enquanto são mantidas constantes as demais variáveis, no intuito de observar os seus efeitos sobre a variável estudada, a VD.

[3] Variáveis dependentes (VDs) – São as variáveis controladas sobre as quais agem as VIs. Em Psicologia, as VDs sempre correspondem a comportamentos. Busca-se identificar mudanças regulares na(s) VD(s) a partir de alterações produzidas na(s) VI(s).

[4] Isso sempre foi frequente em intervenções feitas em instituições. Uma das justificativas é o comprometimento das funções verbais das pessoas que são o público-alvo dessas intervenções, algo que geralmente não ocorre em pessoas que frequentam consultórios particulares.

[5] Ressalta-se, porém, que isso ocorreu não pelo fato de o Behaviorismo Radical não considerar os eventos privados como importantes para o estudo do comportamento humano, mas porque os procedimentos usados por modificadores do comportamento (muitos dos quais não eram psicólogos) não lidavam diretamente com eles.

[6] O termo Terapia Comportamental foi inicialmente introduzido por Skinner e Lindsley (1954), mas foi popularizado por Eysenck (Wolpe, 1981) e Wolpe (Rimm e Masters, 1983).

período, eram raras as propostas clínicas tendo como suporte filosófico o Behaviorismo Radical (Ferster, 1973).

> Com o avanço nas pesquisas sobre o comportamento verbal e uma melhor compreensão das funções comportamentais presentes na relação terapêutica, o modelo behaviorista radical passou a ser mais utilizado como base teórica no desenvolvimento de estratégias clínicas.

No entanto, o processo histórico da Terapia Comportamental, sua vasta aplicação, os diversos modelos de Behaviorismo que surgiram desde Watson e, principalmente, um grande desconhecimento sobre o Behaviorismo Radical favoreceram o surgimento de várias concepções enganosas do que vem a ser a Terapia Analítico-comportamental. Dentre essas concepções, encontram-se a ideia de que é uma terapia superficial, não trabalha o indivíduo como um todo, é direcionada apenas a problemas específicos, tem alcance temporário, não lida com emoções e sentimentos, trata o indivíduo como um ser passivo diante do mundo, apresenta um raciocínio linear e mecânico, etc. (Ver Skinner, 1974/1993, sobre críticas comuns e equivocadas feitas ao Behaviorismo Radical.)

O presente capítulo tem como objetivo apresentar alguns fundamentos básicos do Behaviorismo Radical e relacioná-los com a prática clínica. Como é um texto introdutório, não há aqui a pretensão de uma análise aprofundada de princípios e de conceitos relacionados ao tema, quer seja da parte conceitual e filosófica, quer de análises clínicas. No entanto, busca-se desfazer algumas confusões e alguns desconhecimentos comuns sobre a Análise Comportamental Clínica, assim como apresentar algumas proposições fundamentais para a caracterização da abordagem.

BEHAVIORISMO RADICAL E PRÁTICA CLÍNICA

O Behaviorismo Radical surgiu com as propostas de B. F. Skinner para a compreensão do comportamento humano a partir de uma metodologia científica de investigação (Skinner, 1945/1988, 1953/2000, 1974/1993). As bases conceituais do Behaviorismo Radical foram apresentadas inicialmente por Skinner em um congresso sobre a influência do operacionismo em Psicologia, que originou o artigo de 1945, intitulado "The Operational Analysis of Psychological Terms", ou "A Análise Operacional de Termos Psicológicos" (Skinner, 1945/1988; Tourinho, 1987). Sua proposta é behaviorista por considerar o comportamento como seu objeto de estudo e por ter o método científico como sua forma de produzir conhecimento. O termo Radical vem de *raiz* (parte não diretamente observável em uma planta[7]) e serve para distingui-lo de outros modelos behavioristas que não consideravam os eventos privados (parte não diretamente observável do comportamento humano) como objeto de estudo da Psicologia.

A extensa obra de Skinner causou e ainda causa um grande impacto nos meios acadêmicos, nos científicos e em diversos segmentos de nossa cultura (Carrara, 1998; Richelle, 1993). Um desses impactos está na Psicologia Clínica, baseada nos princípios derivados da ciência por ele proposta, na Análise Experimental do Comportamento e na filosofia da qual ela é derivada, o Behaviorismo Radical.

Para melhor compreender como um trabalho clínico seria orientado por esses princípios, serão apresentadas a seguir algumas características básicas do Behaviorismo Radical e suas relações com a prática clínica.

---
[7] Analogia feita pelo autor.

VISÃO MONISTA E MATERIALISTA

> Para o Behaviorismo Radical, o ser humano faz parte do mundo natural, assim como todos os elementos da natureza e, desse modo, interage *no* ambiente, ao invés de *sobre* o ambiente, sendo parte interativa deste (Chiesa, 1994).

Não há uma distinção entre físico e metafísico no ser humano, pois este é considerado como tendo apenas uma natureza material. Skinner, assim, afasta a metafísica[8] do saber científico e acaba com o dualismo mente-corpo, um problema conceitual herdado da Filosofia e comumente encontrado nos diversos seguimentos da Psicologia (Chiesa, 1994; Marx e Hillix, 1997; Matos, 2001). Tanto o comportamento público quanto o comportamento privado ocorrem na mesma dimensão natural (Skinner, 1945/1988, 1974/1993). A distinção entre ambos refere-se apenas ao fato de que os comportamentos privados (p. ex., pensar, sentir, imaginar, sonhar, fantasiar, raciocinar, etc.) só podem ser acessados diretamente pelo próprio indivíduo. As mesmas leis que descrevem as relações funcionais de comportamentos públicos se aplicam aos comportamentos privados. Entidades metafísicas armazenadoras de "conteúdos" como memória, cognição, mente e aparelho psíquico tornam-se desnecessárias dentro do seu modelo explicativo. A lógica refere-se à seguinte questão: como algo que não ocupa lugar no tempo e no espaço pode ficar dentro do indivíduo, armazenar experiências ou conteúdos e, ainda, comandar as ações humanas? Quem se comporta é o organismo e não a mente ou a cognição. E o organismo é biológico, faz parte do mundo natural.

---

[8] Metafísico: o que vai além do físico, além do natural, como, por exemplo, *a mente* e *a consciência* enquanto entidades.

Implicações clínicas

Na clínica analítico-comportamental, não há espaço para buscas de aspectos não físicos a fim de compreender o que um indivíduo está passando. O sofrimento de uma pessoa, sua forma de agir e seus comportamentos em geral não são determinados, mediados, armazenados ou controlados por algo que escape ao mundo físico. Os comportamentos privados, ou a subjetividade, também não se encontram em outra dimensão e nem servem de acesso a esta. O comportamento é uma relação entre eventos naturais, ou seja, entre o organismo e o ambiente (Matos, 2001). De acordo com Skinner (1974/1993), o organismo não armazena experiências, é modificado por elas. Dessa forma, o terapeuta vai considerar a pessoa como uma unidade biológica que vem interagindo com o ambiente desde a sua existência. Isso não implica deixar de lado algum aspecto da "natureza" humana, pois esse aspecto que estaria "fora" da análise simplesmente não existe! A questão não é de remoção de eventos privados, mas de não inclusão de construtos *hipotéticos* mediacionais e metafísicos.

O COMPORTAMENTO É DETERMINADO

O determinismo é característico das ciências naturais. A asserção básica é a de que, na natureza, um evento não ocorre ao acaso, mas em decorrência de um ou mais fenômenos anteriores. Por exemplo, a água entra em ebulição porque a sua temperatura atingiu um nível próximo a 100°C, e uma erosão surge porque chuvas ocorreram sistematicamente em um terreno árido. Falar em determinismo significa explicar o presente a partir do passado e, sendo assim, o futuro não pode ser utilizado para explicar o presente. Dessa concepção sobre o mundo natural, surge um outro raciocínio: se a natureza é determinada, e se o ser humano é parte integrante dela, então ele também deve ser interpretado a partir de uma visão determinista. Nesse sentido, uma doença decorre da ação anterior de bactérias ou vírus, a fecundação é proveniente do contato do óvulo com o espermatozoide, a saúde é afetada diretamente pela alimentação, etc. O determinismo é mais facilmente aceito em relação ao restante da natureza do que em relação ao ser humano e isso se torna muito mais evidente quando o assunto é comportamento. Surgem então as seguintes questões: o determinismo também se aplica ao comportamento humano? Em caso afirmativo, todas as ações humanas seriam determinadas? O determinismo caracteriza o ser humano como um robô?[9]

A visão determinista está presente em várias abordagens na Psicologia e em áreas afins, muito embora apresentem diferenças quanto à forma como o determinismo é interpretado (Chiesa, 1994). Freud, Russell e Skinner estão entre os inúmeros teóricos que consideram a ação humana como sendo determinada (Moxley, 1997). Nessa linha de raciocínio, pode-se afirmar que sentimentos, pensamentos, ideias, imaginações, escolhas, percepções, intenções, atitudes, etc., não ocorrem ao acaso, mas foram determinados por eventos passados. De acordo com o Behaviorismo Radical, quem determina é o ambiente, a partir da interação que o organismo humano tem com ele: na história da espécie, na história do próprio indivíduo e na história das práticas culturais (Skinner, 1981). Visões contrárias ao determinismo, como no caso do Humanismo (Marx e Hillix, 1997), argumentam que algumas ações humanas são aleatórias, livres de influências, ou melhor, que o homem seria livre para decidir, para escolher e para determinar o seu futuro. Essa visão é largamente aceita – e enfatizada – dentro da cultura ocidental e de outras culturas. No entanto, isso leva a um grande equívoco interpretativo, frequentemente observado nos cursos de graduação em Psicologia e em áreas afins, que aqui é corrigido: a visão determinista, como a apresentada pelo Behaviorismo Radical, não afirma que o ser humano não escolhe, decide ou determina o seu futuro, mas sim que estes (escolhas e tomadas de decisão) também são comportamentos a serem explicados, pois não acontecem ao acaso. Uma outra posição contrária ao determinismo surge em decorrência da análise do comportamento intencional, característico dos seres humanos (Chiesa, 1994). O argumento baseia-se no raciocínio de que esse tipo de comportamento estaria sendo guiado pelo futuro. Entretanto, de acordo com a posição determinista, assim como o comportamento de escolha, também a intenção e as expectativas existem a partir de experiências passadas.

Implicações clínicas

O modelo clínico analítico-comportamental, assim como outros modelos, segue algumas etapas básicas a partir das queixas iniciais do cliente. Inicialmente, é necessário compreender os fenômenos comportamentais relacionados à(s) queixa(s). Por exemplo, se alguém descreve estar num quadro depressivo ou relata ter sido diagnosticado com Depressão, deve-se logo investigar quais comportamentos (p.ex., sentimentos, ações públicas e pensamentos) caracterizam esse quadro, em quais contextos ocorrem ou são mais frequentes, quando começaram a ocorrer, quais suas características, etc. A busca por essas informações está dentro

---

[9] É comum a confusão entre determinado e pré-determinado. O primeiro relaciona um evento presente a um ou mais eventos passados. O segundo sinaliza que, independente do que venha a ocorrer, tal fenômeno vai ser como foi anteriormente determinado (ou programado).

de um raciocínio determinista básico na clínica: esses comportamentos não ocorreram ao acaso.

> Na terapia analítico-comportamental, é pertinente falar aos clientes que não existem comportamentos feios ou bonitos, bons ou maus, certos ou errados.[10] Existem os comportamentos, o porquê de eles ocorrerem, o que os mantêm e quais seus efeitos.

Por sinal, são esses efeitos sobre si e sobre os outros que servirão de parâmetros para o indivíduo estabelecer juízos de valor sobre seus comportamentos. Nesse sentido, todas as ações, as ideias e os sentimentos que o cliente apresenta são coerentes, pertinentes com o que ele viveu e está vivendo. Um sentimento pode ser desagradável, mas não é incoerente. O comportamento pode não estar sendo "funcional" para produzir ou afastar diversos reforçadores ou estímulos aversivos importantes, mas, certamente, não se estabeleceu "do nada". Essa postura terapêutica contribui bastante para uma boa formação de vínculo entre terapeuta e cliente, aumentando as possibilidades de o cliente se autodescrever[11] de forma mais confiável, com maior correspondência verbal/não verbal[12], mesmo que às vezes seja difícil relatar aspectos de si que sejam considerados reprováveis ou desagradáveis.[13]

A investigação dos determinantes dos comportamentos clínicos relevantes do cliente caracteriza-se como uma tarefa fundamental na clínica. O entendimento dessas variáveis possibilita direcionamentos terapêuticos mais eficazes. Dessa forma, não faz sentido uma pessoa fazer terapia por meses ou anos e não ter a menor noção sobre por que se comporta da forma como tem se comportado (incluindo emoções e sentimentos). Isso, infelizmente, não é incomum. Todo comportamento é determinado, mesmo que por vezes não estejam claras quais variáveis o determinaram.

O COMPORTAMENTO COMO INTERAÇÃO ORGANISMO-AMBIENTE

A definição de comportamento no Behaviorismo Radical difere de outras visões na Psicologia, no senso-comum e até em outras formas de Behaviorismo. No primeiro, o comportamento é aquilo que o organismo faz, independentemente de ser público ou privado (Catania, 1979). As demais posições, incluindo o Behaviorismo Metodológico de Watson, referem-se ao comportamento como ações públicas, passíveis de observação direta (Matos, 2001). Para Skinner (1945/1988), os fatores tradicionalmente conhecidos como mentais (pensar, sentir, raciocinar, imaginar, fantasiar, etc.) também são comportamentos. Essa consideração enfraquece a concepção dualista, internalista e mecânica de causalidade tipo mente → comportamento-observável, pois se os "eventos mentais" também são comportamentos, eles devem ser explicados como tal, a partir de suas relações com o ambiente.

O Behaviorismo Radical define comportamento como interação organismo-ambiente (Matos, 2001; Todorov, 1989; Tourinho, 1987). Essas interações são descritas por meio de relações de contingências,[14] que são relações de dependência

---
[10] Sugestão do autor.
[11] Na Análise do Comportamento, a autodescrição não se refere apenas ao que o cliente faz (seus comportamentos), mas também em quais contextos ocorre o comportamento e quais efeitos produz.
[12] Para maior compreensão do tema "correspondência verbal/não verbal na clínica", sugere-se o texto de Beckert (2004).
[13] Costumo passar aos meus alunos, supervisionandos e de especialização clínica, que a terapia desperta no cliente "a dor da lucidez".

[14] No sentido técnico, contingência ressalta como sendo a probabilidade de um evento que pode ser afetada ou causada por outros eventos (Catania, 1979).

entre eventos ou, mais especificamente, em Psicologia, entre comportamentos e eventos ambientais. O comportamento é também um fenômeno histórico, não é algo que possa ser isolado, guardado. Não é matéria em si, mas uma relação entre eventos naturais. Como dito anteriormente, segundo Skinner (1974/1993), o organismo não armazena experiências, é modificado por elas. Cabe então ao cientista registrar a ocorrência do comportamento e observar sob quais condições ocorre ou é modificado.

A definição de comportamento como interação desfaz a ideia de um organismo passivo em relação ao ambiente, como frequentemente apontam algumas críticas. Conforme afirmou Skinner (1957/1978), "os homens agem sobre o mundo, modificam-no e por sua vez são modificados pelas consequências de suas ações" (p. 15).

Implicações clínicas

A compreensão de como um cliente se comporta é feita por meio de um raciocínio interacionista. Por exemplo, um clínico de orientação analítico-comportamental não tenta "liberar" os sentimentos da pessoa, "colocá-los para fora". "Liberar" sentimentos nada mais seria do que comportar-se, ou seja, apresentar comportamentos públicos na presença de sentimentos específicos. Uma pessoa pode ficar "liberando sentimentos" durante anos num consultório e sua "fonte" nunca se esgotar! Isso porque as contingências que os estão eliciando ainda continuam presentes em sua vida. Se o comportamento é um fenômeno histórico, o clínico behaviorista radical procura entender em quais condições ocorreu e não onde ou como ele estaria armazenado. O mais importante é identificar quais variáveis são responsáveis por esses sentimentos e o que seria necessário fazer para modificá-las.

Sendo o comportamento uma relação bidirecional entre organismo e ambiente, ressalta-se que a forma como o organismo afeta o mundo é por meio das ações, ou melhor, do comportamento operante. A terapia analítico-comportamental é voltada para a ação do cliente sobre a sua vida, ou seja, sobre as contingências. São as ações que modificam o mundo! Seja mudando o contexto em que está inserido, seja buscando contextos mais favoráveis, o indivíduo é ativo. Por mais intensos que sejam nossos sentimentos, eles não afetam o ambiente diretamente. Mesmo os pensamentos, apesar da sua natureza verbal operante, não mudam as nossas experiências diretamente; é necessário ações públicas para isso. O pensar pode entrar no controle direto de ações públicas, mas não afeta o mundo como estas últimas afetam. Podemos pensar em alguma coisa e fazermos outra incompatível; podemos agir de forma antagônica ao que sentimos, mas, em ambos os casos, só as ações afetarão o mundo diretamente. A terapia voltada para a ação incentiva as pessoas a buscar contingências que vão lhes trazer benefícios, mesmo que inicialmente possam eliciar sentimentos ou pensamentos desagradáveis. O modelo terapêutico da ACT (sigla em inglês para Terapia de Aceitação e Compromisso), por exemplo, tem desenvolvido estratégias nesse sentido (Hayes, Strosahl e Wilson, 1999. Ver os capítulos de Dutra e também de Ruas, Albuquerque e Natalino, neste livro).

Segundo Chiesa (1994), as pessoas estão acostumadas a ver o resultado e não o processo. E o processo é histórico. A investigação histórica das contingências desfaz a necessidade de buscar alguma entidade ou "essência" dentro do organismo como geradora da ação.

VISÃO CONTEXTUALISTA

O contextualismo, derivado das ideias de Pepper (1942, citado por Carrara, 2001), tem sido relacionado ao Behaviorismo

Radical (Carrara, 2001 e 2004; Hayes, Hayes e Reese, 1988). De acordo com Carrara (2001), enquanto o mecanicismo está associado a uma máquina em movimento, o contextualismo refere-se ao comportamento-no-contexto. O primeiro estaria mais vinculado às propostas iniciais do Behaviorismo, como o Behaviorismo Metodológico, muito caracterizado pela "Psicologia estímulo-resposta", pela ideia da justaposição ou da contiguidade. O segundo baseia-se nas relações funcionais, não lineares, entre comportamento e ambiente.

> Entender o comportamento-no-contexto caracteriza-se como uma análise molar (ampla), em contrapartida a uma análise molecular (restrita, parcial). Segundo Hayes, Strosahl, Bunting, Twohig e Wilson (2004), o contextualismo funcional vê os eventos comportamentais como a interação entre o organismo como um todo e um contexto que é definido tanto historicamente (história de aprendizagem) quanto situacionalmente (antecedentes e consequentes atuais, regras).[15] O contexto é o conjunto de condições em que o comportamento ocorre (Carrara e Gonzáles, 1996). Tire o comportamento do contexto e ele fica sem sentido.

Observe que os princípios da Análise do Comportamento descrevem relações, com definições envolvendo funções de estímulo e de resposta. Por exemplo, operante não é a resposta em si, mas um tipo de relação entre resposta, condições em que ocorre e consequências que produz. As funções de um estímulo são definidas pelo efeito que têm sobre a resposta, seja o estímulo anterior ou posterior a ela. Um mesmo estímulo pode ter várias funções, dependendo da relação analisada (Skinner, 1953/2000). Segundo Carrara (2001, p. 239), "a ideia de relações funcionais é cara e imprescindível ao contextualismo, que, por sua vez, a maximiza para incluir *todas*[16] (o que, no limite, é impossível) as variáveis que, em menor ou maior escala, afetam o comportamento". Dessa forma, a compreensão de um comportamento só será possível identificando as relações atuais e passadas entre resposta e ambiente, conforme afirmou Carrara (2001, p. 240), não apelando "a influências isoladas de partes do organismo envolvidas na ação (glândulas, braços, cérebro ou, mesmo, mente)".

Implicações clínicas

Um terapeuta comportamental não está interessado na ação em si, mas nas condições em que ela ocorre, seus antecedentes e consequentes, sua história de reforçamento/punição e os efeitos destes sobre a ação. O autoconhecimento decorrente desse processo é muito mais amplo do que simplesmente identificar características pessoais. Queixas iguais podem ter funções diferentes e revelar histórias de condicionamentos diferentes. Por exemplo, a presença da mãe de uma cliente chamada Ana pode ter funções eliciadoras[17] quando a sua presença ou sua proximidade elicia medo em Ana; e função discriminativa[18], quando sinaliza probabilidade de reforçamento (negativo) para comportamentos de fuga e de esquiva da filha. A fala da mãe pode ter funções reforçadoras ou punitivas quando, consequente a uma ação da

---
[15] Regras são definidas como estímulos verbais que descrevem/especificam uma contingência (Baum, 1994/1999; Catania, 1979). Ver Capítulo 13.

[16] Grifo original.
[17] Relacionadas ao comportamento *reflexo* ou *respondente*.
[18] Relacionadas ao comportamento *operante*. Essas definições podem ser melhor entendidas em outros capítulos do presente livro, assim como em Baum (1994/1999), Catania (1979), Skinner (1953/2000), dentre outros.

filha, aumenta ou diminui a probabilidade de ocorrência dessa ação. Se uma pessoa relata e/ou apresenta atitudes de esquiva social na clínica, caracterizando-se como "tímida", o terapeuta irá ajudá-la a identificar em quais situações esses comportamentos são mais prováveis, quais suas funções, quais condições históricas favoreceram suas aquisições e quais contextos os mantêm. Tal análise também favorecerá uma mudança contextual. "Será que tenho que deixar de ser duro com as pessoas sempre?", pergunta o cliente. Não. Apenas em situações em que as consequências de se comportar assim, em curto ou longo prazo, motivem a mudança.

Entender um transtorno comportamental, por exemplo, não é apenas identificar os comportamentos que o caracterizam, mas, sim, saber a quais contingências estariam relacionados. Isso se opõe à ideia de geração interna do comportamento, pois, dependendo do contexto, ele ocorrerá de forma diferente (ver também Ryle, 1949/1963).

VISÃO EXTERNALISTA

É frequente ouvir pessoas, incluindo alguns psicólogos de outras abordagens, afirmarem categoricamente que "o que importa" é o que tem "dentro" de um indivíduo, numa alusão à subjetividade, a sentimentos, etc. Um behaviorista radical, no entanto, vai discordar dessa afirmação e dizer que o que importa não é o que "tem dentro" da pessoa, mas o que determina o que "tem dentro". É o ambiente que determina o comportamento, seja ele privado ou não. Por ambiente, entende-se o que é externo ao comportamento a ser analisado. Isso quer dizer que a concepção externalista skinneriana não exclui o mundo dentro de da pele, apenas não lhe atribui *status* causal e nem uma dimensão metafísica (Skinner, 1953/2000). O mito da caixa preta de Skinner, o qual atribui ao seu Behaviorismo a ideia de organismo vazio, é mais uma das interpretações enganosas sobre a sua teoria (ver Carvalho-Neto, 1999). A posição skinneriana vai de encontro às concepções tradicionais que entendem o comportamento como sendo originado internamente no organismo, seja por algo físico (p. ex., bases neurológicas) ou não físico (p. ex., entidades mentais, como inconsciente, memória, cognição, etc.). Eventos privados, como o pensamento, podem entrar no controle de comportamentos públicos; no entanto, sua origem é pública, está na história de relações do organismo com o ambiente (Abreu-Rodrigues e Sanabio, 2001). Como apontado anteriormente, as contingências ambientais são as variáveis independentes, enquanto os comportamentos são as variáveis dependentes.

Há uma confusão comum no que diz respeito ao que vem a ser a concepção externalista de causalidade no Behaviorismo Radical, associando-a ao modelo mecânico de causalidade. Enfatizar o papel do ambiente na determinação do comportamento humano não implica afirmar que o organismo apenas reage passivamente ao mundo, tal como um ser autômato. Muito pelo contrário, o modelo skinneriano deve ser caracterizado como interacionista, com influências mútuas entre comportamento e ambiente.

Pode-se observar também que, na obra de Skinner, o externalismo está dentro do caráter pragmático de sua concepção. A proposta de transformar o mundo é uma característica presente em sua obra, como pode ser observado na afirmação: "se queremos que a espécie sobreviva, é o mundo que fizemos que devemos mudar" (Skinner, 1989, p. 70).

Implicações clínicas

Ao buscar interpretações do porquê de alguém sentir, pensar ou agir de determinada maneira, ou mesmo apresentar somatizações[19], o analista do comportamento não terá como referência os eventos internos, sejam eles físicos ou não (p. ex., mente, pulsão, energia, crença, sinapses, etc.). Não é a angústia que faz alguém deixar um relacionamento amoroso nem a personalidade leva alguém a ser impulsivo; a obsessão não decorre meramente de alterações neurológicas; a depressão não vem de processos mentais e nem os transtornos comportamentais se originam de crenças distorcidas. São as contingências ambientais os determinantes dentro de um processo histórico.

> É comum em nossa prática clínica encontrarmos clientes que desconhecem o porquê dos seus comportamentos[20], mas, à medida que as contingências vão sendo identificadas[21], eles tendem a compreendê-las e a concordar com o raciocínio[22], mesmo que este lhes seja novo.

Por exemplo, um cliente aprende que sua forma de agir não é determinada pela sua baixa autoestima, mas que os comportamentos que caracterizam o considerado como baixa autoestima[23] são decorrentes, talvez, de uma história de poucos reforços sociais (p. ex., rejeições, desvalorização por pessoas significativas tais como os pais, etc.).

Na formação de um clínico analítico-comportamental, portanto, é fundamental o desenvolvimento da capacidade de identificar as variáveis independentes dos comportamentos clinicamente relevantes, bem como a capacidade de ajudar o cliente a fazer o mesmo. É necessário treino em um raciocínio externalista, pois sabemos que não apenas o cliente, mas também o terapeuta vêm de uma longa experiência em uma comunidade verbal mentalista. Por exemplo, imagine um cliente relatando um problema conjugal, reconhecendo agir de forma impulsiva e com agressividade. Uma análise mais precisa descreverá quais comportamentos caracterizariam os conceitos de impulsividade e agressividade. Outras informações também precisariam ser levantadas: saber em quais condições ocorrem com mais frequência, desde quando ocorrem, etc. O cliente pode então relatar que essas "atitudes" estão lhe sendo prejudiciais e que haveria interesse em mudança. Antes de estabelecer quaisquer estratégias ou alternativas nesse sentido, o clínico deveria saber o que determina suas ocorrências. Vejamos as seguintes opções: a) fica nervoso; b) sente um forte "impulso"; c) era agressivo quando criança; d) tem personalidade agressiva;

---

[19] As somatizações, também conhecidas como psicossomatizações, são alterações orgânicas produzidas por respostas emocionais intensas ou frequentes eliciadas por eventos ambientais específicos (para saber um pouco mais sobre o assunto, sugere-se Millenson, 1967/1975).

[20] Em alguns casos, mesmo após anos de uma ou mais psicoterapias!

[21] A identificação das contingências na prática clínica normalmente não ocorre em linguagem técnica; é comum o terapeuta usar termos do cotidiano na comunicação com o seu cliente.

[22] É raro um cliente não entender ou não concordar com o raciocínio baseado na análise de contingências. Entretanto, é provável que alguns, se entrassem para um curso de graduação em Psicologia e tivessem acesso às concepções filosóficas do Behaviorismo Radical, discordassem de algumas delas. Esse paradoxo advém de um longo treino de raciocínio e de visão de homem e mundo dentro de uma comunidade verbal internalista, na qual sempre estivemos inseridos.

[23] As características do cliente analisadas na sessão devem ser baseadas na interpretação deste sobre quais comportamentos exemplificam-nas. Por exemplo, se o cliente relata ser tímido, deve-se investigar quais ações levam-no a considerar-se assim. Se é o terapeuta quem aponta uma provável característica, ela deve ser confirmada pelo cliente, como, por exemplo, quando o terapeuta pergunta "você acha que é impulsivo nas suas relações afetivas?".

e) tem "pavio curto" e f) tem natureza impulsiva. Qual dessas alternativas seria um exemplo de variável independente, segundo o modelo externalista? Acertou quem afirmou que nenhuma delas é. Na realidade, todas descrevem VDs, ou seja, são comportamentos a ser explicados. É necessário saber por que ele fica nervoso, sente um forte "impulso" e era agressivo quando criança. A "personalidade agressiva", o "pavio curto" e a "natureza impulsiva" são rótulos classificatórios para esses padrões comportamentais que, por sua vez, também precisam ser explicados. Essas informações, embora possam contribuir de alguma forma, não esclarecem o porquê dos comportamentos. As VIs seriam encontradas nas relações entre esses comportamentos e o ambiente. Alguns exemplos de VIs poderiam ser: a) foi pouco contrariado ao longo da vida; b) as coisas em casa eram sempre conforme sua vontade; c) seu comportamento foi muito reforçado e pouco punido quando se tornava agressivo em relações próximas; etc.

Uma observação importante é que as VIs são fundamentais não apenas para explicar a aquisição dos comportamentos. Elas são necessárias para explicar a sua manutenção, servem de parâmetros para avaliar a motivação para mudanças e são também os próprios instrumentos de mudança (Marçal, 2005, 2006a). Se os ambientes, ao longo da vida de uma pessoa, foram e/ou estão sendo determinantes para os seus sentimentos, seus pensamentos e suas "atitudes" atuais, são as mudanças no ambiente, então, que vão proporcionar modificações nesses comportamentos. Pode-se brincar dizendo que as contingências são as verdadeiras terapeutas! A terapia analítico-comportamental é voltada para a ação sobre o mundo. São os efeitos dessa ação que interessam, os efeitos de mudanças nas contingências em que a pessoa vive.

VISÃO SELECIONISTA

Selecionismo é um termo originário da teoria evolucionista da Seleção Natural, proposta por Charles Darwin e Alfred Wallace para explicar a origem das espécies (Desmond e Moore, 1995). Na Seleção Natural, membros de uma espécie com características mais adaptativas ao ambiente em que vivem têm mais chances de sobreviver e de passar suas características aos seus descendentes. Por exemplo, imagine um grupo de felinos da mesma espécie vivendo na mesma época e no mesmo espaço geográfico. Com certeza, haverá diferenças individuais no grupo no que diz respeito a aspectos anatômicos, fisiológicos, etc., como, por exemplo, o tamanho do pelo. Agora vamos supor que a região em que vivem tais felinos passasse por uma significativa redução na temperatura atmosférica ao longo dos anos e assim permanecesse por milhares ou milhões de anos. Quais os efeitos dessa ação ambiental sobre esses felinos? O que aconteceria é que aqueles com pelo maior, mesmo que por milímetros de diferença, teriam mais condições de se adaptarem ao clima frio, sobreviverem e passarem suas características aos seus descendentes que, por sua vez, também estariam sujeitos à mesma ação ambiental. O ciclo se repetiria ao longo de anos, décadas, milênios. Os de pelo maior sempre levariam vantagens na competição por sobrevivência em relação aos de pelo menor. Isso poderia não fazer diferença em algumas décadas, mas após milhares ou milhões de anos, essa espécie poderia ter se "transformado" em uma outra com pelos muito maiores,[24] do tamanho mais favorável à sobrevivência. Na seleção natural, cada espécie é o resultado de um processo que envolve

---

[24] O mesmo acontecendo em relação à quantidade de tecido adiposo, aos hábitos alimentares e a outros aspectos que favoreceriam a sobrevivência em temperaturas mais baixas.

milhares ou milhões de anos, em que mudanças ambientais selecionaram características (p. ex., morfológicas, fisiológicas, comportamentais) mais apropriadas à sobrevivência. Isso promoveu diferenças entre espécies que, num passado distante, tiveram os mesmos ancestrais.

Segundo Skinner (1974/1993), a teoria da Seleção Natural demorou a surgir em função de um raciocínio pouco comum ao tradicionalmente conhecido:

> A teoria da seleção natural de Darwin surgiu tardiamente na história do pensamento. Teria sido retardada porque se opunha à verdade revelada, porque era um assunto inteiramente novo na história da ciência, porque era característica apenas dos seres vivos ou porque tratava de propósitos e de causas finais sem postular um ato de criação? Creio que não. Darwin simplesmente descobriu o papel da seleção, um tipo de causalidade muito diferente dos mecanismos de ciência daquele tempo. (p. 35)

No raciocínio selecionista, "um evento tem a sua probabilidade futura de ocorrência afetada por um evento que ocorre posterior a ele, invertendo o tradicional raciocínio mecanicista de contiguidade" (Marçal, 2006b, p. 1). Segundo Donahoe (2003), isso difere do teleológico, já que não é o futuro que traz o presente para si, mas o passado e que empurra o presente em direção ao futuro.

Skinner (1966 e 1981) amplia o modelo selecionista ao estendê-lo para a esfera ontogenética e cultural. Dessa forma, não é só na origem das espécies (filogênese) que a seleção atua, também na história de vida do indivíduo (ontogênese) e nas práticas de uma cultura (Skinner, 1953/2000; Todorov e de-Farias, 2008). Na ontogênese, os comportamentos emitidos pelo organismo são selecionados ou não pelas suas consequências, ou seja, o reforçamento fortalece a probabilidade de ocorrência de uma classe de resposta que o produziu, enquanto a punição a enfraquece. O ambiente exerce um papel determinante em qualquer forma de seleção, que ocorre a partir de um substrato variável. Sem variação não há seleção!

Segundo Baum (1994/1999), assim como a teoria da Seleção Natural substituiu a explicação da origem das espécies baseada num Deus Criador, a Teoria do Reforço substituiu a explicação do comportamento humano baseada numa mente criadora. Para o autor, isso ocorre porque as explicações substituídas são inaceitáveis do ponto de vista científico, obstruindo o avanço do conhecimento.

O modelo selecionista não recorre a exclusivas condições genéticas como determinantes do comportamento e nem a um raciocínio mecânico ou linear, como quando se afirma que suas atitudes são determinadas pela sua personalidade, *self*, consciência ou alguma força interior.

Implicações clínicas

> O principal interesse do clínico behaviorista radical não está na ocorrência do comportamento em si, nem no modo como ocorre, mas no porquê de sua ocorrência.

O clínico emprega o raciocínio selecionista na compreensão de como os comportamentos dos clientes foram adquiridos e estão sendo mantidos. Independente da influência de variáveis biológicas, nem sempre claras ou demonstradas empiricamente, a atenção está voltada para os processos de seleção comportamental.

Vamos supor um caso clínico em que uma pessoa chega ao consultório com um diagnóstico de transtorno obsessivo-compulsivo (TOC). Após identificar os comportamentos que caracterizam o quadro de TOC e os contextos históricos e/ou atuais a ele relacionados, o clínico buscará identificar quais são as variáveis de controle atuais, tais como contingências de reforçamento, estímulos aversivos condicionados, controle aversivo sobre comportamentos alternativos, etc. A identificação de variáveis mantenedoras, no entanto, não explica como os comportamentos foram adquiridos, tornando necessário identificar contingências históricas que selecionaram esses e outros padrões comportamentais do cliente.[25] Há maior interesse nas funções desses comportamentos do que nas suas topografias (formas). Conforme já foi dito, pessoas podem apresentar padrões comportamentais semelhantes, mas com funções diferentes, identificadas a partir de diferentes contingências de aquisição e de manutenção.

Por mais que um padrão comportamental esteja trazendo problemas a alguém, por mais que esse alguém esteja insatisfeito com sua forma de agir, tal comportamento foi reforçado no passado em um ou mais contextos. Foi funcional ao remover, evitar ou atenuar eventos aversivos ou ao produzir eventos reforçadores positivos.[26] Essa análise contribui para validar os sentimentos e os comportamentos atuais, tornando-os coerentes com as experiências que a pessoa vem tendo ao longo da vida. Muitas vezes, dizemos aos nossos clientes que se tivéssemos passado pelas mesmas situações que eles passaram, estaríamos nos comportando de forma semelhante. Essa postura é um forte aliado do terapeuta na formação de vínculo com o cliente. No entanto, a validação não implica aceitação passiva das condições atuais! A teoria da Seleção Natural indica que uma espécie foi preparada para viver em ambientes semelhantes aos que viveu no passado, não há garantias de adaptabilidade a novos e porventura diferentes ambientes (Skinner, 1990). Na ontogênese, ocorre o mesmo. Uma das principais fontes do sofrimento humano são as mudanças ambientais pelas quais uma pessoa passa ao longo da vida. Formas efetivas de se comportar em contextos anteriores podem não ser apropriadas a novos contextos, por vezes muito semelhantes, e podem passar a produzir pouco ou nenhum reforçamento, ou, ainda, produzir consequências aversivas. A dificuldade se acentua quando esses novos contextos tornam-se predominantes e envolvem reforçadores poderosos. Habituado a um padrão comportamental, o indivíduo se depara com uma situação que exige variação e isso pode ser muito difícil, pois um outro modo de se comportar não foi "treinado" em sua vida. Assim, um simples conselho terapêutico como "comporte-se de tal maneira" pode estar fadado ao fracasso. Torna-se, então, importante para a pessoa entender por que se comporta assim e por que é difícil mudar, favorecendo o engajamento em situações de mudanças. A ideia de que se vai *aprender* a agir de outras formas pode ser mais adequada nessas circunstâncias.

Vejamos um exemplo. Imaginemos uma mulher chamada Lúcia, que ao longo de sua vida foi tranquila, quieta, sorridente, meiga, não criou atrito com as pessoas e foi correta no sentido de agir

---

[25] Para entender um pouco sobre a relação entre história de vida e identificação de padrões comportamentais na prática clínica, ver Marçal (2005, 2006a e 2007).

[26] *Evento aversivo* ou *reforçador negativo* é aquele que reduz a probabilidade de ocorrência do comportamento que o produziu ou antecedeu (punição positiva) e também aumenta a probabilidade de ocorrência do comportamento que o adiou, atenuou ou removeu (reforçamento negativo). Um *reforçador positivo* é um evento que aumenta a probabilidade de ocorrência do comportamento que o produziu (reforçamento positivo) e também reduz a probabilidade de ocorrência do comportamento que o removeu (punição negativa).

conforme os mandamentos sociais da cultura em que viveu. Carinho, afeto, respeito, privilégios, consideração e tantos outros reforçadores sociais foram fartamente adquiridos em função da sua forma de ser. Regras a respeito de si (autoimagem) foram formadas a partir dessas experiências e também passaram a controlar seus comportamentos (p. ex., "isto não é para alguém como eu", "tal atitude não combina comigo", "Lúcia é meiga... um amor"). No entanto, quando Lúcia se torna adulta, depara-se com as seguintes situações: os filhos desafiam-na e passam a desobedecê-la, pois ela tem dificuldade em ser "dura" com eles; o mesmo acontece em relação à empregada que trabalha em sua casa; no trabalho, assumiu um cargo de chefia, com melhor remuneração, mas que exige atitudes de rigidez com os funcionários. Esses contextos exigem de Lúcia um repertório comportamental que foi pouco fortalecido (selecionado) em suas experiências de vida: contrapor ou contrariar as pessoas, ser rígida com elas, impor limites. Provavelmente, a sua postura também tenha contribuído para que pessoas próximas, como pais, familiares e, depois, colegas, tenham agido dessa forma *por* ela, como numa espécie de proteção. Talvez seu comportamento tenha sido punido quando agiu de forma diferente, ouvindo coisas como: "Essa não é a Lúcia que conhecemos!" ou "O que é isso, Lúcia! Você fazendo isso!". Dessa forma, esses repertórios não foram efetivamente modelados. Isso leva a uma condição de grande sofrimento, de angústia, de sensação de impotência. Simplesmente pedir que Lúcia se imponha diante das pessoas pode ser o mesmo que pedir a alguém, que mal sabe dar uma cambalhota, para dar um "salto mortal"! A compreensão de como suas características foram adquiridas, de como tais situações se tornaram aversivas ou reforçadoras positivas, poderá ajudá-la a se engajar gradativamente em situações que favoreçam a emissão dos comportamentos desejados.[27]

A variação é um elemento básico para haver seleção (Skinner, 1981). Pouca variabilidade entre os membros da espécie diminui a probabilidade de esta sobreviver a mudanças ambientais. Do mesmo modo, padrões restritos e estereotipados de comportamentos dificultam a adaptabilidade a um mundo em constante mudança. Um dos principais objetivos da prática clínica é produzir variabilidade comportamental, aumentar o leque de possibilidades para conseguir reforçamento em ambientes variados (Marçal e Natalino, 2007). No entanto, por que mudar às vezes é tão difícil? Por que alguns clientes não se engajam nas situações terapêuticas sinalizadas nas sessões? Seria válido aquele ditado popular na Psicologia em que se afirma que "para mudar, é necessário querer mudar"? Para o analista do comportamento, é fundamental avaliar as contingências que levam alguém a querer mudar, ou seja, mais importante do que querer ou não mudar, é o que leva alguém a querer ou não mudar.

O modelo selecionista é muito eficaz na avaliação motivacional para mudanças. Muitas vezes, respostas que trazem consequências aversivas, também levam a reforçadores poderosos. Por exemplo, uma postura agressiva pode trazer reações sociais desagradáveis, mas também admiração e respeito; um comportamento pode ser punido com frequência em um contexto, mas não em outro; ser calado pode estar trazen-

---

[27] A experiência clínica ensinou-me a usar termos como *experimentar*, *treinar*, *aprender*, *praticar*, *exercitar*, quando se trata de motivar o cliente a emitir comportamentos funcionalmente necessários, mas que não fazem parte do seu repertório comportamental, isto é, que não foram aprendidos. A ideia de simplesmente "fazê-lo" pode gerar enorme frustração diante da inevitável dificuldade que ele encontrará.

do problemas numa relação conjugal, mas ser útil no trabalho ao favorecer a produtividade e evitar intrigas. Muitas vezes, também, a mudança implica engajar-se em situações com elevado custo de resposta e de ganhos em um prazo muito longo.

> Para uma pessoa, deixar de ser dependente pode representar muito esforço e um tempo demasiado grande para obter os reforçadores almejados.

A avaliação motivacional oferece ótimos parâmetros para terapeuta e cliente estabelecerem metas terapêuticas e estratégias para consegui-las, evitando que a terapia "fique patinando", sem sair do lugar.

O ALCANCE DA ANÁLISE DO COMPORTAMENTO NA ÁREA CLÍNICA

Existem muitas concepções enganosas do que vem a ser Análise Comportamental Clínica ou Terapia Analítico-Comportamental. A maior parte dessas interpretações é decorrente de (a) um forte desconhecimento[28] do que vem a ser o Behaviorismo Radical, (b) de pressupostos derivados dos primórdios do Behaviorismo e (c) de uma associação à terapia comportamental baseada na exclusiva aplicação de técnicas, algo comum[29] em situações aplicadas, como em instituições de saúde (o capítulo de de-Farias, neste livro, aborda brevemente este tópico). Independentemente desse processo, são observadas duas características comuns entre os clínicos behavioristas radicais: a paixão pela teoria e a segurança no seu referencial teórico. Não se observa entre os clínicos de orientação behaviorista radical a necessidade de utilizar um outro modelo psicológico de interpretação ou tratamento, seja qual for o comportamento em questão, incluindo os distúrbios graves como padrões psicóticos e outros. Interferências em aspectos orgânicos, como por meio de medicamentos, podem ser bem-vindas em alguns casos, da mesma forma que técnicas clínicas provenientes de outras abordagens psicológicas. Contudo, não há a necessidade de interpretações baseadas em modelos não derivados de um estudo controlado e sistematizado, como o decorrente da Análise Experimental do Comportamento.

As perspectivas clínicas behavioristas radicais são sempre positivas. Cada vez mais pesquisas fornecem conhecimento e dão sustentação às estratégias de intervenção (Kerbauy, 1999). No Brasil, é cada vez maior o número de centros de formação para clínicos que desejam se especializar nessa abordagem, assim como o número de publicações relacionadas à área.[30] O mesmo acontece fora do país, onde novos modelos clínicos têm surgido baseados nesse referencial teórico (p. ex., Kohlenberg e Tsai, 1991/2001; Hayes et al., 1999). Para uma boa formação clínica, é necessário um bom embasamento filosófico e teórico-conceitual, além de uma prática supervisionada. No entanto, é importante ressaltar que o Behaviorismo privilegia o método como produção de conhecimento; tal como afirmou Skinner (1950), ao enfatizar que quem quiser as respostas sobre as coisas, não deve ir atrás dele, pois elas estão na natureza. Ela é que deve ser investigada.

---

[28] Infelizmente, muitas destas concepções são largamente difundidas entre aos alunos de graduação em Psicologia por professores de outras abordagens também por um grande desconhecimento sobre a Análise do Comportamento.

[29] E necessário.

[30] Vasto material é encontrado nas coleções "Ciência do Comportamento: Conhecer e avançar", "Sobre Comportamento e Cognição" e no periódico "Revista Brasileira de Terapia Comportamental e Cognitiva".

EXERCÍCIO
Identificando variáveis independentes na prática clínica[31]

Na Análise do Comportamento, traduzimos alguns termos:

Causa: mudança em uma variável independente;
Efeito: mudança em uma variável dependente;
Relação causa-efeito: relação funcional.

As VIs são eventos ambientais. Conforme afirmou Skinner (1981), "as causas do comportamento (VIs) são as condições externas das quais o comportamento é função". Identificar VIs na prática clínica é uma tarefa básica e fundamental para o psicólogo em todas as etapas da terapia. Executá-la adequadamente evita que o terapeuta desvie sua atenção para variáveis não relevantes no controle dos comportamentos do seu cliente e reduza a eficácia da terapia. Este exercício ajudará você a aprender a identificar essas variáveis. As VIs aqui abordadas referem-se àquelas responsáveis (a) pela aquisição e pela manutenção de comportamentos ou padrões comportamentais do cliente, (b) pela motivação para a mudança e (c) pelas mudanças necessárias para se alcançar as metas terapêuticas.

I – O **perfeccionismo** é um padrão comportamental encontrado com relativa frequência entre os clientes. Apesar dos comportamentos que o caracterizam serem funcionais (produzirem reforçamento) em muitos contextos, não o são em outros (não produzem reforçamento ou produzem punição). A seguir, alguns exemplos de comportamentos que poderiam caracterizar o perfeccionismo:

- Faz muito bem feito tudo que pega para fazer;
- Refaz várias vezes o mesmo trabalho até ficar sem erros;
- Não para de fazer algo enquanto não estiver "bem feito";
- Fica remoendo ou lamentando quando algo não saiu bem feito como queria;
- Atenção está sob controle do que não está bom.

A) *Aquisição* – Assinale, entre os exemplos abaixo, quais poderiam ser considerados VIs históricas para a aquisição (ou para a manutenção ao longo dos anos) desse padrão comportamental:

( ) Muito acostumada a fazer tudo bem feito.
( ) Tirava as melhores notas da escola.
( ) Sempre gostou de ser a melhor em tudo.
( ) Pais muito exigentes quanto ao desempenho.
( ) Estudou em colégios exigentes.
( ) Preferia atividades que exigiam muito.
( ) Premiada por elevado desempenho.
( ) Valorizada pelos pais apenas em função do desempenho.
( ) Sempre sentiu necessidade de fazer bem feito.
( ) Ambiente familiar competitivo e comparativo.
( ) Muito autoexigente.

B) *Manutenção* – Assinale, dentre os exemplos abaixo, VIs atuais que contribuiriam para uma pessoa manter o padrão comportamental de perfeccionismo:

( ) É proprietária e gerencia uma empresa que sofre grande concorrência.
( ) Pensa que só aquele que faz bem feito é quem progride na vida.
( ) Incomoda-se quando vê algo mal feito.
( ) Tem grande prestígio entre os colegas de profissão: estes esperam muito dela.
( ) Quer continuar sendo assim.
( ) Mãe reforça-a diferencialmente pelo desempenho.

C) *Motivação para a mudança* – Assinale quais dos exemplos abaixo seriam determinantes (VIs) para motivar mudanças em relação ao perfeccionismo:

( ) Não quer ser tão perfeccionista.
( ) Apresenta somatizações graves relacionadas ao perfeccionismo.
( ) Marido, a quem ama, está se afastando dela.
( ) Acha que está precisando relaxar.

---
[31] O gabarito dos exercícios está disponível ao final do livro.

( ) Não está obtendo reforçadores relacionados ao lazer.
( ) Perde oportunidades (reforçadores) valiosas por só querer coisas perfeitas.
( ) É determinada, consegue o que quer.

D) *Recursos terapêuticos* – Identifique quais dos recursos ou estratégias terapêuticas exemplificados abaixo corresponderiam a VIs responsáveis por mudanças:

( ) Precisa aprender a relaxar.
( ) Mudar o pensamento: "nem tudo na vida é perfeito".
( ) Estar em situações reforçadoras que não tenham demandas por desempenho.
( ) Vivenciar contextos reforçadores em que haja boa probabilidade de ocorrerem imperfeições sem consequências punitivas.
( ) Não se cobrar tanto.

II – O **comodismo** e a **falta de iniciativa** também são padrões comportamentais frequentes que trazem problemas na vida de alguns clientes. Assim como no perfeccionismo, os comportamentos que caracterizam esses padrões foram ou são funcionais em muitos contextos e não foram ou não são em outros. A seguir, alguns exemplos de comportamentos que poderiam caracterizar o comodismo e à falta de iniciativa:

- Espera as coisas acontecerem na vida;
- Age apenas quando solicitado ou mesmo obrigado;
- Raramente inicia um novo projeto;
- Tende a permanecer em condições aversivas, mostrando passividade;
- Sente-se inseguro ou sem vontade para iniciar algo novo.

A) *Aquisição* – Assinale, entre os exemplos abaixo, quais poderiam ser VIs históricas para a aquisição (ou para a manutenção ao longo dos anos) desse padrão comportamental:

( ) Avô, com quem nunca teve contato, também era acomodado.
( ) Tinha preguiça de fazer as coisas quando criança.
( ) Seu irmão, três anos mais velho, fazia e resolvia quase tudo para ele (cliente).
( ) Mãe facilitadora.
( ) Foi pouco exigido na vida.
( ) Era quieto desde criança.
( ) Seu signo revela uma pessoa acomodada.
( ) Nunca teve força de vontade.
( ) Acesso a muitos reforçadores sem muito esforço.
( ) Insucesso ao tentar fazer algumas coisas por si.
( ) Sempre foi inseguro.
( ) Tinha baixa autoestima.

B) *Manutenção* – Assinale, dentre os exemplos abaixo, VIs atuais que contribuiriam para manter o padrão comportamental:

( ) Não tem energia dentro de si.
( ) Regra: "se pudesse, passava o dia com as garotas".
( ) Recebe boa mesada dos avós.
( ) Acha que é preguiçoso.
( ) Não há contingências aversivas na vida que leva atualmente.
( ) Acha que não deve ser diferente.
( ) Família reforça sua capacidade persuasiva para ter o que quer.

C) *Motivação para a mudança* – Assinale quais dos itens abaixo seriam determinantes (VIs) para motivar mudanças:

( ) Acha que está na hora de mudar sua postura.
( ) Mãe deixou de facilitar sua vida.
( ) Está perdendo reforçadores importantes (punição negativa) por não tomar iniciativa para adquiri-los.
( ) Concorda com o irmão quando este diz que ele está acomodado.
( ) Sente que está mais corajoso.
( ) Namorada, que amava, terminou com ele, pois achava que ele não progrediria na vida.
( ) Passou a morar só, em outra cidade, onde mal conhece as pessoas.
( ) Quer ser igual ao irmão.

D) *Recursos terapêuticos* – Identifique quais dos recursos terapêuticos abaixo corresponderiam a VIs responsáveis por mudanças:

( ) Terapeuta encerra a sessão no horário inicialmente previsto, mesmo o cliente chegando 40 minutos atrasado e sem uma justificativa adequada.
( ) Vivenciar contextos reforçadores em que haja contingência específica para a produtividade.
( ) Identificar o lado bom de ter iniciativa, ser produtivo.
( ) Aprender a se virar.
( ) Ter mais força de vontade.
( ) Estar em situações em que as coisas dependam de si.
( ) Inserir-se ou manter-se em ambientes exigentes, que punam o comodismo, mas que também disponibilizem reforçadores importantes.

III – A **impulsividade** e o **imediatismo** também são padrões comportamentais frequentemente identificados em clientes. Os comportamentos que os caracterizam foram ou são funcionais em muitos contextos, e não foram ou não são em outros. A seguir, alguns exemplos de comportamentos que poderiam caracterizar a impulsividade e o imediatismo:

- Fala coisas sem pensar e depois se arrepende;
- Não consegue esperar por algo, tem que ser agora;
- Pouca persistência, pouco autocontrole;
- Baixa tolerância à frustração;
- Desiste das atividades em que seu comportamento não é imediatamente reforçado.

A) *Aquisição* – Assinale, dentre os exemplos abaixo, quais poderiam ser VIs históricas para a aquisição (ou para a manutenção ao longo dos anos) desse padrão comportamental:

( ) História de acesso fácil e frequente a reforçadores importantes, sem precisar ser persistente.
( ) É impulsivo desde criança.
( ) Nunca foi paciente para esperar.
( ) Teve vários empregados à disposição quando criança.
( ) Era hiperativo.
( ) Suas exigências eram frequentemente reforçadas pelos adultos.
( ) Poucas frustrações nas relações sociais próximas.
( ) Sempre foi parecido com o pai nos comportamentos.

B) *Manutenção* – Assinale, dentre os exemplos abaixo, VIs atuais que contribuiriam para manter o padrão comportamental:

( ) No trabalho, tem muito poder e comanda várias pessoas dispostas a atendê-lo prontamente.
( ) Há pressão no trabalho por resultados imediatos.
( ) Tem TDAH (Transtorno do Déficit de Atenção e Hiperatividade).
( ) Fica irritado com a lentidão dos outros.
( ) Explosivo quando contrariado.
( ) É ansioso.
( ) Não se "dá mal" quando age de forma considerada impulsiva.

C) *Motivação para a mudança* – Assinale quais dos exemplos abaixo seriam determinantes (VIs) para motivar (ou não) mudanças nesse padrão comportamental:

( ) Brigou duas vezes na rua após gritar com outros. Foi bem-sucedido.
( ) As coisas na vida continuam como na infância: muito poder.
( ) Namora uma pessoa que lhe é submissa.
( ) Considera-se explosivo, gostaria de mudar.
( ) Dois amigos, dos quais gostava muito, afastaram-se dele.
( ) Reconhece que suas atitudes são, às vezes, inadequadas.
( ) Tem sentido vontade de mudar.

D) *Recursos terapêuticos* – Identifique quais dos recursos terapêuticos exemplificados abaixo corresponderiam a VIs responsáveis por mudanças:

( ) Estar em ambientes reforçadores, mas que lhes confiram pouco poder.
( ) Atividades em que o acesso ao reforçador dependa da persistência.

( ) Acreditar que pode mudar.
( ) Estabelecer etapas para uma mudança gradativa.
( ) Terapeuta não atende prontamente à sua solicitação para mudança de horário (cliente não gosta muito do horário em que está).
( ) Aprender a relaxar e se controlar.

REFERÊNCIAS

Abreu-Rodrigues, J. & Sanabio, E. T. (2001). Eventos privados em uma psicologia externalista: Causa, efeito ou nenhuma das alternativas? Em H. J. Guilhardi, M. B. B. P. Madi, P. P. Queiroz & M. C. Scoz (Orgs.), *Sobre Comportamento e Cognição: Vol. 7. Expondo a variabilidade* (pp. 206-216). Santo André: ESETec.

Baum, W. M. (1994/1999). *Compreender o Behaviorismo: Ciência, comportamento e cultura* (M. T. A. Silva, G. Y. Tomanari & E. E. Z. Tourinho, trads.). Porto Alegre: Artmed.

Beckert, M. E. (2001). A partir da queixa, o que fazer? Correspondência verbal/não verbal: um desafio para o terapeuta. Em H. J. Guilhardi, M. B. B. Madi, P. P Queiroz, M. C. Scoz & C. Amorim (Orgs.), *Sobre Comportamento e Cognição: Vol. 7. Expondo a variabilidade* (pp. 186-194). Santo André: ESETec.

Carrara, K. (1998). *Behaviorismo Radical: Crítica e metacrítica*. Marília: Unesp Marília publicações; São Paulo: FAPESP.

Carrara, K. (2001). Implicações do Contextualismo pepperiano no Behaviorismo Radical: Alcance e limitações. Em H. J. Guilhardi, M. B. B. P. Madi, P. P. Queiroz, M. C. Scoz & C. Amorim (Orgs.), *Sobre Comportamento e Cognição: Vol. 8. Expondo a variabilidade* (pp. 205-212). Santo André: ESETec.

Carrara, K. (2004). Causalidade, relações funcionais e contextualismo: algumas indagações a partir do behaviorismo radical. *Interações, 9*, 29-54.

Carrara, K. & Gonzáles, M. H. (1996). Contextualismo e mecanicismo: implicações conceituais para uma análise do Comportamento. *Didática, 31*, 199-217.

Catania, A. C. (1979). *Learning*. New Jersey: Prentice Hall.

Carvalho Neto, M. B. (1999). Fisiologia & Behaviorismo Radical: Considerações sobre a caixa preta. Em R. R. Kerbaury & R. C. Wielenska (Orgs.), *Sobre Comportamento e Cognição: Vol. 4. Psicologia comportamental e cognitiva: da reflexão teórica à diversidade na aplicação* (pp. 262-271). Santo André: ESETec.

Chiesa, M. (1994). *Radical Behaviorism: The philosophy and the science*. Boston: Authors Cooperative.

Desmond, A. & Moore, J. (1995). *Darwin: a vida de um evolucionista atormentado*. São Paulo: Geração Editorial.

Donahoe, J. W. (2003). Selecionism. Em K. A. Lattal & P. N. Chase (Orgs.), *Behavior theory and philosophy* (pp. 103-128). New York: Kluwer academic/Plenum Publishers.

Ferster, C.B. (1973). A functional analysis of depression. *American Psychologist, 28*, 857-70.

Hayes, S. C., Hayes, L. J. & Reese, H. W. (1988). Finding the philosophical core. *Journal of the Experimental Analysis of Behavior, 50*, 97-111.

Hayes, S. C., Strosahl, K. D., Bunting, K., Twohig, M. P. & Wilson, K. G. (2004). What is Acceptance and Commitment Therapy? In S. C. Hayes & K. D. Strosahl (Eds.), *A practical guide to Acceptance and Commitment Therapy* (pp. 1-30). New York: Guilford Press.

Hayes, S. C., Strosahl, K. & Wilson, K. G. (1999). *Acceptance and commitment therapy: An experiential approach to behavior change*. Nova York: Guilford Press.

Kerbauy, R. R. (1999) Pesquisa em terapia comportamental: Problemas e soluções. Em R. R. Kerbauy & R. C. Wielenska (Orgs.), *Sobre Comportamento e Cognição: Vol. 4. Psicologia Comportamental e Cognitiva: da reflexão teórica à diversidade na aplicação* (pp. 61-68). Santo André: ARBytes.

Lindsley, O. R. & Skinner, B. F. (1954). A method for the experimental analysis of the behavior of psychotic patients. *American Psychologist, 9*, 419-420.

Marçal, J. V. S. (2005). Estabelecendo objetivos na prática clínica: Quais caminhos seguir? *Revista Brasileira de Terapia Comportamental e Cognitiva, 7*, 231-246.

Marçal, J. V. S. (2006a). Refazendo a história de vida: quando as contingências passadas sinalizam a forma de intervenção clínica atual. Em H. J. Guilhardi & N. C. de Aguirre (Orgs.), *Sobre Comportamento e Cognição: Vol 15. Expondo a variabilidade* (pp. 258-273). Santo André: ESETec.

Marçal, J. V. S. (2006b). *Introdução gradativa versus introdução completa de uma contingência de variação operante em crianças*. Tese de doutorado não publicada, Universidade de Brasília, Brasília, DF, Brasil.

Marçal, J. V. S. & Natalino, P. C. (2007). Variabilidade comportamental e adaptabilidade: da Pesquisa à Análise Comportamental Clínica. Em H. J. Guilhardi & N. C. de Aguirre (Orgs), *Sobre Comportamento e Cognição: Vol. 18. Expondo a variabilidade* (pp. 71-85). Santo André. ESETec.

Marx, H. M. & Hillix, A. W. (1997). *Sistemas e Teorias em Psicologia* (A. Cabral, trad.). São Paulo: Editora Cultrix.

Matos, M. A. (2001). Com o quê o behaviorista radical trabalha? Em R. A. Banaco (Org.). *Sobre Comportamento e Cognição: Vol. 1. Aspectos teóricos, metodológicos e de formação em Análise do Comportamento e Terapia Cognitivista* (pp. 49-56). Santo André: ESETec.

Micheletto, N. (1997). Bases Filosóficas do Behaviorismo Radical. Em R. A. Banaco (Org.). *Sobre Comportamento e Cognição: Vol. 1. Aspectos teóricos, metodológicos e de formação em Análise do Comportamento e Terapia Cognitivista* (pp. 29-44). Santo André: ESETec.

Micheletto, N. (2001). A história da prática do analista do comportamento: Esboço de uma trajetória. Em H. J. Guilhardi, M. B. B. P. Madi, P. P. Queiroz, M. C. Scoz & C. Amorim (Orgs.), *Sobre Comportamento e Cognição: Vol. 8. Expondo a variabilidade* (pp. 152-167). Santo André: ESETec.

Millenson, J. R. (1967/1975). *Princípios de Análise do Comportamento* (A. A. Souza e D. Rezende, trads.). Brasília: Coordenada.

Moxley, R. A. (1997). Skinner: From determinism to random variation. *Behavior and Philosophy, 25*, 3-28.

Richelle, M. N. (1993). *B. F. Skinner: A Reappraisal*. Hillsdale, N. J.: Lawrence Erlbaum Associates, Publishers.

Rimm, D. C. & Masters, J. C. (1983). *Terapia Comportamental*. São Paulo: Manole.

Ryle, G. (1949/1963). *The concept of mind*. London, Hutchinson & CO. LTD.

Skinner, B. F. (1945/1988). The operational analysis of psychological terms. In A. C. Catania & S. Harnad (Eds.), *The Selection of behavior. The operant behaviorism of B. F. Skinner: Comments and consequences* (pp. 150-164). New York: Cambridge University Press.

Skinner, B. F. (1953/2000). *Ciência e Comportamento Humano* (J. C. Todorov & R. Azzi, trads.). São Paulo: Martins Fontes.

Skinner, B. F. (1957/1978). *O Comportamento Verbal* (M. da P. Villalobos, trad.). São Paulo: Cultrix, EDUSP.

Skinner, B. F. (1966). The phylogeny and ontogeny of behavior. *Science, 153*, 1205-13.

Skinner, B. F. (1974/1993). *Sobre o Behaviorismo* (M. da P. Villalobos, trad.). São Paulo: Cultrix.

Skinner, B.F. (1981). Selection by consequences. *Science, 213*, 501-04.

Skinner, B. F. (1989). *Recent issues in the analysis of behavior*. Columbus, O. H.: Merrill.

Skinner, B. F. (1990). Can psychology be a science of mind? *American Psychologist, 45*, 1206-1210.

Todorov, J. C. (1989). A Psicologia como estudo das interações. *Psicologia: Teoria e Pesquisa, 5*, 347-356.

Todorov, J. C. & de-Farias, A. K. C. R. (2008). Desenvolvimento e modificação de práticas culturais. Em J. C. M. Martinelli, M. A. A. Chequer & M. A. C. L. Damázio (Orgs.), *Ciência do Comportamento: Conhecer e Avançar* (Vol. 7). Santo André: ESETec.

Tourinho, E. Z. (1987). Sobre o Surgimento do Behaviorismo Radical de Skinner. *Psicologia, 13*, 1-11.

Vandenberghe, L. (2001). As principais correntes dentro da Terapia Comportamental – Uma taxonomia. Em H. J. Guilhardi, M. B. B. Madi, P. P. Queiroz, M. C. Scoz & C. Amorim (Orgs.), *Sobre Comportamento e Cognição: Vol. 7. Expondo a Variabilidade* (pp. 154-161). Santo André: ESETec.

Wolpe, J. (1981). *Prática da Terapia Comportamental* (W. G. Clark Jr., trad.). São Paulo: brasiliense.

Wong, S. E. (2006). Behavior analysis of psychotic disorders: scientific dead end or casualty of the mental health political economy? *Behavior and Social Issues, 15*, 152-177.

Capítulo 3

Habilidades Terapêuticas
É Possível Treiná-las?[1]

Hellen Ormond Abreu-Motta
Ana Karina C. R. de-Farias
Cristiano Coelho

Muitas são as críticas ao Behaviorismo, demonstrando, muitas vezes, uma confusão entre Behaviorismo Metodológico e Behaviorismo Radical. O Behaviorismo veio para se contrapor ao mentalismo e à introspecção. Foi Watson, em 1913, com seu Manifesto Behaviorista, quem despertou grande interesse no estudo do comportamento, negando a possibilidade de investigação científica dos eventos privados (ou encobertos). Skinner, por sua vez, faz uma reinterpretação desses eventos, propondo uma nova metodologia de estudo (Matos, 2001; Sant'Anna, 2003; Skinner, 1974/1993, 1989/1991).

Este último passou a considerar os eventos privados como sendo de fundamental importância para a realização de análises funcionais, nomeando sua filosofia de Behaviorismo Radical. Ao contrário de explicar o comportamento por meio de entidades abstratas, como ocorre nas teorias psicológicas tradicionais, o Behaviorismo Radical propõe explicar o comportamento humano por meio de relações organismo-ambiente (Kohlenberg e Tsai, 1991/2001; Skinner, 1953/1989, 1974/1993, 1989/1991).

Essa nova explicação de interação organismo-ambiente propiciou o desenvolvimento de técnicas de modificação comportamental que produziam rápidas alterações nos problemas apresentados pelos clientes. A terapia comportamental era, nesse momento, vista de maneira unidirecional, valorizando apenas as técnicas para o tratamento de patologias específicas. Seus terapeutas passaram a ser designados com expressões do tipo "engenheiros comportamentais" ou "máquinas de reforçamento social" (Barcellos e Haydu, 1998; Conte e Brandão, 1999; Edelstein e Yoman, 2002; Follette e Callaghan, 1995, citado por Silveira e Kerbauy, 2000; Rangé, 1998), tendo como fundamental tarefa a modificação de comportamento (Wilson e Evans, 1977, citado por Silveira e Kerbauy, 2000).

No entanto, foi verificado que apenas o uso de "técnicas certas para o problema certo" não era o suficiente para se obter êxito na terapia (Franks, 2002). Começou-se, então, a hipotetizar as variáveis que pudessem estar ligadas à relação estabelecida entre terapeuta e cliente (Gavino, 2002; Keijsers, Hoogduin e Shaap, 1994, citado por Meyer, 2001; Otero, 1998).

O termo "relação" tem como significado: conexão, afinidade, entendimento ou laços entre pessoas, grupos, nações. E o termo "terapêutico" significa arte ou ciência de curar (Sacconi, 1996). Assim, a relação terapêutica diz respeito tanto ao terapeuta quanto ao cliente, havendo uma conexão/interação entre os dois (Beitman, 1989, citado por Rangé, 1998).

---
[1] O presente trabalho é parte da monografia de conclusão do curso de graduação em Psicologia, na Universidade Católica de Goiás, defendida pela primeira autora, sob orientação dos demais autores.

> A relação terapêutica, além de se configurar como ajuda ao cliente nas atividades da psicoterapia, é, de maneira geral, como qualquer outra relação humana. Ela é uma conexão entre terapeuta e cliente que tem como principal característica o fato de ser uma relação amigável na qual, o terapeuta constitui-se em uma "audiência não punitiva" (Frank, 1961, citado por Gavino, 2002; Frieswyk, Allen, Colson, Coyne, Gabbard, Horwitz e Newsom, 1986, citado por Edelstein e Yoman, 2002; Rangé, 1998; Skinner, 1953/1989; Zaro, Barach, Nedelman e Dreiblatt, 1977/1980). Atualmente, a maioria dos psicoterapeutas considera a relação terapêutica como determinante para o êxito do processo psicoterapêutico, devendo ser estabelecido um clima de confiança. Pode-se considerar que a relação terapêutica é um instrumento terapêutico em si mesmo (Cardoso, 1985; Delliti, 2002; Kanfer e Phillips, 1970/1975; Kohlenberg e Tsai, 1991/2001).

Quanto mais solidificada a relação terapeuta-cliente, mais chance de sucesso o processo terapêutico terá (Eckert, Abeles e Graham, 1998, citado por Silveira, 2003; Falcone, Guillardi, Ingberman, Kerbauy e Rangé, 1998; Luciano e Herruzo, 1992, citado por Wielenska e Kerbauy, 2003; Meyer, 2001; Shinohara, 2000; Kohlenberg e Tsai, 1991/2001). Pesquisas demonstraram que a aliança terapêutica é desenvolvida por volta da terceira ou da quarta sessão, sendo essa aliança preditora do resultado da terapia, independentemente da orientação teórica ou da gravidade do problema (p. ex., Digiuseppe, Linscott e Jilton, 1996, citado por Silveira, 2003).

Segundo Bordin (1979, citado por Silveira, 2003), a aliança terapêutica é constituída de três elementos – o vínculo terapêutico, o ajuste na percepção que terapeuta e cliente têm das tarefas da terapia e a concordância de ambos quanto aos objetivos do tratamento. Aqui, no Brasil, apenas recentemente pesquisadores e clínicos da área comportamental interessaram-se pelo estudo e pela publicação sobre a relação terapêutica (Silveira, 2003). Apesar disso, muitas pesquisas comprovaram a importância do estudo desse tema (Banaco, 1993; Rangé, 1998).

A relação terapêutica é recíproca. A comprovação da importância dessa relação no sucesso da terapia trouxe consigo a necessidade de se compreender outra variável durante a sessão: os sentimentos e as emoções do terapeuta (Abreu e Shinohara, 1998; Banaco, 1993; Banaco, Zamignani e Kovac, 1997; Beutler e Garfield 1997, citado por Silveira e Kerbauy, 2000; Otero, 1998; Shinohara, 2000). Cabe ao terapeuta, portanto, dirigir sua atenção aos sentimentos do cliente, assim como aos seus próprios comportamentos, privados ou não (Delliti e Meyer, 1998; Meyer e Turkart, 1987; Wielenska, 1989; Zaro et al., 1977/1980).

Banaco (1993), Zaro e colaboradores (1977/1980), afirmam que os sentimentos do terapeuta ajudarão a entender as contingências estabelecidas durante a relação terapêutica. Brandão (2000) revela que não é agradável nem fácil deixar as emoções emergirem durante as sessões, podendo tal emergência ser evitada pelas duas partes (terapeuta e cliente). No entanto, os sentimentos e as emoções do terapeuta são importantes estímulos discriminativos para a compreensão das contingências evocadas ou estabelecidas, durante a sessão, na relação terapêutica. Em outras palavras, os sentimentos dão pistas do que foi aprendido no passado e as possíveis formas de comportamento no presente (Skinner, 1953/1989).

Além do uso de técnicas e de uma boa relação terapêutica, o terapeuta deve apresentar em seu repertório certas habilidades terapêuticas como aquelas propostas por Carl Rogers (1957, citado por Gavino, 2002), Cordioli (1998), Meyer e Vermes (2001), Peterson e Bry (1980, citado por Campos, 1998) e Strupp (1982, citado por Gavino, 2002), dentre as quais, empatia, autenticidade e aceitação podem ser destacadas. Outros autores ressaltam que o terapeuta deve ter habilidades para instruir o cliente, ouvir, observar, estar seguro de si, ser diretivo, ser disponível, usar de forma criteriosa o humor e ser criativo (p. ex., Rangé, 1995; Seligman, 1998, citado por Meyer, 2001; Silvares e Gongora, 1998).

Banaco e Zamignani (1999) declaram que o terapeuta deve saber praticar tais habilidades, além de escutar com atenção o que o cliente está dizendo. O terapeuta ainda deverá possuir uma boa formação conceitual da abordagem que escolheu seguir. Se for comportamental, deverá compreender com clareza conceitos como aprendizagem clássica e operante; saber identificar as técnicas e usá-las e, fundamentalmente, analisar funcionalmente todo o processo terapêutico (ver também Kohlenberg e Tsai, 1991/2001).

Todas essas habilidades muitas vezes não são diretamente treinadas durante a graduação, deixando o terapeuta iniciante com "inseguranças" e "medos", pois, ao chegar ao estágio, depara-se pela primeira vez com o papel de terapeuta e deverá comportar-se como tal (Castanheira, 2003; Zaro et al., 1977/1980). Os alunos de Psicologia são obrigados a assumir papéis contraditórios e ambíguos, concomitantes à supervisão – terapeuta, estudante, cliente, supervisionando e colega – o que acaba, por fim, gerando mais ansiedade (Olk e Friedlander, 1992, citado por Campos, 1998).

A fim de treinar o terapeuta iniciante no desenvolvimento das habilidades necessárias para o sucesso psicoterapêutico, o supervisor deverá evocar seus comportamentos privados (sentimentos, pensamentos, emoções), ou seja, aqueles que não são observados diretamente pelo supervisor durante as supervisões (Castanheira, 2003). Isso se deve ao fato de que o terapeuta, como uma "pessoa comum", também teve uma história de reforçamento e punição, e seus efeitos constituem uma característica relevante no processo psicoterapêutico (Banaco, 1993; Kohlenberg e Tsai, 1991/2001; Rangé, 1998). Nesse sentido, o supervisor poderá, em algumas ocasiões, verificar que "o aluno (...) saiu da sessão, além de bastante ansioso, frustrado por não ter conseguido captar o cliente e deixou escapar várias chances de fazer intervenções ou as fez em momentos absolutamente inadequados" (Banaco, 1993, p. 71-72).

Deve-se ressaltar que tal situação não depende apenas do aluno, mas também da instituição e do quadro curricular no qual o estágio ocorre (Campos, 1989; Castanheira, 2003; Kubo e Botomé, 2003; Marinho e Silveira, 2004; Silvares e Gongora, 1998; Zaro et al., 1977/1980). Muitas vezes, os alunos passam da teoria para a prática sem haver um treino suficiente, e a falta de experiência controla respostas de medo e de ansiedade. As grades institucionais e curriculares precisam de mudanças que incluam disciplinas práticas responsáveis proporcionar uma alteração na forma de ensino-aprendizagem. Os terapeutas iniciantes deveriam ter treino de habilidades profissionais antes de realizarem os atendimentos clínicos (Campos, 1998; Castanheira, 2003; Falcone et al., 1998; Rangé, 1998; Zaro et al., 1977/1980). De acordo com Shoock e colaboradores (1995), Silvares e Gongora (1998), os terapeutas que recebem treinamento oferecem maior ajuda a seus clientes do que terapeutas não treinados. Somado a isso, Gonçalves (1994) afirma que deveria haver um aumento na carga horária dos estágios, proporcionando, assim, um maior contato entre o aluno e a prática.

Guilhardi (1987), Silvares (1997) e Ulian (2002) entendem que a experiência clínica antes da atuação é de fundamental importância e que isso pode ser oferecido ao aluno desde muito cedo, dando a ele a chance de se integrar em uma equipe de estudantes de vários níveis. O aluno pode participar de sessões de supervisão ou aprender por meio da observação de vídeos em que estudantes mais graduados possam servir de modelos.

Além disso, é de fundamental importância que os modelos estudados estejam adequados à realidade: ao se estudar, os modelos e os exemplos são geralmente elitizados; quando se chega à prática de estágio, o que encontramos é uma população carente. Como consequência, tem-se a impressão de que o que aprendeu não funciona, tendo que abandonar o modelo aprendido e procurar outro, ao invés de aperfeiçoar o que aprendeu durante a graduação (Guilhardi, 1998). Em suma, é de fundamental importância para uma adequada formação do psicoterapeuta a interação entre informações teóricas, prática em atendimento e supervisão (Ulian, 2002).

Diante do relatado acima, torna-se relevante a observação das necessidades apresentadas pelos terapeutas iniciantes. Diversas questões sobre aliança terapêutica têm sido apresentadas. No entanto, o tema é bastante complexo e, por isso, exige uma maior investigação (Meyer, 2004). O objetivo deste trabalho foi chamar a atenção para as possíveis dúvidas e dificuldades dos terapeutas iniciantes e para a necessidade de treinar, no decorrer da graduação, as habilidades terapêuticas. Para tanto, foi aplicado um questionário que levantava as habilidades existentes e inexistentes nos terapeutas iniciantes em três momentos diferentes: Pré-Estágio, Estágio I e Estágio II. Foi também analisado um diário escrito por uma estagiária em Análise Comportamental, no qual ela anotava diariamente as ocorrências de seus eventos privados (ansiedade, medo, expectativas, etc.), antes e após as sessões realizadas com seus clientes.

MÉTODO

Participantes

Responderam a um questionário 78 alunos do curso de Psicologia da Universidade Católica de Goiás, de ambos os sexos e idades entre 17 e 50 anos. Desses alunos, 30 cursavam as disciplinas de Pré-Estágio (8° período), 25 estavam no Estágio I (9° período) e 23, no Estágio II (10° período). O critério de inclusão para os participantes era de que estivessem cursando ou pretendendo cursar o estágio na área clínica, independentemente da abordagem escolhida.

Além disso, uma terapeuta em treinamento (estagiária), em Análise Comportamental, da Universidade Católica de Goiás, sexo feminino, casada, 31 anos, três filhos, registrou em um diário seus eventos privados relacionados a duas clientes. As clientes atendidas foram MV (nome fictício), 29 anos, sexo feminino, duas filhas, divorciada; e EY (nome fictício), 28 anos, sexo feminino, dois filhos, divorciada.

De modo geral, as principais queixas das clientes foram: baixa autoestima, diminuída habilidade social, dificuldade em discriminar seus próprios sentimentos, falta de confiança e depressão. Afirmavam que a origem de seus problemas residia no outro, ou seja, naqueles com quem conviviam, e não conseguiam relatar a necessidade de transformações em si mesmas.

Ambiente e material

Utilizou-se um questionário com 28 questões, sendo 25 destas, parte de uma escala *Lickert* com a variação de 1 a 4, que foi aplicado nos alunos da UCG, referente a habilidades necessárias a um bom terapeuta, assim como às principais dificuldades encontradas no início da profissão (ver Anexo 1). Com relação às sessões, foram realizadas em consultórios padronizados do Centro de Estudos, Pesquisa e Prática Psicológica (CEPSI) da Universidade Católica de Goiás (UCG). A terapeuta utilizou um caderno como diário, no qual eram registrados dados importantes para a elaboração do estudo, ou seja, seus comportamentos privados antes e após as sessões e situações representativas das contingências observadas no dia a dia das clientes.

Procedimento

Aplicação do questionário

Foi aplicado um questionário, elaborado pela estagiária, com o auxílio de uma colega e de seus supervisores (Abreu, de-Farias, Cabral e Coelho, 2005). Após autorização por parte do coordenador da clínica-escola (CEPSI) para a aplicação do questionário, a estagiária pediu permissão à professora que ministrava a disciplina "Ética e Preparação para Estágio" para a aplicação do questionário ao final da aula. A aplicação do questionário para os alunos matriculados em Estágios I e II ocorreu no início de uma reunião marcada pela coordenação do CEPSI, para discutir assuntos da clínica-escola. Os alunos responderam individualmente em, aproximadamente, 10 minutos.

Sessões Terapêuticas e Registros

As sessões eram realizadas duas vezes por semana, com a duração de 50 minutos cada. As sessões iniciais tiveram o objetivo de avaliar queixas trazidas pelas clientes e coletar dados. Nas demais sessões, foram realizadas (i) análises funcionais dos comportamentos das clientes, com o objetivo de obter informações acerca da instalação e da manutenção de seus comportamentos; (ii) reforçamento diferencial do comportamento verbal das clientes, com o objetivo de desenvolver análises funcionais; (iii) ensaio comportamental, com o objetivo de treinar comportamentos mais assertivos e (iv) biblioterapia, com finalidade pedagógica e também distrativa.

As sessões com as clientes foram registradas pela estagiária em um caderno de diário. Nesse caderno, eram anotados também os pensamentos e os sentimentos da estagiária. As anotações eram realizadas antes e depois das sessões de cada uma das clientes. Tal procedimento teve como principal objetivo a análise dos comportamentos da terapeuta, relacionando-os ao andamento das sessões, e de como esses eventos poderiam influenciar e ser influenciados pela relação terapêutica.

RESULTADOS

Análise das respostas ao questionário

Foram analisados 25 itens do questionário. As questões com *menor* índice de concordância para todos os grupos referiam-se ao fato de o aprendizado de uma teoria e o ensino oferecido pela universidade durante a graduação serem suficientes para que o aluno se torne um bom terapeuta. Além disso, as respostas dos diferentes níveis de estágio divergiram quanto à maior responsabilidade de técnicas ou da relação terapêutica sobre as mudanças comportamentais dos clientes (questões 4, 8 e 9). A *maior* concordância para os grupos foi encontrada nas questões 15, 17 e 20 (que se referiam à influência da relação terapêutica sobre a terapia, à necessidade de terapia para o terapeuta e ao fato de terem procurado outras fontes de conhecimento além das aulas).

Na maioria das questões, as diferenças entre os grupos não foram significativas (a > 0,05). No entanto, observa-se um aumento estatisticamente significativo entre os alunos dos três grupos na concordância com as questões 1 (sobre estar preparado para exercer as funções de psicólogo), 3 (sentir-se tranquilo antes do primeiro atendimento), 5 (treino de habilidades terapêuticas durante a graduação) e 15 (que há diferenças entre as análises de terapeutas iniciantes e as de terapeutas experientes).

Em suma, os alunos de pré-estágio julgaram-se menos preparados para exercer a profissão de psicólogo clínico, enquanto consideraram, em maior proporção do que os alunos formandos, que a relação terapêutica influencia no sucesso da terapia e que há diferenças entre as análises clínicas realizadas por terapeutas iniciantes e experientes.

ANÁLISE DOS REGISTROS EM DIÁRIO

A partir dos registros dos diários, foram quantificados, a cada sessão, os sentimentos positivos e negativos da estagiária em relação a si mesma, em relação às clientes e em relação às sessões. Esses dados foram analisados para as sessões iniciais (1-5), intermediárias (11-15) e finais (20-25 para EY, e 34-39 para MV). Foi calculada, para cada sessão desse conjunto, a razão acumulada de sentimentos positivos (frequência acumulada de sentimentos positivos dividida pela frequência acumulada de sentimentos negativos) separadamente em relação a si mesma, à cliente e à sessão. Os dados são apresentados nas Figuras 1 e 2.

Observa-se que houve uma correlação nos sentimentos dos três tipos de relatos, isto é, relatos positivos das clientes ocorriam geralmente junto a relatos positivos sobre si e sobre a sessão. Os primeiros atendimentos com a cliente EY foram marcados por alguns relatos de sentimentos negativos. Logo em seguida, ainda nas sessões iniciais, a estagiária demonstrava ter adquirido mais "segurança" ("saber como agir") e confiança por ter recebido um treino anterior, visto que essa cliente era a quarta pessoa que estava atendendo. Dessa forma, foram mais frequentes sentimentos positivos em relação às sessões, a si mesma e à cliente. Porém, como pode ser observado na Figura 3.1, a razão de sentimentos positivos foi declinando, dando lugar a alguns sentimentos negativos e, após, os sentimentos positivos e negativos adquiriram a mesma proporção, ou seja, igualaram-se.

Pode-se notar que, nas sessões intermediárias, houve uma acentuada diminuição dos sentimentos positivos e uma manutenção dos sentimentos negativos em relação à sessão, a si mesma e à clien-

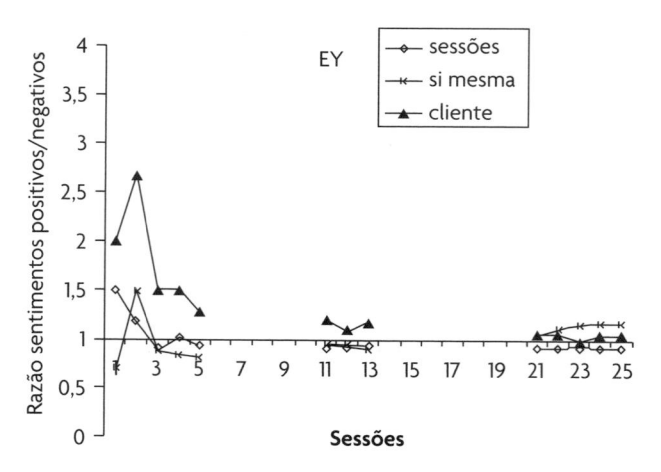

Figura 3.1 Razão acumulada de sentimentos positivos da terapeuta (frequência acumulada de sentimentos positivos dividida pela frequência acumulada de sentimentos negativos) em relação a si mesma, à cliente e à sessão, para a cliente EY.

te. Nesse conjunto de sessões, observa-se uma mesma razão de sentimentos positivos e negativos.

A cliente, muitas vezes, evocava na estagiária sentimentos como raiva, por emitir comportamentos como falta de interesse e "deboches". Por sua vez, a estagiária começou a se sentir desmotivada, com falta de interesse em buscar novas estratégias de intervenção, com falta de criatividade, com sentimento de culpa por não achar-se competente, ou seja, por não ter habilidades terapêuticas para estabelecer uma eficiente relação terapêutica.

A estagiária discriminou mais sentimentos negativos do que sentimentos positivos, tais como: "dó" pelo fato de a cliente haver encontrado inúmeras oportunidades de mudança e não ter conseguido; desmotivação, pois a cliente não fazia as tarefas e sempre apresentava justificativas; falta de interesse, o que impedia a terapeuta de emitir comportamentos criativos durante a sessão. No entanto, com discussões em supervisão, surgiram comportamentos considerados positivos, como não sentir-se mais culpada pela ausência de mudanças na terapia, já que a cliente estava se mostrando resistente, ou seja, a terapeuta compreendeu que a responsabilidade na resolução dos problemas envolvia a própria cliente.

Nas sessões finais, a razão de sentimentos positivos permaneceu igual ao longo das cinco sessões no que diz respeito às sessões e à cliente, enquanto observou-se uma leve tendência crescente nos sentimentos positivos frente aos negativos com relação a si mesma.

Nas sessões inicias em relação à cliente MV (Figura 3.2), observou-se uma maior presença de sentimentos negativos no que diz respeito às sessões, a si mesma e à cliente. Porém, notou-se um aumento nos relatos de sentimentos positivos em relação aos negativos da primeira à quinta sessão. Nas sessões intermediárias, há uma notável mudança que aponta uma menor proporção de sentimentos negativos com relação a si mesma em comparação com as sessões iniciais, resultando na instalação de sentimentos positivos. A razão acumulada de sentimentos positivos em relação às sessões aumentou da primeira para a

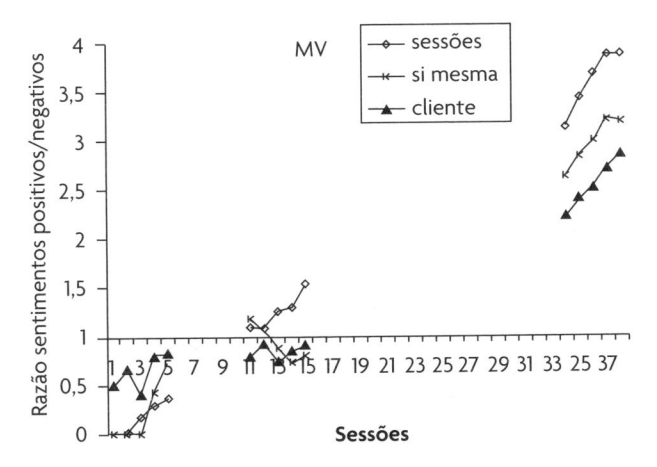

Figura 3.2 Razão acumulada de sentimentos positivos da terapeuta (frequência acumulada de sentimentos positivos dividida pela frequência acumulada de sentimentos negativos) em relação a si mesma, à cliente e à sessão, para a cliente MV.

última sessão intermediária, enquanto as demais razões se mantiveram estáveis.

As sessões intermediárias com a cliente MV foram caracterizadas por um processo de construção com a formação de vínculo terapêutico. Por volta da 14ª sessão, a estagiária expôs para a cliente alguns de seus sentimentos: "estou percebendo e sentindo que as sessões estão 'chatas' e repetitivas, o que você acha disso?". Conseguiu, a partir disso, manifestar sentimentos como empatia, autenticidade e compreensão, o que acarretou um aumento de sentimentos positivos com essa cliente.

Quanto às sessões finais, há uma total extinção dos sentimentos negativos, acentuada e única presença dos sentimentos positivos, cuja razão aumenta da 34ª para a 38ª sessão, chegando a um total de quatro vezes mais sentimentos positivos na última sessão. Essas sessões foram marcadas por grande "sentimento de gratificação" por possibilitarem à estagiária ajudar a cliente a ter comportamentos mais adaptativos, ter mais atenção por preocupar-se com a manutenção dos novos comportamentos adquiridos, cuidado em saber se a cliente estava bem ou não, saudade por ter desenvolvido um bom vínculo terapêutico e ter que se separar da cliente.

DISCUSSÃO

Aplicação do questionário

De forma geral, verificou-se que os alunos de pré-estágio julgaram-se menos preparados para exercer a profissão de psicólogo clínico, enquanto consideraram, em maior proporção que os alunos formandos, que a relação terapêutica influencia no sucesso da terapia e que há diferenças entre as análises clínicas realizadas por terapeutas iniciantes e as realizadas por terapeutas experientes.

Tal análise vem corroborar as declarações de Guilhardi (1987) e Silvares (1997), segundo as quais a experiência clínica antes da atuação é de fundamental importância. Esses autores afirmam, também, a necessidade de que isso seja oferecido ao aluno desde muito cedo, dando a ele a chance de se integrar em uma equipe de estudantes de vários níveis. Se isso ocorresse, os estudantes de pré-estágio poderiam sentir-se mais capazes para exercer a profissão de psicólogo clínico e também mais tranquilos antes do primeiro contato com o cliente, podendo oferecer um melhor atendimento no que diz respeito à atuação profissional.

Os três grupos também concordaram sobre a influência da relação terapêutica no sucesso da terapia e na necessidade de treino em habilidades terapêuticas. Pode-se, assim, considerar que há concordância sobre a relação terapêutica ser um instrumento terapêutico em si mesmo (Cardoso, 1985; Delliti, 2002; Kanfer e Phillips, 1970/1975; Kohlenberg e Tsai, 1991/2001). Para haver o treino em habilidades terapêuticas, seria necessário que as grades institucionais e curriculares mudassem e incluíssem disciplinas práticas, que proporcionariam uma alteração na forma de ensino-aprendizagem (Campos, 1998; Castanheira, 2003; Falcone et al., 1998; Rangé, 1998; Zaro et al., 1977/1980) e, dessa forma, possibilitariam um melhor desempenho profissional.

Verifica-se, também, concordância no que diz respeito à ideia de que há diferenças entre análises clínicas realizadas por terapeutas iniciantes e experientes. Os terapeutas iniciantes deveriam ter treino de habilidades profissionais antes de realizarem os atendimentos clínicos (Campos, 1998; Castanheira, 2003; Falcone et al., 1998; Rangé, 1998; Zaro et al., 1977/1980). Dessa forma, adquiririam experiências relacionadas a habilidades terapêuticas mais precocemente e, assim, o sucesso terapêutico poderia ser sinalizado também mais cedo.

As questões de baixo índice de concordância entre os três grupos referiam-se ao fato de o aprendizado de uma teoria e o que a universidade oferece durante a graduação serem suficientes para formar um bom terapeuta; também referiam-se à maior responsabilidade de técnicas ou da relação terapêutica sobre as mudanças comportamentais dos clientes. A maior concordância para os grupos foi encontrada no que se referia à influência da relação terapêutica sobre a terapia, à necessidade de terapia para o terapeuta e ao fato de os alunos terem procurado outras fontes de conhecimento além das aulas.

Se, por um lado, o curto período entre os estágios explica a pouca diferença; por outro, os baixos índices de concordâncias sobre o que é necessário para se tornar um bom terapeuta indicam uma necessidade de discutir possibilidades e de se estabelecer repertórios que permitam uma atuação mais efetiva do terapeuta iniciante.

Quanto a si mesma, às sessões e às clientes

As primeiras sessões foram marcadas por comportamentos privados negativos, tais como situações "conflitantes" nas quais a aluna não tinha segurança quanto ao agir como estagiária, "frustrantes" por não conseguir desempenhar tarefas previamente elaboradas, de grande medo por deparar-se com situações novas como os problemas de cada cliente e ansiedade relacionada a conseguir ou não desempenhar o papel de estagiária de forma eficiente e funcional. Deparar-se, pela primeira vez, com o papel de estagiária eliciou respostas de ansiedade de grande magnitude, apesar de os supervisores terem esclarecido aspectos a serem priorizados nas primeiras sessões. Deve-se ressaltar que a estagiária em questão teve a oportunidade de ser ouvinte de supervisão durante um semestre (2º de 2004), quando pôde aprender, por modelação e regras por parte da supervisora e das colegas, como atender aos clientes e sobre aspectos importantes a serem destacados na clínica. Considera-se tal oportunidade de grande importância para que os comportamentos como medo, frustração e ansiedade diminuíssem sua intensidade/frequência já ao longo das primeiras sessões de atendimento.

Na noite anterior ao primeiro atendimento, a estagiária mal conseguiu dormir, pensando em como seria. Havia planejado um roteiro com tópicos que não poderia deixar de informar à cliente, tais como dia, horário, duração da sessões e regras do CEPSI. Tudo o que havia planejado não ocorreu, pois a cliente chorou e falou durante toda a sessão. A estagiária saiu da sessão bastante frustrada, pois não havia conseguido cumprir o planejado. Então, pensava: "será que conseguirei ajudar a cliente? E se ela me perguntar "tal coisa", o que e como devo responder?". Esses eventos privados controlaram respostas de medo, de ansiedade e de frustração na estagiária (como apontado por Banaco, 1993).

Essas questões ficaram claras nas primeiras sessões com a cliente MV, marcadas por ansiedade relacionada ao fato de não conseguir ajudar a cliente, de achar que não sabia nada da teoria, de temer estar na área errada (clínica), bem como temer determinadas perguntas que a cliente poderia fazer. Além disso, a estagiária experienciou frustrações por não ter conseguido fazer perguntas na hora oportuna, por ter ignorado relatos importantes e, até mesmo, pelas faltas dos clientes à sessão.

Por outro lado, as sessões iniciais com a cliente EY foram inicialmente positivas. Esse desenvolvimento inicial das sessões deve-se, primordialmente, ao fato de que essa era a quarta cliente a ser atendida pela estagiária, que já havia adquirido um repertório para guiar as sessões iniciais a partir dessa prática inicial.

Em relação às sessões intermediárias, as supervisões e a exposição às contingências foram de fundamental importância para que os sentimentos descritos acima diminuíssem em frequência e em intensidade, e assim, habilidades terapêuticas antes não observadas foram emergindo. Habilidades como compreensão, empatia, autenticidade e criatividade que eram evocadas e treinadas durante as supervisões começaram a ser observadas. A estagiária procurou priorizar a relação terapêutica, mas surgiram algumas dúvidas, tais como: "o terapeuta poderá compartilhar de um 'riso' de 'alguma coisa' engraçada trazida pelo cliente ou deve manter uma postura mais séria?", dúvidas estas discutidas no grupo de supervisão.

A estagiária observou e expôs aos supervisores que, quando os clientes estavam desmotivados ou desinteressados, ou seja, quando apresentavam baixa adesão ao processo, ela também ficava desmotivada, com baixo interesse nos estudos, sem criatividade e com as seguintes dúvidas: "pode um terapeuta se comportar de tal maneira? Isso é correto? O terapeuta deve ou não expor tal fato para o cliente?"; "pode o terapeuta sair da sessão com raiva do cliente por este evocar alguns aspectos da história de reforçamento ou punição do próprio terapeuta? O terapeuta deve estar em terapia?". Durante as supervisões, tais dúvidas foram sendo sanadas e a estagiária, adquirindo segurança e habilidades antes não observadas.

Nas sessões finais, a estagiária, por ter sido submetida a reuniões nas quais seus supervisores faziam intervenções e observações precisas e eficazes, conseguiu adquirir novos comportamentos privados: segurança quanto à sua escolha de atuação; gratificação por ter conseguido auxiliar clientes a adquirirem comportamentos mais adaptativos e autenticidade quanto à sua maneira de ser. Contudo, em relação à EY, com quem a terapeuta iniciou o atendimento com confiança, à medida que a terapia se desenvolvia e suas técnicas não estavam sendo efetivas na promoção da melhora da cliente, a terapeuta se descrevia desmotivada consigo mesma.

CONSIDERAÇÕES FINAIS

O objetivo deste trabalho foi o de chamar a atenção para possíveis dúvidas e dificuldades dos terapeutas iniciantes e para a necessidade de treinar, no decorrer da graduação, as habilidades terapêuticas. De forma geral, os dados do questionário, bem como os dados dos registros das sessões, dão suporte ao papel fundamental da relação terapêutica e do desenvolvimento das habilidades necessárias para o terapeuta iniciante antes do início dos atendimentos.

Ao se obter maior concordância nos questionários no que se referiu à influência da relação terapêutica sobre a terapia, à necessidade de terapia para o terapeuta e à procura de outras fontes de conhecimento além das aulas, esses dados enfatizam a necessidade de mudanças nos currículos. As grades curriculares necessitam de disciplinas práticas que proporcionem uma mudança na forma de ensino-aprendizagem. Os terapeutas iniciantes deveriam ter treino de habilidades profissionais antes de realizarem os atendimentos clínicos, já que terapeutas que são anteriormente treinados oferecem maior ajuda a seus clientes do que os terapeutas não treinados (Campos, 1998; Castanheira, 2003; Falcone et al., 1998; Rangé, 1998; Shoock et al., 1995; Zaro et al., 1977/1980).

Mudanças nesse sentido estão propostas nas novas diretrizes para o curso de Psicologia, de acordo com o Ministério da Educação. Elas preveem o desenvolvimento, desde o início do curso, de habilidades básicas necessárias ao exercício da profissão.

Há que se observar que, de acordo com a literatura, juntamente às habilidades fundamentais à prática clínica, é imprescindível o desenvolvimento de uma relação terapêutica sólida, a qual está diretamente relacionada a uma maior chance de sucesso do processo terapêutico (Falcone et al., 1998; Kohlenberg e Tsai, 1991/2001; Meyer, 2001; Shinohara, 2003).

Pesquisas demonstraram que a aliança terapêutica é desenvolvida por volta da terceira ou da quarta sessão, sendo preditora do resultado da terapia, não dependendo da orientação teórica ou da gravidade do problema (p. ex., Digiuseppe, Linscott e Jilton, 1996, citado por Silveira, 2003). No presente trabalho, o sucesso da terapia com uma das clientes (MV) desenvolveu-se a partir da 14ª sessão, momento no qual foi possível a observação de uma relação terapêutica baseada na confiança e na empatia. Por outro lado, com a cliente EY não se desenvolveu uma aliança terapêutica sólida. Assim, o uso das mesmas habilidades desenvolvidas pela terapeuta e que foram eficazes para desenvolver um repertório mais funcional com MV, cliente com a qual se desenvolveu uma relação sólida, esbarraram na resistência e no afastamento afetivo de EY.

Ressalta-se que a relação terapêutica deve ser recíproca e, como dito anteriormente, é necessário compreender os sentimentos e as emoções do terapeuta (Abreu e Shinohara, 1998; Banaco, 1993; Banaco et al., 1997; Beutler e Garfield 1997, citado por Silveira e Kerbauy, 2000; Otero, 1998; Shinohara, 2000). Como apontado por Kohlenberg e Tsai (1991/2001), se o cliente evoca emoções negativas na sessão, é muito provável que seu comportamento evoque sentimentos semelhantes no seu dia a dia. Contudo, à medida que a queixa é de outro indivíduo e não do cliente – que não reconhece sua demanda – ele não apresenta disposição para mudar e, assim, desenvolver uma relação afetiva positiva com o terapeuta, dificultando que este também desenvolva essa afetividade. Por fim,

(...) muitas vezes é exigido do terapeuta que ele seja uma pessoa isenta de sentimentos e preconceitos em relação aos clientes, aberta a qualquer problema que se lhe apresente. Afinal, ele deve "entender" tudo em todos os significados que a palavra "entender" tem na língua portuguesa.

Mas ele também é uma pessoa que tem sua história de reforçamento e, se quisermos analisar funcionalmente seu desempenho profissional, devemos também levar em conta seus sentimentos e pensamentos (Banaco, 1993, p. 79).

REFERÊNCIAS

Abreu, C. N. & Shinohara, H. (1998). Cognitivismo e Construtivismo: Uma fértil interface. Em R. F. Ferreira & C. N. Abreu (Orgs.), *Psicoterapia e Construtivismo* (pp. 65-81). Porto Alegre: Artmed.

Banaco, R. A. (1993). O impacto do atendimento sobre a pessoa do terapeuta. *Temas em Psicologia, 2*, 71-79.

Banaco, R. A. & Zamignani, D. R. (1999). Uma proposta de análise da modelagem de repertório clínico. Trabalho apresentado no Simpósio: *Metodologia para a análise da interação terapêutica*, VI Latini Dies. Rio de Janeiro.

Banaco, R. A., Zamignani, D. R. & Kovac, R. (1997). O estudo de eventos privados através de relatos verbais de terapeutas. Em R. A. Banaco (Org.), *Sobre Comportamento e Cognição: Vol. 1. Aspectos teóricos, metodológicos e de formação em análise do comportamento e terapia cognitivista* (pp. 277-283). Santo André: ESETec.

Barcellos, A. B. & Haydu, V. B. (1998). História da psicoterapia comportamental. Em B. Rangé (Org.), *Psicoterapia Comportamental* e Cognitiva: Pesquisa, prática, aplicações e problemas (pp. 74-82). Campinas: Editora Psy.

Brandão, M. Z. S. (2000). Os sentimentos na interação terapeuta-cliente como recurso para análise clínica. Em R. R. Kerbauy (Org.), *Sobre Comportamento e Cognição: Vol. 5. Psicologia comportamental e cognitiva. Conceitos, pesquisa e aplicação, a ênfase no ensinar, na emoção e no questionamento clínico* (pp. 217-223). Santo André: ESETec.

Campos, L. F. L. (1989). *Supervisão Clínica: Um instrumento de avaliação do desempenho clínico*. Dissertação de Mestrado não publicada, Pontifícia Universidade Católica de Campinas, Campinas.

Campos, L. F. L. (1998). Supervisão em terapia cognitivo-comportamental. Em B. Rangé (Org.), *Psicoterapia Comportamental e Cognitiva: Pesquisa, prática, aplicações e problemas* (pp. 357-364). Campinas: Editorial Psy.

Campos, L. F. L. (1998). *Formação, supervisão e treinamento em psicologia clínica*. São Paulo: EPU.

Cardoso, E. R. G. (1985). *A formação profissional do psicoterapeuta*. São Paulo: Summus.

Castanheira, S. S. (2003). O primeiro cliente a gente nunca esquece. Em S. Z. M. Brandão, S. C. F. Conte, S. F. Brandão, K. Y. Ingberman, B. C. Moura, M. V Silva & M. S. Oliane (Orgs.), *Sobre Comportamento e Cognição: Vol. 11. A história e os avanços, a seleção por consequências em ação* (pp. 357-366). Santo André: ESETec.

Conte, F. C. S. & Brandão, M. Z. S. (1999). Psicoterapia Analítico-Funcional: A relação terapêutica e a Análise Comportamental Clínica. Em R. R. Kerbauy & R. C. Wielenska (Orgs.), *Sobre Comportamento e Cognição: Vol. 4. Psicologia comportamental e Cognitiva: da reflexão teórica à diversidade da aplicação* (pp. 133-147). Santo André: ESETec.

Cordioli, A. V. (1998). Como atuam as psicoterapias. Em A. V. Cordioli (Org.), *Psicoterapias: Abordagens atuais* (pp. 35-45). Porto Alegre: Artmed.

Delliti, M. (2002). Estratégias auxiliares em terapia comportamental. Em S. Z. M. Brandão, S. C. F. Conte, S. F. Brandão, K. Y. Ingberman, B. C. Moura, M. V Silva & M. S. Oliane (Orgs.), *Sobre Comportamento e Cognição: Vol. 11. A história e os avanços, a seleção por consequências em ação* (pp. 204-209). Santo André: ESETec.

Delliti, M. & Meyer, S. B. (1998). O uso dos encobertos na prática da terapia comportamental. Em B. Rangé (Org.), *Psicoterapia Comportamental e Cognitiva de Transtornos Psiquiátricos* (pp. 269-274). Campinas: Psy.

Edelstein, B. A. & Yoman, J. (2002). A entrevista comportamental. Em V. E. Caballo (Org.), *Manual de Técnicas de Terapia e Modificação do Comportamento* (pp. 663-683). São Paulo: Santos.

Falcone, O. M. E., Guillardi, J. H., Ingberman, K. Y., Kerbauy, R. R. & Rangé, B. (1998). Ensino, treinamento e formação em psicoterapia comportamental e cognitiva. Em B. Rangé (Org.), *Psicoterapia Comportamental e Cognitiva: Pesquisa, prática, aplicações e problemas* (pp. 331-351). Campinas: Editorial Psy.

Franks, C. M. (2002). Origens, história recente, questões atuais e estados futuros da terapia comportamental: Uma revisão conceitual. Em V. E. Caballo (Org.), *Manual de Técnicas de Terapia e Modificação do Comportamento* (pp. 3-22). São Paulo: Santos.

Gavino, A. (2002). As variáveis do processo terapêutico. Em V. E. Caballo (Org.), *Manual de Técnicas de Terapia e Modificação do Comportamento* (pp. 131-143). São Paulo: Santos.

Gonçalves, C. L. C. (1994). *Formação e Estágio Acadêmico. Psicologia Escolar no Brasil: Análise Curricular*. Dissertação de Mestrado, Pontifícia Universidade Católica de Campinas, Campinas.

Guilhardi, H. J. (1987). A formação do terapeuta comportamental. Que formação? Em H. W. Lettner & B. Rangé (Orgs.), *Manual de Psicoterapia Comportamental* (pp. 313-320). São Paulo: Manole.

Kanfer, F. H. & Phillips, J. S. (1970/1975). *Os Princípios da Aprendizagem na Terapia Comportamental* (T. P. de L. Mettel, trad. sup.). São Paulo: EPU.

Kerbauy, R. R. (2001). O repertório do terapeuta sob ótica do supervisor e da prática clínica. Em H. J. Guilhardi (Org.), *Sobre Comportamento e Cognição: Vol. 7. Expondo a variabilidade* (pp. 423-443). Santo André: ESETec.

Kohlenberg, R. J. & Tsai, M. (1991/2001). *Psicoterapia Analítica Funcional: Criando relações terapêuticas e curativas* (F. Conte, M. Delitti,

M. Z. da S. Brandão, P. R. Derdyk, R. R. Kerbauy, R. C. Wielenska, R. A. Banaco, R. Starling, trads.). Santo André: ESETec.

Kubo, O. M. & Botomé, S. P. (2003). A transformação do conhecimento em comportamentos profissionais na formação do psicólogo: as possibilidades nas diretrizes curriculares. Em M. Z. Brandão, F. C. S. Conte, F. S. Brandão, Y. K. Ingberman, C. B. Moura, V. M. Silva & S. M. Oliane (Orgs.), *Sobre Comportamento e Cognição: Vol. 11. A história e os avanços, a seleção por consequências em ação* (pp. 483-496). Santo André: ESETec.

Marinho, M. L. & Silveira, J. M. (2004). Habilidades de psicoterapeuta comportamental infantil para o desenvolvimento de repertório socialmente hábil em crianças: Ensino e pesquisa. Em M. Z. Brandão, F. C. S. Conte, F. S. Brandão, Y. K. Ingberman, V. M. Silva & S. M. Oliane (Orgs.), *Sobre Comportamento e Cognição: Vol. 13. Contingências e Metacontingências: Contextos Sócio-verbais e o Comportamento do Terapeuta* (pp. 402-410). Santo André: ESETec.

Matos, M. A. (2001). O Behaviorismo Metodológico e suas relações com o Mentalismo e o Behaviorismo Radical. Em R. A. Banaco (Org.), *Sobre Comportamento e Cognição: Vol. 1. Aspectos teóricos, metodológicos e de formação em análise do comportamento e terapia cognitivista* (pp. 50-57). Santo André: ESETec.

Meyer, S. (2001). A relação terapeuta-cliente é o principal meio de intervenção terapêutica? Em H. J. Guillardi (Org.), *Sobre Comportamento e Cognição: Vol. 8. Expondo a variabilidade* (pp. 95-97). Santo André: ESETec.

Meyer, S. B. (2004). Metodologia de pesquisa da interação terapêutica. Em M. Z. Brandão, F. C. S. Conte, F. S.Brandão, Y. K. Ingberman, V. M. Silva & S. M. Oliane (Orgs.), *Sobre Comportamento e Cognição: Vol. 13. Contingências e Metacontingências: Contextos Sócio-verbais e o Comportamento do Terapeuta* (pp. 355-362). Santo André: ESETec.

Meyer, V. & Turkat, I. D. (1987). Análise Comportamental de Casos Clínicos. Em H. W. Lettner & Rangé (Orgs.), *Manual de Psicoterapia Comportamental* (pp. 110-115). São Paulo: Manole.

Meyer, S. B. & Vermes, J. S. (2001). Relação terapêutica. Em B. Rangé (Org.), *Psicoterapias Cognitivo-comportamentais: Um diálogo com a psiquiatria* (pp. 101-110). Porto Alegre: Artmed.

Otero, V. R. L. (1998). Psicoterapia pessoal na psicoterapia comportamental. Em B. Rangé (Org.), *Psicoterapia Comportamental e Cognitiva: Pesquisa, prática, aplicações e problemas* (pp. 353-355). Campinas: Editorial Psy II.

Rangé, B. (1998). Relação Terapêutica. Em B. Rangé (Org.), *Psicoterapia Comportamental e Cognitiva de Transtornos Psiquiátricos* (pp. 43-64). Campinas: Psy.

Sacconi, L. A. (1996). *Minidicionário Sacconi da Língua Portuguesa*. São Paulo: Atual.

Sant'Anna, H. H. N. (2003). Os estados subjetivos no Behaviorismo Radical. Em E. C. Costa, J. C. Luzia & H. H. N. Sant'Anna (Orgs.), *Primeiros Passos em Análise do comportamento e cognição* (pp. 65-74). Santo André: ESETec.

Shinohara, H. (2000). Relação terapêutica: o que sabemos sobre ela? Em R. R. Kerbauy (Org.), *Sobre Comportamento e Cognição: Vol. 5. Psicologia comportamental e cognitiva: Conceitos, pesquisa e aplicação, a ênfase no ensinar, na emoção e no questionamento clínico* (pp. 218-224). Santo André: ESETec.

Shook, G., Hartsfield, F. & Hemigway, M. (1995). Conteúdo essencial no treinamento de analistas do comportamento. *Boletim da ABMPC, 14*, Abril 1998, tradução de R. C. Wielenska (artigo originalmente publicado na Revista *The Behavior Analyst, 18*, 83-91).

Silvares, E. F. M. (1997). Dificuldades, na graduação e pós-graduação, com a prática clínica comportamental. Em R. R. Kerbauy (Org.), *Sobre Comportamento e Cognição: Vol. 5. Psicologia comportamental e cognitiva: Conceitos, pesquisa e aplicação, a ênfase no ensinar, na emoção e no questionamento clínico* (pp. 442-447). Santo André:ESETec.

Silvares, E. F. M. & Gongorra, M. A. N. (1998). *Psicologia Clínica Comportamental: A inserção da entrevista com adultos e crianças*. São Paulo: EDICON.

Silveira, J. M. & Kerbauy, R. R. (2000). A interação terapeuta-cliente: uma investigação com base na queixa clínica. Em R. R. Kerbauy (Org.), *Sobre Comportamento e Cognição: Vol. 5. Conceitos, pesquisa e aplicações, a ênfase no ensinar, na emoção e no questiona-

mento clínico (pp. 209-216). Santo André: ESETec.

Silveira, J. M. (2003). Pesquisa da relação terapêutica em Psicologia Clínica Comportamental. Em C. E. Costa, J. C. Luzia & H. H. N. Sant'Anna (Orgs.), *Primeiros Passos em Análise do Comportamento e Cognição* (pp. 139-148). Santo André: ESETec.

Skinner, B. F. (1953/1989). *Ciência e Comportamento Humano* (J. C. Todorov & R. Azzi, trads.). São Paulo: Martins Fontes.

Skinner, B. F. (1974/1993). *Sobre o Behaviorismo* (M. da P. Villalobos, trad.). São Paulo: Cultrix.

Skinner, B. F. (1989/1991). *Questões Recentes na Análise Comportamental* (A. L. Neri, trad.). São Paulo: Papirus.

Ulian, A. L. (2002). Reflexões sobre uma experiência relativa à formação de dois terapeutas comportamentais. *Revista Brasileira de Terapia Comportamental e Cognitiva, 4,* 91-104.

Wielenska, R. C. (1989). *A investigação de alguns aspectos da relação terapeuta-cliente em sessões de supervisão*. Dissertação de mestrado não publicada, Instituto de Psicologia da Universidade de São Paulo, São Paulo.

Wielenska, R. C. & Kerbauy, R. R. (2003). Adesão e mudança de comportamento: Análise das interações verbais terapeuta-cliente nas sessões iniciais. Em M. Z. Brandão, F. C. S. Conte, F. S. Brandão, Y. K. Ingberman, C. B. Moura, V. M. Silva & S. M. Oliane (Orgs.), *Sobre Comportamento e Cognição: Vol. 11. A história e os avanços, a seleção por consequências em ação* (pp. 130-169). Santo André: ESETec.

Zamignani, D. R. (2000). O caso clínico e a pessoa do terapeuta: Desafios a serem enfrentados. Em R. R. Kerbauy (Org.), *Sobre Comportamento e Cognição: Vol. 5. Psicologia comportamental e Cognitiva: da reflexão teórica à diversidade da aplicação* (pp. 229-237). Santo André: ESETec.

Zaro, J. S., Barach, R., Nedelman, D. J. & Dreiblatt, I. S. (1977/1980). *Introdução à prática psicoterapêutica* (L. R. Marzagão, trad.). São Paulo: EPU.

QUESTIONÁRIO – PARTE I

( ) Pré-estágio   ( ) Estágio I   ( ) Estágio II

O presente trabalho é parte de um artigo a ser escrito por uma estagiária dessa universidade. Tem por objetivo levantar algumas características de terapeutas iniciantes, ou seja, não há o intuito de avaliar a universidade ou uma abordagem teórica específica. A primeira parte do questionário envolve duas perguntas subjetivas. A segunda parte refere-se a questões objetivas. Suas respostas deverão referir-se ao seu ponto de vista em relação às suas dificuldades (reais ou ainda imaginárias).

Sua participação é voluntária e o sigilo de sua identidade será mantido. Obrigada pela sua contribuição em participar desta pesquisa. Por favor, seja o mais sincero e criterioso possível em suas respostas.

Abordagem: _____ Período: _____ Ano e Ingresso na UCG: _____

Idade: _____ Sexo: _____

Pretende, após a formatura, continuar envolvido em atividades acadêmicas? _____ Se sim, de que tipo:

( ) Curso de Formação   ( ) Especialização   ( ) Mestrado   ( ) Doutorado

Durante o curso de Graduação, participou de congressos na área de Psicologia? _____ Se sim, de quais?

_____

_____

Sobre a escolha da abordagem teórica (Marque apenas uma das opções. Não é necessário apontar o supervisor).

    (1) sempre gostou da abordagem escolhida
    (2) passou a gostar da abordagem no final do curso
    (3) escolheu apenas para conhecer
    (4) falta de opções

Na sua opinião, existe defasagem entre o conhecimento adquirido durante sua Graduação e aquele que será exigido enquanto (psico)terapeuta? _____ Se sim, qual (is) seria(m) o(s) maior(res) problema(s)? _____

_____

_____

_____

_____

Para o desenvolvimento de um bom (psico)terapeuta, pode-se citar diferentes tipos de habilidades. Coloque as seguintes habilidades em ordem de prioridade: habilidades conceituais (filosóficas/teóricas), habilidades interpessoais (sociais) e habilidades técnicas.

_____

_____

_____

_____

QUESTIONÁRIO – PARTE II

(Deve-se ressaltar que o termo terapia está sendo usado como sinônimo de psicoterapia. Portanto, o termo terapeuta é sinônimo de psicoterapeuta.)

Responda às seguintes questões marcando um X de acordo com a escala abaixo.

(1) Discordo totalmente
(2) Discordo em parte
(3) Concordo em parte
(4) Concordo totalmente

	Discordo		Concordo	
Eu me considero devidamente preparado para exercer a função de psicólogo clínico.	1	2	3	4
Eu me considero devidamente preparado para exercer qualquer função atribuída a psicólogos.	1	2	3	4
Antes da realização dos atendimentos, senti-me (ou me sinto) tranquilo.	1	2	3	4
O aprendizado da teoria é suficiente para desempenhar com eficiência a profissão.	1	2	3	4
A grade curricular ofereceu disciplinas para treino direto das habilidades terapêuticas.	1	2	3	4
Características pessoais (de personalidade) do terapeuta influenciam no sucesso terapêutico.	1	2	3	4
Há diferenças nas habilidades exigidas de um terapeuta infantil em relação a um terapeuta de adultos.	1	2	3	4
O que a universidade oferece é suficiente para exercer a profissão.	1	2	3	4
Mudanças em terapia ocorrem mais por aplicação de técnicas ou seguimento de regras do que devido à relação terapêutica.	1	2	3	4
A experiência do terapeuta é fator crucial para o bom andamento da terapia.	1	2	3	4
Para alguns tipos de problemas, algumas abordagens terapêuticas são mais bem-sucedidas que as outras.	1	2	3	4
Um terapeuta pode ser melhor para certos tipos de clientes.	1	2	3	4
Determinados clientes podem se dar melhor com certos tipos de terapeutas.	1	2	3	4
Estar no mesmo nível cultural do cliente ajuda o terapeuta a desenvolver um bom trabalho.	1	2	3	4
A interação terapeuta-cliente influencia no processo terapêutico.	1	2	3	4
É possível que o supervisor ensine seus estagiários a desenvolverem, eles próprios, habilidades sociais necessárias à relação terapêutica.	1	2	3	4

	Discordo			Concordo
É imprescindível que um terapeuta faça terapia (submeta-se a um processo terapêutico).	1	2	3	4
Ocorrem diferenças entre terapeutas iniciantes e terapeutas experientes na formação do vínculo terapêutico.	1	2	3	4
Durante a Graduação, procurei fontes de conhecimento além daquelas diretamente sugeridas pelos professores.	1	2	3	4
Existe diferença nas análises e nas intervenções realizadas por terapeutas experientes e nas realizadas por iniciantes.	1	2	3	4
Os sentimentos e as emoções do terapeuta influenciam o processo terapêutico.	1	2	3	4
Quando o terapeuta faz mais autorrevelações, o cliente também o faz.	1	2	3	4
Não há possibilidade de as intervenções realizadas por um terapeuta serem neutras.	1	2	3	4
Os casos clínicos estudados durante a Graduação são adequados à nossa realidade social.	1	2	3	4

Capítulo 4

Relação Terapêutica Sob a Perspectiva Analítico-Comportamental

Nathalie Nunes Freire Alves
Geison Isidro-Marinho

Historicamente, os empreendimentos de cunho comportamental na clínica relegaram a relação terapêutica a um segundo plano. Ferster (1972) é o primeiro autor de origem analítico-comportamental a chamar a atenção para importância da relação terapêutica como instrumento de mudança. Por outro lado, contribuições de teorias como as humanistas são inegáveis quando se fala em relação terapêutica. Ainda, as abordagens psicodinâmicas também trataram da importância do tema sob o rótulo de relação de transferência e contratransferência.

A despeito das distinções teóricas e epistemológicas das abordagens em questão, um ponto que parece comum a todas elas é a ênfase dada às dificuldades de interação social de muitos clientes. Dessa forma, consideram a possibilidade da emergência dessas dificuldades dentro do consultório, sendo a relação terapêutica utilizada para reelaborar e aperfeiçoar as formas de interação empregadas pelos clientes em seu convívio social, principalmente com as pessoas significativas.

Baseados nas ideias de Ferster e em consonância com a filosofia behaviorista radical, Kohlenberg e Tsai, ao longo da década de 1980, começam a utilizar a relação terapêutica como instrumento de mudança clínica. Suas asserções também buscam apoio em postulados psicodinâmicos. Dessa forma, surge a FAP – Psicoterapia Analítica Funcional (do inglês, *Functional Analytic Psychotherapy*) –, que tem grande aceitação entre os psicoterapeutas analítico-comportamentais na atualidade.

O presente trabalho pretende realizar um exame mais minucioso da relação terapêutica como um todo, além de avaliar a proposta de intervenção clínica da FAP, suas aplicabilidades e fragilidades, baseado nas premissas do Behaviorismo Radical e nos conceitos da Análise do Comportamento Humano.

Para abordar o tema, o presente trabalho discute, inicialmente, a importância da utilização da relação terapêutica como instrumento de mudança na clínica analítico-comportamental. Posteriormente, trata da importância do uso do conceito de reforçamento diferencial dentro do contexto clínico, além de ressaltar a problemática do uso do controle aversivo na prática clínica. E, por fim, elucida algumas regras de intervenção psicoterapêuticas da FAP, sugerindo alternativas complementares de intervenção.

A INFLUÊNCIA DOS BEHAVIORISMOS

O termo Behaviorismo está relacionado a várias modalidades de posturas filosóficas que partem da mesma ideia central de que há a possibilidade de se realizar uma ciência do comportamento (Baum, 1994/1999). Não se pode falar em uma Psicologia behaviorista, mas em um conjunto de abordagens behavioristas, que se diferenciam, principalmente, em termos de princípios e métodos de pesquisa (Tourinho, 2003).

Ao longo da história da Psicologia, várias tentativas de desenvolver métodos com um grau de controle experimental semelhante ao das ciências naturais foram propostas com o objetivo de transformá-la em uma verdadeira ciência. John B. Watson, fundador do Behaviorismo, acreditava que a Psicologia, por estar baseada em uma ciência investigativa dos fenômenos subjetivos da consciência na primeira metade do séc. XX, era responsável pela utilização de métodos pouco confiáveis e por especulações sem fundamento ou inúteis (Baum, 1994/1999; Chiesa, 1994/2006).

> O Bahaviorismo Watsoniano ou Metodológico, como mais tarde ficou conhecido, foi influenciado por preceitos do Positivismo Lógico.[1] De acordo com tal influência, a Psicologia deveria afastar-se de métodos subjetivos de introspecção e analogia que investigassem os fenômenos da consciência, adotando métodos que avaliassem apenas o comportamento objetivamente ou publicamente observável.

Dessa forma, os behavioristas admitiam a causalidade de eventos mentais, mas não aceitavam estudá-los, já que não existiam métodos empíricos que permitissem a observação direta de tais fenômenos (Baum, 1994/1999; Chiesa, 1994/2006; Tourinho, 2003).

Em sua proposta de criar uma ciência geral do comportamento, Watson recriminou o antropocentrismo[2], o antropomorfismo[3], além do uso de termos relacionados à consciência e à mente.[4] Para Watson, os comportamentos não passavam de reações aos eventos ambientais antecedentes e deveriam ser analisados segundo o paradigma respondente (estímulo-resposta) proposto inicialmente por Ivan Pavlov (Baum, 1994/1999).

A iniciativa de aproximar a Psicologia de uma ciência experimental e a ênfase dada ao comportamento como objeto de estudo influenciaram B. F. Skinner na criação de uma nova postura filosófica que ficou conhecida como Behaviorismo Radical (Baum, 1994/1999). E a ciência do comportamento embasada pelo Behaviorismo Radical foi concebida e rotulada por Skinner como Análise do Comportamento (Baum, 1994/1999; Castanheira, 2002).

O Behaviorismo Radical difere do Behaviorismo Metodológico principalmente por buscar na relação homem x ambiente[5] além de uma descrição para comportamentos publicamente partilhados, explicações para suas experiências subjetivas (Tourinho, 2003).

Os behavioristas radicais empregam o conceito de comportamento de um modo complementar aos behavioristas metodológicos. De acordo com Tourinho (2003), os comportamentos complexos deixam de ser considerados meras reações ao meio, descritas pelo paradigma respondente, e passam a ser vistos como um conjunto de relações, do indivíduo com o ambiente, descrito pelo paradigma operante. Nessas relações, as consequências desempenham

---

[1] Para um enunciado ser considerado verdadeiro, deve-se comprová-lo por observação consensual (Baum, 1994/1999).

[2] Para Watson, se a Psicologia deveria ser uma ciência geral do comportamento, deveria então compreender o ser humano e todas as outras espécies, partindo do princípio que o ser humano é apenas mais uma espécie a ser investigada (Baum, 1994/1999).

[3] Analogias entre homens e animais (Baum, 1994/1999).

[4] "... nunca usar os termos consciência, estados mentais, mente, conteúdo verificável introspectivamente, imagens e coisas parecidas" (Watson, 1913, citado por Baum, 1994/1999, p. 28).

[5] A palavra ambiente em Análise do Comportamento refere-se não somente ao ambiente físico, ou seja, aos aspectos materiais, mas também às interações sociais (indivíduos com outras pessoas), interações dos indivíduos com eles mesmos e à história de vida única de cada indivíduo (Moreira e Medeiros, 2007).

um papel seletivo que pode enfraquecer ou fortalecer padrões de respostas, e as condições antecedentes adquirem funções discriminativas ou estabelecedoras (Tourinho, 2003).

Para o Behaviorismo Radical, o comportamento humano é multideterminado pelas seleções filogenética, ontogenética e cultural. A filogênese seleciona características genéticas, anatômicas, fisiológicas e os reflexos incondicionados (ou inatos). A ontogênese permite que alguns repertórios novos e adaptativos no ambiente do indivíduo sejam produzidos e reproduzidos. E, por fim, a seleção cultural permite, por meio da linguagem, a aquisição de novos padrões comportamentais sem a necessidade de o indivíduo se expor às contingências que produziram o comportamento de falar (Tourinho, 2003).

De acordo com Tourinho (2003), é interessante notar que todo o comportamento humano é aparentemente imprevisível. Isso ocorre devido, principalmente, à unicidade da história de cada indivíduo e às diversas influências de inúmeras variáveis em seu ambiente físico e social. Não obstante, o autor afirma que, para a Análise do Comportamento, se variáveis relevantes na instalação e/ou manutenção de um determinado comportamento ou padrão comportamental forem identificadas e certas alterações em aspectos do ambiente de o indivíduo forem promovidas, formas de comportamento poderão ser alteradas.

A PSICOTERAPIA ANALÍTICO-COMPORTAMENTAL (PAC)

A Psicoterapia Analítico-Comportamental (PAC) é a aplicação da abordagem da Análise do Comportamento à psicoterapia (Castanheira, 2002). A PAC parte da necessidade das pessoas de melhorar suas vidas, em lidar de forma bem-sucedida com o controle coercitivo e em libertar-se daquilo que mais lhes incomoda ou prejudica. As principais metas dos psicoterapeutas analítico-comportamentais são: buscar uma compreensão adequada das dificuldades do cliente, propor estratégias e realizar uma intervenção cuidadosa baseada na análise funcional do comportamento (Castanheira, 2002). Além disso, segundo Skinner (1953/1994), os psicoterapeutas analítico-comportamentais têm também como objetivo levar o cliente à auto-observação e ao autoconhecimento, oferecendo uma melhor qualidade de vida e uma independência maior para a resolução de problemas futuros.

Dentre as influências do Behaviorismo Radical na PAC, encontram-se:

a) A rejeição do modelo médico, o qual presume uma causa patológica mental e sintomas comportamentais.

b) A utilização de uma abordagem ideográfica em contraposição à nomotética. Ou seja, defende que cada padrão comportamental possui determinantes individuais particulares. Em outras palavras, sublinha a asserção de que cada caso é um caso, opondo-se a generalizações com base em psicodiagnóstico e em intervenções tecnicistas.

c) Ênfase na origem aprendida dos padrões comportamentais de relevância clínica, sem desconsiderar a genética e a cultura.

d) Negação da distinção entre comportamento normal e anormal. Para a PAC, a distinção entre a normalidade e a anormalidade é meramente de ordem social, e não da natureza do comportamento.

Assim, o comportamento normal pode ser descrito pelo mesmo conjunto de leis que o comportamento anormal.

e) Trata o comportamento por ele mesmo, e não como sintoma de um conteúdo mental subjacente. O comportamento é definido como uma relação entre o organismo e o ambiente, seja esse público ou privado. A pesquisa profunda (radical) do psicoterapeuta analítico-comportamental não se dá nas profundezas da mente, e sim, nas profundezas da relação do comportamento com o ambiente atual e histórico.

f) Mesmo levando em consideração a história de estabelecimento dos padrões comportamentais de relevância clínica, a intervenção é centrada nas contingências atuais mantenedoras de tais padrões.

g) A intervenção na PAC não se dá na tentativa de se modificar as causas mentais, uma vez que estas não existem, e sim, se dá no nível da modificação das variáveis ambientais responsáveis pelos comportamentos de relevância clínica (Medeiros, 2002).

Segundo Rangé (1995), um procedimento fundamental da PAC é a análise funcional do comportamento. Esse é um empreendimento que objetiva identificar relações funcionais entre o comportamento (variável dependente) e seus determinantes ambientais (variáveis independentes) atuais e históricos. Qualquer intervenção analítico-comportamental deve partir de uma análise funcional, uma vez que as relações funcionais entre o comportamento e os seus determinantes são subjetivas.

> Em outras palavras, é inútil classificar alguém como portador de transtorno obsessivo-compulsivo, por exemplo, e aplicar uma técnica padronizada. As intervenções analítico-comportamentais partem do princípio básico de que cada pessoa demanda uma análise funcional individualizada para os seus comportamentos e uma atuação terapêutica personalizada diante dos mesmos.

É de fundamental importância considerar a unicidade da história de vida de cada indivíduo e sua forma única de agir no mundo ou de comportar-se. A intervenção terapêutica deve ser norteada pela unicidade de cada comportamento emitido pelo cliente, por suas diferentes variáveis controladoras e, inclusive, levando-se em consideração os comportamentos (públicos e privados) do próprio terapeuta. Nesse sentido, emerge a necessidade de avaliar o conceito de Relação Terapêutica como um dos principais instrumentos de mudança utilizado na clínica analítico-comportamental. Tal conceito e suas implicações serão discutidos a seguir.

A RELAÇÃO TERAPÊUTICA

Baum (1994/1999) define uma relação como um conjunto de interações regulares entre indivíduos. Essas interações preveem reforço mútuo. Um exemplo de relação entre indivíduos é aquela que ocorre em um contexto clínico. Daí o nome, relação terapêutica, que é composta, geralmente, pela díade terapeuta e cliente. Ao contrário de relações triviais, a relação terapêutica possui um caráter de ajuda; dessa forma, o terapeuta, dotado de conhecimentos e de habilidades técnicas, procura criar condições para que o cliente consiga ultrapassar os obstáculos que vem enfrentando (Kohlenberg e Tsai, 1991/2001; Skinner, 1953/1994).

Beitman (1989, citado por Rangé, 1998) afirma que uma relação terapêutica ocorre quando são consideradas as qualidades pessoais de um terapeuta, de um cliente e a interação entre os dois em um dado contexto clínico. É a partir da análise da interação entre terapeuta e cliente que se pode entender a função dos comportamentos diante das contingências governadoras da terapia e que operam ao longo da história comportamental dos dois (Velasco e Cirino, 2002).

Segundo Velasco e Cirino (2002), torna-se necessário fazer uma diferenciação entre relação terapêutica e processo psicoterápico. Pode-se considerar que a relação terapêutica, dentre outras variáveis, compõe um processo terapêutico e é modificada constantemente devido às peculiaridades, à história passada dos indivíduos e ao surgimento de novas contingências a partir da interação entre estes. Os autores ainda afirmam que a qualidade da relação terapêutica estabelecida entre terapeuta e cliente determinará a qualidade das análises do terapeuta e a eficiência do processo para ambos (Kohlenberg e Tsai, 1991/2001; Velasco e Cirino, 2002).

A terapia centrada na pessoa, elaborada por Carl Rogers (1957, citado por Rangé, 1995) e as abordagens psicodinâmicas, sob o rótulo de relação de transferência e contratransferência (Laplanche e Pontallis, 1982), trataram extensivamente sobre a importância da relação terapêutica e suas influências ao processo de psicoterapia. No entanto, nas primeiras iniciativas influenciadas pela filosofia do Behaviorismo Radical, tal tema praticamente não existia ou não merecia tanto destaque como possível instrumento de mudança clínica comportamental (Medeiros, 2002; Rangé, 1995; Velasco e Cirino, 2002).

As duas vertentes iniciais de psicoterapia de caráter comportamental, a saber, a Terapia Comportamental e a Modificação do Comportamento, deram ênfase a procedimentos e técnicas empiricamente validados (Barcellos e Raydu, 2005). Com relação à Terapia Comportamental, as técnicas eram empregadas primordialmente no sentido de reverter histórias de condicionamento respondente. A relação terapeuta-cliente se dava exclusivamente no sentido de viabilizar o emprego da técnica indicada para o caso. Entretanto, o Treino de Habilidades Sociais, empregado principalmente em casos de fobia social e de baixa assertividade, tinha o objetivo de aperfeiçoar os recursos relacionais do cliente (Caballo, 1996; Otero, 2004). Contudo, as intervenções se davam primordialmente por ensaio comportamental, em que o terapeuta abandona o seu papel como pessoa, assumindo artificialmente o papel de alguém da vida do cliente. Em outras palavras, no ensaio comportamental, são reeditadas relações do cliente com outras pessoas, ao invés de se utilizar a própria relação terapêutica como instrumento de mudança.

Quanto à Modificação do Comportamento, a relação terapeuta-cliente praticamente não existia, sendo as contingências sociais programadas pelo analista do comportamento aplicadas pelo *staff* das instituições de internação. Nesse contexto, o terapeuta era um mero programador de contingências, sendo essas aplicadas por enfermeiras, prestadoras de cuidados (*care-takers*), faxineiras e carcereiros com o uso de reforçadores arbitrários (*tokens*) na maioria dos casos.

Ferster é o primeiro autor de origem analítica-comportamental a chamar a atenção para importância da relação terapêutica como instrumento de mudança (Ferster, 1972; Ferster, Culbertson e Boren, 1968/1977), o que ocorreu, provavelmente, pela sua leitura extensa em Psicanálise.

Ferster (1972) defendia ser provável a ocorrência de generalizações de estímulos operantes e respondentes de padrões comportamentais do cliente para dentro do contexto clínico. Ou seja, comportamentos-alvo[6] originados fora da terapia tenderiam a ocorrer na relação do cliente com o terapeuta. Assim, o terapeuta poderia utilizar as suas próprias reações para modelar os comportamentos do cliente. Entretanto, para fazê-lo, Ferster defendeu o uso de reforçadores naturais, ou seja, aqueles que decorrem da relação direta do comportamento com as contingências não programadas de reforçamento (Moreira e Medeiros, 2007). Os reforçadores arbitrários, aqueles impostos artificialmente pelo agente controlador (Baum, 1994/1999), são apontados por Ferster como menos eficazes no controle do comportamento.

Segundo Ferster (1972), os reforçadores arbitrários: 1) quebram a relação sutil de controle entre o comportamento e a consequência; 2) corrompem a relação de contingência – o que dificulta a passagem do controle final do comportamento para os reforçadores naturais; 3) podem gerar a contenda de forças, em que o controlado pode tentar contracontrolar o comportamento do controlador e 4) dificultam a generalização para o ambiente fora do contexto da intervenção, uma vez que as pessoas fora da terapia não proverão reforçadores arbitrários.

> As antigas concepções realistas, nas quais o terapeuta era apenas responsável por aplicar técnicas, distanciando-se da realidade para analisá-la, perderam força para o referencial pragmático adotado por analistas clínicos do comportamento, como Kohlenberg e Tsai, a partir dos anos de 1980.

De acordo com a influência dessa tradição filosófica, o homem passa a ser parte daquilo que observa; em outras palavras, tanto o comportamento do terapeuta como o comportamento do cliente serão objetos de análise (Velasco e Cirino, 2002).

O foco da análise passa a ser a relação construída por meio da interação terapeuta-cliente, e não apenas o comportamento deste. A importância da análise dos comportamentos do terapeuta e do cliente se dá devido ao fato de os comportamentos abertos e encobertos de ambos ocorrerem em função das respectivas histórias comportamentais, além de estarem sob controle das diversas variáveis que emergem durante a sessão (Velasco e Cirino, 2002).

A FAP defende as ideias de Ferster de que os comportamentos-alvo do cliente ocorrerão durante a terapia e que a relação terapêutica deverá ser utilizada para modificá-los. Entretanto, Kohlenberg e Tsai (1991/2001) assumem uma postura mais extremista que a de Ferster, ao defenderem que a intervenção se dá exclusivamente pela relação terapêutica.

A FAP introduz o conceito de comportamentos clinicamente relevantes, ou CRBs (do inglês, *Clinically Relevant Behaviors*), definindo-os como os comportamentos-alvo que ocorrem durante a sessão. Kohlenberg e Tsai (1991/2001) sugerem três tipos de CRBs, classificando-os como CRBs 1, 2 e 3.

CRBs 1 são os comportamentos cuja intervenção clínica objetiva reduzir a frequência. São respostas que não têm funcionado no ambiente do cliente (punidas ou não reforçadas) ou funcionado apenas parcialmente (reforçadas muito raramente, ou reforçadas em curto prazo, porém punidas em longo prazo). Como exemplo, o cliente que se vangloria acerca de seus bens materiais para ser reforçado com a admiração do terapeuta, da mesma forma que o faz com as pessoas do seu convívio social. Mesmo produzindo reforçadores em curto prazo de seus amigos (admiração, elogios, etc.), essa resposta pode representar uma punição em longo prazo e

---

[6] Comportamentos-alvo tratam-se daqueles cuja intervenção terapêutica objetiva aumentar ou diminuir de frequência.

provocar a perda de reforçadores, como o distanciamento gradativo das pessoas do seu convívio.

Outro CRB 1 comum que pode ser observado tanto no dia-a-dia como na clínica ocorre quando as pessoas emitem mandos disfarçados[7] para receberem elogios ou algum tipo de ajuda, não conseguindo emitir mandos diretos (por exemplo, pedir diretamente o que precisam). O uso desse tipo de resposta verbal manipulativa pode reduzir a probabilidade de o pedido ser atendido e, assim, provocar sofrimento ou sentimentos de rejeição ou pouco acolhimento em função de mal-entendidos e da falta de compreensão na comunicação. Dessa forma, o cliente que pleiteia um desconto no valor das sessões pode não solicitá-lo diretamente ao terapeuta, mas sugerir (mando disfarçado) que a sessão está cara e que muitos conhecidos pagam menos por serviços semelhantes.

Os CRBs 2 são os progressos do cliente, ou seja, aqueles comportamentos cuja frequência deve aumentar com a terapia. Quando, por exemplo, o cliente emite um mando direto ao terapeuta ao pedir que o mesmo lhe dê um desconto no valor da sessão ou quando um cliente que tem muita dificuldade em dizer não para os outros, diz não para o terapeuta quando este tenta remarcar a sessão para um horário custoso para o cliente.

Por fim, os CRBs 3 são as repostas verbais dos clientes sob controle discriminativo do seu comportamento e das suas variáveis controladoras. Em outras palavras, são as explicações oferecidas pelo cliente ao seu próprio comportamento. Os CRBs 3 são desejáveis na medida em que se espera que o cliente consiga por si só realizar as análises funcionais de seus comportamentos e dos comportamentos das pessoas com quem convive. Em termos comportamentais, tais respostas são descritas com o termo *autoconhecimento* (Skinner, 1953/1994).

O mais interessante com relação ao autoconhecimento é que ele pode não ocorrer. Não é necessário que o organismo discrimine as variáveis controladoras do seu comportamento para se comportar. Desse modo, o termo "inconsciente" pode ser utilizado de forma adjetiva para descrever a maior parte dos comportamentos – seu uso como substantivo que designa uma instância psíquica causadora de comportamentos não é aceito (Skinner, 1953/1994).

Um exemplo de aquisição de CRB 3 ocorre quando um cliente, com uma história de emissão frequente de mandos disfarçados, comenta com o terapeuta, por exemplo, que as pessoas que se irritavam com sua pouca assertividade estão mais solícitas e compreensivas desde que o cliente passou a pedir, ao invés de solicitar indiretamente alguma coisa. Assim, o cliente afirma sentir-se menos rejeitado porque seu comportamento de pedir passou a ser frequentemente reforçado pela audiência, inclusive do terapeuta.

De acordo com Medeiros e Rocha (2004), o autoconhecimento (na taxonomia de Kohlenberg e Tsai, 1991/2001, a emissão de CRBs 3) é muito importante para a prática clínica. Ao conseguir verbalizar as variáveis determinantes de seus comportamentos, o cliente encontrar-se-á em uma posição vantajosa de prevê-los e controlá-los. Ao manipular tais variáveis controladoras dos comportamentos, o cliente pode conseguir modificá-los.

O autoconhecimento favorece a independência do cliente em relação ao terapeuta. O cliente pode analisar funcionalmente novos contextos pelos quais está passando e se adaptar mais rapidamente

---
[7] Trata-se de uma resposta verbal com topografia de tato e função de mando, ou seja, sob o controle de um reforço específico e não do estímulo discriminativo não verbal (Medeiros, 2002; Skinner, 1957/1978).

às mudanças nas contingências, sem necessitar da figura do terapeuta para guiá-lo (Medeiros e Rocha, 2004; Skinner, 1953/1994).

O USO DO REFORÇAMENTO DIFERENCIAL NA RELAÇÃO TERAPÊUTICA

Segundo Millenson (1967/1976), todo o comportamento reforçado é fortalecido, ou seja, tem sua frequência aumentada. O reforçamento diferencial consiste em reforçar exclusivamente aqueles comportamentos que devem ter sua frequência aumentada, submetendo, dessa forma, outros comportamentos (aqueles cuja frequência deva ser diminuída) à extinção. A maior vantagem de tal procedimento é a probabilidade de criar e manter comportamentos que ainda não surgiram no repertório do sujeito e, ainda, enfraquecer comportamentos indesejáveis sem a utilização da punição (Millenson, 1967/1976; Moreira e Medeiros, 2007). Trata-se da forma mais básica de aprendizagem, sendo encontrado até mesmo quando se aprende por modelação (Baldwin e Baldwin, 1989; Millenson, 1967/1976) e por regras[8] (Baum, 1994/1999; Skinner, 1969/1984).

> Segundo Millenson (1967/1976), quando o procedimento de diferenciar os comportamentos ocorre de forma progressiva, gradual e conduz o comportamento-alvo a uma topografia final previamente desejada, pode-se afirmar que ocorre um processo de aproximação sucessiva do comportamento final, consistindo no procedimento de modelagem do comportamento.

A modelagem é um procedimento poderoso para produzir novos comportamentos. O aparecimento deles é o resultado de uma história de diferenciação progressiva de comportamentos antecedentes, remotos e com alguma semelhança aos comportamentos-alvo.

Um exemplo de reforçamento diferencial ocorre quando se tenta vários caminhos para se chegar a um endereço em um bairro desconhecido. Ir por alguns caminhos específicos será reforçado ao se chegar ao destino; porém, as idas pelos caminhos que não resultam no destino programado entrarão, consequentemente, em extinção. Após algumas tentativas, a pessoa trafegará apenas pelos caminhos nos quais seu comportamento foi reforçado. É importante notar que ir por mais de um caminho será reforçado; pode-se dizer, então, que ir por determinado caminho é uma topografia[9] de resposta diferente. Logo, um comportamento operante não se define por uma topografia e sim pela sua função, ou seja, pelas suas consequências (Millenson, 1967/1976).

Aplicando-se ao contexto clínico, as pessoas podem emitir respostas de topografias diferentes que possuem a mesma função. Por exemplo, uma dona de casa, que passa grande parte do seu dia sozinha enquanto seus filhos e marido cuidam dos seus afazeres diários, pode obter a atenção[10] dos mesmos de várias formas. Ela pode passar a convidá-los para sair (ir ao cinema, ao teatro, a bares, aos restaurantes, etc.); pode tomar iniciativas de conversas; pode começar a reclamar de tudo e de todos na presença dos seus familiares; pode

---

[8] As regras são estímulos discriminativos verbais que descrevem contingências de reforço (Baum, 1994/1999).

[9] É o formato da resposta. Trata-se do aspecto estrutural do comportamento operante.

[10] A atenção aqui surge como um reforçador condicionado generalizado. Reforçador condicionado porque sua função reforçadora é aprendida; e generalizado porque sinaliza que outros comportamentos diferentes serão reforçados (Ferster et al., 1968/1977). Outros exemplos de reforçadores condicionados generalizados são o dinheiro, o respeito e a admiração.

brigar com eles por qualquer motivo; pode desenvolver uma fobia de dirigir, obrigando-os a levá-la para os lugares desejados; ou, até mesmo, pode passar a sentir fortes enxaquecas e reclamar constantemente das mesmas. Todas essas respostas têm a mesma função: a de produzir a companhia e a atenção de seus familiares.

Mesmo possuindo a mesma função (produzir atenção e companhia), os comportamentos emitidos pela dona de casa produzirão diferentes consequências em curto e em longo prazo. Com exceção dos dois primeiros casos (chamá-los para sair e tomar iniciativa das conversas), os demais comportamentos podem produzir punidores de curto e de longo prazo. Esses comportamentos, por não deixarem claro que são formas para obter atenção (muitas vezes não são claros nem mesmo para a própria dona de casa[11]), não serão associados à rejeição ou a outras consequências aversivas caso não sejam reforçados e, dessa forma, não desprenderão a merecida atenção de quem os emite (da dona de casa) no momento de sua emissão.

Segundo Kohlenberg e Tsai (1991/2001), tal fato poderia ser explicado porque apesar de experiências conscientes, como, por exemplo, as experiências de satisfação, estarem frequentemente associadas a contingências de reforçamento positivo, pode-se afirmar que as mesmas não são necessariamente partes da modelagem e do processo de fortalecimento do comportamento (geralmente, esses comportamentos são fortalecidos sem que se tome consciência). Ao mesmo tempo, as experiências conscientes têm papel importante, porém diferente daquele do comportamento diretamente modelado por contingências. "No entanto, o fato de a experiência consciente ser mais diretamente sentida do que os efeitos inconscientes do reforçamento, pode facilmente levar à falta de atenção sobre estes últimos" (Kohlenberg e Tsai, 1991/2001, p. 115). Por mais surpreendente que pareça, convites diretos para sair e as iniciativas de conversas representam mais risco de rejeição por parte dos familiares do que os demais comportamentos de queixa. Mesmo tendo uma probabilidade maior de serem atendidos, quando não o são, fica evidente a rejeição. Isso não ocorre com as outras formas disfarçadas de obter atenção. Portanto, a frequência dos convites para sair e das iniciativas para conversas, em relação aos demais comportamentos de queixa, provavelmente será mais baixa.

De acordo com Ferster (1972), com Ferster e colaboradores (1968/1977) e com Kohlenberg e Tsai (1991/2001), é provável que respostas como queixar-se de tudo e de todos e brigar por qualquer motivo ocorram também na sessão de terapia. Tratam-se, segundo a taxonomia da FAP, de CRBs 1. Ao mesmo tempo, caso a dona de casa do exemplo comece a falar com o terapeuta sobre cinema, teatro, livros, etc. (mesmo que não pareça terapia), tais comportamentos poderiam ser classificados como CRBs 2. Nesse caso, caberia a aplicação do procedimento de reforçamento diferencial desses comportamentos a fim de aumentar a frequência dos comportamentos desejáveis (iniciativas de conversas, outros assuntos que não reclamações) e diminuir a frequência dos comportamentos indesejáveis (reclamações, queixas, brigas, fobia de dirigir).

Durante o processo terapêutico, quando a cliente começasse a se queixar, o terapeuta poderia colocar esse comportamento em extinção; logo, a atenção que a cliente provavelmente estava acostumada a receber em seu convívio social não lhe seria fornecida pelo terapeuta. Quan-

---

[11] Neste caso, é possível falar em determinantes inconscientes do comportamento. Skinner (1953/1994 e 1974/2000) e Medeiros e Rocha (2004) discutem o controle inconsciente do comportamento e comentam sua relevância clínica.

do a cliente passasse a falar sobre outros assuntos, o terapeuta lhe daria atenção com reforçamento natural[12] de comportamento de ouvinte. O terapeuta ensinaria a sua cliente, com o uso do reforçamento diferencial, que falar de outros assuntos pode ser reforçado fora da terapia, proporcionando o surgimento e a discussão de temas interessantes e a produção de novos conhecimentos. Ao passo que as respostas queixosas de frequência elevada podem produzir diversas consequências aversivas, como, por exemplo, produzir nos ouvintes respostas de tédio, descrédito e desinteresse ou, até mesmo, a própria perda da companhia destes em curto ou longo prazo, o que representaria uma punição negativa.

Se a dona de casa conseguisse, no decorrer do processo terapêutico, sinalizar e avaliar as consequências de seus comportamentos acima descritos, ou seja, conhecer as variáveis que controlam os seus comportamentos, emitiria um CRB 3. Em outras palavras, a dona de casa se tornaria consciente da função de seus comportamentos, aumentando assim a probabilidade de se autogovernar em circunstâncias semelhantes e de ser mais assertiva no futuro (p. ex., emitir mandos diretos), sem precisar lançar mão de reclamações ou queixas para conseguir atenção de seus familiares. Skinner (1953/1994) descreve formas utilizadas pela própria pessoa para controlar o seu comportamento. Ele define tais formas de respostas controladoras. Dessa forma, assim que a cliente identifica as variáveis que controlam o seu comportamento, ela pode passar emitir respostas controladoras que alterariam a sua probabilidade de ocorrência.

Como exemplo, quando a cliente consegue perceber que seu terapeuta se mostra menos interessado quando ela reclama de constantes dores de cabeça e, de forma contrária, se mostra interessado quando o assunto é relacionado a cultura, lazer ou viagens, a cliente pode discriminar que suas reclamações, queixas e brigas provavelmente têm o mesmo efeito aversivo de provocar desinteresse e descrédito em seus familiares e fazer com que estes não queiram ficar em sua companhia. A cliente pode chegar à conclusão de que deve ser muito desagradável conviver com pessoas que só reclamam ou brigam com as outras o tempo todo: "pessoas como eu!". O terapeuta, a fim de reforçar essa pertinente autoanálise de sua cliente, promoverá o reforçamento positivo concordando com sua cliente (dizendo simplesmente "concordo com você") e fortalecendo novas análises semelhantes no futuro. Além disso, se a fala da cliente se tratar de um mando disfarçado, o fato de o terapeuta concordar com a mesma pode corresponder a fornecer um reforço genérico e não específico. Em outras palavras, o terapeuta reforçaria a função de tato, extinguindo, assim, a função de mando disfarçado.

Além de evocar os CRBs 2 e 3 por meio do reforçamento diferencial e dos passos de aproximações sucessivas, o terapeuta pode servir de modelo para que o cliente tente modificar o seu próprio comportamento, por meio da observação dos comportamentos do terapeuta. Novos comportamentos podem começar a surgir por generalização[13], já que o cliente é

---

[12] É um tipo de reforçador eficaz no ambiente natural do indivíduo, pois se inicia com um repertório que já ocorre e não com uma forma arbitrária de desempenho que é modelada e determinada pelo terapeuta. Tal reforçamento pode estimular uma série de novos comportamentos, sem necessitar da intervenção de terceiros (Ferster et al., 1968/1977).

[13] É também conhecida como indução ou transferência de resposta. Ocorre quando há o reforçamento de algum comportamento específico e, em consequência, sua frequência é aumentada, bem como a frequência de outros comportamentos semelhantes que não foram necessariamente reforçados no passado (Catania, 1998/1999; Skinner, 1953/1994).

sempre reforçado pelo terapeuta quando demonstra ter desenvolvido novas habilidades (novos CRBs 2 e 3).

> Segundo Kohlenberg e Tsai (1991/2001), a terapia não será bem-sucedida se o cliente demonstrar melhoras ou a aquisição de novas habilidades apenas no ambiente terapêutico e não conseguir generalizar esse novo repertório para sua vida cotidiana.

Além do reforço promovido pelo terapeuta na tentativa de manter e fortalecer os CRBs 2 e 3 de seu cliente, suas novas habilidades deverão ocorrer fora do contexto clínico aumentando, a probabilidade de serem positivamente reforçadas pela atenção de seus familiares e negativamente reforçadas por evitar o tédio e outros comportamentos aversivos dos mesmos.

O terapeuta, na medida em que o cliente começa a emitir as respostas desejadas, pode exigir padrões cada vez mais aprimorados (modelagem), ou mesmo, tornar o reforço menos frequente (aumento do tamanho do esquema de reforçamento). O reforço contínuo é necessário para a aquisição do comportamento, porém, para a manutenção, o reforçamento intermitente é o ideal (Moreira e Medeiros, 2007). Assim, para que os comportamentos desejados se mantenham e se tornem resistentes ao não reforçamento, é necessário que passem por um reforçamento intermitente. Fora da terapia, os comportamentos desejados não serão reforçados continuamente e, a despeito disso, precisam continuar a ocorrer. Voltando ao exemplo anterior da dona da casa, nem sempre os comportamentos de puxar conversas ou de convidar seus parentes para sair serão reforçados. Caso seus comportamentos desejados estivessem em esquema de reforçamento contínuo, os episódios de não reforçamento poderiam resultar na diminuição da sua frequência e no aumento na variabilidade comportamental, o que resultaria na volta da emissão dos CRBs 1 (p. ex., queixar-se e vitimizar-se).

Além disso, o cliente precisa discriminar que seus comportamentos seriam passíveis de reforçamento, mesmo que não o sejam a todo o momento. Nesse caso, o reforço provido pelo terapeuta é fundamental, uma vez que estabelecerá a função reforçadora condicionada da observação do comportamento. Como a emissão do comportamento precede o seu reforço, quando o indivíduo está atento ao comportamento emitido, pode ocorrer um emparelhamento entre a observação do comportamento e a apresentação do reforço. Dessa forma, a mera observação de comportamentos que foram reforçados no passado adquire função reforçadora.

Um exemplo comum é o do aluno de ensino médio que consegue resolver problemas de matemática sozinho. Quando ele possui o gabarito e confere as suas respostas, só de vê-las corretas, mantém-se resolvendo os problemas, mesmo que não tenha ninguém para reforçá-lo. É o mesmo caso do indivíduo que se sente bem por ceder o seu lugar no ônibus a uma senhora de idade ou por ajudá-la a atravessar a rua. Como seus comportamentos caridosos possivelmente foram reforçados no passado, principalmente pelos pais, a observação desses comportamentos no futuro consiste em reforçadores condicionados. Da mesma forma, como a observação dos comportamentos desejados do cliente precede o reforço apresentado pelo terapeuta, esta acaba adquirindo funções reforçadoras condicionadas.

Os reforçadores condicionados podem ser cotidianamente chamados de orgulho ou de sentimento de dignidade pessoal. Skinner (1953/1994) analisa tal fenômeno sob o título de "fazer a coisa certa". Além disso, a observação de comportamentos que foram punidos no passado também possui funções aversivas condicionadas. A mera observação do próprio comportamento produz punidores condicionados, nesse caso, cotidianamente chamados de vergonha ou culpa. Às vezes, ao imaginar comportamentos que foram punidos no passado, as pessoas ficam vermelhas mesmo sem terem seus comportamentos punidos na hora. Novamente, a observação de um comportamento punido gera punidores condicionados. Skinner (1953/1994) utiliza esse conceito para descrever a falta do repertório de autoconhecimento geralmente relacionado aos mecanismos de defesa propostos pela Psicanálise (Medeiros e Rocha, 2004).

No caso dos punidores condicionados associados a um comportamento que fora punido no passado, a principal estratégia de atuação na clínica é a audiência não punitiva. Na medida em que o cliente relata comportamentos ou probabilidades de respostas que seriam passíveis de punição na sociedade e não é punido pelo terapeuta, as funções aversivas condicionadas desses comportamentos entram em processo de extinção. Então, observar-se deixa de produzir punidores condicionados, aumentando assim a probabilidade de respostas de autoconhecimento.

Caso o cliente emita respostas de autoanálise que seriam passíveis de punição, as quais, entretanto, são reforçadas com a concordância do terapeuta, novas respostas de auto-observação se tornam prováveis. Novamente, o ponto fundamental para a emissão de CRBs 3 é a audiência não punitiva e o reforço natural de comportamento de ouvinte. Por sua vez, uma intervenção que utilize de punição, além dos efeitos colaterais indesejados discutidos a seguir, pode empobrecer as respostas de autoconhecimento.

Segundo Kohlenberg e Tsai (1991/2001), outra forma de produzir CRBs 3 é por meio do uso da interpretação. A FAP considera o pensamento como um comportamento que pode, ou não, influenciar comportamentos subsequentes e deve ser avaliado, interpretado e até mesmo argumentado logicamente por meio do "uso de apelações para a racionalidade"[14] quando possível pelo terapeuta. Assim, o terapeuta lançaria mão de interpretações e de argumentos lógicos para modificar o comportamento de seu cliente.

Cabe destacar que o uso de interpretações pode não ser bem sucedido. O cliente pode entender que as interpretações são imposições e, além disso, caso o terapeuta não consiga discriminar adequadamente o tipo de interpretação que deve fornecer ao seu cliente, tal intervenção pode funcionar como uma punição ao comportamento verbal do mesmo. O cliente que recebe de seu terapeuta uma interpretação inadequada e, em muitos casos, quaisquer tipos de interpretação, pode apenas modificar seu comportamento de concordar ou não com tal intervenção e, no entanto, continuar com o seu conjunto de regras e padrões comportamentais inalterados. Dessa forma, as consequências aversivas da punição utilizada no contexto clínico podem superar seus efeitos benéficos ou imediatos. Tais efeitos, ou subprodutos, serão discutidos adiante.

O CONTROLE AVERSIVO NO CONTEXTO TERAPÊUTICO

Segundo Millenson (1967/1976), Sidman (1989/1995) e Moreira e Medeiros (2007), tanto as punições positivas e negativas, quanto o reforçamento negativo, são os tipos de consequências que contro-

---

[14] "Apenas uma pequena parte de um conjunto maior de interações terapêuticas que irão ajudar a desenvolver um novo conjunto de experiências e comportamentos do cliente e produzir uma mudança favorável nas crenças a eles associadas" (Kohlenberg e Tsai, 1991/2001, p. 136).

lam aversivamente, ou coercitivamente, o comportamento dos indivíduos.

De acordo com Sidman (1989/1995), o controle coercitivo também diz respeito à maneira pela qual as pessoas utilizam a punição e a ameaça de punição para que os outros ajam de acordo com a vontade das mesmas. Explícita ou implicitamente, o não atendimento das expectativas e das exigências do controlador é seguido da retirada de diversas recompensas, até mesmo de recompensas que já haviam sido ganhas.

A maioria das pessoas está acostumada a controlar umas às outras, conscientemente ou não, por meio desse tipo de controle e, ao mesmo tempo, tendem naturalmente a manter comportamentos de evitar ou fugir de tais estímulos aversivos ou coercitivos (Sidman, 1989/1995).

Cabe aqui uma discussão acerca da maneira de como o conceito de estímulo aversivo pode ser entendido. Tal conceito é relacional e funcional, depende da relação entre os eventos e das diferentes consequências produzidas, ou seja, um evento aversivo para algumas pessoas pode ser um reforçador poderoso para outras. Diz respeito, especificamente, à capacidade de provocar a redução da frequência do comportamento que ele produz, enquanto punidor positivo ou negativo. Ou ainda, aumentar a frequência de comportamentos para evitá-lo, como reforçador negativo (Moreira e Medeiros, 2007). Skinner (1953/1994) define o conceito ao afirmar que "um estímulo é aversivo apenas quando sua remoção for reforçadora" (Skinner, 1953/1994, p. 170).

Apesar de provocarem efeitos rápidos e opostos nas frequências dos comportamentos, ou seja, suprimir a frequência de algumas respostas indesejadas (do ponto de vista de quem controla) e aumentar eficientemente a probabilidade da emissão de comportamentos que evitam estímulos aversivos, essas consequências podem gerar uma série de efeitos colaterais[15] prejudiciais ao processo terapêutico.

> No contexto clínico, a audiência punitiva pode representar uma das formas de controle aversivo promovidas, inadequadamente, pelo terapeuta. Tal forma de controle pode dificultar a mudança terapêutica ou prejudicar as relações ao provocar a emissão de comportamentos de fuga e esquiva, subprodutos indesejáveis do controle coercitivo no contexto terapêutico.

Os comportamentos de fuga e esquiva podem ocorrer em um nível consciente ou inconsciente, mas ambos têm o efeito semelhante de retirar ou evitar o contato com estímulos aversivos. Como exemplo de tais comportamentos, Skinner (1953/1994), Medeiros (2002) e Moreira e Medeiros (2007) citam a eliciação de respostas emocionais[16], a supressão de outros comportamentos além do punido, a emissão de respostas incompatíveis[17] e o uso do contracontrole[18] como as formas

---

[15] Termo que se refere frequentemente a consequências não pretendidas, pouco importantes ou improváveis em função de uso de medicamentos. Tal como no caso das drogas, a punição gera consequências ou efeitos secundários, muitas vezes maiores que os esperados efeitos principais (Sidman, 1989/1995).

[16] Sudorese, tremores, taquicardia, choro, boca seca, náusea, etc.

[17] Após a punição de algum comportamento, os indivíduos podem passar a emitir uma resposta que torna improvável a repetição do comportamento punido. Essa resposta é negativamente reforçada por diminuir a probabilidade de o comportamento punido voltar a ocorrer e, consequentemente, de o indivíduo voltar a ter contato com a punição do passado. Ao impedir que o indivíduo se exponha à contingência novamente, a resposta incompatível impossibilita que o indivíduo discrimine se a contingência de punição ainda estará ou não presente, fazendo-o, muitas vezes, perder importantes oportunidades por estar fugindo de possíveis punições (Moreira e Medeiros, 2007).

[18] O contracontrole ocorre quando o indivíduo controlado emite uma resposta que impede que o agente controlador mantenha o controle sobre o seu comportamento (Moreira e Medeiros, 2007).

mais usuais e indesejáveis dos subprodutos do controle aversivo.

De acordo com Moreira e Medeiros (2007), o comportamento de fuga é reforçado negativamente por remover um estímulo aversivo do ambiente, e o comportamento de esquiva permite evitar ou atrasar o contato com um determinado estímulo aversivo, ou seja, o estímulo aversivo ainda não está presente no ambiente. Os comportamentos de fuga e esquiva provocam a retirada ou o atraso dos estímulos aversivos no ambiente e são aprendidos e mantidos por reforço negativo desde muito cedo. A criança que chora e demonstra sentir um forte desconforto em função de algum tipo de doença (estímulos aversivos como dor de dente, infecções estomacais ou dor de ouvido) pode receber do ambiente a retirada desses estímulos e, assim, provavelmente, os comportamentos de chorar ou expressar a sensação de dor serão fortalecidos por reforçadores negativos.

Como exemplo, quando a mãe medica a criança com um analgésico e acaba com sua dor de dente ou de ouvido, o estímulo aversivo de dor é retirado ou atenuado. A retirada de estímulos aversivos do ambiente aumenta a probabilidade de a criança emitir no futuro comportamentos semelhantes aos de chorar e demonstrar dor (para sua mãe) como uma forma de fugir de tais estímulos. Da mesma forma, a mãe que permite que seu filho deixe de ir à escola porque o mesmo está doente, pode ensiná-lo que ter dor ou demonstrar estar com dor (comportamento de mentir) evita entrar em contato (comportamento de esquiva) com outro estímulo aversivo, neste caso, ir à escola (p. ex., ir à escola é aversivo para algumas crianças, principalmente em dia de prova).

Aplicando-se o exemplo acima ao contexto clínico, uma cliente pode aprender que seu choro tem o poder de evitar alguns assuntos aversivos se o terapeuta trocar de assunto todas as vezes que a mesma chorar. Em outras palavras, um dado assunto qualquer funciona como um reforçador negativo e o choro como um comportamento de fuga. Assim, quando o terapeuta perguntar algo que a cliente não queira falar, esta responderá com o comportamento de chorar, evitando comentar sobre o assunto aversivo e sendo reforçada negativamente a emitir comportamentos semelhantes aos de chorar no futuro.

O outro efeito do controle coercitivo na terapia seria a supressão do comportamento verbal do cliente. Tal controle tende a reduzir a frequência de respostas verbais de qualquer natureza, gerando um repertório deficiente de descrição de eventos no ambiente e do próprio comportamento. Por exemplo, um cliente que, ao relatar que sua vida sexual é permeada por promiscuidade e falta de proteção sexual, é punido pelo terapeuta por tal comportamento ser prejudicial à sua saúde e à saúde dos outros, pode deixar de falar quando emite tais comportamentos para evitar as críticas do terapeuta.

Pode-se afirmar que a história de punição suprime não apenas o relato do cliente acerca de seu comportamento, como também prejudica seu repertório de auto-observação. Segundo Skinner (1953/1994), a auto-observação pode ser considerada como um repertório socialmente construído e contextos coercitivos dificultam a aquisição de tal habilidade.

O cliente, cujo comportamento é punido, pode aprender também outras estratégias para evitar as críticas de seu terapeuta, além de omitir certos relatos. Ele pode aprender a manipular seu comportamento verbal e a emitir mandos disfarçados e tatos distorcidos; em outras palavras, pode aprender a enganar o terapeuta, conscientemente ou não. Como já discutido, os mandos disfarçados apresentam topografias de tatos, mas são controlados por um reforço específico. Ou seja, um cliente pode apenas fazer um comentário a respeito de qualquer assunto e pode ser entendido como se estivesse solicitando algo, como realmente o está. Já os tatos distorcidos são comportamentos verbais que não estão sob o controle preciso do S^{D}[19] não verbal, e sim pelo reforço generalizado do ouvinte. Podem ser entendidos como mentiras reforçadas negativamente por evitar estímulos aversivos (Medeiros, 2002).

Outro exemplo de manipulação do comportamento verbal na clínica se dá por meio do uso da racionalização (Medeiros, 2002, 2004). Segundo Skinner (1953/1994), tal manipulação ocorre quando uma pessoa modifica seu relato ao perceber que o tato de variáveis que controlam um determinado comportamento produz estímulos aversivos condicionados, o que a leva a relatar causas socialmente aceitas para seu terapeuta.

Pode-se citar como exemplo a cliente que afirma ter ligado para o ex-namorado que, por sua vez, já tem uma nova namorada, apenas para perguntar a ele se sua atual namorada estará em um determinado lugar, pois ela não quer correr o risco de encontrar com a mesma. A mulher abandonada prefere saber os horários e os dias da semana dos compromissos da atual namorada pelo próprio ex-namorado, mesmo sabendo que pode obter essa mesma informação de inúmeras outras formas que independem de entrar em contato com ele, ou, simplesmente, não obter essa informação e agir naturalmente frente à presença da nova namorada. O terapeuta e as demais pessoas com quem convive, possivelmente, na avaliação da cliente, puniriam o seu comportamento de relatar que ligou para o ex se a mesma afirmasse que apenas ligou para ouvir a voz dele ou para saber se o namoro dele já havia terminado, o que acarretaria uma possível chance de reatar o antigo namoro.

Outro exemplo semelhante de manipulação do comportamento verbal se dá por meio do uso de intraverbais no lugar de tatos. O uso de tal artifício ocorre quando o cliente está sob o controle do que normalmente se diz em uma situação e não do S^D não verbal (Medeiros, 2002). No caso do cliente promíscuo anteriormente citado, o contexto da terapia exige uma resposta clara se o cliente passou a usar camisinha após a última conversa que o terapeuta teve com ele ou não. O cliente, para evitar a repreensão do terapeuta, emite uma resposta semelhante à usada por aqueles que defendem o uso da camisinha como forma mais segura de proteção sexual e afirma: "Então, acho que posso transar com quantas pessoas eu quiser, desde que me proteja; protegendo, dessa forma, aos outros. Afinal, os outros não podem ser prejudicados por minha irresponsabilidade. As pessoas não merecem isso, merecem?". Esse intraverbal pode ser emitido porque é socialmente aceito (o terapeuta representa o reforço social), mas não porque de fato o comportamento mais responsável do cliente está acontecendo.

Torna-se contraditório ou controverso falar de controle aversivo dentro do ambiente de psicoterapia. De acordo com várias teorias, principalmente a Humanista com enfoque rogeriano, o espaço psicoterapêutico pode facilitar ou direcionar o indivíduo a desenvolver todas as suas capacidades de manter ou melhorar o seu organismo (Rogers, 1961/1975). Segundo o autor, tais capacidades são inatas; no entanto, o grau de desenvolvimento e crescimento em busca da maturidade, do ajustamento social, da saúde, da independência e da autonomia, dependem das condições oferecidas pelo ambiente.

---

[19] S^D (sigla para estímulo discriminativo) consiste no contexto que sinaliza uma maior probabilidade do comportamento operante ser reforçado caso ocorra (Baum, 1994/1999).

"Quando somos capazes de liberar o indivíduo da situação de defesa, de maneira a torná-lo aberto a uma ampla margem das suas próprias necessidades, bem como a uma ampla margem das solicitações ambientais e sociais, pode-se confiar que as suas reações serão positivas, em direção ao progresso, e construtivas. Não é necessário perguntar-se quem o socializará, porque uma das suas necessidades mais profundas é a de afiliação de comunicação com os outros. À medida que ele se torna mais completamente autêntico, ele se tornará mais realisticamente socializado. Não necessitamos perguntar quem controlará seus impulsos agressivos, pois, à medida que ele se torna mais aberto a todos os seus impulsos, sua necessidade de ser querido pelos outros e a sua tendência a dar afeto será tão forte quanto seus impulsos para atacar". (Rogers, 1961/1975, p. 194)

> Segundo Rogers (1961/1975), a terapia deve proporcionar um contexto de relações humanas favoráveis, desprovidas de ameaças e de restrições que possam dificultar ou até mesmo impedir a emergência de atributos pessoais autênticos, livres de manipulações e defesas conscientes e inconscientes e de um conceito relativo à sua própria maneira de ser e ao seu próprio eu. Em outras palavras, a terapia deve ser livre do controle coercitivo e, consequentemente, de seus efeitos colaterais, podendo proporcionar aquisições dos CRBs 2 e 3, além do surgimento da habilidade de auto-observação já mencionada anteriormente e definida por Skinner (1953/1994).

Truax (1966, citado por Kohlenberg e Tsai, 1991/2001) afirma que a Terapia Centrada na Pessoa, de Rogers, reproduz um padrão de reforçamento, já que o terapeuta reage diferencialmente a determinadas classes de respostas dos seus clientes.

Ainda segundo Kohlenberg e Tsai, a terapia rogeriana, apesar de bastante diferente da abordagem da FAP, funciona como um "método indireto de fortalecer a ocorrência de contingências naturalmente reforçadoras" (Kohlenberg e Tsai, 1991/2001, p. 35). Para esses autores, o terapeuta rogeriano emite comportamentos que naturalmente funcionam como punidores dos CRBs 1 e reforçadores dos CRBs 2 e 3.

Segundo Sidman (1989/1995), o terapeuta não é capaz de eximir-se das leis e dos princípios básicos da Análise do Comportamento. Caso lance mão de algum tipo de resposta de punição em algum momento no contexto da psicoterapia, sendo reforçado pelo cliente, ocorrerá o aumento da probabilidade de o terapeuta emitir novamente respostas punitivas semelhantes no futuro. Esse fato pode estar relacionado à dificuldade de avaliar se um terapeuta faz uso da punição em função da ausência de alternativas mais eficientes ou eficazes ou porque foi reforçado no passado, passando, dessa maneira, a usar esse tipo de controle como uma forma mais fácil e rápida de manejar o comportamento de seu cliente.

Aprendem-se facilmente as ocasiões que geram ou suspendem contingências de reforçamento ou punição no ambiente físico ou social. Se o ambiente sinaliza a disponibilidade de um reforçador específico, é provável que o indivíduo aja a fim de obtê-lo; se sinaliza punição, é provável que não ocorra a resposta que a causaria. Da mesma forma, em situações nas quais contingências de punição são suspensas, aumenta-se a probabilidade de o indivíduo comportar-se (Sidman, 1989/1995).

De acordo com Ferster (1972) e Kohlenberg e Tsai (1991/2001), o controle coercitivo determina os padrões verbais dos indivíduos, e os padrões "disfuncionais" tenderão a ocorrer também durante a terapia. Os efeitos da coerção sobre o repertório verbal influenciam o processo terapêutico, e a terapia deverá representar uma oportunidade para a modelagem desse repertório. No entanto, como extensamente já discutido por Freud, Skinner e Sidman, o controle aversivo do comportamento dificilmente será abandonado, podendo contribuir para o surgimento e para a manutenção de grande parte das demandas em terapia.

Apesar da dificuldade de abrir mão do uso do controle coercitivo nas relações, a Análise do Comportamento já produziu diversas alternativas efetivas ao uso da punição por meio de incontestáveis demonstrações, dentro e fora de laboratórios, de como, por exemplo, usar efetivamente o reforçamento positivo (Sidman, 1989/1995).

Medeiros (2002) enfatiza a importância da audiência não punitiva no contexto terapêutico a fim de se minimizar todos os subprodutos ou efeitos colaterais do controle coercitivo anteriormente já citados. Segundo o autor, os estímulos aversivos contingentes às verbalizações do cliente, independente do conteúdo e da topografia de seu relato, são formas de prejudicar o progresso terapêutico e, muitas vezes, reproduzir a mesma função (coercitiva) das pessoas do convívio social do mesmo (Medeiros, 2002). Em outras palavras, ao exercer papéis semelhantes[20] aos das pessoas que convivem com o cliente em seu dia a dia, o terapeuta pode propiciar um ambiente aversivo semelhante ao ambiente que seu cliente reclama em terapia, mantendo assim os seus padrões de interação social malsucedidos.

Cabe destacar aqui alguns exemplos citados por Medeiros (2002) de audiência punitiva que o terapeuta pode, por descuido ou não, reproduzir em terapia, prejudicando assim a relação terapêutica:

1) Usar uma linguagem mais complexa do que a linguagem de seu cliente. Quando o terapeuta utiliza uma linguagem rebuscada ou repleta de termos técnicos para se comunicar com uma audiência leiga ou com adolescentes e crianças, pode não ser entendido ou ser considerado aversivo (p. ex., comportamentos de desqualificar o seu trabalho ou duvidar de sua competência profissional podem surgir por parte de sua audiência). Além disso, o terapeuta pode ser enquadrado pelo cliente como mais uma figura de autoridade. Essas figuras geralmente são punitivas, e o cliente pode reagir ao terapeuta como se este fosse puni-lo também.

2) Emitir regras em excesso. Ao emitir alguma regra, o terapeuta deve considerar algumas hipóteses importantes. Seu cliente pode seguir a regra ou não, pode seguir e ter seu comportamento punido ou seguir e ser reforçado, mentir e dizer que a seguiu, ou ainda, mentir e dizer que não a seguiu para ver a reação do terapeuta, por exemplo. Na melhor das hipóteses, se o comportamento do cliente de seguir a regra do terapeuta for reforçado socialmente, algumas consequências prejudiciais também podem ocorrer, tais como o cliente se tornar dependente das regras emitidas pelo terapeuta e apresentar dificuldades de emitir autorregras e de se adaptar às mudanças nas contingências em vigor.

Segundo Medeiros (2002), o cliente que manipula seu com-

---

[20] Pessoas rotuladas (na linguagem comum), por exemplo, como "críticas", "mandonas", "castradoras" ou que "sabem tudo". Na verdade, esses rótulos ou papéis nada mais são do que meras palavras que resumem uma série de comportamentos emitidos pelas pessoas significativas do convívio do cliente e que desempenham uma função coercitiva para o mesmo.

portamento verbal, por exemplo, mentindo, quando afirma que seguiu determinada regra emitida pelo terapeuta e não a seguiu de fato, pode estar fugindo de alguma punição arbitrária. Em outras palavras, pode estar sob o controle de reforçamentos negativos arbitrários. O terapeuta, ao emitir regras em excesso, pode sinalizar a apresentação do reforço negativo arbitrário ao cliente, caso este não siga as regras emitidas por ele.

3) Emitir reforçamentos arbitrários em excesso. Como já discutido anteriormente, Fester (1972) aponta os reforçadores arbitrários como menos eficazes no controle do comportamento e responsáveis por uma série de consequências aversivas.

Outro ponto que merece ser destacado diz respeito à escolha do terapeuta quanto aos comportamentos que precisam ser analisados e modificados durante a terapia. O julgamento do terapeuta sobre os CRBs do seu cliente pode estar vinculado aos seus valores pessoais, o que certamente não pode ser considerado terapêutico. Além disso, é interessante notar que comportamentos que o terapeuta julga fazerem parte, de acordo com a taxonomia da FAP, dos CRBs 1, podem, na verdade, se apresentar como CRBs 2 e, para o seu cliente, funcionar muito bem como respostas adaptativas em seu ambiente. Em outras palavras, o terapeuta pode cometer um erro de julgamento ao avaliar uma topografia de respostas como CRBs 1 ou 2 quando não leva em consideração as funções dos comportamentos emitidos pelo seu cliente.

Como exemplo, um cliente que frequentemente recebe visitas inesperadas de seus familiares e mente para eles fingindo que vai passar mal se não se recolher e repousar (p. ex., passar mal significa vomitar, e quem passa mal usualmente não costuma limpar seu próprio vômito). A mentira pode fazer com que suas visitas inconvenientes deixem a sua casa e permitam que o cliente volte aos seus afazeres normais do dia a dia.

Analisando funcionalmente esse comportamento de mentir, pode-se observar que as visitas são aversivas para o cliente, ou seja, fazer com que elas saiam de sua casa é um reforçador negativo (retira as contingências aversivas) para o comportamento de mentir. Por outro lado, se o cliente fala que está ocupado quando seus familiares chegam sem avisar e pede, de uma forma delicada, para que se retirem, no mínimo o cliente passaria por grosseiro. Porém, ao mentir, o comportamento do cliente também é reforçado positivamente por afagos e preocupação por parte de seus familiares, não é rotulado como grosso e, em longo prazo, pode fazer com que seus parentes pensem duas vezes antes de aparecer em sua casa sem avisar; provavelmente ligarão para saber se ele passa bem antes de visitá-lo no futuro.

Se o terapeuta avalia, segundo seus valores pessoais, que mentir é CRB 1 em qualquer situação e propõe ao seu cliente que fale sempre a verdade (emissão de regra), o terapeuta pode prejudicar seu cliente na relação com seus familiares e, além disso, prejudicá-lo em outros contextos que exijam a habilidade de discriminar quando uma mentira pode ser reforçadora por evitar situações aversivas que dificilmente seriam evitadas com a emissão do comportamento de falar a verdade.

> A situação oposta também pode ocorrer. O terapeuta pode realizar análises funcionais equivocadas de CRBs 2 e reforçar erradamente comportamentos prejudiciais ou "disfuncionais" do seu cliente.

Tomando como exemplo o comportamento de mentir, se o cliente mente frequentemente para conseguir o que quer e não consegue emitir outro padrão de resposta que não o de manipular seu comportamento verbal, o terapeuta não pode considerar que o simples fato de seu cliente atingir seus objetivos por meio de mentiras deva ser entendido como comportamento adaptativo.

Como já discutido anteriormente, a análise funcional deve ser realizada de uma forma bastante cuidadosa, levando-se em consideração toda a história do indivíduo e todo o seu contexto atual a fim de oferecer ao cliente a melhor forma possível de agir no meio (Castanheira, 2002; Rangé, 1995; Skinner, 1953/1994). De preferência, por meio da emissão de tato e mandos puros (Medeiros, 2002).

INTERVENÇÃO

A proposta da FAP de Kohlenberg e Tsai (1991/2001) refere-se ao desenvolvimento de uma psicoterapia que, aliada aos princípios do Behaviorismo Radical, consiga manejar comportamentos "disfuncionais" por meio de uma relação terapêutica "genuína, envolvente, sensível e cuidadosa" (Kohlenberg e Tsai, 1991/2001, p. 2). Para tanto, os autores sugerem cinco regras norteadoras que permitiriam, principalmente, observar, evocar e consequenciar os CRBs de forma a resultar em "efeitos reforçadores para o terapeuta" (Kohlenberg e Tsai, 1991/2001, p. 27). Cabe avaliar aqui, de forma crítica, as regras sugeridas.

A primeira regra

Segundo Kohlenberg e Tsai (1991/2001), a primeira regra sugere ao terapeuta prestar atenção aos CRBs do cliente. Quanto maior a habilidade do terapeuta de identificar os CRBs, maior a intensidade das reações emocionais de ambos e melhores os resultados da psicoterapia. Por outro lado, a inabilidade do terapeuta pode comprometer o progresso, possivelmente devido a atitudes não terapêuticas de reforçar, punir ou colocar em extinção equivocadamente alguns comportamentos.

A segunda regra

A segunda regra, evocar CRBs, pode também ser avaliada em termos comparativos como a primeira, ou seja, quanto maior a qualidade da relação terapêutica estabelecida, maior a probabilidade de o terapeuta evocar CRBs 1 e propiciar o desenvolvimento de CRBs 2. No entanto, o grau de eficiência em evocar CRBs também depende diretamente da história de vida e das características de cada cliente, além da escolha de atuação do terapeuta (que, por sua vez, não está desvinculada de suas características e de sua própria história de vida) e da relação estabelecida entre os dois (Kohlenberg e Tsai, 1991/2001).

Na relação terapêutica ideal, "o cliente aprende a se envolver em um relacionamento real. O terapeuta que ama e se envolve plenamente com um cliente cria um ambiente terapêutico que evoca CRBs 1 correspondentes" (Kohlenberg e Tsai, 1991/2001, p. 31). Nesse sentido, é interessante notar que a palavra "amor" não é definida pelos autores. Não se sabe exatamente o que os autores querem dizer quando falam sobre tal sentimento ou se é apenas uma palavra que resume um conjunto de vários comportamentos semelhantes. Skinner (1948/1972) afirma que amar nada mais é do que prover reforçamento positivo: "O que é o amor se não outro nome para reforçamento positivo?" (Skinner, 1948/1972, p. 282). Greben (1981, citado por Kohlenberg e Tsai, 1991/2001) afirma que a psicoterapia é uma "jornada de amor" e que tal expressão é semelhante a trabalho duro e honesto a partir do encontro de duas pessoas.

Dessa forma, algumas questões poderiam ser levantadas: amar poderia ser entendido como reforçar "duramente" e "honestamente" CRBs 2 e punir CRBs 1 depois de evocá-los? Ao puni-los, a relação de amor também estaria presente (pelo menos do ponto de vista do cliente)? O terapeuta não correria o risco de emparelhar estímulos reforçadores com emissão de punidores que passariam a ter seus efeitos minimizados? Como exemplo da minimização do efeito da punição, o rato, no laboratório, pode aprender que, ao apertar a barra, sempre receberá uma gota de água e, depois de um tempo, passa a receber a água juntamente a um choque. Impressionantemente, o rato continuará a apertar a barra e a receber o choque, mesmo já na ausência da água (Skinner, 1953/1994). Da mesma forma, se o terapeuta deixa claro para o cliente que a relação entre os dois deve ser de amor e, no entanto, pune alguns comportamentos do mesmo, o cliente pode aprender em terapia a relacionar-se com seu ambiente social de forma a aceitar as punições na esperança de ganhar reforçadores ou, em outras palavras, ser amado? Além disso, quando ocorre uma punição, e, consequentemente, ocorre algum efeito colateral ou subproduto da mesma, o terapeuta não entraria em um círculo vicioso de punir CRBs 1 e, depois, punir os subprodutos da punição que se tornam eles próprios novos CRBs 1?

A terceira regra: duas abordagens de atuação

Reforçar os CRBs 2 é a terceira regra. Os autores citam Fester (1972) quanto à preferência pelo uso dos reforçadores naturais e apresentam dois tipos de abordagens que o terapeuta pode lançar mão para promovê-los em terapia. Ao utilizar a primeira delas, a direta, o terapeuta corre um risco maior de produzir reforçadores arbitrários do que utilizando a indireta ou a segunda descrita por Kohlenberg e Tsai (1991/2001).

As abordagens diretas e suas implicações

Kohlenberg e Tsai (1991/2001) sugerem sete comportamentos que o terapeuta pode utilizar na clínica para reforçar os CRBs 2 de seus clientes (terceira regra da FAP), mesmo que corra o risco de prover reforços arbitrários. São elas:

Primeiro, reforçar uma classe ampla de respostas nos clientes. Ao reforçar determinados padrões comportamentais que se apresentam, no decorrer da terapia, como progressos do cliente, em detrimento de comportamentos específicos isolados, pode-se aumentar a probabilidade de esses padrões virem a ser generalizados no futuro (Kohlenberg e Tsai, 1991/2001).

Na realidade, o terapeuta pode reforçar respostas específicas que podem vir a se constituir em uma classe, mas não há como se reforçar de uma vez uma classe inteira de respostas. Como exemplo, um cliente que demonstra ter sido "certinho", comedido e estar sempre sob forte controle dos padrões impostos pela sociedade, relata durante o processo terapêutico ter experimentado maconha, ou ainda, fala um palavrão para descrever algum evento aversivo que lhe aconteceu, demonstrando um menor controle às normas de adequação socialmente impostas. Mesmo que as topografias específicas pareçam CRBs 1, esses comportamentos fazem parte de uma classe ampla de respostas de tentar romper o controle social, ou seja, possuem função de CRBs 2. Em outras palavras, apesar de esses comportamentos, em outros contextos, poderem ser considerados como CRBs 1, o terapeuta deve avaliar a função dos mesmos – e não a topografia – e entendê-los como CRBs 2 ou mudanças significativas em seu antigo padrão comportamental.

Em segundo lugar, compatibilizar as expectativas do terapeuta com os repertórios atuais dos clientes. Ou seja, prestar atenção às mudanças que ocorrem nos CRBs dos clientes sem estabelecer expectativas extremamente elevadas quanto à rapidez ou à qualidade do processo. Os autores sugerem o uso do conceito de modelagem a fim de discriminar e consequenciar gradualmente os CRBs. No caso de um cliente tímido (que apresenta comportamentos que poderiam ser enquadrados em um padrão de timidez), o mesmo pode apresentar uma mudança discreta, mas significativa, se, no decorrer da terapia, falar que acha algumas pessoas agressivas ou abusivas demais quando as compara com ele próprio. O terapeuta, se muito afoito, pode tentar induzir o cliente a descobrir que, na verdade, ele é que é agressivo ou abusivo de menos. No entanto, se levar em consideração essa segunda sugestão de abordagem direta, pode reforçar naturalmente a análise do cliente falando apenas: "concordo com você" ou "você tem razão de pensar assim" e deixar um espaço aberto para que o cliente possa falar mais sobre esse assunto que certamente o incomoda.

Em seguida, amplificar os sentimentos dos terapeutas para torná-los mais salientes. Isso significa descrever verbalmente ao cliente alguns eventos privados ou sentimentos do terapeuta que, de outra forma, não poderiam ser entendidos como reforçadores. Os autores exemplificam com a frase "eu me sinto particularmente próximo de você agora" (Kohlenberg e Tsai, 1991/2001, p. 35) para demonstrar um sentimento de proximidade com o cliente que, por sua vez, reclama de não conseguir desenvolver intimidade com as pessoas e de ter poucos amigos. No entanto, tal sugestão pode apresentar alguns problemas. Os tatos dos próprios sentimentos, utilizados como forma de consequenciar os CRBs do cliente, podem se constituir em reforçadores, mas também como punidores arbitrários. A frase acima ou frases do tipo "sinto-me prestigiado quando você é sincero comigo ao fazer pedidos diretamente" podem levar o cliente a pensar que o terapeuta está mentindo, que está tentando forçá-lo a sentir-se próximo também, ou ainda, que está querendo insinuar que o cliente não é sincero. A despeito de os autores defenderem o uso de reforçadores naturais, tais verbalizações não acompanham naturalmente esses comportamentos, constituindo-se em reforçadores ou punidores arbitrários.

A quarta estratégia seria estar ciente que o relacionamento entre terapeuta e cliente existe para benefício de último. Os autores citam o conceito de reforçamento diferencial afirmando que o terapeuta deve naturalmente punir CRBs 1 e reforçar CRBs 2 como forma de agir controlado pelo que é melhor para o cliente. Ainda quanto a essa quarta recomendação de abordagem direta, os autores afirmam que "na medida em que na relação terapêutica há um desequilíbrio de poder, é especialmente importante obedecer a essa diretriz" (Kohlenberg e Tsai, 1991/2001, p. 35). Em outras palavras, na relação terapêutica existe uma diferença hierárquica que deve ser mantida para que o terapeuta evite abusar de ou ferir seus clientes.

Os autores exemplificam tal asserção citando um exemplo de clientes que se envolvem sexualmente com seus terapeutas. Segundo Peck (1978, citado por Kohlenberg e Tsai, 1991/2001), o terapeuta só deve, após uma cuidadosa avaliação, envolver-se sexualmente com o seu cliente se for em benefício deste, mesmo sendo muito difícil a ocorrência de um caso parecido em terapia. Tal recomendação também é bastante problemática. A principal questão aqui é saber até que ponto o terapeuta tem o direito de saber o que é melhor para o cliente. E, se for melhor para o cliente envolver-se sexualmente, por exemplo, em que medida tal envolvimento é melhor para o terapeuta? Ou ainda, esse fato não comprometeria a relação terapêutica e os princípios éticos associados à mesma? Quanto à diferença hierárquica, talvez mais do que manter a assimetria da relação, fosse importante estabelecer um vínculo mais efetivo com o cliente, considerando-o como audiência e não representando um papel punitivo semelhante aos papéis das pessoas aversivas do seu convívio cotidiano.

Outro ponto que chama atenção é a extensão do uso do conceito de reforçamento diferencial realizada pelos autores. Como originalmente descrito, tal conceito, tanto como processo de aprendizagem natural, como procedimento sistemático, não envolve a punição dos comportamentos fora da classe de respostas a ser fortalecida. Assim, os autores não utilizam o conceito como originalmente formulado. Além disso, o uso da punição não é recomendado como forma de redução da frequência de comportamentos indesejados por todos os motivos já descritos acima.

A quinta recomendação refere-se a, quando usar reforçadores arbitrários, usá-los somente por um tempo limitado, como forma de transição, até que os reforçadores naturais assumam o controle. Os autores afirmam que essa atitude requer cautela e um aviso prévio ao cliente para explicar porque esse tipo de intervenção será utilizado. A expectativa dos autores é de que, com o tempo, o reforçamento arbitrário possa ser retirado à medida que novos padrões comportamentais ou determinados contextos sejam, por si só, naturalmente reforçadores. O problema nessa sugestão é se, de fato, o uso dos reforçadores arbitrários continuará a exercer o controle sobre o comportamento do cliente e dificultará o surgimento de novos padrões quando, por exemplo, a retirada dos mesmos se configurar, na verdade, como uma punição negativa aos novos comportamentos do cliente, o que não justificaria o seu uso inicial e muito menos sua retirada emparelhada aos novos comportamentos adquiridos.

Em sexto lugar, estaria evitar a punição. Para os autores, tal consequência deve ser utilizada caso os demais procedimentos se mostrem ineficazes, levando-se em consideração o nível de tolerância de seu cliente aos estímulos aversivos. Além disso, os autores incentivam o uso da punição, com moderação, quando o terapeuta pretende bloquear respostas de fuga ou esquiva. Ao sinalizar para o cliente a ocorrência desses comportamentos (de fuga e esquiva), assim que os mesmos ocorram, o terapeuta deve continuar a apresentar o S^D que originalmente os evocou e fazer com que o cliente entenda (por meio de interpretação) a função de tais comportamentos. Na tentativa de trabalhá-los junto ao cliente, os autores sugerem questionamentos privados como "o que esta resposta consegue evitar?" e, depois, interpretações públicas: "Vou lhe perguntar novamente sobre o relaxamento porque você não respondeu. Faço isso porque acho que sua ausência de resposta é como quando sua esposa lhe pergunta sobre o seu dia e vocês terminam com sentimentos de irritação. Esta talvez seja uma oportunidade para fazermos algo sobre o problema" (Kohlenberg e Tsai, 1991/2001, p. 38).

Questionamentos a respeito da função dos comportamentos são extremamente relevantes e devem fazer parte do repertório do terapeuta. No entanto, esses comportamentos devem ser reforçados quando são feitos originalmente pelo cliente, não devendo ser forçados ou induzidos pelas interpretações do terapeuta.

> A indução pode dificultar o surgimento de novos CRBs 3 e tornar o cliente dependente das asserções do terapeuta, como já discutido anteriormente. Além disso, tais interpretações podem funcionar como um punidor arbitrário e gerar resistência ao punir comportamentos de relatar alguns assuntos importantes de sua vida ao terapeuta.

Por fim, ser "você mesmo, na medida do possível, considerando as restrições impostas pelo relacionamento terapêutico" (Kohlenberg e Tsai, 1991/2001, p. 38). Com isso, os autores sugerem reagir espontaneamente, ou seja, demonstrar algumas reações espontâneas e privadas, de forma a reforçar os comportamentos do cliente, levando-se em consideração o repertório do cliente, o que é melhor para ele, e qual o repertório a ser desenvolvido se está pretendendo com tal atuação reforçadora. Da mesma forma, tais demonstrações espontâneas dos sentimentos do terapeuta podem se apresentar como punidores arbitrários pelos motivos apresentados nas sugestões anteriores.

As abordagens indiretas e suas implicações

Nas abordagens indiretas, Kohlenberg e Tsai (1991/2001) sugerem aos terapeutas que, primeiramente, ampliem a percepção do que é reforçar. Os padrões comportamentais dos clientes podem mudar em ritmos variados e de formas distintas. Dessa forma, o terapeuta, segundo os autores, deve estar atento a essas mudanças e ao progresso clínico dos clientes para melhor reforçar os CRBs 2. Essa sugestão é semelhante à primeira sugestão das abordagens diretas e extremamente importante durante o processo terapêutico.

Em segundo lugar, devem avaliar o impacto das interações terapêuticas. A ideia dessa sugestão é a de que os terapeutas possam progredir em suas intervenções por meio de observações avaliativas de terceiros ou deles mesmos aos seus próprios atendimentos, sendo estes gravados ou filmados.

A terceira recomendação é de que pratiquem boas ações a fim de propiciar benefícios para as pessoas em geral. A proposta é que o terapeuta se comporte com o único objetivo de beneficiar os outros, mesmo sem ser reforçado. A hipótese dos autores é a de que, com tal comportamento, o terapeuta possa aumentar sua habilidade de prover reforçadores naturais em terapia, aumentando assim a qualidade da mesma. Tal sugestão, muito interessante para o bem comum, parece ter uma relação apenas tangencial com o processo terapêutico. Assim, ela parece dispensável. Entretanto, caso se deseje mantê-la, outras sugestões semelhantes devem ser incluídas, como: ir ao cinema e ao teatro, ouvir diversos programas de rádio, ler jornais, revistas femininas e masculinas, assistir a novelas, ler contos eróticos, viajar, ler livros de literatura entre outros. Tais comportamentos podem não prover nenhum tipo de reforçador ao terapeuta, mas irá informá-lo sobre os interesses específicos de cada cliente e podem auxiliá-lo em sua comunicação com o mesmo.

É interessante notar que ser reforçado pelo bem do próximo já controla a classe de respostas de ser um psicoterapeuta. Dessa forma, o "fazer o bem, pelo bem" não precisaria ser um exercício do terapeuta, e sim, uma parte integrante do seu repertório, sendo estabelecido pela sua história de reforçamento fora do seu curso de graduação.

E, por fim, selecionem clientes apropriados à FAP. Tais clientes são aqueles cujos problemas ocorram durante a terapia e que sejam afetados pelas reações do terapeuta. Essa sugestão parece bastante discriminatória ou, no mínimo, difícil de seguir. Nos dias atuais, com tanta falta de emprego e dificuldades financeiras, torna-se difícil recusar clientes que supostamente não se adaptam às regras da FAP. Mais reforçador, tanto para o cliente, como para o terapeuta, seria que este adaptasse seus métodos de intervenção a cada cliente de acordo com o progresso psicoterápico. Os terapeutas só devem dispensar seus clientes e encaminhá-los se realmente não conseguirem atendê-los, por eliciarem sentimentos aversivos no terapeuta ou, ainda, por não dominarem, os terapeutas, o tipo de abordagem necessária para atender a determinadas demandas específicas. Cabe ressaltar, ainda, que a FAP constitui apenas um modelo psicoterápico, não compreendendo a diversidade de modelos possíveis fundamentados no Behaviorismo Radical (p. ex., Terapia de Aceitação e Compromisso, Hayes e Hayes, 1999).

A quarta regra

A quarta regra de intervenção proposta pela FAP é observar os efeitos no cliente dos comportamentos potencialmente reforçadores providos pelo terapeuta. Essa regra está baseada no pressuposto da Análise do Comportamento de que os efeitos das consequências dos comportamentos alteram a sua probabilidade de ocorrência. No entanto, cabe salientar que a palavra "observar" utilizada pelos autores extrapola a mera coleta de informações e refere-se a devolver a análise funcional feita pelo terapeuta sobre os comportamentos do cliente, o que acarretaria uso de interpretações ou, simplesmente, o seguimento da quinta regra.

A quinta regra

A última regra proposta pela FAP sugere que o terapeuta forneça interpretações de variáveis que afetam o comportamento do seu cliente. Com essa sugestão, os autores pretendem que novas regras mais efetivas sejam produzidas e que se aumente o contato com as variáveis que controlam os CRBs do cliente. Os autores esperam que "as razões que fornecemos aos nossos clientes os auxiliem em seus problemas da vida diária" (Kohlenberg e Tsai, 1991/2001, p. 42). No entanto, os autores concluem que tal intervenção, dependendo da história de vida do cliente e da razão fornecida pelo terapeuta, pode, além de não surtir efeitos, se tornar uma obstáculo para o cliente. Apesar de não serem claros quanto a esses efeitos negativos do uso da interpretação, essa simples asserção de que as interpretações podem atrapalhar o processo já deveria ser levada mais em consideração do que a escolha de não usá-la.

A despeito da pertinência da taxonomia apresentada por Kohlenberg e Tsai (1991/2001) acerca dos CRBs, as regras da FAP, na análise do presente trabalho, apresentam problemas. Sendo assim, são sugeridas, a seguir, alternativas para se intervir nos comportamentos clinicamente relevantes. Essas alternativas, por sua vez, tentam minimizar as fragilidades das regras da FAP discutidas anteriormente.

O uso do reforçamento diferencial: reforçar CRBs 2 e 3 e colocar em extinção os CRBs 1

O reforçamento diferencial, conforme apresentado extensamente acima, pode se constituir numa forma eficaz de criar condições para que os CRBs 2 e 3 ocorram de modo a enfraquecer os CRBs 1 sem a necessidade do uso do controle aversivo. O terapeuta, ciente disso, pode atuar na tentativa de fortalecer repertórios desejados por meio do reforço natural do comportamento de seu cliente e, consequentemente, evitar o surgimento de subprodutos do controle aversivo ao optar pela extinção dos comportamentos indesejados em detrimento do uso da punição.

> Cabe notar que, mais importante do que colocar em extinção os comportamentos indesejados, é utilizar o reforço natural de forma generosa imediatamente quando os comportamentos desejados ocorrem.

Os reforços providos pelo terapeuta devem ser frequentes e de grande magnitude, a fim de aumentar a probabilidade de os comportamentos desejados voltarem a ocorrer no futuro.

Os reforçadores naturais são singelos e não exuberantes. É comum os terapeutas os considerarem insuficientes, partindo para o uso dos reforçamentos arbitrários. Entretanto, não se deve desconsiderar o efeito dos reforçadores naturais sobre o comportamento. Um mero "concordo com você", um "me conte então como foi a peça de teatro que você foi!" ou mudar de assunto quando o cliente pede de forma assertiva, já pode ser extremamente reforçador para ele. No entanto, deve-se notar que, no dia a dia, os comportamentos adquiridos em terapia não serão continuamente reforçados pelo ambiente do cliente. Dessa forma, depois de estabelecidas novas habilidades, o terapeuta pode utilizar o reforçamento intermitente para que a terapia pareça com o ambiente do cliente e se aumente a probabilidade de futuras generalizações ao prepará-lo para as situações de não reforçamento comuns em seu ambiente, como já discutido.

Quanto ao surgimento de novas habilidades no cliente, o terapeuta também pode servir de modelo para o comportamento do cliente ao emitir respostas socialmente habilidosas que podem ser reproduzidas. Logo após a emissão de tais respostas, o terapeuta, mais uma vez, deve reforçá-las. Caso essas respostas não ocorram, como no caso de respostas de CRB 3, não devem ser induzidas ou estimuladas pelo terapeuta por meio de, por exemplo, interpretações ou perguntas fechadas.

Em outras palavras, a discussão das novas habilidades adquiridas pelo cliente pode ser importante na aquisição dos comportamentos de auto-observação, mas deve ocorrer de forma espontânea e, preferencialmente, quando o cliente tocar no assunto e se sentir seguro para falar sobre as consequências de seus novos comportamentos mais habilidosos (o que provavelmente deve ocorrer com o progresso da psicoterapia). O terapeuta deve reforçar as explicações que o cliente emite quando forem, de fato, pertinentes e facilitar o surgimento de auto-observações utilizando perguntas abertas que envolvem as circunstâncias em que os comportamentos ocorrem e as suas consequências em curto e em longo prazo.

Geralmente, muitos CRBs 3, ou explicações dadas pelos clientes aos seus comportamentos, fazem parte de um repertório repleto de racionalizações, descrições pobres e incompletas, intraverbalizações ou explicações mentalistas (Medeiros e Rocha, 2004). Essas explicações não devem ser reforçadas e sim, colocadas em extinção para que novas explicações que de fato correspondem aos reais controladores dos comportamentos possam surgir.

Como exemplo de atuação na tentativa de extinguir tais CRBs 3 equivocados, o terapeuta pode se utilizar da noção de significado pelo uso e, assim, clarificar alguns conceitos que fazem menção aos eventos privados, às psicopatologias e aos traços de personalidade dos clientes, ao mostrar que não são causas do comportamento e, sim, as variáveis ambientais. Em outras palavras, apenas as explicações que descrevem as reais variáveis controladoras do comportamento do cliente devem ser consideradas como auto-observações, ou CRBs 3, e serem reforçados, aumentando-se assim a probabilidade de o cliente compreender que tais variáveis podem ser observadas e manipuladas ou, até mesmo, automanipuladas, levando-o a comportar-se de forma mais bem-sucedida no seu ambiente.

Além do uso do reforço, também é importante que o terapeuta utilize a extinção para que os comportamentos indesejados, ou auto-observações equivocadas, possam deixar de ser emitidos e possibilite a variabilidade comportamental, aumentando a probabilidade de os comportamentos desejados ou as análises funcionais adequadas ocorrerem no futuro.

O vínculo estabelecido entre terapeuta e cliente durante o processo terapêutico é também de suma importância no sentido de minimizar os efeitos aversivos providos por uma eventual punição que possa vir a ocorrer por descuido ou despreparo do terapeuta. Nesse sentido, o terapeuta deve atuar de forma a estabelecer um vínculo efetivo com o seu cliente, possibilitando um ambiente confortável e acolhedor para que o cliente possa dizer o que quiser e como quiser sem sentir-se ameaçado por ser sincero.

É importante considerar que apenas uma boa interação ou um bom vínculo estabelecido entre terapeuta e cliente pode ser insuficiente para a ocorrência de comportamentos relevantes na clínica. A forma de intervenção escolhida pelo terapeuta deve levar em consideração a história de vida, as características individuais e as expectativas de cada cliente. A atuação deve ser diferenciada, extremamente cuidadosa, adaptada a cada cliente e objetivar a categorização e diferenciação de todos os comportamentos relevantes apresentados.

No caso específico de os CRBs não ocorrerem durante o processo, o terapeuta não deve desistir e encaminhar os seus clientes. Ele pode lançar mão de alguns artifícios evocativos, tomando apenas o cuidado de não fazê-lo de forma aversiva. Como exemplo, quando algumas perguntas geram respostas indesejadas na terapia, como as respostas de esquiva de temas controversos. A discussão desses temas, mesmo que não relacionados à terapia, pode ocorrer de uma forma indireta e menos intrusiva como, por exemplo, com o uso de metáforas relacionadas ao repertório de cada cliente em particular. A linguagem metafórica pode ser uma alternativa para o cliente conseguir emitir suas próprias análises funcionais sobre os comportamentos de terceiros e sobre os seus próprios comportamentos e, gradativamente, o terapeuta pode começar a inseri-lo como agente do próprio comportamento relacionando às metáforas utilizadas (Medeiros, 2002).

> O ambiente terapêutico deve ser um espaço que possibilite ao cliente desenvolver novas habilidades e aprender a se relacionar melhor com os outros e com ele mesmo.

A formação e o profissionalismo do terapeuta são de fundamental importância no tratamento de seus clientes. Produzir mudanças profundas nos comportamentos dos clientes não é tarefa fácil, mas pode ser extremamente reforçadora caso seja bem realizada.

CONSIDERAÇÕES FINAIS

É inegável a contribuição dos conceitos da Análise do Comportamento na atuação clínica. Tais conceitos conseguem abranger e descrever atualmente uma gama de respostas e de padrões comportamentais relevantes que podem ser controlados ou manipulados de forma adequada, tanto pelo terapeuta, como, posteriormente, pelo próprio cliente, durante a evolução do processo da psicoterapia e consequente aquisição e manutenção de novas habilidades aprendidas.

A FAP, uma das abordagens da Análise do Comportamento na clínica, mostrou-se fundamental quanto à substituição da importância delegada às antigas práticas de modificação do comportamento, à medida que propõe considerar a importância das variáveis existentes no processo terapêutico e utilizá-las para provocar mudanças significativas nos padrões "disfuncionais" de seus clientes.

No entanto, como demonstrado, a FAP apresenta algumas sugestões ou regras problemáticas que podem dificultar ou, até mesmo, inviabilizar o processo psicoterapêutico, dependendo de como forem entendidas e aplicadas pelo psicoterapeuta. Tais sugestões problemáticas decorrem principalmente do uso do reforçamento arbitrário em detrimento do reforçamento natural, do uso da punição em detrimento do reforçamento diferencial ou apenas da extinção, da utilização de interpretações ou regras em detrimento de perguntas abertas e, além disso, muitas vezes da falta de habilidade do próprio terapeuta em avaliar e classificar adequadamente os CRBs em termos funcionais, preconizando a avaliação simplista das topografias das respostas.

Também foi questionada a utilização arbitrária de alguns termos que fazem referência ao senso-comum ou às abordagens psicodinâmicas e não são definidos adequadamente (ou operacionalmente) segundo os conceitos analítico-comportamentais aqui neste trabalho propostos. Como exemplo, discutiu-se a respeito da distorção realizada pela FAP da utilização do conceito de reforçamento diferencial, da extensão do conceito de observação (entendido como interpretação dos CRBs) e do uso de palavras que apenas resumem uma série de comportamentos, com topografias e funções semelhantes, como a palavra "amor" ou "relacionamento real" e que não foram devidamente analisadas pelos autores enquanto conceitos a serem sugeridos.

Foi sugerido um resgate às ideias de Fester quanto ao uso do reforçamento natural de forma mais generosa e imediata, da audiência não punitiva e do reforçamento diferencial. Além disso, quanto ao uso de regras ou interpretações, discutiu-se a necessidade de o terapeuta apenas reelaborar as regras e levar o cliente a reformulá-las ou criar novas regras por meio de perguntas abertas, em detrimento das perguntas fechadas ou interpretações.

Concluiu-se que cabe ao terapeuta ter o maior número de informações possíveis a respeito das técnicas de atuação analítico-comportamentais, das ideias e propostas de diversos autores da área, até mesmo para criticá-los, além de muita resistência à frustração para lidar com a unicidade e a variabilidade das dificuldades apresentadas por cada novo cliente, sem necessitar lançar mão da utilização de técnicas como punição, interpretação ou reforço arbitrário.

A relação terapêutica pode sim ser utilizada como instrumento de mudança, mas o terapeuta deve estar ciente da sua relevância como parte integrante da mesma, e ainda, da importância de sua formação, tanto acadêmica como cultural e pessoal. Da mesma maneira que o terapeuta pode (e deve) ajudar seus clientes a desenvolver novas habilidades e aprender a atuar de forma mais efetiva no mundo, pode também apresentar inadequadamente práticas pouco terapêuticas que podem prejudicar ou inviabilizar o processo psicoterápico.

A Psicoterapia Analítica Comportamental é um modelo de intervenção que permite ao terapeuta uma reflexão e uma avaliação a respeito da eficácia de sua prática clínica. Isso viabiliza a autocorreção, por parte do terapeuta, de seus comportamentos durante o processo psicoterápico, avaliando as estratégias utilizadas e os efeitos obtidos com as mesmas.

Torna-se relevante o desenvolvimento de propostas comparativas mais extensas entre as técnicas e os princípios analítico-comportamentais de atuação terapêutica e diferentes abordagens em Psicologia, como as humanistas, por exemplo. Afinal, tais comparações podem enriquecer as discussões entre essas diferentes teorias e suscitar a discussão de temas e técnicas, comuns ou não a ambas, bastante relevantes no auxílio a essa profissão que é, no mínimo, desafiadora.

REFERÊNCIAS

Baldwin, J. D. & Baldwin, J. I. (1989). *Behavior principles in everyday life*. New Jersey: Prentice Hall.

Barcellos, A. B. & Raydu, V. B. (2005). A história da psicoterapia comportamental. Em B. P. Rangé (Org.), *Psicoterapia comportamental e cognitiva* (Vol. I, pp. 43-52). São Paulo: Editorial Psy.

Baum, W. M. (1994/1999). *Compreender o Behaviorismo: Ciência, comportamento e cultura* (M. T. A. Silva, G. Y. Tomanari & E. E. Z. Tourinho, trads.). Porto Alegre: Artmed.

Caballo, V. E. (1996). Treino de habilidades sociais. Em V. E. Caballo (Org.), *Manual de Técnicas, Terapia e Modificação do Comportamento* (pp. 360-399). São Paulo: Santos.

Castanheira, S. S. (2002). Intervenção comportamental na clínica. Em A. M. S. Teixeira, A. M. Lé Sénéchal-Machado, N. M. S. Castro & S. D. Cirino (Orgs.), *Ciência do comportamento: conhecer e avançar: Vol. II* (pp. 88-95). Santo André: ESETec.

Catania, A. C. (1998/1999). *Aprendizagem: Comportamento, linguagem e cognição* (A. Schmidt, D. G. de Souza, F. C. Capovila, J. C. C. de Rose, M. de J. D. Reis, A. A. da Costa, L. M. de C. M. Machado & A. Gadotti, trads.). Porto Alegre: Artmed.

Chiesa, M. (1994/2006). *Behaviorismo Radical: a filosofia e a ciência* (C. A. Cameschi, trad.). Brasília: IBAC Editora, Ed. Celeiro.

Ferster, C. B. (1972). An experimental analysis of clinical phenomena. *The Psychological Record, 22*, 1-16.

Ferster, C. B., Culbertson, S. & Boren, M. C. P. (1968/1977). *Princípios do comportamento* (M. I. Rocha e Silva, M. A. C. Rodrigues & M. B. L. Pardo, trads.). São Paulo: Edusp.

Kohlenberg, R. J. & Tsai, M. (1991/2001). *Psicoterapia Analítica Funcional: Criando relações terapêuticas e curativas* (F. Conte, M. Delitti, M. Z. da S. Brandão, P. R. Derdyk, R. R.

Kerbauy, R. C. Wielenska, R. A. Banaco, R. Starling, trads.). Santo André: ESETec.

Laplanche, J. & Pontallis, J. B. (1982). *Vocabulário de Psicanálise* (P. Tamen, trad.). São Paulo: Martins Fontes

Medeiros, C. A. & Rocha, G. M. (2004). Racionalização: um breve diálogo entre a psicanálise e a análise do comportamento. Em M. Z. Brandrão, F. C. S Conte, F. S. Brandão, Y. K. Ingberman, C. B. Moura, V. M. Silva & S. M. Oliane (Orgs.), *Sobre Comportamento e Cognição: Vol. 13. Contingências e metacontingências: Contextos sociorverbais e o comportamento do terapeuta* (pp. 27-38). Santo André: ESETec.

Medeiros, C. A. (2002). Comportamento verbal na clínica. *Revista Brasileira de Terapia Comportamental e Cognitiva, 2*, 105-118.

Millenson, J. R. (1967/1976). *Princípios de análise do comportamento* (A. A. Souza & D. Rezende, trads.). Brasília: Coordenada.

Moreira, M. B. & Medeiros, C. A. (2007). *Princípios Básicos de Análise do Comportamento*. Porto Alegre: Artmed.

Otero, V. R. L. (2004). Ensaio comportamental. Em C. N. de Abreu & H. J. Guilhardi (Orgs.), *Terapia Comportamental e Cognitivo-Comportamental: Práticas Clínicas* (pp. 205-214). São Paulo: Rocca.

Rangé, B. P. (1995). Relação terapêutica. Em B. P. Rangé (Org.), *Psicoterapia comportamental e cognitiva* (Vol. II, pp. 20-45). São Paulo: Editorial Psy.

Rogers, C. R. (1961/1975). *Tornar-se pessoa*. São Paulo: Martins Fontes.

Sidman, M. (1989/1995). *A coerção e suas implicações* (M. A. Andery & T. M. Sério, trads.). Campinas: Editorial PSY.

Skinner, B. F. (1948/1972). *Walden II: Uma sociedade do futuro* (R. Moreno & N. R. Saraiva, trads.). São Paulo: Herder

Skinner, B. F. (1969/1984). *Contingências de reforço* (R. Moreno, trad.). São Paulo: Abril Cultural.

Skinner, B. F. (1953/1994). *Ciência e comportamento humano* (J. C. Todorov & R. Azzy, trads.). São Paulo: Martins Fontes.

Skinner, B. F. (1957/1978). *O Comportamento Verbal* (M. da P. Villalobos, trad.). São Paulo: Cultrix, EDUSP.

Skinner, B. F. (1974/2000). *Sobre o behaviorismo* (M. da P. Villalobos, trad.). São Paulo: Cultrix.

Tourinho, E. Z. (2003). A produção de conhecimento em Psicologia: A análise do comportamento. *Psicologia Ciência e Profissão, 23*, 30-41.

Velasco, G. & Cirino, S. D. (2002). A relação terapêutica como foco de análise. Em A. M. S. Teixeira, A. M. Lé Sénéchal-Machado, N. M. S. Castro & S. D. Cirino (Orgs.), *Ciência do comportamento: conhecer e avançar* (Vol. II, pp. 27-35). Santo André: ESETec.

Capítulo 5

Comportamento Governado Por Regras na Clínica Comportamental
Algumas Considerações

Carlos Augusto de Medeiros

Os manuais de Psicologia e de Psicoterapia sustentam que fazer terapia não é dar conselhos, sugestões, ordens ou instruções. Zaro e colaboradores (1977/1980), em seu manual introdutório a aprendizes de clínica, sugerem:

> Se o terapeuta está constantemente preocupado em 'trabalhar para valer' mais do que o cliente, poderá na verdade comprometer o projeto, não dando ao cliente a oportunidade de desenvolver habilidades que lhe permitam lidar com situações e tomar decisões na vida. Esta abordagem por parte do terapeuta pode ainda manter padrões de dependência na interação que são problemáticos para os clientes nos seus relacionamentos sociais na vida cotidiana (p. 4).

No dia a dia, por outro lado, pessoas frequentemente dizem o que fazer umas às outras. É comum a crença de que saber ouvir é saber dar conselhos. Na maioria das vezes, as pessoas, quando pedem conselhos, pretendem apenas ser ouvidas. Uma evidência disso é a baixa incidência do seguimento de conselhos, sugestões, instruções ou ordens. Seguir a opinião dos outros depende de se ela é compatível ou não com aquilo que a pessoa já faria. Por exemplo, se uma pessoa está prestes a abandonar um estágio profissionalizante malremunerado, dificilmente seguirá os conselhos para permanecer nele. Entretanto, caso o conselho seja o de largá-lo, a tendência de segui-lo será muito maior. Um detalhe importante nesse exemplo é o fato de que concordar ou não com o conselho também não é tão importante. A pessoa que recebe o conselho muitas vezes concorda com ele. Mesmo assim, tende a fazer o que já estaria propensa a fazer, mesmo que contrarie o conselho com o qual concordara.

Com base nisso, o uso de conselhos, instruções, sugestões e ordens como forma de intervenção na clínica psicológica não parece indicado. Ao mesmo tempo, algumas questões levantadas acima precisam de resposta, por exemplo: o que faz uma pessoa pedir um conselho? O que faz uma pessoa dar um conselho? O que faz uma pessoa seguir um conselho? O que faz uma pessoa pedir um conselho, concordar com ele e não segui-lo? Quais seriam as alternativas para fazer com que as pessoas mudem seus cursos de ação? Tais questões, por dizerem respeito ao comportamento, devem ser respondidas pela Psicologia como ciência e profissão.

A Análise do Comportamento, abordagem psicológica fundada por Skinner e sistematizada em seu livro *Ciência e comportamento humano*, de 1953, tenta oferecer respostas para essas e outras questões em Psicologia, a partir das relações do organismo com o ambiente (Tourinho, 2003). Em Análise do Comportamento, conselhos, instruções, sugestões e ordens são tratadas como regras[1] (Baum, 1994/1999). De acordo com Skinner (1969/1984), regras são estímulos discriminativos verbais que descrevem ou especificam uma contingência. Contingências são relações do tipo "se... então...". Elas descrevem as relações entre o comportamento e as suas consequências: se um dado comportamento ocorre, então uma dada consequência é provável. Quando alguém aconselha um amigo (recém rejeitado pela namorada) a sair mais, a conhecer novas pessoas e a passar mais tempo com os amigos, está, na terminologia da Análise do Comportamento, fornecendo regras. Em outras palavras, sinaliza que se ele emitir tais comportamentos, provavelmente conseguirá superar a rejeição. Em termos bem simples, regras são emitidas quando se diz a uma pessoa o que fazer e quais as consequências dessas ações.

A aprendizagem das relações de contingências pode ocorrer por regras ou por exposição direta. Por exemplo, é possível aprender a usar um programa de computador fazendo um curso ou explorando-o. No curso, são fornecidas regras que especificam que determinados comandos produzem consequências específicas. Essas relações entre comandos e consequências podem ser aprendidas por tentativas e erros, no caso, por exposição direta às contingências. Skinner (1988) resume as diferenças desses dois tipos de aprendizagem, sugerindo que a aprendizagem por regras é mais rápida e produz menos contato com estímulos aversivos. Ao mesmo tempo, para Baum (1994/1999), comportamentos mais habilidosos como cantar, por exemplo, não podem ser aprendidos sem o contato sutil com as consequências da emissão de cada som. De acordo com Catania (1998/1999): "devemos, nesses casos, aprender fazendo; as instruções não conseguem substituir as sutilezas de um contato direto com as contingências" (p. 277). Outra diferença discutida por Catania é a de que o comportamento aprendido por exposição direta é mais sensível às mudanças nas contingências que o aprendido por regras: "por vezes, nossas suposições se interpõem na situação de tal forma que fazem nosso comportamento tornar-se insensível a algumas contingências que, de outra forma, poderiam modelar e manter o comportamento em questão" (p. 278). Desse modo, caso a relação entre o comportamento e as consequências se modifique, o comportamento instruído levará mais tempo para se adaptar a essa nova condição. Voltando ao exemplo anterior, caso surja uma nova versão do programa que exija comandos diferentes, as pessoas que aprenderam por regras levarão mais tempo para aprender a operá-la – a não ser que recebam novas regras – do que aquelas que aprenderam por exposição.

Nas publicações em clínica comportamental, é possível observar que o uso de regras é recomendado como forma de intervenção; recomendado em algumas situações; recomendado em último caso ou não é recomendado em hipótese alguma. Tais posições discrepantes com relação ao uso de regras também ocorrem quando se observam orientações de estágio em clínica de diferentes supervisores. Esse quadro provavelmente gera uma confusão entre os terapeutas menos experientes, os quais procuram desesperadamente conhecer as formas mais bem sucedidas de atuação (para maior discussão acerca da aprendizagem de terapeutas iniciantes, ver o capítulo de Abreu-Motta, de-Farias e Coelho, neste livro).

Com base nisso, o presente capítulo aborda o uso de regras na clínica como forma de intervenção. Em absoluto se pretende esgotar a questão ou gerar um manual que deva ser utilizado por todos

---

[1] Ver o capítulo de Silva e de-Farias para obter mais referências acerca de comportamento governado por regras.

de forma incontestável. Trata-se apenas de um levantamento de questões relativas ao uso de regras e os possíveis resultados de seus usos como forma de intervenção (ver também o capítulo de Alves e Isidro-Marinho, neste livro). Tal discussão tende a deixar mais claro para aprendizes algumas consequências de suas ações e, também, levar à reflexão terapeutas mais experientes acerca de suas práticas.

REGRAS: USAR OU NÃO USAR? EIS A QUESTÃO

Ao verificar os diferentes posicionamentos descritos acerca de se utilizar ou não as regras como forma de intervenção clínica, o presente trabalho sustenta que elas somente devem ser utilizadas em situações muito específicas. A rigor, a tese do capítulo é a de que regras não devam ser utilizadas a menos que existam justificativas claras da sua necessidade. Essa tese se baseia em dados empíricos advindos da área de pesquisa em comportamento governado por regras nos contextos básico e aplicado. Os tópicos que se seguem são a argumentação em favor dessa tese. Os argumentos serão divididos em duas categorias: (1) quando as regras são seguidas e (2) quando as regras não são seguidas.

Quando as regras são seguidas

> Mesmo quando os clientes seguem as regras propostas pelo terapeuta, efeitos indesejáveis podem surgir.

Em uma situação hipotética, o terapeuta fornece uma regra para seu cliente e ele a segue. Além disso, ao segui-la, seu comportamento é reforçado. Por exemplo:

Paulo[2] é um homem de 32 anos que procurou a terapia queixando-se de pensamentos obsessivos e de compulsões de lavar as mãos. Seus pensamentos giram em torno de gostar de homens ou de mulheres. Paulo começa a tentar se convencer de que gosta de mulheres, e não de homens, várias vezes ao dia. Em alguns momentos, só consegue parar de pensar quando passa pelo menos meia hora lavando as mãos. Por meio de outros questionamentos, o terapeuta formulou a hipótese de que Paulo apresenta tais pensamentos em momentos ociosos.

O terapeuta de Paulo traçou como objetivo aumentar a frequência de atividades que entrem em competição com seus pensamentos obsessivos. Para tanto, optou pelo uso da seguinte regra:

Terapeuta (T): Percebo que seus pensamentos obsessivos ocorrem mais frequentemente quando você está ocioso. Logo, ocupar seu tempo com atividades estimulantes e prazerosas é uma forma eficaz de controlar seus pensamentos.

Cliente (C): É, faz sentido, vou experimentar. Quem sabe, com isso, eu precise passar a lavar menos as mãos e possa me dedicar mais ao trabalho.

Após algumas sessões, o terapeuta:

T: E então, Paulo. Como andam os seus pensamentos obsessivos?

C: De fato, aquela dica que você me deu tem funcionado. Eu tenho conseguido evitar pensar. Tem sido meio cansativo porque eu tenho que arrumar coisas para fazer o tempo todo. De qualquer forma, tem valido a pena.

Nessa condição ideal, é possível observar que o terapeuta emitiu a regra e foi reforçado pelo seguimento da mesma pelo cliente. Além disso, o cliente também

---
[2] Os nomes apresentados são fictícios.

tem seu comportamento reforçado negativamente por evitar respostas que trazem consequências aversivas, no caso, os pensamentos. Qual seria, portanto, o problema de usar regras nesse caso?

Existem três possibilidades: dependência, insensibilidade, baixa assertividade ou submissão e punição ou não reforçamento do seguimento da regra.

(a) *Dependência:* de fato, essa não é a única questão que aflige o cliente e novas questões podem surgir. Quando o terapeuta diz ao cliente o que fazer, não cria condições para que o próprio encontre as suas soluções; no caso, que ele emita as suas autorregras[3]. Em outras palavras, o terapeuta não cria condições para que o cliente aprenda a analisar a situação de modo a identificar as variáveis controladoras do seu comportamento e os possíveis cursos de ação a partir de tal análise. Desse modo, o cliente precisará que o terapeuta execute essa tarefa para ele. Ao lembrar o exemplo acima, as pessoas que aprenderam a usar o programa de computador por instruções precisarão de novas instruções quando o programa mudar de versão. Em outras palavras, dependerão de novas regras. O mesmo processo provavelmente ocorrerá com o cliente, precisando de novas regras emitidas pelo terapeuta para lidar com novas situações no seu dia a dia. Logo, o cliente provavelmente se tornará dependente do terapeuta, tendo dificuldade em lidar com novas situações.

(b) *Insensibilidade*: as contingências descritas pela regra formulada pelo terapeuta podem se modificar. Sob o controle da regra do terapeuta, o comportamento descrito na regra pode demorar muito para se adaptar à nova contingência ou, até mesmo, pode não se adaptar. Existem diversas pesquisas sobre insensibilidade às mudanças nas contingências (p. ex., Catania, Matthews e Schimoff, 1982; Matthews, Catania e Schimoff, 1985), demonstrando que o comportamento governado por regras é menos sensível às mudanças nas contingências do que o comportamento adquirido por exposição direta. No caso clínico citado, se os pensamentos obsessivos adquirirem uma nova função, como de esquiva de situações mais aversivas, tentar se engajar em atividades reforçadoras que compitam com os pensamentos não será mais eficaz. A intervenção precisaria ser outra, como, por exemplo, o treino de enfrentamento das situações aversivas. Ao se falar em insensibilidade, o cliente citado poderia insistir no seguimento da regra imposta pelo terapeuta, mesmo que não fosse mais eficaz.

De fato, é possível levar o cliente a chegar à mesma conclusão sem que o terapeuta formule a regra para ele. Por exemplo:

T: Em que situações do seu dia a dia os pensamentos aparecem mais?

C: Em várias; no trabalho, em casa tomando banho, no trânsito...

T: O que essas situações têm em comum?

---
[3] Autorregras, de acordo com Skinner (1969/1984), são regras emitidas e seguidas pela própria pessoa, que exerce os papéis de falante e ouvinte.

C: Deixe-me ver... São situações em que eu estou em uma atividade mecânica ou quando eu estou à toa.

T: Você me relatou que gosta muito de ler literatura e assistir a seriados de televisão. Como ficam os pensamentos nos momentos em que você está ocupado com essas atividades?

C: Eu raramente penso quando faço essas coisas, a não ser que o livro ou o filme sejam muito chatos.

T: Bem, baseado no que você me falou, o que você poderia fazer para controlar os seus pensamentos obsessivos?

C: Acho que eles aparecem mais quando eu estou com a cabeça vazia. Talvez eu precise me ocupar com coisas de que eu goste.

T: É uma possibilidade. Como é que você pode fazer para saber se funciona?

C: Tenho que tentar, não é?

T: Ok. Então, vamos ver que tipos de atividade você poderia fazer para evitar pensar?

A primeira coisa que chama a atenção nessa outra possibilidade de intervenção é a sua extensão. Sem dúvida alguma, a intervenção por regras é mais rápida. Usar regras como forma de intervenção é tentador, justamente pela possibilidade de produzir resultados imediatos. Outro ponto que chama a atenção é que a mesma regra proferida pelo terapeuta no primeiro exemplo foi, no segundo, formulada pelo próprio cliente. Ou seja, as perguntas abertas do terapeuta criaram condições para que o próprio cliente analisasse o seu comportamento e decidisse o que fazer a partir daí. Quando o cliente emite autorregras, a probabilidade de ficar dependente é menor, já que está sendo treinado a analisar as relações entre o comportamento e as consequências. De posse desse repertório, o cliente fica mais apto a lidar com novas contingências e com as mudanças das contingências vigentes. Ao mesmo tempo, o emprego de regras pelo terapeuta, mesmo que seguidas pelo cliente, ainda pode resultar na manutenção de um padrão comportamental de submissão ou baixa-assertividade.

(c) *Submissão ou Baixa-Assertividade:* os conceitos de agressividade, de assertividade e de baixa-assertividade são muito usados em terapias comportamentais. Existem técnicas específicas visando o aumento da assertividade ou estabelecimento de habilidades sociais (Caballo, 1996). A despeito dos problemas conceituais envolvidos nos termos acima, os quais fogem ao escopo deste capítulo, o uso de regras pode estar relacionado à dificuldade dos clientes de argumentar em favor das próprias opiniões ou mesmo, meramente, de dizer "não".

> Pessoas que provavelmente foram punidas no passado ao discordarem de opiniões, principalmente as proferidas por figuras de autoridade (p. ex., terapeuta), tenderão a assentir, mesmo que a opinião dos outros não faça o menor sentido para elas. Esse é um padrão comportamental que provavelmente precisa ser modificado. O uso de regras nesse contexto, mesmo que possa produzir reforçadores quando seguidas pelo cliente, pode mantê-lo no padrão comportamental pouco assertivo.

Veja o exemplo a seguir:

Marta é uma mulher de 37 anos que apresenta dificuldades de dizer não, de fazer reclamações, pedidos, críticas e de argumentar em favor dos próprios interesses e opiniões. Suas dificuldades ocorrem em vários contextos, principalmente com os colegas de trabalho. Dentre as habilidades sociais que Marta precisa desenvolver, uma das mais importantes é dizer não. De fato, Marta, por sempre dizer sim, acaba representando um estímulo discriminativo[4] para seus colegas de trabalho fazerem pedidos. Esses pedidos, muitas vezes, não são razoáveis e dificilmente seriam feitos para outras pessoas. Marta se sente muito desrespeitada nessas situações. Para que as pessoas parem de fazer pedidos pouco razoáveis para ela, Marta precisa modificar a sua função de estímulo, transformando-se em um estímulo delta. Para isso, ela precisa começar a dizer não aos pedidos pouco razoáveis. A fim de começar um treinamento dessa habilidade, o terapeuta necessita que Marta compreenda essa relação de contingência entre dizer não e a diminuição da probabilidade de pedidos pouco razoáveis feitos para ela.

Mediante esse caso, o terapeuta pode emitir a seguinte regra:

T: Vejo que as pessoas tendem a abusar de você porque você não argumenta em favor das próprias opiniões e não consegue dizer não. Para que passem a te respeitar, você precisa se impor e dizer não.

C: Claro, claro, você tem razão.

Por mais que a regra do terapeuta possa fazer com que Marta diga não para os colegas de trabalho, pode acabar mantendo o comportamento o qual ela se destina a suprimir. A resposta da cliente nada mais é do que uma repetição de seu padrão comportamental malsucedido nas relações sociais. Concordar é uma resposta de esquiva da estimulação aversiva envolvida na argumentação do outro. Mesmo que Marta passe a dizer não para os colegas de trabalho, dificilmente conseguirá dizer não em outros contextos, já que, na relação terapêutica, está sendo treinada a dizer sim.

Outra possibilidade de intervenção com o mesmo fim seria a seguinte:

T: Como você se sente quando pedem coisas que você não gostaria de ceder?

C: É muito chato. Tem gente que não se toca, pede cada coisa! A minha colega de trabalho fez isso ontem mesmo. A cara de pau me pediu para sair mais cedo para ir a um salão que fechava às 6h. Tive que fazer o meu trabalho e o dela. Senti-me desrespeitada... Abusada. E o pior é que eu não consegui falar nada, só fiquei de cara fechada. Eu sou uma banana mesmo.

T: Entendo. O que te faz se sentir como uma banana?

C: Essa situação de sempre pedirem esses absurdos para mim. Um bando de gente na minha sessão e sempre me empurram essas coisas.

T: Quantas pessoas há na sua sessão no mesmo nível de hierarquia que você?

C: Cinco.

T: A que você atribui sua colega ter pedido isso para você e não para outra pessoa?

C: As outras não são tão trouxas como eu. Elas nunca aceitariam um abuso desses.

---

[4] Estímulos discriminativos, de acordo com Moreira e Medeiros (2007), são aqueles que sinalizam que uma dada resposta será reforçada. No exemplo de Marta, ela é um estímulo discriminativo no sentido em que sinaliza que os pedidos das outras pessoas serão atendidos. Já os estímulos delta sinalizam, justamente, que o comportamento não será reforçado.

T: Bem, então o que você poderia fazer para que ela não pedisse mais para você?

C: Podia mandá-la para aquele lugar. Para ela deixar de ser abusada.

T: É uma possibilidade. Qual seria a reação dela na hora?

C: Bem, ela poderia começar a bater boca comigo e ia ser horrível.

T: E nos dias seguintes?

C: Nos dias seguintes, acho que iria ficar aquele climinha chato no trabalho. É, acho que essa não é a melhor maneira, ainda mais em ambiente de trabalho. Já pensou? Nós duas fazendo barraco na frente de todo mundo? Era capaz de eu acabar na rua.

T: Qual seria outra forma de fazer isso então?

C: Sei lá... Simplesmente dizer que não dava?

T: Bem, é uma outra possibilidade. Quais seriam as consequências da sua fala?

C: Nesse caso, acho que ela não bateria boca comigo, mas acho que ela ficaria chateada.

T: Talvez. Nesse caso, a chateação de quem é mais importante?

C: É verdade, antes ela do que eu.

T: Hum, Hum.

C: É faz sentido. Para as pessoas passarem a me respeitar, tenho que começar a dizer não. Se ficarem chateadas, problema. Antes elas do que eu.

Novamente, nessa linha de conversação, o terapeuta conduziu a cliente a emitir a mesma regra que foi dada no outro exemplo. Mesmo sendo um caminho mais longo e trabalhoso, o terapeuta não contribuiu para a manutenção do padrão comportamental da cliente que precisa ser mudado. Em outras palavras, ela não precisa dizer sim para o terapeuta como parte do tratamento para aprender a dizer não aos outros.

(d) *Quando Tudo dá Errado*: não se pode esquecer os casos em que o terapeuta fornece uma regra que, quando seguida pelo cliente, não produz as consequências descritas. Ou seja, o comportamento do cliente sob controle da regra formulada pelo terapeuta não é reforçado ou é punido.

> O terapeuta, ao realizar suas análises, chega a conclusões que nem sempre são corretas. Ao emitir uma regra, o terapeuta assume uma grande responsabilidade. Caso ele se engane, o que não é raro, que consequências podem ocorrer para o cliente? Ao deixar o próprio cliente formular as regras, o terapeuta não corre esse risco.

Situações como essas podem ser desastrosas para o vínculo terapêutico e para a relação de confiança entre o cliente e o terapeuta. Por exemplo:

Marcos, 37, possui uma relação muito conturbada com Jorge, 67, seu pai. Jorge sempre foi muito crítico em relação às escolhas de Marcos, como, por exemplo, o curso superior, a profissão, a esposa, etc. Marcos queixa-se de que Jorge tem uma predileção por seu irmão mais novo, Gilmar, 29. Marcos apresenta muitas dúvidas quanto à sua competência profissional, ocupando um cargo muito inferior à sua formação. Sua queixa inicial foi disfunção erétil sem correlato fisiológico.[5] Após

---
[5] Para maior detalhamento desta disfunção, ver o capítulo de Martins Filho e de-Farias neste livro.

o divórcio, Márcio enfrenta grandes dificuldades quando tem chance de ter relações sexuais com alguma mulher. Ele relata fortes respostas de ansiedade anteriores ao momento da penetração. Dentre as respostas de ansiedade, ocorre a perda de ereção. Logo antes da penetração, Marcos relata pensar acerca de suas dúvidas quanto às suas habilidades na cama e um desejo muito grande de impressionar a sua parceira. Aparentemente, desde jovem, Marcos quis agradar a seu pai e nunca foi reconhecido. Quando tirava boas notas, seu pai lhe dizia que não fizera mais do que obrigação, enquanto Gilmar era presenteado nas mesmas circunstâncias.

O terapeuta de Marcos supôs que os problemas profissionais dele e a sua dificuldade de ereção estavam relacionados à falta de reconhecimento de seu pai. Logo, estabeleceu como meta da terapia levar Marcos a tomar iniciativas em prol da melhoria da relação com Jorge. Desse modo, emitiu a seguinte regra:

> **T:** Como já havíamos discutido, considero essencial a melhora da sua relação com o seu pai para que o tratamento tenha progresso quanto às suas outras questões. Pensei se não seria uma boa ideia escrever uma carta para o seu pai, expressando todos os seus sentimentos em relação a ele.
>
> **C:** Sem dúvida, é uma boa ideia. Eu já tinha pensado nisso. Principalmente, porque tem muitas coisas que não tenho coragem de dizer cara a cara. Acho que a carta será muito mais fácil.
>
> **T:** Que tal você escrever uma primeira versão e trazer aqui para discutirmos juntos?
>
> **C:** Sim. Vou fazer isso. Semana que vem eu trago.

Após discutirem a carta, Marcos a envia para o pai, que simplesmente a ignora e fica mais distante ainda de Marcos. Dificilmente um evento como esse não comprometeria o vínculo terapêutico. Caso o terapeuta tivesse apenas levado Marcos a pensar por si mesmo em soluções para melhorar a sua relação com Jorge, o vínculo terapêutico não ficaria comprometido, mesmo que suas iniciativas fossem frustradas.

Quando as regras não são seguidas

Outro padrão muito comum em casos de clientes com dificuldade de dizer não é aceitar a regra do terapeuta no momento em que é emitida, porém não segui-la. Quando os clientes não seguem as regras, dois padrões são prováveis: formular uma autorregra que o torna incapaz de se engajar em terapia e o faz sentir pior ainda; a outra é dizer que seguiu a regra para o terapeuta, mesmo sem tê-la seguido, sob controle das consequências impostas pelo terapeuta e não pelas consequências naturais de seguir a regra. O não seguimento também ocorre em casos de resistência, em que a emissão de regras por outras pessoas representa uma condição aversiva, ocasionando respostas de fuga.

(a) *Formulação da autorregra: "sou incompetente"*. Muitos clientes concordam plenamente com as regras impostas pelo terapeuta. Não é raro já saberem precisamente o que precisam fazer. Provavelmente, seus amigos e familiares já disseram para eles o que fazer, ou eles mesmos concluíram sozinhos. Ao elaborar o óbvio, emitindo uma regra em termos pomposos, o terapeuta está sendo apenas mais um a oprimir o seu cliente dizendo aquilo que ele precisa fazer. O problema, na maioria das vezes, não é saber o que fazer, e sim, precisamente, como fazer. O controle pelas contingências é mais forte que o controle pelas regras (Skinner, 1969/1984). Veja o seguinte exemplo:

Júlia é uma mulher de 24 anos que foi rejeitada pelo ex-namorado (Fábio). Ela liga para ele com frequência. Em algumas vezes, Fábio é grosseiro e a evita. Em outras, principalmente quando não tem outros planos, é muito acessível. Em alguns desses telefonemas, eles saem, ficam juntos e têm relações sexuais. Depois desses encontros, Fábio a relembra de que não quer voltar para ela e desaparece por semanas. Obviamente, ela se sente péssima com toda essa situação e se queixa constantemente para o terapeuta. Não há dúvidas de que todas as suas amigas já falaram para ela não ligar mais para ele. Elas dizem que Fábio a está usando, que não voltará para ela e que toda essa situação é humilhante. Vale a pena ressaltar que Júlia sai pouco com as amigas. Quando sai com elas, gasta seu tempo para falar do ex-namorado. Júlia também frequenta um curso superior e está em um estágio, ambos pouco reforçadores. Seu comportamento de procurá-lo está sob um esquema de reforçamento intermitente e, obviamente, ela ainda não desistiu. O próprio terapeuta a escuta falar sobre esse relacionamento em 90% do tempo das sessões, há mais de 10 sessões.

Caso o terapeuta conclua que o comportamento-alvo de ligar para ele precise ter sua frequência reduzida a zero, pode utilizar uma regra como forma de intervenção, por exemplo:

T: Baseado em tudo o que você tem sofrido quando liga para ele, me pergunto se tem valido a pena continuar a procurá-lo. Será que ele não a respeitaria mais caso você não o procurasse?

C: É que eu sou uma idiota mesmo, mas agora eu terei brio e não vou mais ligar para aquele cachorro.

T: Muito bem! Você pode até sofrer no início, mas no final, verá que valerá a pena.

A despeito da regra e da concordância com ela, as contingências relacionadas ao comportamento de ligar para Fábio continuam em vigor. O que mudou na vida dela para que ela consiga não ligar? Ela ainda possui baixa disponibilidade de outros reforçadores, obtendo reforço de comportamento de ouvinte contingente ao comportamento de falar dele (Medeiros, 2002a; Medeiros, 2002b), e está submetida a um esquema de reforçamento intermitente, o qual aumenta a resistência à extinção (Keller e Schoenfeld, 1950/1966). Logo, a probabilidade de seguir a regra é mínima, uma vez que as contingências que controlam o comportamento de ligar são muito mais fortes. O provável é que ela ligue, ou seja, não consiga seguir a regra imposta pelo terapeuta. Bem, o uso da regra é desvantajoso porque ela não foi seguida e, para piorar, além de se sentir mal pelas consequências naturais de ter ligado, ela pode se sentir incompetente por não ter seguido a regra imposta pelo terapeuta.

Em alguns casos, a cliente pode até abandonar a terapia, considerando-se um caso perdido até para a terapia. De fato, não é ela que é um caso perdido, simplesmente o uso de regras não foi eficaz no seu caso e agravou as condições aversivas às quais ela estava exposta.

(b) *Distorção do tato*: uma pergunta muito comum de alunos de Psicologia é: "como é possível saber se o cliente está mentindo?". Entretanto, essa não é a pergunta mais relevante. A pergunta mais apropriada talvez fosse: "o que leva o cliente a mentir?" Ou seja, que contingências controlam a emissão de tatos distorcidos (Skinner, 1957/1978; Ribeiro, 1988; Medeiros, 2002a; Medeiros, 2002b). O uso de regras na clínica é uma delas.

Quando os pais mandam os filhos estudar para que sejam alguém na vida ou arrumar o quarto para encontrarem as suas coisas, estão formulando regras. Como eles reagem quando seus filhos não as seguem? Provavelmente, administrarão algum reforço negativo (estímulo aversivo), como uma repreensão verbal ou mesmo corporal. Com base nesse histórico comum a muitas pessoas, a emissão de regras é acompanhada pelo reforço negativo para o seu seguimento aplicado por quem emite a regra. Baum (1994/1999) sustenta que o seguimento da regra está sob controle da contingência próxima. O problema é que a contingência próxima pode aumentar a probabilidade de um segundo comportamento, o de relatar o seguimento da regra, mesmo quando não foi seguida. Esse comportamento, também chamado de tato distorcido, funciona como uma espécie de contracontrole verbal (Ferster, Culbertson e Boren, 1968/1977; Moreira e Medeiros, 2007; Sidman, 1989/1995). No contexto clínico, isso é especialmente problemático, já que o terapeuta não tem meios de verificar se a regra foi ou não seguida; logo, pode reforçar o relato do seguimento e não o seguimento da regra em si.

Resumindo, muitos clientes podem relatar que seguiram as regras mesmo sem tê-las seguido, como forma de evitar críticas ou como forma de de receber reforços positivos. Em outras palavras, ao dar regras, o terapeuta aumenta a probabilidade de o cliente mentir, ou seja, emitir tatos distorcidos. Não são raros os terapeutas que, além de emitir regras, questionam os seus clientes se as seguiram ou não, e punem o relato do não seguimento. Ou seja, além de lidar com os efeitos colaterais do uso de regras como forma de intervenção, eles também têm lidar com os efeitos colaterais do uso da punição na clínica (Ferster et al., 1968/1977; Moreira e Medeiros, 2007; Sidman, 1989/1995. Ver também o capítulo de Alves e Isidro-Marinho).

(c) *Resistência*: muitos clientes reagem de forma agressiva quando lhes dizem o que fazer. Muitos deles consideram a situação de controle como extremamente aversiva e ultrajante. Muitas regras precisas, às quais os clientes precisam ter acesso, são rechaçadas simplesmente por terem sido emitidas por outra pessoa. Nesses casos, é muito mais útil levar o cliente a formular a regra. Para ilustrar esse ponto, é possível imaginar uma situação em que alguém propõe uma ideia e a pessoa concorda. Em outra situação, a própria pessoa propõe a ideia. Em qual das duas situações a defesa da ideia será mais apaixonada? Provavelmente na segunda, ou seja, as pessoas tendem a defender mais as próprias ideias do que as das outras pessoas, mesmo que concordem com elas. Ao levar o próprio cliente a formular uma autorregra, a probabilidade de ele segui-la é muito maior. Cabe ao terapeuta apenas criar condições para que o cliente formule a autorregra e para que consiga segui-la.

(d) *Correspondência entre dizer e fazer*: outro ponto a se considerar, talvez o mais importante de todos, é o fato de que ao se modificar o comportamento verbal que descreve contingências, ou seja, ao se apresentar ou modificar regras, não necessariamente o comportamento descrito por ela se modificará.

> Por que as pessoas mudam o jeito de pensar (falar) sobre um assunto em suas vidas e não se comportam de acordo com esse novo jeito?

A Análise do Comportamento oferece algumas respostas, e a principal delas é a de que falar sobre o comportamento e emiti-lo são posturas distintas sob controle de contingências diferentes (Baum, 1994/1999). Logo, não basta apenas descrever o comportamento, identificar suas variáveis controladoras e especificar as consequências de novos cursos de ação para que o comportamento mude. É essencial que se modifiquem as suas contingências mantenedoras.

Quantas vezes alguém promete parar de beber após acordar de ressaca? Além de prometer parar de beber, essa pessoa fornece muitos argumentos embasando a sua resolução, do tipo: "não combina comigo esse tipo de comportamento"; "não fica bem para alguém da minha posição se embriagar"; "faz mal para minha saúde"; "o prazer de beber não compensa o sofrimento do dia seguinte", etc. A despeito de toda essa mudança de pensamento, na semana seguinte, é muito provável que o comportamento de beber ocorra novamente diante de condições favoráveis. Isso se dá pelo fato de que o comportamento de emitir tais argumentos ocorre em um conjunto de condições diferente das do comportamento de beber. Não há dúvidas de que regras ou autorregras exercem controle sobre o comportamento. Porém, esse controle é meramente discriminativo e não causal (Skinner, 1969/1984). Ou seja, regras não causam a ocorrência ou não ocorrência dos comportamentos pertencentes às contingências descritas por elas. As regras apenas alteram a sua probabilidade de ocorrência, a depender de um grande conjunto de condições.

A alternativa trabalhosa é modificar as contingências que operam sobre o comportamento descrito na regra ou fazer com que o cliente as modifique. Sem usar, entretanto, regras para levá-lo a fazer isso.

OUTRAS DISCUSSÕES ACERCA DO USO DE REGRAS

Ainda sobraram alguns tópicos sobre o uso de regras na clínica cuja discussão é válida.

1. Quais seriam as condições especiais em que se pode fornecer regras aos clientes?

Ao mesmo tempo em que o uso comedido de regras parece apropriado na maioria dos casos, a psicoterapia analítico-comportamental preconiza a abordagem idiográfica ao adaptar posturas e procedimentos para cada caso específico. Para alguns clientes, talvez seja necessário fornecer regras, nem que seja em uma fase inicial da terapia. Muitos clientes apresentam repertórios muito limitados de observação e descrição de contingências. Independentemente da etiologia[6] dessa falta de repertório, o uso de regras pode ser necessário, principalmente, quando se tem pouco tempo para estabelecê-lo (como em clínicas-escola, em que o tratamento costuma durar cerca de 3 meses). Ainda assim, é fundamental levar o cliente a compreender a regra e quais consequências são prováveis a partir do seu seguimento, ao invés de meramente se dizer o que o cliente deve fazer. Ao mesmo tempo, o uso de regras deve servir como ponto de partida para que o cliente passe a observar a importância das consequências

---

[6] As origens podem ser as mais diversas, como histórico de desnutrição da infância, falta de treino, uso prolongado de drogas, etc.

do comportamento para suas ocorrências futuras. Na medida em que o cliente progride quanto aos repertórios de auto-observação e de autodescrição, o terapeuta pode começar a retirar as regras e levá-lo a emitir autorregras, apenas reforçando-as diferencialmente.

Em casos de encerramento da terapia, o terapeuta também pode instruir o cliente acerca de quais pontos ainda precisam ser trabalhados. Nesse contexto, o terapeuta pode devolver as suas análises funcionais em termos de regras para que o cliente possa tentar operar no seu ambiente após a terapia.

Regras também podem ser utilizadas como sugestões de leituras ou de filmes para o cliente. O terapeuta pode sugerir que o cliente entre em contato com algum material que possa ser útil no processo de terapia. Muitos clientes solicitam sugestões de leitura e de filmes. Por exemplo, pode ser útil em casos com questões de ordem sexual, principalmente devido à falta de conhecimentos acerca do funcionamento do sistema reprodutivo, o terapeuta fornecer material escrito informativo ou, mesmo, sugerir que o próprio cliente encontre tal material.

Quando o cliente está com dificuldades de encontrar outras atividades reforçadoras, tais como *hobbies* e esportes, o terapeuta pode ajudar listando atividades que o cliente ainda não tenha conjecturado. É comum o cliente reconhecer a necessidade de se engajar em outras atividades além das rotineiras. O ideal é que o terapeuta o questione acerca de quais possibilidades já pensou. Ao perceber que o cliente apresenta dificuldades em listar tais atividades, o terapeuta pode fornecer um conjunto de atividades, das quais o cliente pode escolher algumas. Após o cliente apontar as atividades que acha mais interessante, o terapeuta pode questioná-lo acerca das consequências de fazer cada uma delas. Por outro lado, não cabe ao terapeuta dizer para o cliente fazer a que ele escolheu, e, sim, apenas reforçar quando o cliente começar a fazê-la. O exemplo abaixo pode ilustrar essa situação.

Maria, 27, sempre se queixou de trabalhar em demasia. Ao mesmo tempo, relata que seu trabalho é muito estressante, apesar de prazeroso. Sempre foi muito dedicada aos estudos e ao trabalho. Seus pais sempre valorizaram muito esses aspectos em sua vida, muito mais do que o sucesso em sua vida pessoal. De fato, Maria só teve um namoro de dois anos, em que não teve relações sexuais. Suas paqueras raramente eram bem-sucedidas e quase nunca ultrapassavam um encontro. Ela nunca teve relações sexuais, considerando-se anormal por conta disso. Possui poucos amigos e passa a maior parte do pouco tempo livre em casa, lendo e assistindo televisão com os pais. Ao longo da sua história, nunca se permitiu atividades extraclasse – sua dedicação para os estudos sempre foi máxima. Desse modo, Maria é muito orgulhosa de seu desempenho escolar. No entanto, queixa-se muito de pensamentos intrusivos. Ela costuma pensar em si mesma como fracassada do ponto de vista pessoal, que nunca vai encontrar alguém que a ame e que vai morrer solteira. Seus pensamentos eliciam diversos respondentes aversivos, os quais só param quando Maria ingere grandes quantidades de doces. Esse padrão a tem deixado acima do peso.

Diante de um possível avanço, que foi a redução na jornada de trabalho de Maria, por iniciativa dela, o terapeuta começa a trabalhar o acesso a outros reforçadores:

C: Até que enfim consegui mudar a minha jornada de trabalho para seis horas diárias.

T: Que bom que deu certo! Que efeito tem em você o tempo ocioso?

C: É... Não costuma me fazer muito bem. Eu começo a pensar naquelas coisas que me entristecem. Mas trabalhar 8 horas para mim estava horrível, realmente eu estava precisando desacelerar. Mas ficar sem fazer nada nunca me fez muito bem. Tenho que ocupar a cabeça com alguma coisa.

T: Faz sentido[7]. Que tipo de coisas você poderia fazer para ocupar a sua cabeça, além de ler e ver televisão com seus pais?

C: Não sei. Talvez caminhar no parque..., mas me dá uma preguiça... Eu sei que faria bem para mim. Ajudaria a emagrecer. Quando eu começo até que me divirto. O difícil é sair de casa para começar. Eu sempre fico inventando desculpas. Digo que está muito quente quando está quente, que está muito frio quando está frio. Deixo para amanhã, ou para segunda-feira que nunca chega...

T: O que mais além de caminhar no parque?

C: Uma amiga minha me chamou para fazer dança de salão... Mas, fora isso, estou sem ideias.

T: Dança de salão é legal. Além da dança de salão e caminhar no parque, o que mais você poderia fazer?

C: Não consigo pensar em muita coisa. Às vezes, acho que não me interesso por nada.

T: Existem várias outras atividades que você poderia realizar, por exemplo: *yoga*, hidroginástica, violão, trabalhos voluntários, teatro, pintura, tênis...

C: É verdade, eu sempre quis fazer violão. Eu sempre quis tocar. Acho tão bonito.

T: Eu também acho. Mas e aí, que estilo musical você gostaria de aprender?

C: Não sei. Acho que um pouco de tudo. Mas o que eu gosto mesmo é de MPB. Para mim, é o estilo que fica mais bacana no violão. Já pensou eu tocando Caetano, Gil, Ana Carolina...

T: É... bacana. Para quem você gostaria de tocar?

C: Pode ser para meus pais, meus amigos...

T: E aí, como seria para você os outros lhe verem tocar?

Em princípio, foram sugeridas atividades diversas. Quando a cliente escolhe uma delas, no caso, aprender a tocar violão, o terapeuta começa a conversar com ela sobre a sua escolha de forma reforçadora, sem sugerir diretamente que a cliente realize a atividade escolhida.

Esses foram apenas alguns exemplos de casos especiais em que o uso de regras poderia ser útil. De qualquer forma, existem outros.

2. Se a opção for por usar regras, qual a melhor forma de apresentá-las ao cliente?

Sem dúvida, existem formas e formas de se emitir uma regra. O terapeuta deve considerar três pontos na hora de decidir como emiti-las: (a) a probabilidade de as mesmas serem seguidas; (b) o efeito sobre o vínculo terapêutico e (c) o efeito sobre esse cliente específico, ou seja, a forma de emissão da regra deve ser terapêutica para

---

[7] Essa consequência apresentada pelo terapeuta, contingente ao comportamento da cliente, é questionada como se fosse sua opinião. Por outro lado, neste caso, o terapeuta está apenas reforçando positivamente de forma natural uma análise feita pela cliente. Esse tipo de reforçamento é essencial para que o cliente passe a analisar o seu próprio comportamento ou a emitir comportamentos clinicamente relevantes do tipo 3 – CRBs 3 – (Kohlenberg e Tsai, 1991/2001).

aquele cliente específico. Algumas formas de se emitir a regra podem ser muito efetivas para o seu seguimento, porém, podem comprometer o vínculo. Ao mesmo tempo, existem formas que não têm influência sobre o vínculo, mas não são terapêuticas para aquele caso.

Geralmente, devem-se emitir regras de modo que os clientes possam discordar ou sintam-se livres para não segui-las. Portanto, regras emitidas de forma imperativa são as menos aconselháveis. Voltando ao exemplo do caso de Júlia, apresentado anteriormente, um exemplo de uma regra de forma impositiva seria:

> **T:** Você não pode mais ligar para ele!

Regras emitidas dessa forma tendem a gerar resistência ou a comprometer o vínculo. Caso o cliente seja submisso, como o ilustrado, mesmo que não resista e siga a regra, a forma como esta foi apresentada pode contribuir para que ele continue a emitir comportamentos submissos. Além disso, a regra do exemplo acima é problemática por ser implícita. Ou seja, não apresenta todos os elementos da contingência. Uma alternativa mais interessante seria:

> **T:** Baseado em como você se sente quando liga para Fábio. Como ele a trata quando atende. Como você se sente quando ele não atende e não retorna as suas ligações. Eu me pergunto se vale a pena ligar para ele. O que você acha?

Esta alternativa é mais vantajosa que a anterior por ser explícita, ou seja, por apresentar os elementos da contingência. Além disso, ela é colocada de uma forma que a cliente é consultada acerca dela, de modo que ela tem mais condições de discordar do terapeuta.

Por fim, existe uma terceira alternativa que parece mais apropriada do que as anteriores na medida em que o terapeuta leva a cliente a refletir sobre as consequências do seguimento da regra:

> **T:** Júlia, quais seriam os efeitos, em você e no Fábio, caso você não ligue mais para ele?

Outra alternativa muito utilizada para se formular regras na terapia é o uso de deveres de casa. A regra nesse caso é emitida como uma tarefa para casa:

> **T:** Bem Júlia, com base nos resultados que você me relatou das ligações que você fez para Fábio nessa semana, eu pensei em como seria para você passar uma semana inteira sem ligar para ele. Vou te passar como dever de casa ficar essa semana inteira sem ligar para ele. Gostaria que você registrasse os momentos em que esteve mais tentada a ligar e quais estratégias utilizou para conseguir não ligar.

No fim das contas, esse dever de casa envolveu a mesma regra do início: "não ligue mais para ele!". Porém, como não tem um formato imperativo, tende a gerar menos resistência.

O ponto negativo dessa abordagem é o cliente perceber a fala manipulativa do terapeuta. Presumindo que o terapeuta seja um modelo[8] para o seu cliente, é perigoso o cliente começar a emitir falas manipulativas também.

3. O que leva a um uso tão exagerado de regras como forma de intervenção se ele apresenta tantos pontos negativos?

Algumas variáveis parecem estar relacionadas a isso. A principal parece ser a imediaticidade das consequências (Keller e Schoenfeld, 1950/1966). Não há dúvidas de que reforçadores imediatos são mais efi-

---

[8] Para uma leitura introdutória acerca da aprendizagem por observação de modelos, veja Baldwin e Baldwin (1989).

cazes no controle do comportamento que reforçadores atrasados. Além disso, o conceito de custo da resposta também é muito pertinente. De acordo com Keller e Schoenfeld, quanto maior o custo da resposta, menor a sua probabilidade de ocorrência.

Ao se analisar as intervenções baseadas em fornecer regras aos clientes, é possível perceber que elas envolvem respostas menos custosas e produzem mudanças no comportamento (quando produzem) de forma mais rápida. Levar o cliente a emitir as próprias regras, como exemplificado anteriormente, exige um número de falas muito maior por parte do terapeuta. Formular perguntas abertas que levem o cliente a refletir e chegar a formular as regras planejadas pelo terapeuta é muito trabalhoso. Ainda mais formulá-las ao mesmo tempo em que se atenta à fala do cliente. Não resta dúvida, esse questionamento é muito mais custoso do que fornecer a regra de uma vez, além de mais demorado. Principalmente porque o cliente pode não fornecer as respostas necessárias para o encadeamento de perguntas que permitirá que ele chegue a formular a regra. O repertório de perguntas desse tipo demora a ser estabelecido, o que representa uma limitação para terapeutas menos experientes.

Outro ponto importante é o valor reforçador de se estar certo sobre algo. De fato, é muito reforçador para o terapeuta constatar que suas análises funcionais são pertinentes ao caso. Desse modo, o cliente aceitar uma regra fortalece os comportamentos do terapeuta de emiti-la e de argumentar em favor de sua precisão. Nesse momento, o terapeuta deve assumir uma postura crítica em relação ao seu trabalho e questionar que reforçadores controlam os seus comportamentos de terapeuta. As intervenções devem ter fins terapêuticos e não servir para produzir reforçadores para o terapeuta.

CONSIDERAÇÕES FINAIS

Esse pequeno capítulo teve como objetivo discutir algumas das implicações do uso de regras na clínica. Além disso, também se ponderou brevemente sobre em que condições deve-se utilizar regras, como formulá-las e quais variáveis estão envolvidas em seu uso. De forma alguma, este capítulo se propôs a esgotar o assunto, e, sim, levantar algumas questões que terapeutas experientes e, principalmente, novatos devem levar em consideração no momento de intervir.

A argumentação foi no sentido de defender um uso mais comedido de regras na clínica, além de sugerir algumas alternativas ao seu uso. Mesmo reconhecendo o caráter controverso do tema, é prudente que, antes de formular regras ao seu cliente, o terapeuta leve em consideração a discussão levantada.

Outro ponto que merece destaque refere-se à ênfase dada às autorregras (aquelas formuladas pelo cliente) ao invés de regras impostas pelo terapeuta. De fato, quando o cliente emite autorregras, algumas das desvantagens explicitadas são ultrapassadas. Porém, talvez a maior limitação do uso de regras na clínica ainda continua: mudar o comportamento verbal não muda necessariamente o comportamento descrito por ele. Isto é, o cliente pode muito bem formular uma autorregra e simplesmente não segui-la. Além disso, as autorregras também geram insensibilidade como demonstram Catania e colaboradores (1982) e Matthews e colaboradores (1985). Paralelamente aos questionamentos que levam os clientes a formular autorregras, outros procedimentos devem ser utilizados para fazer com que os clientes a sigam ou, mesmo, para modificar diretamente o seu comportamento. O uso da relação terapêutica parece uma alternativa útil para isso. De acordo com Ferster (1972), os comportamentos do cliente tenderão a se repetir em terapia e o terapeuta pode utilizar a própria relação terapêutica para modelá-los (sobre relação terapêutica, ver os Capítulos 11, 12 e 14).

Por fim, um bom terapeuta é um ser autocontrolado, no sentido de estar mais sob controle da magnitude do reforço do que sob controle da sua imediaticidade (sobre autocontrole, ver o Capítulo 6). Intervenções para produzir resultados rápidos podem ser desastrosas ou, no mínimo, ineficazes. O caminho mais longo pode produzir melhores resultados. Cabe ao terapeuta criar condições para que o cliente resolva os seus problemas, e não resolvê-los por ele.

REFERÊNCIAS

Baldwin, J. D. & Baldwin, J. I. (1998). *Behavior principles in everyday life*. New Jersey: Prentice Hall.

Baum, W. M. (1994/1999). *Compreender o behaviorismo: Ciência, comportamento e cultura* (M. T. A. Silva, G. Y. Tomanari & E. E. Z. Tourinho, trads.). Porto Alegre: Artmed.

Caballo, V. E. (1991/1996). *Manual de Técnicas, Terapia e Modificação do Comportamento* (M. D. Claudino, trad.). São Paulo: Santos.

Catania, A. C. (1998/1999). *Aprendizagem: Comportamento, linguagem e cognição* (A. Schmidt, D. G. de Souza, F. C. Capovila, J. C. C. de Rose, M. de J. D. Reis, A. A. da Costa, L. M. de C. M. Machado & A. Gadotti, trads.). Porto Alegre: Artmed.

Catania, A. C., Matthews, B. A. & Shimoff, E. T. (1982). Instruction versus shaped human verbal behavior: interactions with nonverbal responding. *Journal of the Experimental Analysis of Behavior, 38*, 233-248.

Ferster, C. B. (1972). An experimental analysis of clinical phenomena. *The Psychological Record, 22*, 1-16.

Ferster, C. B., Culbertson, S. & Boren, M. C. P. (1968/1977). *Princípios do comportamento* (M. I. Rocha e Silva, M. A. C. Rodrigues & M. B. L. Pardo, trads.). São Paulo: Edusp.

Hayes, S. C. & Hayes, L. J. (1989). The verbal action of the listener as a basis for rule-governance. Em S. C. Hayes (Ed.), *Rule-governed behavior: Cognition, contingencies, and instructional control* (pp. 153-190). New York: Plenum.

Keller, F. S. & Schoenfeld, W. N. (1950/1966). *Princípios de psicologia* (R. Azzi & C. M. Bori, trads.). São Paulo: EPU.

Kohlenberg, R. J. & Tsai, M. (1991/2001). *Psicoterapia Analítica Funcional: Criando relações terapêuticas intensas e curativas* (F. Conte, M. Delitti, M. Z. da S. Brandão, P. R. Derdyk, R. R. Kerbauy, R. C. Wielenska, R. A. Banaco, R. Starling, trads.). Santo André: ESETec.

Matthews, B. A., Catania, A. C. & Shimoff, E. T. (1985). Effects of uninstructed verbal behavior on nonverbal responding: Contingency descriptions versus performance descriptions. *Journal of the Experimental Analysis of Behavior, 43*, 155-164.

Medeiros, C. A. (2002a). Análise funcional do comportamento verbal na clínica comportamental. Em A. M. S. Teixeira, A. M. Lé Sénéchal-Machado, N. M. S. Castro & S. D. Cirino (Orgs.), *Ciência do comportamento: Conhecer e avançar* (pp. 176-187). Santo André: ESETec.

Medeiros, C. A. (2002b). Comportamento verbal na clínica. *Revista Brasileira de Terapia Comportamental e Cognitiva, 2*, 105-118.

Moreira, M. B. & Medeiros, C. A. (2007). *Princípios básicos de Análise do Comportamento*. Porto Alegre: Artmed.

Ribeiro, A. F. (1989). Correspondence in children's self-report: tacting and manding aspects. *Journal of the Experimental Analysis of Behavior, 51*, 361-367.

Sidman, M. (1989/1995). *Coerção e suas implicações* (M. A. Andery & T. M. Sério, trads.). Campinas: Editorial Psy.

Skinner, B. F. (1957/1978). *O comportamento verbal* (M. da P. Villalobos, trad.). São Paulo: Cultrix.

Skinner, B. F. (1969/1984). *Contingências de reforço* (R. Moreno, trad.). São Paulo: Abril Cultural.

Skinner, B. F. (1988). The fable. *The Analysis of Verbal Behavior, 6*, 1-2.

Skinner, B. F. (1953/1994). *Ciência e comportamento humano* (J. C. Todorov & R. Azzi, trads.). São Paulo: Martins Fontes.

Tourinho, E. Z. (2003). A produção do conhecimento em psicologia: A análise do comportamento. *Psicologia: Ciência e Profissão, 23*. Retirado no dia 22 de setembro de 2008, do site www.scielo.br.

Zaro, J. S., Barach, R., Nedelman, D. J. & Dreiblatt, I. S. (1977/1980). *Introdução à prática psicoterapêutica* (L. R. Marzagão, trad.). São Paulo: EPU.

Capítulo 6

Autocontrole na Perspectiva da Análise do Comportamento[1]

Vanessa de Fátima Nery
Ana Karina C. R. de-Farias

A palavra autocontrole é bastante utilizada na linguagem cotidiana. Para o senso-comum, autocontrole pode ser definido como uma propriedade ou característica de uma pessoa que possui, em si mesma, força de vontade para realizar ou deixar de realizar algo, controlar sentimentos ou sensações, manter o equilíbrio emocional interior, dominar os impulsos, agir como quiser, dentre outras dezenas de definições (Castanheira, 2001).

A etimologia da palavra autocontrole é controle próprio. De acordo com o Novo Dicionário Aurélio (Ferreira, 1999), autocontrole significa equilíbrio. A mesma fonte define equilíbrio como "estabilidade mental e emocional; moderação, prudência, comedimento, autocontrole, domínio, controle" (p. 782). Controlado é definido como "submetido a controle; que tem controle; comedido, moderado" (p. 546). A definição de moderado é "regulado, regrado; que tem moderação ou prudência; comedido, circunspecto; não exagerado; não excessivo; razoável, equilibrado; suave, temperado, ameno" (p. 1351).

No Dicionário Técnico de Psicologia, o termo autodomínio, um dos sinônimos de autocontrole, é definido como a capacidade de controlar o comportamento impulsivo (Cabral e Nick, 2000). Há uma correlação entre essa definição de autocontrole e a dada pela perspectiva analítico-comportamental, apresentada mais à frente.

Nesses termos, o autocontrole é tratado como um objetivo a ser atingido e não uma descrição de conduta. Outra característica desse conceito na linguagem comum (ou ordinária) é sua forma cíclica. Essas características são comuns a definições de vários termos psicológicos, dentro do que se chama "explicações mentalistas", as quais consistem em explicações circulares que "não se acabam", antes, justificam-se em si mesmas.

De acordo com Skinner: "o comportamentalismo, com acentuação no 'ismo', não é o estudo científico do comportamento, mas uma filosofia da ciência preocupada com o tema e métodos da Psicologia" (Skinner, 1980, p. 339). Por isso, para o Behaviorismo Radical, deve haver distinção entre explicações válidas e explicações falsas, e uma explicação válida deve ser uma descrição em termos compreensíveis. Sabe-se que uma explicação deve tornar o assunto inteligível ao invés de torná-lo ambíguo ou obscuro. Nisso está o erro das explicações que acabam em si mesmas (Baum, 1994/1999; Ryle, 1949).

Segundo Baum (1994/1999), a objeção central às ficções explanatórias se deve a não explicarem efetivamente aquilo a que se propõem, devido à sua autonomia e redundância. A autonomia atribui o comportamento a partes do organismo, como, por exemplo, a mente. Assim, há uma diferenciação entre dentro e fora do sujeito, sendo a parte interna responsável

---

[1] O presente trabalho é parte da monografia de conclusão do curso de especialização em Análise Comportamental Clínica, no Instituto Brasiliense de Análise do Comportamento, defendida pela primeira autora, sob orientação da segunda.

pelo controle do comportamento. Essa atribuição de causa a partes ocultas torna inviável a investigação científica.[2]

É frequente, na linguagem cotidiana, a utilização de um termo para significar um comportamento complexo e, ao mesmo tempo, significar uma fonte de variáveis controladoras desse comportamento (Hanna e Todorov, 2002). Segundo os autores, concepções de autocontrole como um traço de personalidade, como uma característica inata dos indivíduos ou uma força interior que possibilita o controle de suas próprias ações, diferem de observações casuais de que uma mesma pessoa pode apresentar diferentes graus de autocontrole em situações diferentes, e que o autocontrole pode diferir em etapas diferentes da vida de um mesmo sujeito.

Por meio de uma análise das definições de autocontrole, percebe-se que esse conceito é muito abrangente. Este trabalho tem por objetivo apresentar a perspectiva da Análise do Comportamento na compreensão do fenômeno autocontrole. Para isso, busca apresentar brevemente uma revisão bibliográfica do fenômeno e o que tem sido produzido, na perspectiva da Análise do Comportamento, para a aplicação clínica.

AUTOCONTROLE E ANÁLISE DO COMPORTAMENTO

A literatura sobre autocontrole na Análise do Comportamento, segundo Hanna e Todorov (2002), aponta três principais influenciadores no desenvolvimento de metodologia, de conhecimentos empíricos e nas discussões sobre o tema: B. F. Skinner, W. Mischel e H. Rachlin (e seus colaboradores).

---

[2] Uma maior e mais recente discussão dos problemas com explicações mentalistas/internalistas pode ser vista em Moreira (2007) e de-Farias, Ribeiro, Coelho e Sanabio-Heck (2007).

Para Rachlin (2000, citado por Fantino e Stolarz-Fantino, 2002), uma discussão detalhada do autocontrole deve envolver inevitavelmente a discussão de alguns princípios gerais do comportamento. Por isso, serão apresentados alguns dos pressupostos básicos do Behaviorismo Radical antes de abordar a visão sobre autocontrole na perspectiva da Análise do Comportamento.

Pressupostos básicos do behaviorismo radical

A problemática da relação mente-corpo, segundo Baum (1994/1999), deve-se à atribuição de causa que não tem relação clara com os eventos observados. Isso retoma o problema de como um evento não natural pode afetar um evento natural. Como funciona essa conexão misteriosa? Se a mente existisse seria um evento não natural, pois não pode ser encontrada no corpo, assim como a personalidade e outras entidades (ficções explanatórias).

Não há, nem haverá, solução para essa problemática porque é uma "pseudo-questão", ou seja, uma questão que não faz sentido em si mesma. Subjacente à problemática relação mente-corpo, está a ideia de que ficções explanatórias, como, por exemplo, os conceitos mente ou personalidade, são causas de comportamentos. A objeção do Behaviorismo ao Mentalismo é, segundo Baum (1994/1999), uma objeção ao dualismo, ou seja, à ideia da existência material e não material para a compreensão do comportamento.

Percebe-se que a etimologia do autocontrole parte do pressuposto (mental ou internalista) segundo o qual, dentro da pessoa, há algo que a controla frente a determinadas situações. Frente a essa ideia, muitas pessoas julgam as outras como tendo "falta de vontade" para, por exemplo, deixar de fumar, perder peso, parar de usar drogas, amar os inimigos, ser menos ansiosa, estudar ou parar de trair o marido. Desse modo, os conceitos "força de vontade" ou "falta de vontade" atuariam como sentimentos que causariam comportamentos, tornando-se explicações para agir desta ou daquela forma.

Assim como aborda outros termos, tais como criatividade e solução de problemas, a Análise do Comportamento compreende esse fenômeno comportamental a partir de outra perspectiva. Dirige-se o foco de estudo para as histórias de exposição às contingências de reforçamento, ao invés de postular representações mentais para entender o autocontrole (Skinner, 1989/1991).

> Para o Behaviorismo Radical, os sentimentos ou os estados mentais não estão situados na mente, ou seja, num mundo que não possui dimensões físicas.

Logicamente, é preciso entender que um fato mental não pode causar ou ser causado por um evento físico. Os behavioristas afirmam que a natureza misteriosa de um evento o torna inaceitável, pois não há explicação de como uma causa não natural pode levar a eventos naturais. Assim, o Behaviorismo trabalha com causas naturais gerando eventos naturais (Baum, 1994/1999).

Contudo, essa afirmação não quer dizer que o Behaviorismo Radical negue a existência de eventos internos ou privados, tais como pensamentos, emoções e condições corporais, mas sim que os compreende como respostas devidas à interação do organismo com o ambiente e/ou como estímulos para novas respostas do organismo. Em outras palavras, o Behaviorismo Radical define que os eventos privados são como os eventos físicos e naturais, assim como os eventos públicos, e não estruturas hipotéticas, como nas posições mentalistas (Abreu-Rodrigues e Sanabio, 2001; Skinner, 1974/1982; Tourinho, 2001).

Se os eventos privados são comportamentos que resultam da história genética e ambiental dos indivíduos (Skinner, 1974/1982), consistem em variáveis dependentes e, por isso, não podem ser consideradas causas que iniciam outros comportamentos, sejam públicos ou privados. Segundo Abreu-Rodrigues e Sanabio (2001), como já dito, isso não quer dizer que os eventos privados não influenciam o comportamento: os comportamentos privados, como os comportamentos públicos, podem assumir funções de estímulo e, dessa forma, participar da determinação do comportamento subsequente.

Para Abreu-Rodrigues e Sanabio (2001), a ênfase comportamental nas explicações externalistas (ou interacionistas) é resultado de uma tradição filosófica pragmática que estabelece que os objetivos da Análise do Comportamento são a predição e o controle do comportamento. Ao contrário da abordagem externalista/interacionista, a explicação tradicional internalista não permite o controle do comportamento, devido à impossibilidade de manipulação direta dos eventos internos.

Assim, quando dizemos que uma pessoa se controla, devemos especificar o que controla e o que é controlado. Para estudarmos o autocontrole na perspectiva do Behaviorismo Radical, precisamos compreender que o que é controlado são os repertórios comportamentais.

Visão da análise do comportamento

A Análise do Comportamento não é uma área da Psicologia, mas uma maneira de estudar o objeto da Psicologia. Tem sua origem a partir de uma posição behaviorista assumida por Skinner por motivos mais históricos do que puramente lógicos (Baum, 1994/1999). Skinner parte da constatação de que há ordem e regularidade no comportamento. Um vago senso de ordem emerge da simples observação mais cuidadosa do comportamento humano. Todos os organismos continuamente analisam as circunstâncias, predizem o que os outros farão nessas circunstâncias e se comportam de acordo com essas previsões. Dessa forma, o estudo científico do comportamento se aperfeiçoa e completa essa experiência comum quando demonstra mais e mais relações entre circunstâncias e comportamentos e quando demonstra as relações de forma mais precisa (Skinner, 1953/1998 e 1957/1978).

A Análise do Comportamento é uma linguagem da Psicologia que vê seu objeto como o estudo de interações organismo-ambiente (Todorov, 1982, 1989). Tem como pressuposto que todo e qualquer comportamento estará sempre sujeito a determinações ambientais; contudo, para Skinner (1953/1998), há um tipo de repertório comportamental especial que prepara o indivíduo para o futuro. Essa concepção de comportamento especial não se refere a comportamentos independentes e autônomos no sentido de prescindirem da determinação de variáveis comportamentais, mas envolve um tipo peculiar de interação do indivíduo com o ambiente, na qual o próprio indivíduo, e não um outro agente, arranja as condições necessárias para a emissão de uma determinada resposta.

Nico (2001) afirma que o arranjo das condições necessárias para alterar a probabilidade de seu próprio comportamento é em si um tipo de comportamento. E esse comportar-se se refere à manipulação das variáveis ambientais, das quais outro comportamento seu é função. A autora faz uma análise das respostas envolvidas nesse episódio, conforme demonstrado na Figura 6.1. A resposta R1 consiste na manipulação de variáveis que produzem modificações ambientais responsáveis pela alteração na probabilidade da resposta R2, e a emissão de R2 reforça a emissão de R1. Nesse esquema, é evidenciada a relação entre a emissão de respostas (R1) que manipulam ou deixam de manipular variáveis ambientais e a alteração da probabilidade de outras respostas (R2) do próprio indivíduo. Como já dito, a alteração na probabilidade de R2 é o reforço que mantém a ocorrência de R1.

Ou seja, a partir da análise desse esquema, percebe-se que, quando o indivíduo desenvolve um repertório comportamental, aprende por ele mesmo a emitir repostas que sejam adequadas no futuro. A aprendizagem de manipulação das variáveis ambientais das quais seu comportamento é função o capacita a produzir mo-

R1 ⟶ Modificação ambiental ⟶ R2

Manipular variáveis Ambientais

Probabilidade alterada

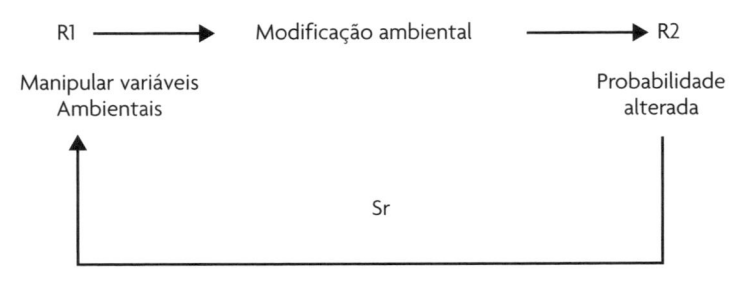

Sr

Figura 6.1 Esquema da interação sujeito-ambiente quando o indivíduo manipula as variáveis ambientais das quais outro comportamento seu é função (Nico, 2001).

dificações no ambiente de modo a alterar a probabilidade de tal comportamento.

Percebe-se, na relação estabelecida na Figura 6.2, que a resposta controladora (R1) provê estímulos que alteram a probabilidade da resposta controlada (R2) que, por sua vez, reforça e mantém a resposta controladora. Dessa forma, o indivíduo pode manipular variáveis ambientais tanto para aumentar quanto para diminuir a probabilidade da resposta controlada.

O modelo exposto por Nico (2001) é importante para compreensão do autocontrole porque, nesse fenômeno, o indivíduo conhece antecipadamente tanto as respostas, quanto as consequências a serem produzidas por cada uma delas, e assim atua no seu ambiente controlando seu próprio comportamento, de acordo com a manipulação das variáveis ambientais das quais o comportamento é função (Kerbauy, 2006; Santos e Borges, 2005; Skinner, 1953/1998).

O conceito de autocontrole, portanto, consiste na "possibilidade de que o indivíduo possa controlar seu próprio comportamento" (Skinner, 1953/1998, p. 228). Frequentemente, o indivíduo passa a controlar parte de seu próprio comportamento quando uma resposta tem consequências que provocam conflitos – quando leva tanto a reforçamento positivo quanto a negativo. Para analisar contingências envolvidas no autocontrole, é necessário ter como ponto de partida a compreensão de que um comportamento de autocontrole tem origem no conflito entre duas consequências: a resposta com maior probabilidade produz tanto reforços positivos imediatos quanto aversivos atrasados.

Não há outra razão para justificar o porquê de alguém desenvolver o autocontrole, a não ser que considere a existência de consequências conflitantes. Para Nico (2001), sobre essa concepção, é importante ressaltar que o autocontrole será tanto mais necessário quanto maior for o conflito entre as contingências de reforço. Sob condições nas quais a punição for branda e o reforçador extremamente poderoso, o indivíduo não precisará se autocontrolar, apenas se comportar sob controle do reforçador. Caso a condição seja oposta, sendo a punição extremamente poderosa e o reforçador não tão valioso naquele momento, não haverá necessidade de autocontrole. Nessa situação, o indivíduo irá esquivar-se, fugir ou utilizar o contracontrole.

O autocontrole é um tipo de situação de escolha entre diferentes alternativas. As escolhas são comportamentos que ocorrem em função não apenas de suas próprias sequências, mas também das consequências de comportamentos alternativos. São influenciadas por inúmeros fatores complexos, o que torna as situações de escolha

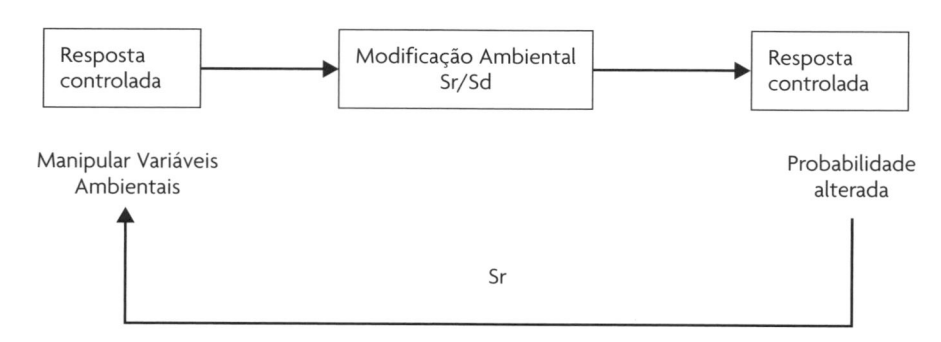

Figura 6.2 Esquema da interação sujeito-ambiente no autocontrole (Nico, 2001).

ainda mais difíceis, porque são controladas pelo ambiente social, pela comunidade verbal e pelas relações diretas com os eventos (Kerbauy, 2006; Rachlin, 1989, citado por Coelho, 1999). Constantemente, os indivíduos estão envolvidos em situações de escolha entre diferentes alternativas, e estas são influenciadas por um grande número de fatores, tais como atraso, quantidade e probabilidade de obter determinado reforço (Coelho, 1999; Hanna e Ribeiro, 2005; Souza e Abreu-Rodrigues, 2007).

Tomando por base o paradigma operante de Skinner (1953/1998), todo comportamento operante é controlado por suas consequências, de forma que os comportamentos que no passado tiveram consequências reforçadoras tendem a ser emitidos novamente em situações semelhantes. A perspectiva comportamental para o comportamento de escolha é focada nas relações funcionais entre os comportamentos dos organismos e seu ambiente; por isso não se atribuem efeitos determinantes a causas internas.

Relacionado a esse tema, podem ser citados os repertórios de tomada de decisão e solução de problemas.

> O repertório denominado "tomada de decisão" não se refere a decidir entre uma alternativa e outra, mas é caracterizado por manipular variáveis para aumentar ou diminuir a probabilidade de uma resposta (Santos e Borges, 2005). As pessoas tomam decisões a partir de um ponto de referência: de acordo com as circunstâncias, a decisão pode mudar. O ponto de referência pode sofrer modificação pela maneira em que se apresenta um determinado problema ou pelos estados transitórios de motivação (Todorov, 2003).

Na solução de problemas, o indivíduo não discerne qual resposta produz um determinado reforçador; por isso não identifica a resposta, mas sim o reforço. A resposta que produz o reforço pode ou não fazer parte do seu repertório. Ele não a emite porque não é capaz de identificá-la ou por não a possuir em seu repertório comportamental. Contudo, o indivíduo manipula as variáveis, públicas ou privadas, alterando assim a situação-problema e possibilitando o aparecimento da resposta-solução e a resolução do problema. Ou seja, solucionar o problema não é a emissão da resposta final, mas emitir o conjunto de comportamentos precorrentes que aumentam a probabilidade da solução. Assim, uma resposta estabelece a ocasião para que outra resposta seja mais provável (Santos e Borges, 2005).

A diferença entre tomada de decisão, solução de problema e autocontrole é que apenas no autocontrole o indivíduo conhece, antecipadamente, tanto as respostas possíveis quanto as consequências a serem produzidas por cada uma delas. As respostas possíveis têm a mesma probabilidade de ocorrer, e a manipulação de variáveis consiste em produzir conhecimento adicional sobre as consequências, tornando mais provável a emissão de uma resposta em relação à outra (Nico, 2001; Santos e Borges, 2005; Skinner, 1953/1998).

A característica principal dos comportamentos de autocontrole é que as respostas e as consequências são conhecidas; na tomada de decisão, as respostas são conhecidas, contudo não se conhecem as consequências; na solução de problemas, as consequências são conhecidas e o indivíduo não pode emitir a resposta. Esses três tipos de repertórios comportamentais estão relacionados à autonomia e à independência, uma vez que o próprio indivíduo faz o manejo das condições para a ocorrência de uma ou outra resposta. Em outras palavras, auto-observação, autoconhecimento[3] e autocontrole são repertó-

---
[3] Para maiores discussões acerca de autoconhecimento, ver, por exemplo, os Capítulos 4 e 10.

rios relevantes para qualquer indivíduo e devem ser meta de toda terapia (Santos e Borges, 2005; Skinner, 1953/1998).

A maior parte do autocontrole é culturalmente determinada, particularmente por agências éticas, religiosas e governamentais (Skinner, 1953/1998). Em concordância com as proposições skinnerianas, Rachlin (1990, citado por Baum, 1994/1999) afirma que o comportamento presente não depende exclusivamente de eventos presentes, mas também de eventos passados. Ou seja, os eventos ambientais afetam o comportamento não de forma instantânea, mas como um conjunto. Assim, em uma mesma situação, indivíduos com histórias diversas podem vir a comportar-se de formas também diversas, pois um mesmo parâmetro pode exercer controle diferente sobre os comportamentos (Coelho, 1999).

Nesse sentido, a modelagem (mudança no comportamento devido à exposição direta às diferentes contingências de reforçamento e punição) fornece um contexto para melhor compreensão do comportamento, sem a qual este seria extremamente mal-entendido. A modelagem é não apenas um mecanismo para a melhor compreensão do comportamento, mas também uma técnica poderosa para modificá-lo. Se pudermos controlar nosso comportamento desejado, aumentaremos extremamente sua probabilidade de ocorrência. A modelagem do comportamento é importante para compreender as situações de autocontrole que envolvem o comportamento complexo, como é o caso da reabilitação de criminosos (Hanna e Ribeiro, 2005), do alcoolismo (Rachlin, 2000, citado por Fantino e Stolarz-Fantino, 2002) ou de qualquer dependência química (Souza e Abreu-Rodrigues, 2007).

Rachlin foi um dos primeiros investigadores a reconhecer o autocontrole como um exemplo especial de escolha e a indicar que o comportamento que envolve o autocontrole deve, consequentemente, obedecer às leis normais da escolha (Fantino e Stolarz-Fantino, 2002).

O autor define autocontrole como a escolha ou a preferência pela alternativa de reforçamento maior atrasado, sendo a escolha do estímulo reforçador menor imediato chamada impulsividade. Em seus trabalhos mais recentes (1989, 2000, citado por Hanna e Todorov, 2002), Rachlin aponta que, em alguns casos, a análise do autocontrole identifica consequências molares melhores, contrastando com a escolha da alternativa de reforço menor imediato (molecular).[4]

Não é surpreendente que uma discussão detalhada do autocontrole envolva inevitavelmente a discussão de alguns princípios gerais do comportamento. Por exemplo, Rachlin iguala o compromisso com uma redução na liberdade, uma equação na qual ele acredita somente em um sentido estreito. Rachlin questiona o porquê de o compromisso levar ao aumento do autocontrole. Ele explica que, quando escolhemos um padrão comportamental, estamos reduzindo nossas opções futuras, ou seja, reduzindo o potencial de variabilidade de nosso comportamento futuro. Assim, em um padrão comportamental particular, nós abandonamos todos os padrões potenciais restantes. A diferença entre o prisioneiro e a pessoa livre é que a pessoa livre pode potencialmente fazer o que o prisioneiro pode, além de outras coisas. Um pombo apresentado com a escolha entre uma recompensa menor imediata e uma recompensa maior atrasada pode, consistentemente, preferir a primeira delas. Se mais tarde, entretanto, o pombo tinha se comprometido à recompensa

---

[4] Ver o capítulo de Marçal, neste livro, para maiores discussões acerca da diferença entre análise molar e análise molecular.

maior-tarde, ele reduziria potencialmente a variabilidade de seu comportamento. Ou seja, reduziria sua liberdade. O compromisso significa a redução da liberdade, e a liberdade significa a potencialidade à variabilidade comportamental. Assim, o compromisso significa a redução da variabilidade comportamental potencial (Rachlin, 2000, citado por Fantino e Stolarz-Fantino, 2002).

Como já dito, a temática da escolha entre as alternativas que diferem nos termos de atraso e o valor do reforço foi estudada sob o tema de autocontrole.

> Se um organismo for confrontado com uma escolha entre um reforçador maior e mais atrasado e um reforçador menor e mais imediato, a escolha do menor e mais imediato é chamada de impulsividade, enquanto a escolha do reforçador maior e mais atrasado é descrita como autocontrole.

O atraso e a magnitude são dimensões independentes, e relativas, do reforçador; atraso e magnitude controlam a preferência (Grace, 1999).

Embora Skinner não tenha produzido experimentos sobre autocontrole, ele falou sobre a importância do assunto em várias obras que produziu, e especificava interações entre comportamento e contingências ambientais que devem ser analisadas. No livro *Ciência e Comportamento Humano* (1953/1998), o autor dedicou um capítulo à análise de comportamentos relacionados ao autocontrole.

Skinner (1953/1998) utilizou exemplos como fechar portas ou cortinas, fechar os olhos ou ouvidos, para eliminar estímulos que desviam a atenção de uma palestra ou "evitar a tentação". Nesses exemplos, podem ser considerados que existem dois operantes concorrentes e incompatíveis: R1 = olhar para o palestrante à sua frente, e R2 = olhar para uma cena interessante na sala ao lado. Algumas vezes definimos a segunda resposta pela negativa da primeira, considerando, por exemplo, não olhar ou não prestar atenção à palestra. O exemplo oferecido por Skinner realmente se insere no contexto de autocontrole quando a cena interessante inclui uma pessoa atraente e o palestrante está discorrendo sobre um assunto que, em longo prazo, tem a probabilidade de lhe valer um emprego ou uma promoção. Nesse caso, o termo autocontrole pode ser empregado com o sentido de "evitar a tentação". A resposta que dá acesso ao "fruto proibido" é a mesma que produz algum tipo de consequência aversiva ou suspensão/atraso de reforçadores, e ambas podem ser melhor compreendidas por intermédio da análise da contingência tríplice na qual cada resposta possível é inserida (Todorov, 1985, 1989, 1991):

$$S^{D1}: R1 \to S^{R1}$$
$$S^{D2}: R2 \to S^{R2} \text{ (atrasado)},$$

onde S^D refere-se ao estímulo discriminativo (estímulo na presença do qual a resposta é mais provável, devido à sinalização de disponibilidade de consequências e, na ausência do qual, a resposta é menos provável); R refere-se à resposta de escolha e S^R refere-se ao estímulo reforçador (consequência produzida pela resposta operante).

Nessa relação de contingências, R1 e R2 são incompatíveis e o atraso de S^{R2} reduz o seu valor reforçador; desse modo, a probabilidade de R1 é maior do que a probabilidade de R2. Entretanto, é possível a ocorrência de uma resposta controladora (R^{c1}) que modifique as condições ambientais e remova os determinantes de R1, por exemplo, terminar com S^{D1}. Por exemplo, fechar a cortina ou virar de costas para "a tentação" que podem também inverter as probabilidades de R1 e R2.

Pesquisa básica

Já foi apontado que o estudo experimental sobre autocontrole na Análise do Comportamento está inserido na área de comportamento de escolha. Essa relação pode ser explicada devido ao fato de o comportamento de escolha influenciar a emissão de todos os demais comportamentos operantes (Hanna e Ribeiro, 2005).

Rachlin é conhecido por ser um pesquisador de processos básicos do comportamento de escolha (Coelho, 1999; Hanna e Todorov, 2002). Em 1972, Rachlin e Green elaboraram um procedimento com pombos. Basicamente, os pesquisadores elaboraram um procedimento nomeado de esquemas concorrentes encadeados. A escolha era programada em dois estágios: no primeiro, o sujeito era exposto a uma situação de escolha entre uma alternativa de maior magnitude e maior atraso (alternativa de *commitment*) e uma alternativa com duas chaves (A e B) que representavam uma recompensa menor imediata e a recompensa maior mais atrasada. Cada chave levava a uma segunda etapa diferente. As respostas emitidas na chave A produziam as condições de estímulo para R1 e R2; entretanto, as respostas emitidas na chave B produziam apenas condições para R2. Vale ressaltar que R1 era seguida imediatamente por uma pequena quantidade maior de alimento após um atraso.

Nesse experimento, Rachlin e Green (1972) relataram que, quando os sujeitos escolhiam a chave A nos elos iniciais, escolhiam a alternativa de impulsividade no elo terminal. A mudança de preferência para a alternativa de compromisso (B) foi observada apenas com a introdução de um período mais longo (T) entre a resposta nos elos iniciais (A ou B) e o início da segunda etapa. Nessa contingência simples, os pesquisadores falam sobre autocontrole a partir do maior número de escolhas do reforçamento maior atrasado ou da preferência por essa alternativa (ver Figura 6.3).

Esse procedimento foi chamado tecnicamente de esquemas concorrentes com encadeamento (ou esquemas concorrentes encadeados). Na etapa inicial, o sujeito opta entre duas alternativas de respostas (chaves A e B), cada uma levando a uma segunda etapa diferente. As respostas na chave A produzem eventualmente as condições de estímulo (S^D) para R1 e R2. As respostas na chave B produzem apenas as condições de estímulo para R2. A emissão de R1 é seguida imediatamente por uma pequena quantidade de alimento e a emissão de R2 é seguida por uma quantidade maior de alimento após um atraso.

A importância desse paradigma tem sido confirmada por estudos que mostram a preferência por uma das alternativas como dependente de fatores ambientais. No experimento de Rachlin e Green, em 1972, observou-se que a escolha da alternativa de autocontrole varia em função de valores absolutos e relativos do atraso e da magnitude do reforço, do tipo de programação do esquema concorrente de reforçamento e da experiência prévia de reforçamento com atrasos progressivamente díspares (Hanna e Todorov, 2002). Vale ressaltar que estudos sobre escolha entre duas alternativas que diferem em relação à quantidade e ao atraso do reforço demonstram que a quantidade do reforçador e ao atraso combinam, mas não têm relação de equivalência linear em seus efeitos sobre a escolha (Ito e Oyama, 1996).

W. Mischel e colaboradores realizaram experimentos utilizando o que se chama atraso de gratificação (Mischel e Baker, 1975; Mischel e Ebbesen, 1970; Mischel, Ebbesen e Zeiss, 1972, Mischel, Shoda e Rodriguez, 1989; Mischel e Staub,1965 citados por Hanna e Todorov, 2002). Esse modelo é consistente com a análise de

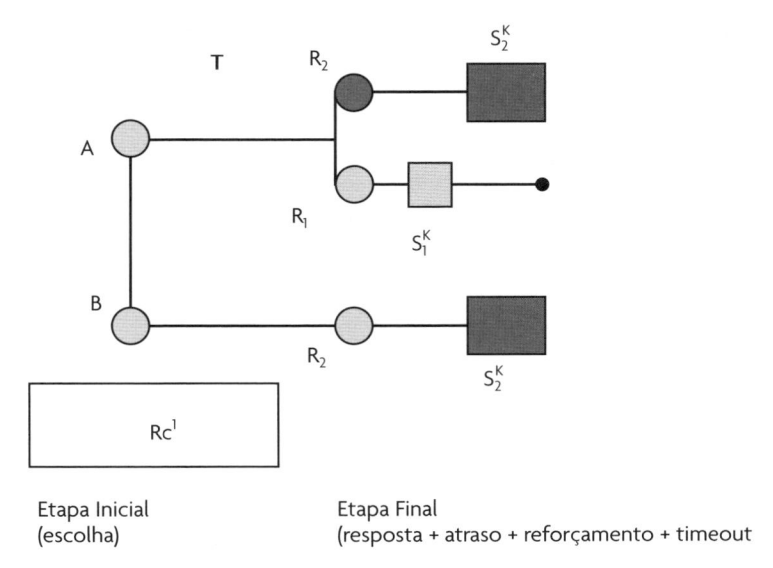

Figura 6.3 Diagrama da contingência de comprometimento utilizada por Rachlin e Green, em 1972. Fonte: Hanna e Todorov (2002).

Etapa Inicial (escolha)

Etapa Final (resposta + atraso + reforçamento + timeout)

Skinner (1953/1998) sobre o tipo de autocontrole que elimina estímulos ou desvia a atenção. Os estudos de Mischel na área de Psicologia Cognitiva são lidos e citados por analistas do comportamento. Nos estudos realizados a partir desse modelo, a tarefa consiste em a criança esperar por um período de tempo em uma sala experimental até que o experimentador volte, para receber a recompensa de maior magnitude ou emitir uma resposta (tocar uma campainha para chamar o experimentador) que produz o reforço menor imediato. Esse modelo experimental programa consequências atrasadas e de magnitudes diferentes em uma situação de escolha. Pesquisas anteriores já haviam comprovado que o tempo de espera está relacionado com idade e variáveis sociais, tais quais respostas de outros frente às alternativas, características pessoais e instruções sobre o que pensar ou fazer enquanto espera.

Na perspectiva cognitivista de Mischel, o autocontrole é a posposição voluntária da gratificação imediata e persistência do comportamento direcionado para um alvo, devido às suas consequências atrasadas. A partir de seus estudos (p. ex., Metcalfe e Mischel, 1999, citado por Hanna e Todorov, 2002), Mischel elaborou a proposta de um modelo cognitivo baseado em representações simbólicas da recompensa que incentivam ou esfriam ações que geram a recompensa imediata, chamado de *hot/cool-system analysis*.

> Muitas pesquisas estabelecem e enfatizam a relação entre autocontrole e escolha de reforçadores atrasados (p. ex., Logue, 1988, citado por Hanna e Todorov, 2002).

Essa relação específica pode estabelecer uma restrição à generalidade do fenômeno, mas, sobretudo, essas pesquisas relacionadas ao autocontrole não utilizam o procedimento de comprometimento, por isso as análises diferem da proposta de Skinner.

De acordo com a análise skinneriana, o autocontrole envolve uma relação entre duas respostas, na qual a primeira resposta (controladora) produz variáveis de tal forma que modifica a probabilidade da segunda resposta (controlada). Segundo Rachlin e Green (1972), no dia a dia, se as estratégias de compromisso não vêm dispostas na contingência, mas são inventadas pelo próprio indivíduo, estamos mais inclinados a considerar como um processo de autocontrole. Contudo, a versão mais recente do paradigma de autocontrole, com a omissão da etapa inicial do esquema encadeado que caracteriza o comprometimento, coloca em questão a sua adequação como um modelo de autocontrole.

Baquero (2005) realizou um experimento cujo objetivo foi avaliar o efeito de diferentes consequências de uma tarefa sobre o comportamento de crianças pré-escolares expostas a contingências de escolha, conforme o paradigma de autocontrole. Foi desenvolvida uma ferramenta de pesquisa que permitiu programar a tarefa em extinção e com reforçamento, conforme a programação de condições específicas. O experimento era composto de escolhas entre magnitudes e atrasos diferentes programados em esquemas concorrentes encadeados com esquemas de intervalo variável. A primeira fase experimental se propôs a avaliar a sensibilidade do comportamento de escolha a magnitudes ou atrasos de reforço diferentes. Os resultados dessa primeira fase mostraram que todas as crianças preferiram o menor atraso quando as magnitudes nas duas alternativas eram iguais, e a maior magnitude quando os atrasos eram iguais. A segunda fase utilizou uma contingência de escolha segundo o paradigma de autocontrole e introduziu uma tarefa durante o atraso de maior magnitude, variando o esquema de reforçamento que vigorava durante a tarefa. Se comparados os resultados obtidos em cada condição, não foi observado efeito da inclusão da tarefa sobre o comportamento de escolha. A forma como o sistema de trocas foi estabelecido nesse trabalho garantiu a manutenção da motivação dos participantes expostos a longas e repetidas sessões experimentais.

Já Andrade (2005) desenvolveu um estudo cujo objetivo foi investigar o efeito de uma atividade disponibilizada durante o atraso do reforçador, com consequências reforçadoras que se somavam ou não ao reforço gerado pela escolha dentro do paradigma de autocontrole. Os sujeitos do estudo foram sete crianças de 6 anos, de uma escola pública do Distrito Federal. A contingência de escolha básica era composta por esquemas concorrentes. Os resultados mostraram que o procedimento produziu controle pela contingência e sensibilidade aos parâmetros do reforço com crianças pré-escolares e reforço positivo condicionado. A tarefa com reforço adicional aumentou as escolhas de autocontrole, mas resultados variáveis foram observados quando os reforços não eram incorporados à contingência de escolha. Esses resultados sugerem que a facilitação do autocontrole depende dos ganhos produzidos por atividades desenvolvidas durante o período de espera.

Aplicação na clínica

Os temas autocontrole e tomada de decisão são recorrentes em grande parte das terapias. O terapeuta não tem acesso direto ao controle em vigor sobre o comportamento do cliente fora da sessão terapêutica. Em decorrência disso, grande parte da intervenção terapêutica se baseia na interação entre terapeuta e cliente por meio de relato verbal. A partir dessas conversas, o terapeuta utiliza técnicas específicas, ensina a teoria e os métodos para fornecer estratégias de controle e modificação do comportamento do cliente (Lé Sénéchal-Machado,

2002; Rehm, 2002; Skinner, 1989/1991). Técnicas de autocontrole desenvolvidas a partir de estudos experimentais têm aplicação na clínica de forma ampla, principalmente devido ao fato de o comportamento de escolha ser um fator de influência na emissão de outros comportamentos.

Milan e Mitchel (2002) afirmam que Rosenbaum e Drabman (1979), O´Leary e O´Leary (1976) e Dubey (1979) foram os primeiros a utilizar procedimentos de autocontrole em pesquisa e na prática da generalização e manutenção de comportamentos. Os autores observaram que o papel do autocontrole, como o próprio nome diz, é permitir que os pacientes controlem tanto quanto possível seu próprio comportamento – objetivo básico de qualquer intervenção terapêutica. Contudo, ressaltam que os efeitos da aplicação das técnicas são modestos, em curto prazo, quando utilizadas sozinhas. Os melhores resultados são obtidos quando são aplicados com outras técnicas e procedimentos psicoterápicos, juntamente com mudança comportamental e controle das contingências de reforçamento como um todo.

Rehm (2002) afirma que o autocontrole na terapia não é uma teoria sistemática unificada no comportamento humano, mas sim um grupo de técnicas e estratégias que têm alguns propósitos e algumas suposições comuns, embora advenham de uma série de modelos teóricos diferentes. Estudos sobre autocontrole apresentam resultados que demonstram que populações podem aprender a avaliar de forma efetiva o contexto ambiental e, assim, aprender a controlar eficazmente seu próprio comportamento, de acordo com critérios definidos externamente. Contudo, uma desvantagem de os pacientes se autoavaliarem é a possibilidade de adotarem critérios mais indulgentes do que os estabelecidos no programa de tratamento pelo terapeuta (Milan e Mitchel, 2002).

Rehm (2002) apresenta um programa de autocontrole para a depressão, desenvolvendo-o como modelo-base para a terapia desse transtorno. O autor afirma que, para se autocontrolar, a pessoa deve aplicar técnicas em diversos contextos, e esses métodos são, em sua maioria, cognitivos. Por meio dessas técnicas, o indivíduo adquire a "programação mental" para a mudança cognitiva e a aplica para modificar seu comportamento manifesto. Essa estratégia de autocontrole é utilizada para auxiliar a pessoa a dominar o ambiente externo – a comida em excesso que controla a pessoa obesa, o álcool que controla o alcoolista, os objetos fóbicos que controlam a pessoa com transtornos de ansiedade[5] – e substituí-lo por um planejamento e controle internos. Contudo, o Behaviorismo Radical rejeita explicações que diferenciam a "parte" interna da externa e que consideram a parte interna responsável pelo controle do comportamento. Como dito anteriormente, não se considera essa explicação válida porque não é uma descrição em termos compreensíveis e não torna o assunto inteligível, ao invés disso, torna-o ambíguo ou obscuro (Baum, 1994/1999).

Trabalhos relacionados à prevenção de recaídas são uma variação importante dos procedimentos de autocontrole.

> A recaída caracteriza-se como uma crise ou retrocesso das tentativas do paciente em mudar ou manter as mudanças do seu comportamento, aplicáveis a dependências, como o alcoolismo, o uso de drogas ilícitas, o hábito de fumar, o comer em excesso e aos programas de mudança de comportamento em geral (Caballo e Buela, 2002).

---

[5] Caballo e Buela (2002) relatam o uso do autocontrole para o tratamento da ansiedade, proposto por Suinn e Richardson, em 1971, em forma de treinamento.

De acordo com Hanna e Ribeiro (2005), existem tratamentos médicos e psicológicos que utilizam técnicas de esvanecimento subtrativo para tratamentos de desintoxicação. Esse procedimento surgiu da modificação dos parâmetros de reforçamento e inclusão de uma alternativa de resposta para aumentar as escolhas pela alternativa de autocontrole. Nesse tipo de tratamento, ocorre a retirada gradual da substância tóxica presente no organismo do indivíduo por meio da redução gradual das doses ou pela inclusão de drogas-antídoto para que o organismo se adapte à redução da substância até sua retirada completa.[6]

O esvanecimento combinado com outras técnicas pode tornar a ocorrência do comportamento de autocontrole mais provável e duradouro. Um tratamento eficaz deve, além de aplicar as diversas técnicas de autocontrole, também trabalhar com modificação de repertório comportamental, permitindo a ocorrência de comportamentos substitutos ou incompatíveis com os comportamentos-problema (Hanna e Ribeiro, 2005).

Por se tratar de um fenômeno complexo, o comportamento de autocontrole deve ser entendido como multideterminado. Por isso, para melhor resultado na aplicação clínica, é relevante a combinação de técnicas de autocontrole com outras técnicas, como, por exemplo, autoconhecimento, autorregras e autorreforço.

Reis, Teixeira e Paracampo (2005) discutem o papel das autorregras na emissão de comportamentos alimentares autocontrolados. Para as autoras, boa parte da demanda clínica está relacionada à necessidade de aprender a emitir comportamentos autocontrolados. Esse aprendizado pode ser estimulado por meio da modelagem de descrições verbais adequadas das contingências. O modelo utilizado para as técnicas de autocontrole aplicadas ao comportamento é baseado naquelas propostas por Skinner (1953/1998). Essa técnica se baseia no controle por autorregras e utiliza a mudança de estímulos discriminativos, a privação e saciação, a manipulação de condições emocionais, o uso de estimulação aversiva, o uso de drogas para estimular o efeito de outras variáveis no autocontrole, o autorreforço do comportamento operante, a autoestimulação aversiva e a emissão de comportamentos alternativos ou incompatíveis. Além dessas, sugere-se a utilização das técnicas de autocontrole apresentadas por Rachlin, tais como as de autocontrole de "força bruta", de autorreforço e de compromisso.

Um aspecto da ausência de autocontrole faz referência à dificuldade do próprio sujeito em antecipar as consequências do seu comportamento (Santacreu, 2002). O desenvolvimento do autoconhecimento e do repertório de análises funcionais como um todo, permite ao indivíduo maiores possibilidades de previsão e modificação de seus comportamentos. Como já dito, isso é o objetivo maior de qualquer procedimento clínico (Skinner, 1953/1998 e 1989/1991).

CONSIDERAÇÕES FINAIS

O autocontrole é um tema amplo e dificilmente seria abordado plenamente em um único trabalho. Constantemente, decisões são tomadas, escolhas são feitas e preferências são demonstradas pelas pessoas. Escolher é uma resposta comportamental a um entre vários estímulos acessíveis (Skinner, 1953/1998). O autocontrole está relacionado ao comportamento de escolha, e essa relação é interessante e

---

[6] O problema da adição e sua relação com a impulsividade é abordado por Souza e Abreu-Rodrigues (2007), com a análise do filme "Réquiem para um sonho". As autoras apontam pesquisas básicas relacionadas ao tema e realizam análises funcionais dos comportamentos de quatro personagens que emitem comportamentos aditivos.

importante por tornar o fenômeno ainda mais complexo. Entretanto, quando essa relação é feita com a consideração de que esse é apenas um dos elementos da análise, torna-se evidente que está longe de descrever e explicar os vários usos do termo autocontrole.

O comportamento é um fluxo contínuo e indivisível, embora para efeito de compreensão seja tomado em pedaços arbitrariamente quebrados. Por isso, na vida diária, as pessoas não conseguem prever totalmente as implicações das escolhas ou tomadas de decisões nas situações que vivenciam. A partir do momento em que o comportamento for tratado como processo, e não como produto, sem cisões entre o que o organismo faz e o ambiente *no* qual opera, psicólogos (pesquisadores ou clínicos) poderão oferecer explicações e intervenções mais efetivas (Cruz, 2006).

Em resultados de pesquisas, foi observado que o aumento do risco relacionado à diminuição da probabilidade ou do aumento do atraso das alternativas diminui a preferência por elas. Ou seja, as alternativas menos atrasadas são preferidas em relação às alternativas de mesma magnitude mais atrasadas ou com menor probabilidade de ganho (Coelho, 1999). Esses dados demonstram que, cotidianamente, é mais provável que as pessoas escolham por quaisquer outras alternativas em detrimento do autocontrole. Em termos do senso-comum, tenderíamos a ser seres impulsivos.

É importante lembrar que o termo autocontrole é genérico e, segundo Skinner (1953/1998, p. 224), "a resposta controladora pode manipular qualquer das variáveis das quais a resposta controlada é função; portanto, há muitas formas diferentes de autocontrole". Assim sendo, qualquer conhecimento sobre os determinantes comportamentais pode ser relevante para uma análise de fenômenos complexos como o autocontrole.

O autocontrole como resposta controladora está ligado ao conceito de autoconhecimento, uma vez que esse conceito implica conhecer a história da espécie humana, a história do próprio indivíduo e a cultura em que está inserido. O Behaviorismo Radical propõe que o homem seja produto da interação com o meio em que vive, ou seja, ele age no meio e sofre a ação desse meio de forma contínua (Skinner, 1953/1998, 1957/1978 e 1974/1982). Entender as variáveis envolvidas nesse processo de interação é fundamental para quem busca uma melhoria na qualidade de vida. Nessa concepção, segundo Todorov (1982), o homem é visto como parte da natureza. A ideia de interação entre o indivíduo e o meio-ambiente amplia a concepção de liberdade do ser humano, pois demonstra a possibilidade que o homem tem de se modificar, modificando o meio em que vive. Em outras palavras, autoconhecimento e autocontrole permitem escolher sob quais contingências estará submetido, assim como modificar essas contingências.

Com o autoconhecimento, o ser humano pode planejar sua vida. Não pode ser totalmente livre, mas pode manipular o ambiente, trocando controles coercitivos por menos coercitivos (Brandenburg e Weber, 2005; Kerbauy, 2006). Essa mudança contribuiria para um relacionamento interpessoal mais positivo, por exemplo, o que é de extremo valor para a clínica.

De acordo com Skinner (1953/1998), a partir das diversas técnicas de autocontrole, tais como restrição física, mudança de estímulos, privação e saciação e uso de estimulação aversiva, uma pessoa é capaz de controlar estímulos para modificar seu próprio comportamento. Assim, o autoconhecimento torna-se um tipo de ferramenta auxiliar para mudança de comportamento por meio do autocontrole, sendo uma condição necessária, mas não suficiente, para a aquisição de autocontrole (Beckert e Abreu-Rodrigues, 2002). Ressalta-se que a probabilidade de modificação do meio é maior quando o autoconhecimento é mais elaborado, não sendo apenas a discriminação dos próprios comportamentos, mas também a discriminação das condições nas quais faz o que faz (Batitucci, 2001, citado por Brandenburg e Weber, 2005).

Essa ocorrência no comportamento de autocontrole pode ser compreendida como um aspecto de comportamento proposital. O propósito, nesse caso, não é causa, mas apenas o indício de que uma pessoa age com consciência das consequências reforçadoras. De acordo com Skinner (1974/1982), as razões são as consequências reforçadoras que mantêm o comportamento; quando o indivíduo tem consciência dessas razões, pode-se dizer que o comportamento é proposital (de Rose, 1982; Brandenburg e Weber, 2005). Com isso, percebe-se como o autoconhecimento possibilita comportamentos propositais e, assim, maximização de reforçamento positivo para o indivíduo.

Segundo Skinner (1953/1998), o autocontrole não implica necessariamente uma situação de escolha, sugerindo em alguns casos a resposta controladora como uma forma de restringir/eliminar as alternativas da resposta controlada. Hanna e Todorov (2002) afirmam que Rachlin apresenta em seu modelo a escolha associada às situações de autocontrole. Os estudos sobre comportamento de escolha são relevantes para compreender quais variáveis tornam as respostas de autocontrole mais prováveis, devendo-se enfatizar a relevância da compreensão do contexto e da sua influência sobre o comportamento controlado.

Uma importante contribuição da Análise do Comportamento na compreensão do autocontrole é a compreensão da limitação das ficções explanatórias autônomas. Essas explicações obstruem a indagação e não explicam o comportamento. Por isso, a utilização de uma linguagem não-mentalista evita o obscurecimento dos efeitos da história do indivíduo no comportamento de autocontrole (ou de qualquer outro comportamento), permitindo que a análise dos eventos ambientais responsáveis pelo comportamento seja mais complexa (Guerin, 1994; Skinner, 1953/1998, 1974/1982).

Outra contribuição importante para a compreensão do comportamento de autocontrole se dá por meio da análise de que, frequentemente, os estados emotivos ou motivadores têm conexão com as circunstâncias externas responsáveis por eles (Skinner, 1974/1982). Isso modifica a concepção de internalização de causas, tais como traços de personalidade, para a compreensão das contingências de reforçamento presentes e passadas que influenciam o comportamento.

Contudo, quando se compara o modelo experimental com o modelo conceitual de autocontrole de Skinner (1953/1998), são encontradas apenas algumas semelhanças relevantes com o fenômeno em situação natural (Hanna e Ribeiro, 2005). Por isso, para uma maior compreensão do fenômeno de autocontrole, bem como das variáveis que determinam o comportamento de escolha, é importante o desenvolvimento de estudos para a aplicação dos conhecimentos já existentes.

É surpreendente a inexistência de estudos experimentais na Análise Experimental do Comportamento sobre a interação de contingências operantes e respondentes vinculadas ao autocontrole, uma vez que o desenvolvimento desse conhecimento demonstra grande utilidade tanto para o contexto da clínica, como para outros contextos de aplicação (Hanna e Todorov, 2002). O objetivo do presente trabalho não foi apresentar técnicas de autocontrole, mas apontar o quanto o estudo deste tema é relevante para a aplicação clínica.

Em suma, o estudo de fenômenos experimentais é justificado pela aplicação e fornecimento de dados relevantes para a compreensão geral do autocontrole e oferece possibilidades de uma progressão da tecnologia da Análise do Comportamento aplicada ao meio ambiente, ao equilíbrio social, à preservação da saúde, etc., que poderá reduzir os problemas atuais, contribuindo para o desenvolvimento do indivíduo, da cultura e da sociedade. Contudo, ainda é necessária a realização de estudos para o desenvolvimento do conhecimento acerca das variáveis determinantes dos processos de escolha, a fim de possibilitar a sua aplicação, além do investimento na aplicação desses conhecimentos por meio de alterações no ambiente físico e social (Skinner, 1953/1998, 1957/1978).

REFERÊNCIAS

Abreu-Rodrigues, J. & Sanabio, E. T. (2001). Eventos privados em uma psicoterapia externalista: causa, efeito ou nenhuma das alternativas? Em H. J. Guilhardi (Org.), *Sobre Comportamento e Cognição: Vol. 16. Expondo a variabilidade* (pp. 206-216). Santo André: ESETec.

Andrade, L. F. (2005). *Efeito de reforçamento programado para a tarefa durante o atraso de reforço sobre a escolha no paradigma de autocontrole*. Dissertação de Mestrado não publicada, Universidade de Brasília, Brasília.

Baquero, R. G. (2005). *Escolha no paradigma de autocontrole: Efeito de reforçamento ou extinção na tarefa programada para o atraso do reforço*. Dissertação de Mestrado não publicada, Universidade de Brasília, Brasília.

Baum, W. M. (1994/1999). *Compreender o Behaviorismo: Ciência, comportamento e Cultura* (M. T. A. Silva, G. Y. Tomanari & E. E. Z. Tourinho, trads.). Porto Alegre: Artmed.

Beckert, M. E. & Abreu-Rodrigues, J. (2002). Autoconhecimento, autocontrole e terapia analítico-comportamental. *Anais do XI Encontro Brasileiro de Psicoterapia e Medicina Comportamental* (p. 112). XI Encontro Brasileiro de Psicoterapia e Medicina Comportamental, agosto de 2002, Londrina.

Brandenburg, O. J. & Weber, L. N. D. (2005). Autoconhecimento e liberdade no Behaviorismo Comportamental. *Psico-USP, 10*, 87-92.

Caballo, V. E. & Buela, G. (2002). Técnicas diversas em terapia comportamental. Em V. E. Caballo (Org.), *Manual de Técnicas de Terapia e Modificação do Comportamento* (pp. 685-718). São Paulo: Editora Santos.

Cabral, A. & Nick, E. (2000). *Dicionário Técnico de Psicologia*. São Paulo: Cultrix.

Castanheira, S. S. (2001). Autocontrole: a linguagem do cotidiano e a da análise do comportamento. Em R. C. Wielenska (Org.), *Sobre Comportamento e Cognição: Vol. 6. Questionando e ampliando a teoria e as intervenções clínicas em outros contextos* (pp. 53-61). Santo André: ESETec.

Coelho, C. (1999). *Análise quantitativa e individual do valor subjetivo do reforço em situações hipotéticas de risco: efeito de quantias e de instruções*. Dissertação de Mestrado não publicada, Universidade de Brasília, Brasília.

Cruz, R. N. da (2006). Uma introdução ao conceito de autocontrole proposto pela Análise do Comportamento. *Revista Brasileira de Terapia Comportamental e Cognitiva, VIII*, 85-94.

de-Farias, A. K. C. R., Ribeiro, M. R., Coelho, C. & Sanabio-Heck, E. T. (2007). Laranja Mecânica: Uma análise behaviorista radical. Em A. K. C. R. de-Farias & M. R. Ribeiro (Orgs.), *Skinner vai ao cinema* (pp. 30-47). Santo André: ESETec.

de Rose, J. C. C. (1982). Consciência e propósito no behaviorismo radical. Em B. Prado Júnior (Org.), *Filosofia e comportamento* (pp. 67-91). São Paulo: Brasiliense.

Fantino, E. & Stolarz-Fantino, S. (2002). From patterns to prosperity: A review of Rachlin's the science of self-control. *Journal of the Experimental Analysis of Behavior, 1*, 117-125.

Ferreira, M. B. (1999). *Novo Aurélio Século XXI: O dicionário da língua portuguesa*. Rio de Janeiro: Nova Fronteira.

Grace, R. C. (1999). The matching-law and amount-dependent exponential discounting as accounts of self-control choice. *Journal of the Experimental Analysis of Behavior, 1*, 27-44.

Guerin, B. (1994). *Analyzing social behavior: Behavior analysis and the social sciences*. Reno: Context Press.

Hanna, E. S. & Todorov, J. C. (2002). Modelos de autocontrole na análise experimental do comportamento: utilidade e crítica. *Psicologia: Teoria e Pesquisa, 18*, 337-344.

Hanna, E. S. & Ribeiro, M. R. (2005). Autocontrole: um caso especial de comportamento de escolha. Em J. Abreu-Rodrigues & M. R. Ribeiro (Orgs.), *Análise do Comportamento: Pesquisa, teoria e aplicação* (pp. 175-187). Porto Alegre: Artmed.

Ito, M. & Oyama, M. (1996). Relative sensitivity to reinforcer amount and delay in a self-control choice situation. *Journal of the Experimental Analysis of Behavior, 66*, 219-229.

Kerbauy, R. R. (2006). Controle, contracontrole e autocontrole: Problemas e implicações. Em R. R. Starling & K. A. Carvalho (Orgs.), *Ciência do Comportamento: Conhecer e Avançar* (Vol. 5, pp. 16-24). Santo André: ESETec.

Lé Sénéchal-Machado, A. M. (2002). A manipulação no contexto clínico. Em H. J. Guilhardi, M. B. B. P. Madi, P. P. Queiroz & M. C. Scoz (Orgs.), *Sobre Comportamento e Cognição: Vol. 10. Contribuições para a construção da Teoria do Comportamento* (pp. 16-23). Santo André: ESETec.

Milan, M. A. & Mitchell, P. (2002). Generalização e a manutenção dos efeitos do tratamento. Em V. E. Caballo (Org.), *Manual de Técnicas de Terapia e Modificação do Comportamento* (pp. 111-130). São Paulo: Editora Santos.

Moreira, M. B. (2007). Curtindo a vida adoidado: Personalidade e causalidade no behaviorismo radical. Em A. K. C. R. de-Farias & M. R. Ribeiro (Orgs.), *Skinner vai ao cinema* (pp. 11-29). Santo André: ESETec.

Nico, Y. C. (2001). O que é autocontrole, tomada de decisão e solução de problemas na perspectiva de B. F. Skinner. Em H. J. Guilhardi (Org.), *Sobre Comportamento e Cognição: Vol. 7. Expondo a variabilidade* (pp. 62-70). Santo André: ESETec.

Rachlin, H. & Green, L. (1972). Commitment, choice, and self-control. *Journal of Experimental Analysis of Behavior, 17*, 15-22.

Rehm, L. P. (2002). Métodos de autocontrole. Em V. E. Caballo (Org.), *Manual de Técnicas de Terapia e Modificação do Comportamento* (pp. 581-605). São Paulo: Editora Santos.

Reis, A. A., Teixeira, E. R. & Paracampo, C. C. P. (2005). Autorregras como variáveis facilitadoras na emissão de comportamentos auto-controlados: o exemplo do comportamento alimentar. *Revista Interação em Psicologia*. Retirado no dia 15 de junho de 2006, do site http://calvados.c3sl.ufpr.br/ojs2/index.php/psicologia/article/viewFile/3286/2630.

Ryle, G. (1949). *The concept of mind*. London: Hutchinson & Co.

Santacreu, J. (2002). O treinamento em autoinstruções. Em V. E. Caballo (Org.), *Manual de Técnicas de Terapia e Modificação do Comportamento* (pp. 539-556). São Paulo: Editora Santos.

Santos, A. C. G. & Borges, F. S. (2005). *Da reflexão a ação: uma análise do autocontrole, tomada de decisão e solução de problemas*. Retirado no dia 15 de junho de 2006, do site http://www.ibac.com.br/doc/downloads/V_Enc_Apres_Autocontrole_Decisao_e_Escolha.ppt.

Skinner, B. F. (1953/1998). *Ciência e Comportamento Humano* (J. C. Todorov & R. Azzi, trads.). São Paulo: Martins Fontes.

Skinner, B. F. (1957/1978). *O comportamento verbal* (M. da P. Villalobos, trad.). São Paulo: Cultrix.

Skinner, B. F. (1974/1993). *Sobre o Behaviorismo* (M. da P. Villalobos, trad.). São Paulo: Cultrix.

Skinner, B. F. (1980). Contingências do reforço: uma análise teórica. *Coleção "Os Pensadores"*. São Paulo: Abril Cultural.

Skinner, B. F. (1989/1991). *Questões Recentes na Análise Comportamental* (A. L. Neri, trad.). São Paulo: Papirus.

Souza, A. da S. & Abreu-Rodrigues, J. (2007). Réquiem para um sonho: uma visão comportamental da impulsividade e adição. Em A. K. C. R. de-Farias & M. R. Ribeiro (Orgs.), *Skinner vai ao cinema* (pp. 115-136). Santo André: ESETec.

Todorov, J. C. (1982). Behaviorismo e análise experimental do comportamento. *Cadernos de Análise do Comportamento, 3*, 10-23.

Todorov, J. C. (1985). O conceito de contingência tríplice na análise do comportamento humano. *Psicologia: Teoria e Pesquisa, 1*, 140-146.

Todorov, J. C. (1989). A psicologia como o estudo de interações. *Psicologia: Teoria e Pesquisa, 5*, 325-347.

Todorov, J. C. (1991). O conceito de contingência na psicologia experimental. *Psicologia: Teoria e Pesquisa, 7*, 59-70.

Todorov, J. C., Coelho, C. & Hanna, E. S. (2003). O que, como e porque escolher. *Revista Univerciência*, 33-38.

Tourinho, E. M. (2001). Eventos privados em uma ciência do comportamento. Em R. A. Banaco (Org.), *Sobre Comportamento e Cognição: Vol. 1. Aspectos teóricos, metodológicos e de formação em análise do comportamento e terapia cognitivista* (pp. 172-184). Santo André: ESETec.

Capítulo 7

Análise Comportamental do Transtorno de Ansiedade Generalizada (TAG)
Implicações para Avaliação e Tratamento[1]

André Amaral Bravin[2]
Ana Karina Curado Rangel de-Farias

MEDO, ANSIEDADE FISIOLÓGICA E TRANSTORNO DE ANSIEDADE GENERALIZADA (TAG): UMA QUESTÃO CONCEITUAL

A ansiedade tem sido descrita como estado interno desencadeado (eliciado e/ou evocado) por situações ameaçadoras, em que o perigo é potencial, porém ainda não presente no ambiente; a esse caso, diz-se tratar-se de uma ansiedade natural, normal ou fisiológica. Esse estado interno é composto por vários comportamentos[3], dentre os quais, pensamentos e sensações (como sensações e sentimentos difusos, desagradáveis e vagos de apreensão); comportamentos controlados pelo sistema neurovegetativo, o que envolve respostas como aumento na frequência respiratória e cardíaca; hipertensão arterial; diminuição no fluxo sanguíneo de vasos periféricos; midríase pupilar; exoftalmia; hiper-reflexia; desconforto abdominal, etc (Kaplan, Sadock e Grebb, 1997).

O que indica um caráter natural e filogeneticamente estabelecido da ansiedade é que a resposta de medo/ansiedade[4] tem a função de evitar danos e preservar o organismo de injúrias. De fato, ao se avaliar a função das respostas eliciadas, lista-se que o aumento na frequência respiratória e cardíaca, com potencial hipertensão arterial, disponibilizam maior fluxo sanguíneo ao organismo e oxigênio dissolvido no sangue, fundamentais para o aumento do metabolismo de músculos que podem ser requisitados em comportamento de luta ou fuga de um predador ou adversário. A diminuição no fluxo sanguíneo de vasos periféricos contribui para a diminuição ou para a ausência de sangramento no caso de algum ferimento; a midríase pupilar, em conjunto com a

---

[1] O presente trabalho é parte da monografia de conclusão do curso de especialização em Análise Comportamental Clínica, no Instituto Brasiliense de Análise do Comportamento, defendida pelo primeiro autor, sob orientação da segunda autora.

[2] O autor estava vinculado à pós-graduação em Ciências do Comportamento, na UnB, e à especialização em Análise Comportamental Clínica, no IBAC, quando da produção deste trabalho. Atualmente, leciona na UFG, *campus* Jataí.

[3] A definição de comportamento aqui empregada será a defendida por Skinner (1953/2000): qualquer relação organismo-ambiente, seja ela reflexa (respondente) ou operante, pública ou privada.

[4] Duas sutis diferenças entre o conceito de medo e ansiedade fazem-se presente na literatura. O termo "medo" seria empregado quando o perigo não é "potencial", e sim, real. Sentir os mesmos estados internos naturais desencadeados pela presença real da ameaça (p. ex., um assaltante) tem sido apontado como resposta de medo. A segunda diferença apontada diz respeito à cronicidade dos estados internos. Uma vez que o medo restringe-se ao momento da apresentação do estímulo eliciador/evocativo, esse tem caráter agudo. A ansiedade, por sua vez, tende a ser crônica, uma vez que essa resposta é preparatória para outras respostas e comportamentos do organismo. Assim sendo, as respostas de ansiedade podem funcionar também como estímulos discriminativos e/ou operações estabelecedoras frente a ameaças "difusas e potenciais" (Kaplan et al., 1997).

exoftalmia, permite ao organismo ampliar seu campo de visão, o que pode favorecê-lo no caso de uma fuga; a hiper-reflexia contribui aumentando reflexos que podem ser requeridos no momento de fuga ou luta; e, em função de tamanha mobilização vascular para a musculatura esquelética e o cérebro, o desconforto abdominal seria consequência de baixa disponibilidade de sangue para os órgãos abdominais (Brandão, 2001). É possível supor, portanto, que animais que apresentavam essas respostas frente a predadores ou a adversários eram mais eficientes em fugir (o que garantia maior tempo de vida para poder procriar-se) ou em lutar e disputar hierarquia (o que, em conjunto com o aumento no tempo de vida, possibilitaria conseguir maior número de parceiras para procriação). Em ambos os casos, isso implica aumentar as possibilidades de transmitir aos seus descendentes genes relacionados com esses comportamentos eliciados pelo sistema neurovegetativo. Animais que não apresentavam tais respostas teriam presumível desvantagem nos comportamentos de luta e fuga, sendo mais facilmente predados, ou perderiam disputas de hierarquia com outros machos de um bando, diminuindo suas possibilidades de gerar descendentes (e transmitir genes). A seleção natural, portanto, pode ter sido mola propulsora dessas reações sentidas e descritas quando se pensa nas respostas de ansiedade, que predispõem nosso organismo para respostas de luta/fuga quando da iminência ou potencialidade de um perigo (Brandão, 2001; Graeff, 1999).

> Assim, a função da resposta de ansiedade é a de preparar o organismo para o enfrentamento de situações potencialmente punidoras (nesse sentido, situações aversivas), tais como um bebê que chora frente ao afastamento dos pais, uma criança em seu primeiro dia de aula ou um adulto iniciando em seu primeiro emprego.

Diante dos quadros expostos, é coerente falar de uma ansiedade natural, dado que o estímulo desencadeador não é um estímulo qualquer e que a ameaça existe, porém o perigo é potencial (o bebê não será, necessariamente, abandonado pelos pais, o aluno e o empregado não necessariamente sair-se-ão mal em suas atividades) (Kaplan et al., 1997).

O que tornaria, então, a resposta de ansiedade problemática/perturbadora[5] a ponto de merecer uma categoria diagnóstica em manuais como a Classificação Estatística Internacionais de Doenças e Problemas Relacionados à Saúde (CID – elaborado pela Organização Mundial de Saúde, OMS) e o Manual Diagnóstico e Estatístico de Transtornos Mentais (DSM – elaborado pela Associação Psiquiátrica Americana, APA)? Alguns pontos convergem na definição de ansiedade enquanto fenômeno problemático, sendo considerados limítrofes à persistência e à intensidade das reações e respostas dadas às situações desencadeadoras. Assim sendo, o quadro apontado como Transtorno de Ansiedade pela literatura psicológica e psiquiátrica envolve:

1. Excitação biológica com manifestações musculares e neurovegetativas (taquicardia, reações galvânicas da pele, hiperventilação, sensação de sufocamento, suor, dor e tremores).

---

[5] Será privilegiada no texto a denominação de comportamento problemático ou perturbador, ao invés de disfuncional ou desadaptativo, em função de uma postura interventiva de grande valia explorada na clínica que visa, antes de eliminar repertórios comportamentais, ampliá-los e programar novos padrões de comportamento. A abordagem construcional de Goldiamond mostra-se efetiva na medida em que essas intervenções efetivamente diminuem a manifestação dos comportamentos perturbadores por meio da aprendizagem de novos comportamentos que possuem a mesma função do comportamento perturbador (Gimenes, Andronis e Layng, 2005).

2. Relatos verbais de estados internos desagradáveis (angústia, apreensão, medo, insegurança, desconforto indefinido, etc.).

Agrega-se a isso o fato de as respostas atrapalharem o funcionamento de vida diário, isto é:

3. Redução na eficiência comportamental (comprometimento das habilidades sociais e acadêmico-profissionais; dificuldade de concentração, etc.).
4. Reações de fuga ou esquiva.[6]

Em conjunto com os pontos supracitados, são observados:

5. Considerável sofrimento para a pessoa.
6. Evidências de que as respostas de fuga-esquiva tomam considerável parte do dia (Banaco e Zamignani, 2004; Kaplan et al., 1997).

Na ampla categoria de "Transtornos de Ansiedade", existem diversos diagnósticos. Os parâmetros para definição das categorias diagnósticas levam em consideração: (a) a circunstância desencadeadora (estímulos eliciadores condicionados e/ou discriminativos[7], isto é, o tipo de evento que é experienciado como ameaçador. Ver como exemplo os códigos 300.29 e 300.23 no Quadro 7.1) que elicia e/ou evoca (b) as respostas consideradas como sintomas (podem variar entre um ou mais daqueles sentimentos, sensações e pensamentos supracitados; p. ex., 300.3 e 300.02 no Quadro 7.1), (c) o tipo de comportamento emitido para reduzir o contato com o estímulo eliciador/evocativo (p. ex., 300.01 e 300.21 no Quadro 7.1), bem como a persistência e a intensidade dos comportamentos eliciados/evocados (p. ex., 309.81 e 308.3 no Quadro 7.1) (Banaco e Zamignani, 2004; Graeff, 1999; Kaplan et al., 1997).

Desse modo, o que orientará um profissional a escolher o diagnóstico de fobia social ou de fobia específica, por exemplo, será o tipo do estímulo (eliciador ou evocativo) relacionado à resposta, assim como o tipo de respostas tidas como perturbadoras. Cabe aqui abrir parênteses para uma importante distinção entre duas possíveis relações entre estímulos e respostas, que definirão os comportamentos como reflexos (respondentes) ou operantes. Os respondentes são *eliciados* (produzidos) por um estímulo antecedente e não produzem mudanças no ambiente (ou não são controlados por possíveis mudanças que produzam); podem ser inatos (incondicionais ou incondicionados, filogeneticamente determinados) ou aprendidos (condicionais ou condicionados). Os operantes são aqueles que produzem mudanças no meio (tecnicamente denominadas estímulos consequentes ou, mais diretamente, consequências) e são, por sua vez, modificados por essas consequências. Nesse sentido, os operantes são sempre aprendidos (condicionados). A relação entre respostas operantes e estímulos antecedentes é uma relação probabilística, que depende de várias condições. Por isso, diz-se que um operante é *evocado* por determinado estímulo ou conjunto de estímulos ante-

---

[6] Em situações ditas ansiogênicas, respostas que eliminem ou atenuem os estímulos aversivos presentes são entendidas como respostas de fuga. Nas mesmas situações, respostas que posterguem ou evitem contato com os mesmos estímulos são classificadas como respostas de esquiva (Moreira e Medeiros, 2007; Skinner, 1953/2000).

[7] Dizer que um estímulo é eliciador condicionado consiste em dizer que ele adquiriu propriedades de produzir respostas reflexas devido a emparelhamentos com um estímulo que já eliciava esta resposta. Um estímulo discriminativo é aquele que evoca uma resposta operante, ou seja, aquele na presença do qual a resposta é mais provável, devido à sinalização de disponibilidade de consequências. Deve-se dizer, ainda, que a resposta é menos provável na ausência do estímulo discriminativo (condição denominada s-delta).

cedentes, e nunca eliciado, já que suas variáveis de controles fundamentais são as consequências que ele produz.[8]

Ainda tendo em vista a classificação diagnóstica, poder-se-á atribuir o rótulo de ansiedade generalizada quando as respostas (sintomas, como são classicamente referidas) forem difusas, ou transtorno obsessivo-compulsivo quando as respostas envolvem, por exemplo, medo de contaminação (via de regra o indivíduo reconhece o caráter irracional do responder). Os comportamentos emitidos para reduzir o contato com o estímulo aversivo também orientam a escolha do diagnóstico. A fuga, por exemplo, é padrão de resposta utilizado por pessoas que recebem o diagnóstico de Transtorno de Pânico, ao passo que a esquiva é padrão utilizado por aqueles que recebem o rótulo de Transtorno de Pânico com Agorafobia. Por fim, a persistência dos sintomas também poderá ser utilizada como delimitadora, quando os estímulos desencadeadores e as respostas emitidas para evitarem-se os estímulos aversivos forem insuficientes. Como exemplo desse critério, tem-se o Transtorno de Estresse Pós-Traumático e o Transtorno de Estresse Agudo. Para considerar-se Transtorno de Estresse Agudo, a resposta deve ocorrer por no mínimo dois dias e dentro de um período não superior a um mês. Caso se estenda por um período maior, assume-se o diagnóstico de Transtorno de Estresse Pós-Traumático (ver Quadro 7.1 para maiores detalhes desses e outros transtornos).

De maneira geral, as respostas operantes nos transtornos de ansiedade têm função de eliminar, evitar ou postergar os estímulos e as respostas classificadas como "sintomas", isto é, as respostas são reforçadas negativamente pela remoção ou pelo adiamento, pela minimização ou pela postergação dos eventos desconfortáveis (aversivos), quer sejam públicos ou privados. Nesses termos, embora sejam diferentes quando consideradas sua topografia, apresentam a mesma função, e isso permite ao analista do comportamento fazer análises amplas, sem se preocupar com as especificidades diagnósticas (Banaco e Zamignani, 2004).

Os ditos Transtornos de Ansiedade foram os mais afetados nas revisões feitas pela Associação Psiquiátrica Americana do DSM, sobretudo a partir do DSM-III, quando o manual passou a preocupar-se com uma postura ateórica (Cavalcante e Tourinho, 1998; Kaplan et al., 1997). Até o DSM-III, o Transtorno de Ansiedade Generalizada era uma categoria residual, isto é, servia ao diagnóstico de pessoas que não reuniam os critérios para outros diagnósticos (o que, atualmente, é representado pelo código 300.00). Os avanços nos conhecimentos acerca da neurobiologia dos transtornos mentais fizeram com que o manual abandonasse a conceitualização dos transtornos com base em formulações psicodinâmicas, suprimindo termos como "neurose" ou "reação", amplamente utilizados até o DSM-III, passando-se a utilizar critérios clínicos de validade e confiabilidade mais amplamente reconhecidos (Andreoli et al., 2001; Cavalcante e Tourinho, 1998; Kaplan et al., 1997). Já no DSM-III-R, o TAG tornou-se entidade diagnóstica distinta das demais (Kaplan et al., 1997).

A questão da confiabilidade dos diagnósticos em Psiquiatria tem sido alvo de estudo, principalmente por investigações epidemiológicas que se propõem a avaliar a confiabilidade dos diagnósticos por meio de instrumentos específicos para esse fim. Em um desses estudos que objeti-

---

[8] Para uma melhor diferenciação de comportamentos reflexos (ou respondentes) e operantes, consultar textos que apresentam os princípios básicos da área, tais como Moreira e Medeiros (2007) e Skinner (1953/2000). Em uma análise do clássico filme "Laranja Mecânica" (de-Farias, Ribeiro, Coelho e Sanabio-Heck, 2007), podem ser encontradas algumas situações ilustrativas.

Quadro 7.1 Transtornos de Ansiedade segundo o Manual Diagnóstico e Estatístico de Transtornos Mentais (DSM-IV): Análise de estímulos, respostas e comportamentos (Fontes: APA, 2002; Banaco e Zamignani, 2004; Kaplan, Sadock e Grebb, 1997).

Diagnóstico	Código Diagnóstico	Estímulo Desencadeador	Resposta Eliciada / Evocada	Comportamento Operante
Transtorno de Ansiedade Devido a Condição Médica Geral (decorrem de efeitos fisiológicos diretos de uma condição médica)	293.89	Condição Médica Geral, a saber, condições endócrinas (p. ex.: hiper e hipotireoidismo), cardiovasculares (p. ex.: insuficiência cardíaca congestiva), respiratórias (p. ex.: doença pulmonar obstrutiva crônica), metabólicas (p. ex.: deficiência de vitamina B12) e neurológicas (p. ex.: neoplasmas)	Dependem da Condição Médica Desencadeadora e variam na Topografia das Respostas. Pode ser similar à de outros transtornos de ansiedade, variando da ansiedade difusa ao pânico ou à sensação de morte iminente, etc.	Fuga (eliminação) e/ ou Esquiva (evitação)
Transtorno de Ansiedade Induzido por Substância	Induzidos por diferentes substâncias. Deve-se Consultar Diagnósticos de Transtornos Relacionados a substâncias para código específico	Substâncias, tais como: álcool, anfetaminas, cafeína, *cannabis*, cocaína, alucinógenos, inalantes, dentre outros[1]	Dependem da dose e da substância utilizada e variam na Topografia das Respostas. Pode ser similar à de outros transtornos de ansiedade, variando da ansiedade difusa ao pânico ou sensação de morte iminente, etc.	Fuga (eliminação) e/ ou Esquiva (evitação)
Fobia Específica	300.29	Estímulo específico, virtualmente qualquer coisa como insetos/animais (p. ex., barata ou cão), ambientes naturais (p. ex.: altura ou tempestade), situações (p. ex.: aviões ou elevadores), dentre outros.	Medo persistente, excessivo e irracional em função da presença ou antecipação de objeto fóbico. A reação de medo pode ser manifesta variando da ansiedade difusa ao pânico.	Fuga (eliminação) e/ ou Esquiva (evitação)

[1] É digno notar que estudos têm apontado que o efeito de drogas psicotrópicas também depende de variáveis ambientais (para revisão, ver Barrett, 2002 e Branch, 2006). Essas evidências não se contrapõem aos achados supracitados e não necessariamente invalidam a categoria diagnóstica, mas são pontos a serem considerados, e devem-se somar às evidências apontadas pelo diagnóstico.

(Continua)

Quadro 7.1 (*Continuação*)

Diagnóstico	Código Diagnóstico	Estímulo Desencadeador	Resposta Eliciada / Evocada	Comportamento Operante
Fobia Social	300.23	Situação social, situação de desempenho, crítica e avaliação social	Medo persistente, excessivo e irracional em função da presença ou da antecipação de situações sociais. A reação de medo pode ser manifesta variando da ansiedade difusa ao pânico.	Fuga (eliminação) e/ou Esquiva (evitação)
Agorafobia[2] sem história de Transtorno de Pânico	300.22	Medo (resposta que também possui função discriminativa; em si é um estímulo condicionado eliciado/evocado por outros estímulo ambientais) da manifestação de sintomas súbitos, incapacitantes ou embaraçosos, mediante, sobretudo, lugares com muitas pessoas.	Temores, sofrimento, desconforto, ansiedade difusa ou de antecipação pela possível manifestação de crise.	Esquiva (evitação). Esquiva de situações onde é difícil obter auxílio, onde esse poderia não estar disponível ou onde a fuga é difícil ou embaraçosa em caso de crise. Frequentemente passam a requisitar companhia
Transtorno de Pânico sem Agorafobia	300.01	Os ataques ocorrem repentinamente, são inesperados e não possuem estímulos eliciadores bem-identificados. Entretanto, aponta-se que excitação, esforço físico, atividade sexual ou trauma moderado podem eliciar esses respondentes em um primeiro ataque.	Período de intenso temor e desconforto iniciado abruptamente e descrito como uma sensação de morte e catástrofe iminente. Composto por sensações como tremores, sensação de asfixia, dor torácica, tontura, dentre outros.	Fuga (eliminação)
Transtorno de Pânico com Agorafobia	300.21			Esquiva (evitação). Esquiva de situações onde é difícil obter auxílio, onde esse poderia não estar disponível ou onde a fuga é difícil ou embaraçosa em caso de crise. Freqüentemente passam a requisitar companhia

[2] O diagnóstico de agorafobia sem história de transtorno de pânico é reservado para condições nas quais existam sintomas de agorafobia associados a outros diagnósticos que não o pânico. *Agora*, do grego, significa praça, lugar onde comumente reuniam-se muitas pessoas. Portanto, a agorafobia não é, necessariamente, medo de lugares abertos, mas sim o medo da exposição a locais onde não se tenha acesso, facilmente, a socorro (em caso de crise), e locais onde ter uma crise seria embaraçoso.

(*Continua*)

Quadro 7.1 (*Continuação*)

Diagnóstico	Código Diagnóstico	Estímulo Desencadeador	Resposta Eliciada / Evocada	Comportamento Operante
Transtorno de Estresse Pós-traumático	309.81	Circunstância Disruptiva (estresse emocional) como: catástrofes naturais (p. ex.: maremoto, terremoto), agressões (p. ex.: sequestro, guerra, estupro), etc.	Recordação aflitiva do evento traumático. É persistentemente revivido e recordado (em sonhos ou não). Dificuldade em manter sono, irritabilidade e raiva, dentre outros.	Fuga (eliminação)
Transtorno de Estresse Agudo	308.3	Circunstância Disruptiva (estresse emocional) como: catástrofes naturais (p. ex.: maremoto, terremoto), agressões (ex.: sequestro, guerra, estupro), etc. O que o difere do diagnóstico acima é que a presença dos sintomas nesse diagnóstico é menos crônica.	Recordação aflitiva do evento traumático. É pouco persistentemente (ocorrem em até quatro semanas após o trauma. Sua duração é de, no mínimo, dois dias e, no máximo, quatro semanas) revivido e recordado (em sonhos ou não). Dificuldade em manter sono, irritabilidade e raiva, dentre outros.	Fuga (eliminação)
Transtorno Obsessivo-compulsivo	300.3	Pensamentos intrusivos, impulsos e imagens[3] (obsessões: respostas que também possuem função discriminativa; em si é um estímulo condicionado eliciado/evocado por outros estímulos ambientais).	Medo Ansioso, Preocupação, Repulsa ou Escrúpulo frequentemente reconhecido como irracional e absurdo. Insegurança Obsessiva.	Fuga (eliminação) e/ou Esquiva (evitação). Os comportamentos desempenhados para evitar o desconforto dos pensamentos intrusivos são chamados de compulsões. Podem ser públicos ou privados, mas possuem a mesma função e característica de serem estereotipados e repetitivos.

[3] Uma análise funcional bem elaborada revelará o verdadeiro controle de estímulos envolvido na eliciação/evocação dos comportamentos encobertos que podem ter propriedades discriminativas para outros comportamentos, sejam eles públicos ou privados.

(*Continua*)

Quadro 7.1 *(Continuação)*

Diagnóstico	Código Diagnóstico	Estímulo Desencadeador	Resposta Eliciada / Evocada	Comportamento Operante
Transtorno de Ansiedade Generalizada	300.02	Estímulos generalizados indiscriminados pelo cliente	Ansiedade e preocupação excessiva e abrangente; inquietação, fatigabilidade, irritabilidade, perturbações no sono, tensão motora, hiperatividade autonômica	Esquiva (evitação)
Transtorno de Ansiedade sem Outra Especificação	300.00	Transtornos proeminentes de ansiedade, mas que não satisfazem aos critérios diagnósticos dos transtornos supracitados. Os estímulos podem ser distintos dos supracitados ou, ainda que não fossem, não satisfariam outros critérios diagnósticos.	Pode ser similar à de outros transtornos de ansiedade, variando da ansiedade difusa ao pânico ou sensação de morte iminente, etc.	Fuga (eliminação) e/ou Esquiva (evitação)

vam avaliar a confiabilidade do inventário de sintomas do DSM (nesse caso, DSM-III), Andreoli e colaboradores (2001) selecionaram participantes das cidades de Brasília, São Paulo e Porto Alegre para compor as amostras que foram investigadas (com base no inventário de sintomas do DSM e no método da consistência interna) acerca de algumas psicopatologias. Os achados apontaram que a consistência interna do inventário, segundo o *split-half method*, para os sintomas do TAG resultaram em um alfa de Cronbach superior a 0,93, permanecendo estável para cada uma das três cidades. Uma segunda forma empregada para avaliar o inventário (somente realizada na cidade de São Paulo) foi o método do entrevistador-observador. Nesse método, entrevistador e observador faziam a análise individualmente e o consenso entre as respostas dos dois era avaliado pelo coeficiente de confiabilidade Kappa. Os resultados apontaram um nível de concordância excelente (k = 1,00) para o diagnóstico de TAG no último ano, e uma concordância suficiente (k = 0,46) para o mesmo diagnóstico ao longo da vida dos participantes. Esses achados indicam que o instrumento era adequado para seu propósito (isto é, diagnóstico), sobretudo para o TAG, uma vez que se mostrou excelente na confiabilidade e consistência.

Por fim, no que se refere à epidemiologia, Kaplan e colaboradores (1997) comentam que o TAG possui uma prevalência que varia entre 3 e 8% e apontam que até 50% das pessoas com esse diagnóstico possui algum outro diagnóstico associado (geralmente, algum outro transtorno de ansiedade ou depressão). No Brasil, o TAG tem sido apresentado como um dos transtornos mais prevalentes, sendo responsável por cerca de 24% dos pacientes usuários de serviços médicos e ambulatoriais (Almeida Filho et al., 1997).

> Homens são mais afetados do que mulheres, embora a proporção de pessoas encaminhadas para tratamento seja idêntica para ambos os sexos.

Dos que procuram tratamento, não é incomum observar que esses recorrem primeiramente à atenção médica para a resolução de seus sintomas – cardiologistas, pneumologistas, etc. – uma vez que muitos dos respondentes sentidos podem também ser indícios de outras patologias (Kaplan et al., 1997).

ETIOLOGIA DO TRANSTORNO DE ANSIEDADE GENERALIZADA (TAG)

Várias teorias em Psicologia têm apresentado modelos teórico-explicativos para esclarecer o fenômeno da ansiedade e a forma de intervenção necessária para o seu tratamento. Desses tantos modelos, dois serão aqui destacados, sendo eles a Análise do Comportamento e a Psicobiologia.

Um caminho comumente utilizado para explicar a ansiedade é apontar sua relação com o medo, tendo em vista a existência de uma similaridade de respostas eliciadas nesses dois estados emocionais (Banaco e Zamignani, 2004) e uma raiz filogenética próxima (Shuhama, Del-Ben, Loureiro e Graeff, 2007). De fato, a ansiedade tem sido apontada por duas características definidoras: os estados emocionais de alguma maneira aproximam-se do medo, e os estímulos responsáveis por essas manifestações não precedem ou acompanham os estados emocionais: há a antecipação do futuro, isto é, o caráter de "expectativa" (ver Estes e Skinner, 1941). Ambos os estados emocionais (medo/ansiedade) são reações fisiológicas de uma classe de respostas classificadas pela Psicobiologia como "reação de defesa dos animais", resultante de estímulos ambientais eliciadores. As reações de defesa dos animais são respondentes eliciados por estímulos aversivos incondicionados ou operações de punição e, nesses termos, a presença do estímulo aversivo é necessária para a definição tanto do medo quanto da ansiedade. Se estímulos neutros são consistentemente seguidos da apresentação de um estímulo aversivo, eles terão por si mesmo propriedades aversivas capazes de eliciar respostas similares ao medo, o que poderia fornecer uma primeira definição funcional de ansiedade. Assim, a ansiedade seria a resposta a um estímulo que precede a apresentação de um estímulo aversivo incondicionado, capaz de eliciar os mesmos respondentes que se observa na resposta de medo (isto é, reações de defesa do animal). A ansiedade não seria uma resposta orientada para o futuro, e sim respostas sob controle do estímulo condicionado presente chamado por alguns autores de estímulo pré-aversivo. Em outros dizeres, a resposta de ansiedade seria similar à de medo, causada por um estímulo condicionado e não por um estímulo incondicionado (Estes e Skinner, 1941).

Como já dito, a Análise do Comportamento afirma que relações reflexas são aquelas nas quais um determinado evento ambiental (estímulo incondicionado) elicia respostas no organismo (Moreira e Medeiros, 2007; Skinner, 1953/2000). Como exemplos de relações reflexas entre eventos, teríamos o reflexo de salivação (resposta incondicionada) quando da apresentação de comida na boca (estímulo incondicionado), ou as respostas fisiológicas de medo eliciadas por um som alto ou um choque (estímulo incondicionado), por exemplo (item 1, Figura 7.1). Ainda dentro do paradigma reflexo, temos a possibilidade do emparelhamento de estímulos neutros com os estímulos incondicionados, de maneira tal que esses estímulos neutros assumem a função de eliciar novas respostas reflexas, muitas vezes semelhantes à resposta incondicionada (a esse estímulo dá-se o nome de estímulo condicionado, e ao processo, Condicionamento Clássico, Reflexo, Respondente ou Pavloviano). Contudo, quando essas relações reflexas são consequenciadas em suas primeiras ocorrências, as mudanças que as respostas causam no ambiente podem estabelecer relações contingentes, e as respostas passam a ser selecionadas de tal sorte que a relação reflexa original passa a ter uma relação operante (item 2, Figura 7.1). Assim, respostas públicas de medo que eram inicialmente reflexas podem ser reforçadas pela aproximação dos pares, atenção, dentre outras consequências, produzindo uma relação operante (item 3, Figura 7.2) (Banaco e Zamignani, 2004).

A situação torna-se um pouco mais complexa se uma pessoa apresenta respostas encobertas concomitantes aos comportamentos públicos de medo (ver coluna de "respostas", Figura 7.1). Nesses termos, a resposta encoberta pode adquirir a função de estímulo que sinaliza ao indivíduo que a emissão da resposta pública pode gerar reforçamento; em outras palavras, a resposta encoberta adquire função de estímulo discriminativo, uma

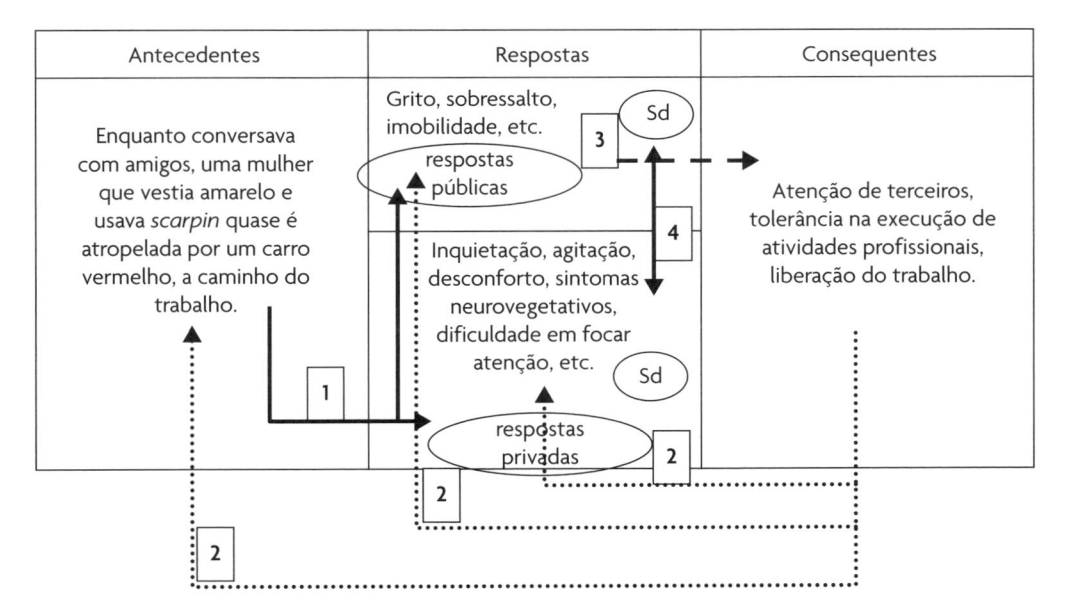

Figura 7.1 Ilustração de uma contingência de três termos referente a comportamentos ansiosos. O item 1 representa uma relação reflexa (respondente) entre estímulos antecedentes e respostas. Os itens 2 referem-se à consequenciação de respostas, o que estabelece relações operantes. Em 3, vê-se que respostas inicialmente reflexas podem produzir consequências ambientais e, desse modo, passarem a fazer parte de relações operantes. Por fim, o item 4 exemplifica como respostas podem adquirir funções de estímulo, ou seja, podem controlar novas respostas do organismo.

vez que essa resposta estabelece a ocasião na qual a emissão do comportamento possui alta probabilidade de ser reforçado (item 4 em Figura 7.1) (Banaco e Zamignani, 2004).

No exemplo hipotético da Figura 7.1, tem-se uma mulher que, ao quase ser atropelada, grita sobressaltada e fica imóvel diante do carro que freia bruscamente, mas ainda desliza em sua direção. Ela, pálida, tremendo, com batimentos cardíacos acelerados e respiração ofegante, após o ocorrido, permanece inquieta, desconfortável, agitada, etc. Ao chegar ao trabalho, todos a acalmam, dão a ela um copo de água e reservam um local calmo para ela sentar-se e repousar. Após explicar o ocorrido, seu superior permite que ela volte ao trabalho tão logo se sinta melhor. Entretanto, os respondentes demoram a passar e, quando seu superior vai ver como ela está, diante do relato de que continua desconfortável e muito mobilizada, libera-a para voltar ao trabalho só no dia seguinte. Aqui, duas possibilidades de reforçamento foram apresentadas simultaneamente, selecionando o comportamento da mulher em questão. A primeira consequência seria reforço positivo (reforçamento social), e a segunda consequência age como reforço negativo pelo adiamento de uma atividade, nesse caso hipotético, não desejada (trabalho).

Os antecedentes eliciaram a resposta incondicionada de medo, que se relacionou a uma contingência operante, na medida em que as consequências dessa resposta foram, além de preparar o organismo para um evento aversivo (razão filogenética do comportamento), produzir os estímulos atenção, cuidado e dispensa do trabalho. A consequência gerada seleciona não só os comportamentos antecedentes (públicos ou privados), como "seleciona" também o contexto antecedente no qual ocorreram. Assim, particularidades do contexto (cor vermelha, trabalho, trânsito, etc.) podem acabar eliciando os mesmos respondentes e, em caso de a senhora ser novamente amparada, a consequência (amparo) mais uma vez selecionaria os mesmos comportamentos e contextos para uma próxima apresentação do comportamento. Nesse sentido, tem-se a explicação para o possível desenvolvimento da fobia específica, como apontado por Watson e Rayner (1920). Para o exemplo hipotético, a situação é composta tanto por seu componente respondente quanto operante.

Por uma questão de contiguidade (estarem presentes ao mesmo tempo em que as respostas analisadas anteriormente), as respostas encobertas de medo (desconforto, inquietação, etc.) também foram selecionadas pela contingência operante. Uma vez que outros estímulos condicionados ou incondicionados podem eliciar essas respostas encobertas de medo/ansiedade e devido ao fato de terem sido selecionadas por uma contingência operante, tem-se uma complexa situação, na qual existe a possível generalização das respostas ansiosas a outros estímulos/contextos. Diante de outros estímulos condicionados (p. ex., crítica e ameaça de demissão vinda de seu patrão, por esse já ser o terceiro dia em que ela pede dispensa do trabalho por não estar passando bem), a senhora apresenta sentimentos de desconforto. Uma vez que essas respostas passaram por um treino no qual, diante de sua apresentação, gerava-se reforçadores, esse responder passou a sinalizar a probabilidade de reforço (liberação do trabalho). Assim, essa senhora aprendeu, por um processo histórico, que respostas encobertas de desconforto sinalizam a probabilidade de reforço de respostas públicas de medo/ansiedade, e ela emite essas respostas públicas, tendo como consequências a liberação do trabalho e amparo social.[9] Como apontado por Banaco e Zamignani (2004),

> uma resposta que foi evocada ou eliciada modifica o ambiente e, junto com isso, a probabilidade da ocorrência de uma nova resposta da mesma classe. Classes de respostas são mantidas ou extintas pelas mudanças ambientais que elas causam,

e as emoções tornam-se elementos importantes de análise se, e somente se, forem comportamentos de uma mesma classe de resposta que outros comportamentos (isto é, se as emoções possuem a mesma função e alteram o ambiente de maneira que o contato com as alterações ambientais afetam o organismo e o modifica – seleciona o comportamento). Para o exemplo hipotético, portanto, as emoções fazem parte de uma ampla classe de respostas, e tem-se esse processo enquanto passível de explicação para a generalização das respostas ansiosas, passando a configurar-se um quadro de Transtorno de Ansiedade Generalizada.

Dito isso, embora exista uma relação respondente na manifestação da ansiedade, ela também é composta de comportamentos operantes de fuga ou esquiva dos estímulos aversivos condicionados ou incondicionados. Essas respostas são operantes na medida em que modificam o ambiente, diminuindo a exposição do organismo ao evento aversivo. Banaco e Zamignani (2004) apontam explicações adicionais que envolvem os comportamentos de ansiedade, a saber, o controle de estímulos, respostas "ansiosas" como classes de resposta de ordem superior e operações estabelecedoras, considerando a questão da privação e da estimulação aversiva. Essas explicações serão discutidas a seguir.

Controle de estímulos

Assim como ocorre no condicionamento operante, respostas envolvidas nos transtornos de ansiedade também são apresentadas na presença de um grupo de estímulos que se tornam relevantes para a emissão futura das respostas de ansiedade, de maneira tal a serem controladas por essa classe de estímulos (Banaco e Zamignani, 2004).

Assim, algumas relações mais amplas podem passar a ocorrer. Autores como Bouton e Nelson (1998) apontam explicações que consideram o envolvimento de estímulos contextuais em muitos condicionamentos. Acrescido a isso, temos os achados de equivalência de estímulos que são incorporados no entendimento dos transtornos de ansiedade (Friman, Hayes e Wilson, 1998; Tierney e Bracken, 1998). O exemplo hipotético da Figura 7.1 aponta algumas possibilidades para exemplificar a questão do controle de estímulos. A primeira resposta de medo ocorreu como um reflexo incondicionado eliciado pela ameaça real à integridade física da pessoa, caracterizado pela ativação biológica do sistema neurovegetativo (isto é, um carro que quase atropela a mulher,

---

[9] Uma situação experimental que explicaria esse fenômeno é amplamente utilizada pela Farmacologia Comportamental. Esse arranjo experimental objetiva avaliar o "efeito subjetivo" da droga ou sua potencialidade enquanto estímulo discriminativo interoceptivo. O animal, após aprendizagem de comportamento operante, é exposto a sessões alternadas em que, quando sob o efeito de determinada droga, pressões à barra geram reforço, enquanto na sessão seguinte, sob efeito de veículo (uma substância inerte, por exemplo: salina), as pressões à barra não produzem consequência (extinção). Após sucessivos emparelhamentos, o animal passa a discriminar a contingência de reforçamento em função dos estímulos interoceptivos eliciados pela droga. Em analogia, teríamos os respondentes e outros comportamentos encobertos funcionando como respostas que assumem função de estímulos discriminativos sobre o comportamento, na medida em que sinalizam a possibilidade de reforço dada uma história de reforçamento (Branch, 2006).

gerando respondentes de medo). Essa resposta, contudo, ocorreu em um contexto no qual outros estímulos estavam presentes (cor vermelha do carro ou amarela do vestido, tipo específico de calçado que a mulher usava, som da freada ou do trânsito, sua companhia a caminho do trabalho, etc.), além do que outras respostas públicas (grito, etc.) ou privadas (desconforto, agitação, etc.) também foram evocadas/eliciadas durante esse evento. Virtualmente, qualquer estímulo apresentado no momento do medo, bem como respostas que o indivíduo emitiu, podem, por emparelhamento, adquirir a função de estímulo aversivo condicionado e/ou estímulo discriminativo para a emissão das respostas de fuga-esquiva. Nesse sentido, a cor vermelha (do carro e de sangue) pode eliciar respostas de medo/ansiedade – função eliciadora – e/ou sinalizar a probabilidade de reforço no caso da emissão de comportamentos operantes – função discriminativa. As funções eliciadoras e discriminativas desses estímulos podem, por sua vez, ser transferidas para outros estímulos por meio de novos emparelhamentos (o trabalho pode passar a ser aversivo ou tornar-se mais aversivo uma vez que foi emparelhado com outros estímulos aversivos como a cor vermelha – que supomos ter adquirido função eliciadora e/ou discriminativa) pelo processo de generalização de estímulos (não somente a cor vermelha adquiriria função eliciadora e/ou discriminativa, mas cores próximas à vermelha – rosa, vinho, magenta – também o fariam), ou por meio da formação de classes equivalentes de estímulos (a palavra "vermelho", sangue, a palavra "sangue", um batom, equipamentos médicos ou outros estímulos da mesma classe evocada pelo estímulo mais geral "cor vermelha"). Além disso, ressalta-se a função discriminativa dos estímulos que sinalizam a probabilidade de reforçamento dada à emissão de respostas de medo/ansiedade, como seria o caso de essa mulher apresentar esses comportamentos ditos ansiosos somente quando está ao lado de pessoas da família ou do trabalho (nesses termos, teríamos essas pessoas como estímulos que sinalizam a probabilidade de reforçamento – atenção e amparo – quando da ocorrência da resposta ansiosa). Por fim, deve-se lembrar ainda que, assim como descrito para as respostas públicas, as respostas privadas emitidas pelo sujeito podem passar pelo mesmo processo, de maneira tal a adquirir função de estímulos eliciadores condicionados e/ou discriminativos (o desconforto provocado por qualquer outra situação pode eliciar respostas de medo e/ou sinalizar a probabilidade de reforçamento dada à ocorrência dos comportamentos de respostas públicas de ansiedade, isto é, comportamentos de fuga-esquiva). Em resumo, temos aqui alguns processos nos quais se observa a generalização de respostas a estímulos e a generalização dos estímulos para uma determinada classe de respostas, favorecendo a constituição do que alguns profissionais de orientação nomotética chamarão de "Transtornos de Ansiedade Generalizada".

Outro exemplo, este clínico, apontado por Knapp e Caminha (2003), também contribui para a compreensão do controle de estímulos na ansiedade e a generalização das respostas a novos contextos. Em seu estudo, os autores descrevem um cliente que, em um sequestro relâmpago, foi preso no porta-malas de seu carro após agressão física. O assalto ocorreu à noite, em uma rua pouco movimentada. No porta-malas do carro, o cliente sentia cheiro de óleo queimado do escapamento e o forro do interior do porta-malas friccionando sua pele, enquanto os assaltantes dirigiam em alta velocidade. Ele relatou que sentia medo, suava muito e apresentou outros respondentes classificados pelos autores como "reações semelhantes a um episódio de pânico" (p. 34). Após o transcorrido, alguns estímulos presentes no momento das reações de medo passaram a eliciar os mesmos respondentes, como, por exemplo, quando se encontrava em uma rua escura, sentia cheiro de óleo ou quando estava dentro de um carro que desenvolvia velocidade acima do normal (exemplos de função eliciadora dos estímulos para as respostas de medo/ansiedade). Não obstante, as respostas de ansiedade passaram a ser controladas por outros estímulos. Uma vez trancado dentro do porta-malas, o homem passou a apresentar respostas típicas de ansiedade em locais fechados – claustrofobia – quando, por exemplo, no elevador (generalização de estímulos). Como ocorria de tomar o elevador em conjunto com outras pessoas, o estímulo "concentração de pessoas" passou a controlar as respostas de ansiedade tão eficazmente quanto estímulos emparelhados no dia do sequestro relâmpago. Por novos emparelhamentos entre estímulo condicionado (elevador) e estímulo neutro (concentração de pessoas), ocorreu o condicionamento de ordem superior, no qual o estímulo "concentração de pessoas" (estímulo condicionado de segunda ordem) eliciava respostas de medo/ansiedade (respostas reflexas de segunda ordem ou reflexo condicionado de segunda ordem) (ver Moreira e Medeiros, 2007; Skinner, 1953/2000 para maior discussão de condicionamentos reflexos de segunda ordem).

Classes de resposta de ordem superior

As respostas de ansiedade podem ser parte de uma classe de respostas mais ampla, na qual a consequência controladora deve ser identificada e manipulada para se alcançar a mudança desejada, sob pena de que essas respostas permaneçam inalteradas, mesmo após alteração de algumas consequências imediatas. Nos exemplos supracitados,

> se o analista do comportamento atentar-se apenas para os comportamentos de fuga-esquiva de seu cliente, sem considerar os possíveis reforçamentos positivos envolvidos, uma intervenção de aproximação sucessiva ou mesmo a farmacoterapia

(ver Guilhardi, 2004) não seriam efetivas, dado que a variável da qual essa classe de respostas é função seria o reforçamento social (Banaco e Zamignani, 2004).

Ainda em Banaco e Zamignani (2004), aponta-se um tipo específico de resposta de ordem superior descrita por Hayes, a saber, a esquiva experiencial (Hayes, 1987, 2000. Ver também o capítulo de Dutra, neste livro). Nesse tipo de comportamento, a pessoa se esquiva de pensamentos e emoções relacionados aos transtornos de ansiedade, isto é, o cliente reluta em manter contato com eventos privados e experiências específicas, tais como pensamentos, memórias, emoções, sensações autonômicas ou outros comportamentos privados. Nesse tipo de classe de resposta de esquiva, não só os eventos aversivos presentes no momento da situação aversiva e as respostas emitidas no momento adquirem propriedades aversivas, mas toda a classe de estímulos privados adquire essas propriedades por meio da generalização ou formação de classes de estímulos. Ao mesmo tempo, respostas verbais também podem adquirir propriedades aversivas, sendo parte de uma classe equivalente de estímulos. Esse tipo de análise permite-nos entender a razão de os transtornos de ansiedade serem frequentemente eliciados/evocados por meios dos mais variados sentimentos ou sensações. Esses eventos privados (sentimentos, pensamentos e emoções) são o alvo dos comportamentos de fuga-esquiva no TAG.

Operações estabelecedoras

Banaco e Zamignani (2004) dividem a seção em que explicam operações estabelecedoras em dois subtópicos, sendo eles (a) privação e (b) estimulação aversiva. Operações estabelecedoras são operações ambientais que possuem duas funções: (a) função estabelecedora, a qual estabelece o valor do evento enquanto reforçador, e (b) função evocativa, a qual aumenta a probabilidade da ocorrência de comportamentos que, no passado, produziram o acesso ao reforçamento (Michael, 1993, 2000; Miguel, 2000).

Banaco e Zamignani (2004) apontam que a maioria dos clientes que recebem diagnóstico de transtornos de ansiedade possui alguma carência em repertórios como habilidades sociais e habilidades necessárias para solução, resolução e enfrentamento de problemas, e essa carência de repertório os colocam em contato com poucas consequências reforçadoras. Com limitações no repertório e um ambiente pobre em reforçamento, existem poucas possibilidades para a emissão de respostas alternativas às ansiosas para a obtenção de reforçadores sociais. Esse quadro de privação estabelece valores de reforço (função estabelecedora) à consequência social (cuidado, atenção especial, proximidade de familiares e amigos ou mesmo do terapeuta, livrar-se de responsabilidades, dentre outras), de maneira tal que clientes se comportariam "ansiosamente", mesmo sendo esse comportamento também consequenciado com estimulação aversiva, dado que esses comportamentos levaram ao reforçamento em sua história passada (função evocativa) (Sidman, 1989/2001). Se os poucos reforçadores ambientais são originados das consequências de respostas ansiosas, essa classe de resposta tende a ser mantida, muito embora também traga consequências aversivas àquele que se comporta. Além disso, a sensação de alívio provocada pelo reforçamento negativo após a retirada/postergação do estímulo aversivo pode ser consequência que, por si só, mantém os comportamentos ansiosos (Banaco e Zamignani, 2004). Por fim, Sidman (1989/2001) aponta que a condição de privação já é, por si só, aversiva, e tem o potencial de diminuir a variabilidade comportamental, produzindo respostas estereotipadas como as contingências de punição, limitando a variabilidade comportamental e a probabilidade de reforçamento alternativo (ver o capítulo de Moraes neste livro).

Acerca do subtópico "estimulação aversiva", Banaco e Zamignani (2004) apontam uma outra possibilidade de se produzir estereotipia comportamental para repertórios mantidos por reforçamento negativo, e diminuição na probabilidade de comportamentos que levariam a consequências reforçadoras positivas. Os autores apontam que situações ricas em estimulação aversiva evocarão comportamentos que eliminem esses estímulos aversivos de maneira tal que se não forem consideradas formas alternativas para se eliminar essa estimulação, produzindo relações menos aversivas, a fonte de aversão continuará presente e, com isso, todo o quadro já apontado. Por fim, os autores concluem que não será útil agir somente no repertório de fuga-esquiva, pois se um repertório eficiente não for desenvolvido de modo a fazer o indivíduo eliminar ou evitar com sucesso a fonte estressora, os comportamentos-problema irão permanecer, mesmo que com outras topografias.

ANÁLISE COMPORTAMENTAL DO TRANSTORNO DE ANSIEDADE GENERALIZADA (TAG)

Diante do exposto, como é possível pensar o TAG sob um enfoque analítico-comportamental? Apontou-se até o momento que, após contiguidade de estímulos com as respostas de medo, esses estímulos podem passar a controlar respostas de medo; entretanto, na ausência de um perigo real, tem-se o que é chamado de respostas de ansiedade. Assim, essas respostas de ansiedade são ditas como preparatórias dada à existência de respondentes fisiológicos que preparam o organismo para responder de maneira otimizada em situações de perigo real. Onde o perigo é potencial (sinalizado por estímulos que adquiriram função eliciadora e discriminativa e por estímulos incondicionados), têm-se respostas ditas de ansiedade. A ansiedade generalizada, portanto, seria a manifestação desses comportamentos diante de diversos estímulos (generalização de estímulos) de maneira tal que a pessoa que possui esse diagnóstico não consegue precisar (discriminar) o estímulo desencadeador dos respondentes (caso contrário, se teria ansiedade provocada por estímulos específicos, isto é, fobia específica, fobia social, agorafobia sem história de pânico, condição médica geral ou induzida por droga), e a intensidade dos respondentes não é suficientemente elevada a ponto de ser discriminada como "sensação de morte iminente" (pânico com ou sem agorafobia), não sabendo ainda precisar um momento no tempo ao qual se relaciona com a manifestação dos sintomas (estresse pós-traumático e/ou estresse agudo), ou de maneira que os comportamentos públicos observados não se referem a comportamentos estereotipados de checagem, contagem, etc. (transtorno obsessivo-compulsivo). Nesses termos, é possível pensar no TAG não como uma classe de respostas definida por seus estímulos antecedentes e, assim sendo, somente é possível pensar nesse como um diagnóstico secundário a outros diagnósticos, devido à necessidade do condicionamento de estímulos e à generalização desse controle de estímulo por meio dos processos supracitados. O que faz do TAG categoria diagnóstica distinta é, provavelmente, o fato de o diagnosticado não conseguir discriminar a fonte de estímulos eliciadores/evocativos de suas respostas, haja vista evidências de pessoas que recebem esse diagnóstico tendem a não possuir um repertório de auto-observação tão bem elaborado e refinado, prejudicando assim a identificação de momentos nos quais aconteceram as primeiras respostas intensas de medo/ansiedade e o processo histórico que se deu.

O exemplo de Knapp e Caminha (2003), descrito anteriormente, aponta certa "arbitrariedade" do diagnóstico. Essas categorias diagnósticas são bem diferenciadas, contudo,

> uma vez que existe a necessidade de recorrer ao relato verbal do cliente para estabelecer o seu diagnóstico, isso pode trazer alguns vieses de interpretação, o que acaba retroagindo sobre o diagnóstico do mesmo.

Para profissionais que orientam sua atuação pelo diagnóstico, isso pode trazer comprometimentos e, novamente, ressalta-se a necessidade de uma avaliação caso a caso. Imaginemos que o cliente descrito por Knapp e Caminha (2003) não saiba discriminar os estímulos eliciadores/discriminativos de seus respondentes relatando que ele fica assim já há algum tempo (sem saber precisar esse momento) em qualquer situação (afinal, ele passou por um longo processo de generalização de estímulos, condicionamentos de segunda ordem, etc.). Nesses termos, facilmente teríamos o profissional diagnosticando-o com TAG. Entretanto, se esse cliente relata somente uma situação mais recente onde ele tem sentido esses respondentes, como, por exemplo, sempre que tem de tomar o elevador (suponhamos que começou um novo trabalho em um escritório no 12°

andar), o clínico facilmente o diagnosticaria como claustrofóbico. Por sua vez, se o cliente exibe alguma espécie de ritual antes de entrar no elevador para afugentar os pensamentos e sentimentos ansiosos que ocorrem sempre que ali entra, esse provavelmente seria diagnosticado como tendo Transtorno Obsessivo-Compulsivo. Enfim, as variantes são quase infinitas. O que resta de aprendizado sobre o TAG é essa sua pequena particularidade em relação aos outros diagnósticos; entretanto, isso não ajuda o processo terapêutico. Em verdade, somente aponta a necessidade de se resgatar historicamente como podem ter ocorrido esses processos com a finalidade de melhor elaborar sua intervenção, bem como predispor o cliente à mudança (Aló, 2005; Lattal e Neef, 1996). A única informação distinta que esse diagnóstico pode dar a um analista do comportamento é que, como o nome sugere, ocorreu um processo de generalização de estímulos para o estabelecimento do quadro de Transtorno de Ansiedade Generalizada, isto é, as mesmas respostas são controladas por um ampla classe de estímulos.

Não é de se admirar, portanto, a alta comorbidade entre os diagnósticos de transtornos de ansiedade com depressão ou outros transtornos de ansiedade, como apontado por Kaplan e colaboradores (1997). Em situações não previstas pelo DSM (agorafobia secundária a um TAG, por exemplo), o cliente receberia dois diagnósticos (300.22 e 300.02), dando-se pouca atenção ao fato de que a agorafobia não seria diferente, em termos funcionais, de outras respostas de fuga-esquiva do próprio TAG. Essa medida somente "patologizaria" ainda mais o cliente, tornando-o vítima (o que também pode ter um caráter operante) de seus diagnósticos. Como exemplo têm-se o experimento de Rosenhan (1994), o qual aponta oito pseudopacientes que relatavam sintomas específicos de entidade nosológica (psicose existencial) e foram diagnosticados erroneamente após serem admitidos em hospitais psiquiátricos (um recebeu diagnóstico de esquizofrenia e os outros de esquizofrenia em regressão). Após admissão no hospital – já não mais manifestando os sintomas específicos – receberam alta, em um período que variava de 7 a 52 dias.

PSICOBIOLOGIA

A Psicobiologia tem apontado algumas relações entre o organismo, o ambiente e a manifestação de comportamentos relativos ao TAG. A exemplo da perspectiva comportamental, psicobiólogos apontam a relação entre medo e ansiedade, e as mesmas distinções supracitadas (perigo real *versus* perigo potencial) são vistas pela literatura psicobiológica (Graeff, 1989, 1999). Ainda em comum com a literatura psiquiátrica e psicológica, diz-se que as reações de ansiedade têm sua raiz filogenética na reação de defesa dos animais, verificada em resposta a perigos encontrados comumente no meio ambiente. Infelizmente, psicobiólogos têm extrapolado seus dados ao adotarem explicações mentalistas para o fenômeno da ansiedade, como se vê em Graeff (1999), ao apontar que:

> A interpretação de um estímulo ou situação como sendo perigosa depende de operações de natureza cognitiva. Mesmo nos animais destituídos de linguagem, a capacidade de processar estímulos e contextos físicos e de compará-los com expectativas formadas a partir de informações arquivadas nos bancos de memória, levando em conta também os planos de ação formulados pelo animal, são fundamentais para a detecção do perigo e para a avaliação de intensidade e iminência. Também na escolha da estratégia de defesa a ser adotada, bem como no controle

de sua execução, intervêm operações cognitivas" (p. 137).

Salvo essas extrapolações dos achados de pesquisa, em resumo, a Psicobiologia tem apontado a relação de estruturas cerebrais e neurotransmissores na manifestação de comportamentos de medo, ansiedade e o TAG. Algumas estruturas como o hipocampo e amígdala, juntamente com o neurotransmissor serotonina, têm sido implicados no processo de aprendizagem a estímulos aversivos crônicos (Graeff, Guimarães, Andrade e Deakin, 1996). Além desses, a literatura (Brandão et al., 1999; Carobrez, 2003; Graeff, 1999 e Pandossio e Brandão, 1999) tem apontado o envolvimento de outros neurotransmissores, neurormônios, receptores e estruturas nesse processo, correlacionando esse aparato biológico com eventos ambientais e transtornos de ansiedade, mostrando uma imbricada teia de relações.

TRATAMENTO DO TAG: A TERAPIA ANALÍTICO-COMPORTAMENTAL E A FARMACOTERAPIA

Em um elucidativo texto acerca dos transtornos de ansiedade, Banaco e Zamignani (2004) destacam que a comunidade verbal conceitua ansiedade como eventos diferentes que variam desde estados interiores verbalizados pelo falante aos processos comportamentais que produzem esses estados. Nesses termos, muitos eventos descritos como prazerosos envolvem sentimentos de ansiedade, sobretudo se ocorre expectativa. Contudo, quando a ansiedade se refere a relações com eventos aversivos (nas suas mais diversas formas de interações), ela adquire o *status* de queixa clínica (Banaco e Zamignani, 2004; Guilhardi, 2004). A ansiedade, portanto, seria compreendida como estados emocionais desprazerosos, relativos ao futuro e que possuem uma ligação com outra emoção – o medo. Por vezes, esse estado emocional é desproporcional com a real ameaça e com o desconforto somático produzido.

Segundo Kaplan e colaboradores. (1997), as teorias do aprendizado têm gerado os tratamentos mais eficientes em relação aos transtornos de ansiedade e, como já visto, uma explicação genérica sugere o condicionamento clássico, ou pavloviano, com algumas variáveis de contexto que podem (ou não) ter se generalizado para outros estímulos do ambiente. Nesses termos, tem-se que o sujeito pode apresentar respostas ditas ansiosas diante de estímulos anteriormente neutros e que passaram a eliciar algumas respostas, isto é, tornam-se estímulos condicionados após o emparelhamento de estímulos. Esse exemplo torna-se claramente entendido quando se pensa no Transtorno de Estresse Pós-Traumático, no qual após um "trauma" (condição na qual ocorreu o emparelhamento), outros estímulos (locais fechados, multidões, etc.) passam a eliciar os respondentes de ansiedade (para exemplificação, ver Knapp e Caminha, 2003).

> Os estudos de controle de estímulos, associado a todos os outros fatores apontados como correlacionados à manifestação de comportamentos ditos ansiosos, têm apontado o amplo grau de controle desses comportamentos.

Nesses termos, tem-se que o comportamento-alvo para trabalho é multideterminado, de tal sorte que o uso de apenas uma técnica para lidar com repertórios de ansiedade pode não ser justificada. A ansiedade é um fenômeno que demandaria uma análise caso a caso (análise idiográfica) das contingências envolvidas em seu controle (Banaco e Zamignani, 2004; Sturmey, 1996).

De fato, uma das principais estratégias interventivas tem sido a adoção de procedimentos de exposição aos estímulos eliciadores e prevenção de respostas. A exposição geralmente é feita de forma gradual (dessensibilização sistemática). Pode ser feita de forma imaginária até chegar *in vivo*, sendo o cliente incentivado a se expor a situações idênticas nos intervalos entre sessões (Banaco e Zamignani, 2004). A apresentação dos estímulos também pode ser feita ao mesmo tempo em que se faz contracondicionamento com uso de relaxamentos e treino respiratório (Kaplan et al., 1997 e Moreira e Medeiros, 2007).

Outros procedimentos também são utilizados, tais como o *fading out*. Em conjunto com as técnicas anteriormente mencionadas, o terapeuta pode acompanhar o cliente em algumas situações aversivas (p. ex., exposição pública no *shopping*) e faz alguns passeios com ele nesse ambiente (exposição *in vivo* e prevenção de respostas). Durante essas jornadas, o terapeuta também apresenta modelos e modela gradualmente o repertório de cliente, de maneira tal que, em sessões posteriores, os passeios no *shopping* passam a ter cada vez menos a presença do terapeuta. Nesse exemplo, a terapêutica é baseada nas contingências de reforço e o comportamento do cliente passa a ficar sob controle de consequências reforçadoras naturais (Guilhardi, 2004).

Cabe lembrar que, na inexistência de uma ampla análise funcional, a utilização exclusiva de técnicas de modificação do comportamento pode ser ineficaz. O uso desmesurado de técnicas para alterações comportamentais tem sido criticado, e aponta-se que a falta de uma ampla análise funcional e da consideração da história de vida do indivíduo abre a possibilidade para a substituição de sintomas e pode ofuscar o papel de variáveis ambientais importantes, uma vez que a função daquele comportamento não foi trabalhada (Banaco e Zamignani, 2004; Sturmey, 1996). Entretanto, cabe o alerta de que da mesma maneira que o uso indiscriminado de técnicas pode ser contraproducente no trabalho terapêutico, a negação completa de sua utilidade pode ser igualmente contraproducente. Técnicas não são ruins ou boas, mas, em caso de serem utilizadas, deve-se ter um propósito para tal (Banaco e Zamignani, 2004).

O modelo de supressão condicionada (Estes e Skinner, 1941) aponta como fundamental para o desenvolvimento da ansiedade o emparelhamento entre estímulo pré-aversivo (o estímulo condicionado, na presença do qual ocorrem os comportamentos de fuga-esquiva, quando possível, ou a supressão de outros comportamentos operantes e respostas fisiológicas quando a fuga-esquiva é impossível) com o estímulo aversivo. Contudo, se ao longo do tempo nenhum emparelhamento ocorrer, a conexão entre ambos os estímulos pode ser enfraquecida (extinção respondente) e as contingências operantes responsáveis pelas respostas de fuga-esquiva ou a supressão do comportamento e as respostas eliciadas também podem se enfraquecer. Porém, as respostas podem continuar ocorrendo sob controle das consequências adicionais (reforçamento positivo) (Banaco e Zamignani, 2004). Em outras palavras, a ocorrência dos comportamentos públicos de fuga-esquiva nos transtornos ansiosos pode se dar como resultado desse tipo de operação reforçadora, independentemente da ocorrência de respostas privadas de medo e ansiedade. A operação comportamental relativa à emissão dessas respostas envolveria apenas estímulos ambientais precedentes e a sua consequência reforçadora que segue a resposta pública, não necessariamente ocorrendo respostas privadas de medo, ansiedade ou obsessões.

Uma consequência que o analista do comportamento deve atentar quando se fala de comportamentos de esquiva é que esses podem continuar ocorrendo mesmo após a relação entre estímulo condicionado (pré-aversivo) e estímulo aversivo ter se rompido. Assim, as respostas de esquiva podem ser mantidas por regras ou autorregras, mais do que propriamente pelas contingências, dado a evidência de que a resposta de esquiva afasta o sujeito do contato direto com a contingência, na medida em que a consequência de seu comportamento é não produzir consequência (Moreira e Medeiros, 2007; Skinner, 1953/2000).

Por fim, ampliações de repertórios social, de auto-observação, assertivo, etc., têm funcionado, bem como intervenção em pacientes que precisam modelar ou refinar esses comportamentos. Essas estratégias aumentam a variabilidade comportamental e, com isso, a probabilidade de reforço. Assim, tem-se potencialmente a diminuição da privação de contatos sociais, o que novamente potencializa a variabilidade (Banaco e Zamignani, 2004; Gimenes, Andronis e Layng, 2005; Sidman, 1989/2001). Esse tipo de intervenção ampliaria o repertório de maneira que as consequências provavelmente não seriam suficientes para manter o comportamento "ansioso" se o cliente tivesse em seu repertório respostas alternativas para obter seus reforçadores.

Assim como uma única técnica comportamental pode não ser eficaz para o tratamento dos transtornos de ansiedade, em função de sua multideterminação, um único fármaco pode não ser eficaz no tratamento dos mesmos transtornos. Isso explicaria pacientes refratários ao uso de medicamentos, como é evidenciado no caso descrito por Guilhardi (2004).

Vários são os fármacos utilizados para o tratamento de transtornos ansiosos, dentre eles cita-se o propanolol (antagonista de receptores adrenérgicos) e benzodiazepínicos (agonistas gabaérgicos) ou alguns fármacos de ação agonista serotonérgica, como é o caso da buspirona e alguns antidepressivos (Andreatini, Boerngen-Lacerda e Frussa-Filho, 2001; Graeff, 1989; Kaplan et al., 1997). Esses fármacos atuam de formas específicas em estruturas distintas e isso dá a eles potenciais terapêuticos diferentes. O propanolol, por exemplo, atua bloqueando receptores adrenérgicos do sistema periférico, principalmente, do coração. Assim, pessoas sob efeito desse medicamento têm a frequência respiratória diminuída em função da ação antagonista do medicamento, de maneira tal que pacientes que fiquem sob controle desse estímulo como discriminativo para emissão de comportamentos ansiosos passam não mais a apresentar essas manifestações. Por outro lado, se o controle do comportamento ansioso não residir na função discriminativa dos respondentes, o cliente em questão pode ser refratário ao uso de propanolol.

Outros medicamentos atuam desinibindo o comportamento provavelmente por uma função inibitória de estruturas que se relacionam com a aprendizagem a eventos aversivos. Assim, comportamentos anteriormente suprimidos por punições passam a ocorrer como se não existisse tal contingência, como se houvesse uma dissociação entre a consequência e a emissão do comportamento; a dissociação entre eventos aversivos e suas consequências emocionais permitiria ao sujeito desempenhar suas atividades habituais (Graeff, Guimarães, de Andrade e Deakin, 1996).

CONSIDERAÇÕES FINAIS

O presente trabalho buscou discutir brevemente o Transtorno de Ansiedade Generalizada (TAG) da maneira como um analista do comportamento pode compreendê-lo. Depois de estabelecido algumas limitações conceituais que são amplamente descritas pela literatura psicológica (seja ela analítico-comportamental ou não), passou-se a discutir especificamente sobre diagnósticos. Muito já foi dito sobre entidades nosológicas e Análise do Comportamento. Quando se discute, no presente texto, sobre o TAG, não se quer supor que o analista do comportamento está preocupado em compreender essa hipotética entidade que supostamente controlaria o comportamento do cliente. Pelo contrário, o escrito visou compreender possíveis processos históricos e de contingências atuais de reforçamento que poderiam estar mantendo uma série de comportamentos entendidos, por muitos, como os sintomas ditos ansiosos.

O grande diferencial do TAG em relação aos demais transtornos de ansiedade é, como o nome sugere, que essas respostas são generalizadas a diversos contextos. Assim sendo, o principal foco do trabalho foi discutir alguns possíveis processos de generalização dessa classe de estímulos. Nesses termos, apontou-se a generalização de estímulos, o condicionamento de ordem superior, as funções que respostas podem assumir em determinados contextos, dado às condições existentes (por exemplo, função eliciadora, evocativa, reforçadora ou discriminativa de respostas encobertas), bem como outros fatores envolvidos nas contingências de reforçamento e que poderiam ser capazes de manter um responder perturbador, uma vez que esses seriam os únicos a produzirem reforços (controle de estímulos, classe de respostas de ordem superior e operações estabelecedoras).

Por fim, o trabalho aponta brevemente algumas possibilidades de intervenção. A discussão não pretendeu ser longa, pois, como discutido ao longo de todo o texto, o que definirá a atuação do terapeuta será justamente sua análise funcional. Não adiantaria discorrer sobre técnicas de modificação do comportamento uma vez que o grande norte de uma intervenção é dado, justamente, pela análise funcional. Desse modo, resgatou-se a necessidade de uma boa análise funcional dentro de uma perspectiva idiográfica para balizar a atuação do terapeuta, mais do que propriamente as possíveis indicações apontadas no texto. De fato, essas indicações serviram apenas para ilustrar a atuação, pois o principal ponto discutido no presente estudo é que o TAG enquadrar-se-ia como um "transtorno" secundário, derivando de algum processo de aprendizagem. O que se pretendeu foi alertar o clínico ao fato de que se deve buscar, na história de vida do seu cliente, quais foram os fatores desencadeadores dos comportamentos-problema, seu processo de aprendizagem, bem como os fatores da contingência atual que contribuem para a manutenção desse responder.

REFERÊNCIAS

Almeida Filho, N., Mari, J. J., Coutinho, E., França, J. F., Fernandes, J. G., Andreoli, S. B. & Busnello, E. D. (1997). Brazilian multicentric study of psychiatric morbidity: Methodological feature and prevalence estimates. *British Journal of Psychiatry, 171*, 524-529.

Aló, R. M. (2005). História de reforçamento. Em J. Abreu-Rodrigues & M. R. Ribeiro (Orgs.), *Análise do Comportamento: Pesquisa Teoria e Aplicação* (pp. 45-62). Porto Alegre: Artmed.

Andreatini, R., Boerngen-Lacerda, R. & Filho, D. Z. (2001). Tratamento farmacológico do transtorno de ansiedade generalizada: Perspectivas futuras. *Revista Brasileira de Psiquiatria, 23*, 233-242.

Andreoli, S. B., Blay, S. L., Almeida Filho, N., Mari, J. J., Miranda, C. T., Coutinho, E. S. F., França, J. & Busnello, E. D. (2001). Confiabilidade de instrumentos diagnósticos: Estudo do inventário de sintomas psiquiátricos do DSM-III aplicado em amostra populacional. *Cadernos de Saúde Pública, 17*, 1393-1402.

Associação Psiquiátrica Americana (APA, 2002). *Manual Diagnóstico e Estatístico de Transtornos Mentais – DSM IV-TR.* Porto Alegre: Artmed.

Banaco, R. A. & Zamignani, D. R. (2004). An analytical-behavioral panorama on the anxiety disorders. Em R. A. Banaco, D. R.

Barbosa, M. Z. da S. Brandão, C. E. Cameschi, S. dos S. Castanheira, F. C. de S. Conte, A. M. C. Delitti, H. J. Guilhardi, D. C. L. Heller, M. M. Hübner, R. R. Kerbauy, A. M. Le Sénéchal-Machado, V. Le Sénéchal-Machado, M. Marinotti, S. B. Meyer, L. K. dos S. Milani, M. Moreira, M. B. Moreira, V. R. L. Otero, J. A. G. Regra, C. T. Scala, L. E. Simonassi, R. R. Starling, A. M. S. Teixeira, J. C. Todorov, R. C. Wielesnska & D. R. Zamignani (Orgs.), *Contemporary Challenges in the Behavioral Approach* (pp. 9-26). Santo André: ESETec.

Barrett, J. E. (2002). The emergence of behavioral pharmacology. *Molecular Interventions, 2*, 470-475.

Bouton, M. E. & Nelson, J. B. (1998). The role of context in classical conditioning: Some implications for cognitive behavior therapy. Em W. O. Donohue (Org.), *Learning and Behavior Therapy* (pp. 59-84). New York: Allyn and Bacon.

Branch, M. N. (2006). How research in behavioral pharmacology informs behavioral science. *Journal of the Experimental Analysis of Behavior, 85*, 407-423.

Brandão, M. L. (2001). Comportamento emocional. Em M. L. Brandão. *Psicofisiologia. As Bases Fisiológicas do Comportamento* (pp. 125-149). São Paulo: Atheneu.

Brandão, M. L., Anseloni, V. Z., Pandossio, J. E., de Araújo, J. E. & Castilho, V. M. (1999). Neurochemical mechanisms of the defensive behavior in the dorsal midbrain. *Neuroscience and Biobehavior Reviews, 23*, 863-875.

Carobrez, A. P. (2003). Transmissão pelo glutamato como alvo molecular na ansiedade. *Revista Brasileira de Psiquiatria, 25*, 52-58.

Cavalcante, S. N. & Tourinho, E. Z. (1998). Classificação e diagnóstico na clínica: Possibilidades de um modelo analítico-comportamental. *Psicologia: Teoria e Pesquisa, 14*, 139-147.

de-Farias, A. K. C. R., Ribeiro, M. R., Coelho, C. & Sanabio-Heck, E. T. (2007). Laranja Mecânica: Uma análise behaviorista radical. Em A. K. C. R. de-Farias & M. R. Ribeiro (Orgs.), *Skinner vai ao cinema* (pp. 30-47). Santo André: ESETec.

Estes, W. K. & Skinner, B. F. (1941). Some quantitative properties of anxiety. *Journal of Experimental Psychology, 29*, 390-400.

Friman, P. C., Hayes, S. C. & Wilson, K. G. (1998). Why behavior analysts should study emotion: The example of anxiety. *Journal of Applied Behavior Analysis, 31*, 137-156.

Gimenes, L. S., Andronis, P. T. & Layng, T. V. J. (2005). O questionário construcional de Goldiamond: Uma análise não-linear de contingências. Em H. J. Guilhardi & N. C. Aguirre (Orgs.), *Sobre Comportamento e Cognição: Vol. 15. Expondo a Variabilidade* (pp. 308-322). Santo André: ESETec.

Graeff, F. G. (1999). Ansiedade. Em F. G. Graeff & M. L. Brandão. *Neurobiologia das Doenças Mentais* (pp. 135-178). São Paulo: Lemos.

Graeff, F. G., Guimarães, F. S., de Andrade, T. G. C. S. & Deakin, J. F. W. (1996). Role of 5-HT in stress, anxiety, and depression. *Pharmachology, Biochemistry and Behavior, 54*, 129-141.

Graeff, F. G. (1989). *Drogas Psicotrópicas e seu modo de ação*. São Paulo: EPU.

Guilhardi, H. J. (2004). Coercive control and anxiety. A case of "panic disorder" treated by therapy by contingencies of reinforcement (TCR). Em R. A. Banaco, D. R. Barbosa, M. Z. da S. Brandão, C. E. Cameschi, S. dos S. Castanheira, F. C. de S. Conte, A. M. C. Delitti, H. J. Guilhardi, D. C. L. Heller, M. M. Hübner, R. R. Kerbauy, A. M. Le Sénéchal-Machado, V. Le Sénéchal-Machado, M. Marinotti, S. B. Meyer, L. K. dos S. Milani, M. Moreira, M. B. Moreira, V. R. L. Otero, J. A. G. Regra, C. T. Scala, L. E. Simonassi, R. R. Starling, A. M. S. Teixeira, J. C. Todorov, R. C. Wielesnska & D. R. Zamignani (Orgs.), *Contemporary Challenges in the Behavioral Approach* (pp. 65-107). Santo André: ESETec.

Hayes, S. C. (1987). A contextual approach to therapeutic change. Em N. S. Jacobson (Ed.), *Psychotherapists in clinical practice: Cognitive and behavioral perspectives* (pp. 327-387). New York: Guilford Press.

Hayes, S. C. (2000). Acceptance and commitment Therapy in the Treatment of Experiential Avoidance Disorders. *Clinician's Research Digest, Supplemental Bulletin, 22*, 2-38.

Kaplan, H. I., Sadock, B. J. & Grebb, J. A. (1997). Transtornos de ansiedade. Em H. I. Kaplan, B. J. Sadock & J. A. Grebb (Orgs.), *Compêndio de Psiquiatria: Ciências do Com-*

portamento e Psiquiatria Clínica (pp. 545-583). Porto Alegre: Artmed.

Knapp, P. & Caminha, R. M. (2003). Terapia cognitiva do transtorno de estresse pós-traumático. *Revista Brasileira de Psiquiatria, 25*, 31-36.

Lattal, K. A. & Neef, N. A. (1996). Recent reinforcement-schedule research and applied behavior analysis. *Journal of Applied Behavior Analysis, 29*, 213-230.

Michael, J. (1993). Establishing operations. *The Behavior Analysis, 33*, 401-410.

Michael, J. (2000). Implications and refinements of establishing operation. *Journal of Applied Behavior Analysis, 33*, 401-410.

Miguel, C. F. (2000). O conceito de operação estabelecedora na análise do comportamento. *Psicologia: Teoria e Pesquisa, 16*, 259-267.

Moreira, M. B. & Medeiros, C. A. (2007). *Princípios Básicos de Análise do Comportamento.* Porto Alegre: Artmed.

Organização Mundial da Saúde (1993). *CID-10: Classificação de Transtornos Mentais e de Comportamento da CID-10. Descrições Clínicas e Diretrizes Diagnósticas*. Porto Alegre: Artmed.

Pandossio, J. E. & Brandão, M. L. (1999). Defensive reactions are counteracted by midazolam and muscimol and elicited by activation of glutamate receptors in the inferior colliculus of rats. *Psychopharmacology, 142*, 360-368.

Rosenhan, D. (1994). A sanidade em um ambiente doentio. Em P. Watzlawick (Org.), *A Realidade Inventada: Como sabemos o que cremos saber?* (pp. 117-143) Campinas: Psy II.

Shuhama, R., Del-Ben, C. M., Loureiro, S. R. & Graeff, F. G. (2007). Animal defense strategies and anxiety disorders. *Anais da Academia Brasileira de Ciências, 79*, 97-109.

Sidman, M. (1989/2001). *Coerção e Suas Implicações* (M. A. Andery & T. M. Sério, trads.). Campinas: Livro Pleno.

Skinner, B. F. (1953/2000). *Ciência e Comportamento Humano* (J. C. Todorov & R. Azzi, trads.). São Paulo: Martins Fontes.

Sturmey, P. (1996). *Functional Analysis in Clinical Psychology*. New York: Wiley.

Tierney, K. J. & Brachen, M. (1998). Stimulus Equivalence and Behavior Therapy. Em W. O. Donohue (Org.), *Learning and Behavior Therapy* (pp. 392-402). New York: Allyn and Bacon.

Watson, J. B. & Rayner, R. (1920). Conditioned emotional reactions. *Journal of Experimental Psychology, 3*, 1-14.

Capítulo 8

Atendimento Domiciliar a Pacientes Autistas e Quadros Assemelhados

Gustavo Tozzi Martins

O termo "método ABA" está comumente associado a trabalhos voltados para a área de educação especial, particularmente, com pessoas sob diagnóstico de algum dos Transtornos Globais do Desenvolvimento, no qual se inclui o Transtorno Autista.[1] Trata-se de um termo amplamente difundido em livros e em manuais especializados na área, porém pode ser um termo equivocado caso seja interpretado como um método distinto do que se tem produzido no campo de pesquisa a que esse termo se remete. A sigla ABA é oriunda do inglês *Applied Behavior Analysis* que, em português, traduz-se como Análise do Comportamento Aplicada (ACA).

A forte associação desse termo a técnicas de modificação do comportamento deve-se, provavelmente, à difusão de pesquisas em que se comparava o êxito da ACA no ensino de novos repertórios comportamentais em grupos de crianças com atraso no desenvolvimento sobre outras que receberam outro tipo de intervenção. Um dos principais difusores de pesquisas desse tipo foi o psicólogo e pesquisador Ivar Lovaas. Em 1987, Lovaas apresentou os resultados de um estudo que se tornou referência para consolidação das estratégias desenvolvidas por pesquisadores em ACA no treino de novos repertórios comportamentais em crianças com atraso no desenvolvimento. Pelo menos 90% das crianças que receberam o tratamento (grupo experimental) atingiram melhoramento em diferentes níveis de funcionamento quando comparados seus desempenhos acadêmicos antes e depois do tratamento. Por outro lado, não foram encontradas diferenças significativas nos desempenhos das crianças que não receberam o mesmo tratamento (Lovaas, 1987). Ainda após um longo período, os mesmos participantes do grupo experimental dessa pesquisa apresentaram manutenção das habilidades adquiridas (McEachin, Smith e Lovaas, 1993). Replicações ulteriores dessa investigação corroboraram com esse achado dando uma maior robustez ao método utilizado (Sallows e Graupner, 2005; Cohen, Amerine-Dickens e Smith, 2006).

A ACA não surgiu com exclusividade no contexto de educação especial. Trata-se de um campo de trabalho oriundo de estudos científicos sob orientação filosófica do Behaviorismo, que teve como precursores pesquisadores como Ivan Pavlov, Edward Thorndike e John B. Watson, apenas para citar alguns. B.F. Skinner é o maior divulgador de tal área e responsável por cunhar o termo "Behaviorismo Radical".

---

[1] Atualmente, muitos autores vêm utilizando a classificação Distúrbio do Espectro do Autismo, traduzido do inglês *Autistic Spectrum Disorder*, para os casos de autismo. Optou-se em manter aqui Transtorno Autista, uma vez que tal classificação é sugerida pelo último Manual Diagnóstico e Estatístico de Transtornos Mentais, o DSM-IV-TR (Associação Americana de Psicologia, APA, 2002). Na Classificação Internacional de Doenças, 10ª revisão (Organização Mundial de Saúde, OMS, 1997), a terminologia sugerida é Autismo Infantil.

> A Análise do Comportamento, ciência derivada do Behaviorismo Radical, destaca-se das demais abordagens por enfatizar os processos de aprendizagem mediante relações ambientais e mudanças comportamentais em diferentes níveis de organismos.

Sua aplicação tem sido encontrada em todas as áreas nas quais se tem o comportamento como foco de análise. Ela está presente nos estudos de problemas clinicamente relevantes (p. ex., fobias, dependência química, transtornos comportamentais em geral), análises sociais em contextos organizacionais, fenômenos relacionados a *marketing* e comportamento do consumidor, processos psicológicos básicos, ecologia comportamental, Psicologia Educacional, atividade física, psicofarmacologia, economia, antropologia, entre outras.

Na medida em que se criou uma tecnologia comportamental destinada à resolução de problemas práticos de pessoas com atraso no desenvolvimento como procedimentos de treino de repertórios comportamentais adequados e controle de comportamentos socialmente pouco produtivos, novas configurações de acompanhamento terapêutico fizeram-se necessárias. Fatores políticos e sociais também favoreceram a aceleração. Uma dessas mudanças, apesar de mínima, se avaliarmos o modelo de atendimento vigente no Brasil, foi o acompanhamento terapêutico domiciliar para casos de pessoas com atraso no desenvolvimento, o que se relaciona aos fatores políticos. O movimento de Reforma Psiquiátrica tem surtido alguns efeitos no modelo público de tratamento de casos psiquiátricos, limitando o papel de instituições que atuavam, predominantemente, pelo princípio de internação. Em relação aos fatores sociais, pode-se enfatizar aspectos como o aumento do conforto de muitas famílias ao se ter atendimento para seus filhos em suas próprias casas; a redução de gastos com profissionais, uma vez que cuidadores podem ser treinados para lidar com programas terapêuticos diários (estando estes sob supervisão de um profissional qualificado para atuar nessa área), além de facilitar uma conciliação de suas rotinas com o acompanhamento terapêutico de seus filhos.

O acompanhamento domiciliar não deve ser estendido indiscriminadamente a todas as pessoas com algum atraso no desenvolvimento. Sabe-se que, se determinados padrões comportamentais estiverem presentes de forma exacerbada e de difícil controle, como são os casos de pessoas com comportamentos auto ou heterolesivos, talvez seja mais adequado realizar o tratamento em um ambiente controlado, bem-equipado para situações emergenciais e com ênfase multidisciplinar. Como não cabe nesse capítulo fazer uma análise aprofundada de todos os modelos existentes para justificar as vantagens de se optar pelo atendimento domiciliar para tais casos especiais, serão apontados argumentos pautados em diversos aspectos, incluindo terapêuticos, que convergem para o tratamento diferenciado de pessoas com atraso no desenvolvimento. Além disso, tal modelo de atendimento vai ao encontro das atuais discussões políticas existentes no campo da saúde mental.

FATORES POLÍTICOS E SOCIAIS QUE FAVORECEM UM ATENDIMENTO DIFERENCIADO

Longe de querer assumir qualquer posicionamento acerca dos diferentes modelos de tratamento e suas implicações políticas, ou até mesmo obter uma descrição do modelo ideal de acompanhamento terapêutico, caberá aqui apenas citar algumas tendências que viabilizaram a criação de um atendimento alternativo à internação. Sabe-se que, desde os anos de 1960, várias críticas têm sido feitas ao modelo clássico de internação de pessoas com transtornos mentais. O modelo exclusivamente médico passou a dar espaço ao trabalho multidisciplinar no acompanhamento e tratamento de casos psiquiátricos, estimulando a criação de novas alternativas terapêuticas.

A proposta de reduzir leitos hospitalares psiquiátricos e, concomitantemente a isso, criar serviços de assistência multidisciplinar para cada usuário e sua família, parte do pressuposto de que a explicação biológica na compreensão dos transtornos mentais não se mostrava suficiente, na medida em que análises históricas de cada "doente mental", além de seu âmbito cultural de inserção, passaram a assumir igual importância (Antunes e Queiróz, 2007). Variáveis ambientais como a sociedade, a família, as diferenças individuais que transcendem o diagnóstico comum e os fatores culturais passaram a entrar em foco, possibilitando uma avaliação mais integrativa. Atualmente, o termo interdisciplinaridade é utilizado para justificar a coerência entre as diferentes demandas do "doente mental".

O surgimento do Sistema Único de Saúde (SUS) no Brasil, sob respaldo da Constituição Federal de 1988, parte da universalização do acesso aos serviços de saúde, e visa a descentralização unificada, a democratização da gestão, a integralidade da atenção e a execução mista. Tais diretrizes incentivaram movimentos sociais e políticos que criticaram o modelo psiquiátrico clássico, sugerindo novas configurações de assistência, como foi o caso do Projeto de Lei nº 9.867, de 10 de novembro de 1999, motivado pela Declaração de Caracas, realizada na Conferência Regional para Reorientação da Assistência Psiquiátrica no Continente (Borges e Baptista, 2008; Brasil, 2008). Essa lei favoreceu a criação de programas psicossociais a pacientes psiquiátricos sob cuidados de serviços comunitários. Somente em 2001, a Lei nº 10.216 foi promulgada, garantindo a proteção e o acesso aos direitos das pessoas diagnosticadas com transtornos mentais. Isso estabeleceu a proibição de construção de novos hospitais psiquiátricos e a instalação de leitos para esse tipo de demanda, estimulando novos modelos de atendimento que surgiram com o intuito de reinserir socialmente o "doente mental". Serviços como os oferecidos pelos Centros de Atenção Psicossocial (CAPS), Núcleo de Atenção Psicossocial (NAPS), Hospitais-Dia, Serviços Residenciais Terapêuticos e Centros de Convivência surgiram como alternativa de atendimento, funcionando como mediação entre a internação integral e a vida social comum.

De acordo com o relatório de gestão da Coordenação Geral de Saúde Mental, do Ministério da Saúde, dados de 2006 contabilizaram 1.011 unidades de serviços CAPS, contrastando com apenas 10 unidades presentes durante a década de 1980. Somente seis dos 74 municípios com mais de 300 mil habitantes não ofereciam atendimento em CAPS na rede de atenção à saúde. A implementação dessa política pública permitiu uma redução do número de leitos em hospitais psiquiátricos no Brasil: os 51.393 leitos, registrados no ano de 2002, foram reduzidos para 39.567 no ano de 2006. Em outra ação desenvolvida pelo governo, temos o incentivo ao retorno de pessoas com longa história de internação em hospitais psiquiátricos para casa de familiares, com ajuda financeira de custos, de acordo a Lei nº 10.708/2003, denominada de "Programa de Volta para Casa" (Ministério da Saúde, 2007).

Mesmo com uma sensibilização política e social para mudanças nos modelos de atendimento ao "doente mental", novos problemas surgiram. Para pacientes em condições consideradas graves – envolvendo comportamentos altamente agressivos, falta de comprometimento dos cuidadores ou do próprio usuário quanto ao tratamento, dentre vários outros motivos – a internação temporária seria fortemente indicada, o que exigiria uma infraestrutura ambulatorial adequada para esses casos (Boardman e Hodgson, 2000). Nos Estados Unidos, por exemplo, o modelo de *crisis housing* tem sido adotado há alguns anos, no lugar de *bed crisis*, como modelo alternativo para pessoas que se encontram em situações de risco, cumprindo com os critérios de adesão somente durante os períodos de crise, sob serviços de curto prazo, tratamento intensivo e acompanhamento individualizado ou em grupos reduzidos (Strout, 1988).

> Outro assunto que está em voga atualmente é o estresse atribuído aos familiares de pessoas com algum transtorno mental de convívio rotineiro.

Em uma revisão sistemática da literatura, foi possível verificar um crescente número de pesquisas que avaliaram os efeitos de ter convívio diário com um familiar autista sobre fatores psicológicos parentais, como ansiedade, qualidade do sono, dificuldades interpessoais e preocupação excessiva (Fávero e dos Santos, 2005).

Em linhas gerais, a preocupação progressiva em evitar a institucionalização de doentes mentais e, ao mesmo tempo, envolver os pais e cuidadores como também responsáveis na terapêutica de seus familiares, tem acabado por gerar impasses no que concerne ao manejo especializado e adequado no acompanhamento terapêuticos de pessoas com alguma demanda profissional: nesse caso, com atraso no desenvolvimento. Uma vez que há, na desinstitucionalização, vários aspectos benéficos, o problema maior passa a ser o como contornar os eventuais malefícios decorrentes de tal mudança, conforme citado anteriormente. Fazendo um recorte desses casos, novos aspectos positivos podem vir à tona no que se refere à adoção do atendimento domiciliar, tais como maior autonomia dos familiares para o atendimento, maiores oportunidades de inserção da pessoa atendida em seu ambiente natural, uma possibilidade maior de educação social para as pessoas de convívio rotineiro, aplicação da terapêutica em outros contextos sociais do participante (escola, por exemplo), além de possibilitar um ambiente rico para a implementação de programas terapêuticos. Sobre o último aspecto, serão apresentadas mais à frente algumas pesquisas que avaliaram certas características no tratamento de pessoas autistas e quadros assemelhados, no qual os ambientes social e físico, juntamente com intervenções adequadas, foram apontados como importantes para a aquisição de novas habilidades comportamentais.

As pesquisas aplicadas à área de educação especial têm se preocupado, numa análise mais ampla, com três pontos básicos: redução de comportamentos contraprodutivos, treino de repertórios comportamentais adequados (sejam eles acadêmicos, socialmente desejáveis, cuidados pessoais, promoção da saúde, etc.) e a manutenção desses comportamentos adequados na vida social dos usuários. Mais à frente, serão citadas algumas investigações que avaliaram estratégias para o desenvolvimento de repertórios comportamentais adequados, assim como os contextos sociais que auxiliaram na promoção dos mesmos. A análise de fatores ambientais relevantes para o progresso dos participantes sob atendimento domiciliar coloca tal iniciativa em um patamar importante a ser adotado na obtenção de um maior sucesso nos objetivos terapêuticos traçados. Não caberá aqui entrar no mérito de técnicas e procedimentos de manejo para os diversos problemas abordados dentro da prática em educação especial, mas sim, nas contingências tidas como favoráveis para a aquisição e manutenção dos repertórios comportamentais desejados aos participantes dos programas educacionais, nos quais o atendimento domiciliar tem recebido destaque.

TRANSTORNO AUTISTA

De acordo com o Manual Diagnóstico e Estatístico de Transtornos Mentais, o DSM-IV-TR (Associação Americana de Psiquiatria, APA, 2002), o Transtorno Autista está classificado dentro dos Transtornos Globais do Desenvolvimento, com características que se destacam pela falta de reciprocidade nas interações sociais (p. ex., contato visual inadequado ou ausente, falta de interesse na participação de atividades coletivas), comportamentos estereotipados (p. ex., movimentos oscilatórios com as mãos, partes do corpo ou todo ele), atividades e interesses limitados (p. ex., engajamento em rotinas e rituais atípicos) e falha na aquisição de algum comportamento verbo-gestual ou vocal e, quando este está presente, ocorre de forma inadequada ou limitada. Outras características também podem estar presentes, tais como hiperatividade, auto ou heterolesão, impulsividade, oscilações constantes de afeto e de humor, aparente ausência de medo em situações de risco e respostas pouco comuns aos estímulos sensoriais (p. ex., produção de sons com as mãos ou objetos próximos ao ouvido, hipersensibilidade a determinadas texturas). Todos os outros transtornos diagnosticados nesse grupo compartilham de sintomas semelhantes, diferindo em algumas características como início dos sinais, grau de severidade, sexo e, também, a natureza do próprio fenômeno.

Dados epidemiológicos internacionais, coletados em 2007 pelo Centers for Disease Control Prevention (CDC), apontam para uma prevalência desse transtorno na proporção de 1:150 dentre crianças americanas, sendo de três a quatro vezes mais comum em meninos do que em meninas (CDC, 2008). Esses dados corroboram os obtidos pela Autism Society of America (ASA), a qual apresenta cerca de 1,5 milhões de autistas com diagnósticos fechados. Cada criança com esse diagnóstico custa, em toda sua vida, para o governo americano, cerca de 3,5 a 5 milhões de dólares, somando um total anual para todos os casos diagnosticados em 90 bilhões de dólares (ASA, 2008). Não há dados epidemiológicos ou de orçamento destinado ao tratamento para o contexto brasileiro.

As causas do autismo ainda não são conhecidas. Estudos que se empenharam em responder tal pergunta têm demonstrado que tanto os genes como fatores ambientais estiveram correlacionados com muitos casos diagnosticados. Dados de um estudo realizado com gêmeos monozigóticos britânicos, por exemplo, apresentaram uma correlação positiva de 60% de ocorrência do transtorno contra nenhum caso para gêmeos dizigóticos, para todos os irmãos diagnosticados como autistas em ambos os grupos de gêmeos (Bailey et al., 1995). Outras condições médicas foram também correlacionadas à ocorrência do autismo como a Síndrome do X Frágil, Esclerose Tuberosa, Síndrome da Rubéola Congênita e Fenilcetonúria (PKU) não tratada, sendo esta última responsável por uma baixa prevalência (Muhle, Trentacoste e Rapin, 2004; Baieli, Pavone, Meli, Fiumara e Coleman, 2003).

Dentre os vários estudos presentes na área aplicada em educação especial, tendo como participantes pessoas autistas ou com quadros assemelhados, muitos estão voltados para o tema comportamento verbal. Em um levantamento realizado em três periódicos muito conhecidos por relatos empíricos da *Association for Behavior Analysis*, que têm se mantido em uma periodicidade de publicação constante desde que se iniciaram, o "Journal of the Experimental Analysis of Behavior", o "Journal of Applied Behavior Analysis" e o "The Analysis of Verbal Behavior", obteve-se como resultado conjuntos de pesquisas que, em sua maioria, tratavam do treino e da manutenção de operantes verbais (Goulart e de Assis, 2002). Em especial, as pesquisas aplicadas nesse tema têm-se ocupado na investigação de modelos de treino de repertório verbal adequado (Toth et al., 2007), habilidades de solicitar por ajuda verbalmente (Taylor et al., 2004), estabelecimento de reciprocidade na fala (Williams, Donley e Kellers, 2000), desenvolvimento de espontaneidade na fala (Taylor e Levin, 1998), controle de vocalizações estereotipadas (Falcomata et al., 2004), além de treino de leitura e escrita, como visto em estudos de equivalência de estímulo, por exemplo (Eikeseth e Smith, 1992; Lane e Critchfield, 1998).

A seguir, serão descritas resumidamente três pesquisas que avaliaram estratégias terapêuticas no ensino de falas espontâneas em crianças autistas. Espera-se, com tais pesquisas, ilustrar parte do que se tem produzido na área de pesquisa aplicada e, ao mesmo tempo, mostrar a relevância de envolvimento dos familiares em espaços físicos de convívio comum (nesse caso, a residência das partes envolvidas), com objetivo de auxiliar na manutenção das habilidades adquiridas por parte dos participantes das pesquisas.

TREINO E GENERALIZAÇÃO DE NOVOS REPERTÓRIOS VERBAIS EM PESSOAS AUTISTAS

Como foi dito no início deste capítulo, a ACA tem sido indicada como o método mais eficaz na programação de protocolos de ensino destinado a pessoas com atraso no desenvolvimento. Tal programa se destaca por favorecer um acompanhamento precoce e intensivo do usuário, uma vez que, quanto mais cedo se iniciar o acompanhamento e mais intensivas forem as atividades terapêuticas, melhor será o prognóstico (Cohen et al., 2006; Eikeseth et al., 2002; Howard et al., 2005).

Em concordância com o relatório divulgado pelo Departamento de Saúde do Estado de Nova York (1999), recomenda-se uma jornada semanal de, pelo menos, 20 horas de atendimento individualizado, utilizando princípios de ensino com fortes evidências experimentais, motivo pelo qual as pesquisas em ACA têm obtido êxito. Para tanto, foram criadas normas de conduta a serem adotadas nos programas terapêuticos. Esse guia de procedimentos foi produzido por um corpo de pesquisadores especializados, e as orientações presentes nesse documento se estendem desde a fase de avaliação psicológica até a fase de acompanhamento. Todos os procedimentos conhecidos e utilizados até aquela data foram classificados de acordo uma categoria conceitual de confiabilidade nos dados encontrados em diferentes pesquisas realizadas.

> Quanto mais pesquisas realizadas com as mesmas intervenções e resultados semelhantes, maior o grau de confiança nos procedimentos utilizados e, consequentemente, melhor conceituação.

Um dos maiores desafios no treino de pessoas com autismo, além do ensino de novos repertórios comportamentais, é a manutenção dos mesmos em contextos não treinados anteriormente. Essa falta de manutenção consiste no fato de que o aprendizado adquirido em determinados contextos físicos (sala de atendimento) ou sociais (pessoas que interagiram diretamente com o participante nas sessões terapêuticas) pode não ser estendido para outros contextos (com determinadas mudanças físicas e sociais), mesmo com a manutenção de certas variáveis consideradas relevantes durante a Fase de Treino. Isso, portanto, ocasiona uma dificuldade de generalização do repertório comportamental aprendido (Secan, Egel e Tilley, 1989). O mérito de tais estudos repousa na capacidade de identificar as variáveis relevantes para a manutenção do mesmo repertório adquirido em um contexto específico e simplificado para se poder replicar em contextos mais abrangentes e complexos.

Em um trabalho de levantamento, realizado por da Hora e Benvenuti (submetido à publicação), de artigos do "Journal of Applied Behavior Analysis" (JABA), principal periódico *on-line* aberto ao público de pesquisas em ACA, foi possível averiguar o grau de importância e dificuldade atribuída ao quesito do fenômeno de generalização das pesquisas que utilizaram pessoas autistas como participantes. Foram coletados artigos no período de 1979 até 2006 que apresentassem uma das três palavras-chave de interesse para se fazer uma análise das possíveis variáveis responsáveis pelos fracassos de muitos dos objetivos de várias pesquisas: generalização, treino por modelação e uso de esvanecimento de dicas. O que nos interessa frisar aqui é que, dos 54 artigos que cumpriram com os pré-requisitos de inclusão para análise, 41 tratavam do assunto de generalização, dos quais 11 apresentaram problemas no Teste de Generalização. Isso nos mostra o quanto esse fenômeno tem sido estudado nessa área e o tanto que ainda falta para aprendermos sobre os processos gerais acerca do controle generalizado do repertório novo treinado em condições específicas.

Muitos desses estudos testam a generalização dos repertórios treinados após a mudança proposital de algumas variáveis, enquanto outras consideradas relevantes pelos experimentadores são mantidas. Com finalidade ilustrativa, serão descritas a seguir algumas investigações que avaliaram os efeitos de suas intervenções no treino de repertório verbal espontâneo em crianças autistas. Entende-se aqui como linguagem espontânea aquelas respostas verbais que ocorrem sob controle de algum evento não verbal, como, por exemplo, em casos da categoria verbal de mandos (perguntas, pedidos ou solicitações).

No estudo de Williams, Donley e Keller (2000), com participantes autistas capazes de imitar novas vocalizações mediante modelação, foram treinadas perguntas que ficariam sob controle de algum evento não verbal previamente escolhido. Ao apresentar objetos escondidos em caixas, selecionados, levando em consideração as predileções dos participantes (brinquedos ou itens comestíveis), o terapeuta ensinava cada um a realizar a pergunta: "O que é isso?". Cada resposta correta era seguida de acesso ao item escondido na caixa. Depois de instalada tal pergunta, passava-se para a próxima pergunta a ser treinada, nesse caso, "Posso ver?". Dessa forma, a primeira pergunta passou a não produzir o acesso ao item escondido, mas sim a oportunidade de realizar a segunda pergunta treinada. Somente após a ocorrência da segunda pergunta, o participante tinha acesso ao item escondido. Seguindo a mesma lógica, uma terceira pergunta foi treinada: "Posso pegar?". Assim, ao mesmo tempo foi possível colocar o comportamento verbal do participante sob controle de um evento não verbal (a presença da caixa) e eventos verbais numa conversa recíproca ("Sim, claro que você pode ver!" ou "Tome aqui o que você pediu"). O Teste de Generalização foi realizado com sucesso em outro ambiente e com outros interlocutores, nesse caso, os pais dos participantes.

Em Taylor e Harris (1995), três crianças autistas foram treinadas a emitir espontaneamente a pergunta "O que é isso?" mediante figuras que representassem objetos desconhecidos por elas. O treino consistiu em modelar a pergunta-alvo mediante figuras novas aos participantes, misturadas com outras já presentes no vocabulário de cada participante. Após a modelagem de emitir contextualmente a pergunta-alvo para os objetos desconhecidos, o terapeuta solicitava a cada participante que apontasse, dentre diferentes figuras expostas, aquelas que representassem os objetos anteriormente desconhecidos por eles. Enquanto na primeira etapa foi avaliada a capacidade de os participantes perguntarem espontaneamente diante do novo objeto (ou seja, linguagem expressiva), no segundo momento, foram requisitados a discriminarem, dentre outras figuras, aquelas que foram ensinadas em consequência às suas perguntas aos objetos novos, o que se caracteriza como linguagem receptiva. Os resultados foram satisfatórios para todos os participantes, obtendo um desempenho de respostas corretas para todas as oportunidades de resposta durante as últimas sessões. O Teste de Generalização foi realizado com objetos tridimensionais relacionados às figuras treinadas previamente e, mais uma vez, todos os participantes apresentaram, no mínimo, o total de respostas corretas para as três últimas sessões. Além de avaliar o Teste de Generalização em um ambiente diferente do qual foi realizada a Fase de Treino, diferentes pessoas também foram solicitadas para conduzir os programas.

Outro estudo, que também avaliou a iniciação espontânea de conversa, utilizou o pareamento de um estímulo tátil (*beeper* vibratório) com verbalizações sob forma de comentários acerca das ações lúdicas em que o participante estava engajado ("Mary, estou fazendo um tigre!") (Taylor e Levin, 1998). A Fase de Treino consistiu em parear os comentários realizados pelo terapeuta, o qual o participante deveria imitar, juntamente com a ocorrência da ativação do dispositivo vibratório, num intervalo de 60 segundos. Depois de treinado tal repertório, foram testadas duas condições: uma em que apenas dicas verbais estavam presentes e outra em que nem a dica tátil nem a verbal estavam presentes. Nessas últimas condições, pretendia-se verificar se houve algum processo de generalização por parte do participante na tarefa a que foi exposto. Durante essas fases, caso o participante emitisse algum comentário de forma espontânea, outro experimentador que não aquele da Fase de Treino emitiria aprovações sociais verbalmente. Os resultados demonstraram que o dispositivo vibratório adquiriu função de dica para as respostas verbais. Por outro lado, não foi possível observar generalização da resposta de iniciar comentários quando os estímulos tátil ou verbal não estavam presentes. Os autores discutiram que a dificuldade em se estabelecer tal generalização para o contexto natural foi, provavelmente, a falha no esvanecimento gradual do estímulo vibratório, de forma que outros estímulos presentes no ambiente adquirissem, naturalmente, controle discriminativo para a resposta treinada.

Em suma, os dois primeiros estudos aqui relatados trabalharam com elementos presentes no ambiente social comum aos participantes e, além disso, contaram com a participação dos pais durante a Fase de Teste de Generalização. Após as Fases de Treino e Teste dos novos repertórios ensinados aos participantes, os pais foram instruídos a seguir os mesmos protocolos em suas casas, sob supervisão dos terapeutas responsáveis pela pesquisa, ou então avaliar em contextos naturais não estruturados. O terceiro estudo utilizou um estímulo incomum no ambiente natural do participante, o que exigiria um manejo dificultado na transposição do novo repertório adquirido para o contexto em que se esperava manter o novo comportamento. Logo, quanto mais estímulos utilizados durante a Fase de Treino forem naturalmente presentes nos contextos em que se espera que o comportamento ocorra, maior a probabilidade de sua manutenção e do fortalecimento nos novos contextos avaliados.

> A tendência de envolver pais em pesquisas desse gênero, conforme relatado nas pesquisas anteriores, deve-se à preocupação de que as habilidades treinadas em um contexto particular possam ser estendidas para contextos diversos,

principalmente ao contexto domiciliar, uma vez que é nesse lugar que muitos dos participantes passam o maior período do dia. Muitas outras pesquisas que trabalharam com repertórios diversos também tiveram a mesma preocupação durante a Fase de Generalização.

TREINO DE PAIS E DE ESTAGIÁRIOS PARA A APLICAÇÃO DOS PRINCÍPIOS ANALÍTICO-COMPORTAMENTAIS

A preocupação em se treinar pais de crianças com atraso de aprendizagem ou cuidadores como coterapeutas no ensino de novas habilidades não é recente (Hall, Cristler, Cranston e Tucker, 1970; Hall et al., 1971; Hall et al., 1972). As vantagens de treinar pais ou estagiários de áreas afins para a atuação como coterapeutas no acompanhamento dos programas de treino de novos repertórios comportamentais é que se pode criar um ambiente propício para uma intervenção mais sustentável, além de facilitar a generalização do aprendizado adquirido para contextos sociais e físicos diversos. Apesar de alguns trabalhos terem sinalizado a importância de envolver a família no acompanhamento terapêutico dos filhos com atraso no desenvolvimento, pouco se tem produzido atualmente acerca desse assunto.

Muitas das pesquisas avaliam tanto o desempenho dos pais ou dos estagiários nas atividades a serem desenvolvidas nos programas terapêuticos quanto os efeitos colaterais de seus desempenhos sobre as repostas corretas esperadas pelos participantes nas atividades. Os programas terapêuticos dos quais se tem relato de treino são diversos e abrangem habilidades pré-acadêmicas, atividades de vida diária, cuidados pessoais, controle de excessos comportamentais como comportamento auto e heterolesivos, citando-se apenas os mais comuns.

Outros aspectos que podem ser contemplados no treino de terceiros para a execução dos programas terapêuticos é que se pode treiná-los para uma coleta de dados mais confiável em períodos extraterapêuticos, além de ampliar a capacidade interpretativa por parte dos pais ou dos estagiários dos eventuais fatores envolvidos em fenômenos comportamentais relevantes para o tratamento. Tais elementos são complementares para o delineamento posterior por parte do terapeuta. Uma estratégia utilizada para melhor avaliar as possíveis variáveis envolvidas no controle de vários comportamentos aprendidos é a análise funcional (ver Capítulo 1). Nessa área, tal estratégia tem sido utilizada tanto para caracterizar aspectos quantitativos do fenômeno comportamental (p. ex., frequência de ocorrência, intensidade, duração) como também aspectos qualitativos, ou melhor, das funções que determinadas respostas podem exercer em determinadas configurações ambientais. Realizar tal análise possibilita ao terapeuta descrever quais os fatores ambientais envolvidos nos controles dos comportamentos-alvo e, a partir de então, programar intervenções a fim de sanar diversos problemas individuais.

Tomemos o exemplo de certos comportamentos indesejáveis de autolesão de uma criança autista, caracterizados por mordidas no braço. Ao realizarmos a análise funcional de tal comportamento, devemos relatar todas as variáveis ambientais que possam estar relacionadas diretamente a esses eventos, tais como fatores biológicos (mudança de medicação, dor de dente, noite de sono anterior prejudicada), fatores sociais (capacidade de determinada resposta autolesiva mobilizar o ambiente a seu favor, com atenção diferenciada dos pais) e fatores físicos (mudança em algo da rotina do participante). A partir de tal descrição funcional do comportamento-alvo, o terapeuta poderá manipular situações a fim de avaliar custos e benefícios de tal comportamento em certas circunstâncias. Assim, poderá estabelecer contingências que favoreçam comportamentos socialmente aceitos em detrimento daqueles que, apesar de terem alguma função no ambiente, ocasionam problemas para a própria pessoa e para seu ambiente social.

Em um trabalho desenvolvido por Iwata e colaboradores (2000), foi avaliado o treino analítico-funcional em estudantes de graduação e medido seus níveis de desempenho antes e após o treino, demonstrando resultados de melhora após a intervenção. A utilização desse recurso garantiria a criação de um currículo de programas terapêuticos mais flexível, ou seja, passível de modificações conforme novas avaliações comportamentais, que possa atender às necessidades particulares de cada participante. A flexibilidade do currículo, no quesito de modificações e adequações de novas estratégias terapêuticas para o ensino de novas habilidades comportamentais, deverá sempre ter como referencial as dificuldades apresentadas por cada participante durante os programas terapêuticos e as avaliações das funções dos comportamentos. Logo, a análise funcional servirá, conforme visto nesses exemplos, tanto para elucidar os controles ambientais dos comportamentos indesejáveis, quanto para avaliar o desempenho do terapeuta na execução dos programas destinados para cada participante.

Outro estudo bastante ilustrativo de como pais podem auxiliar no acompanhamento terapêutico foi realizado por Lafasakis e Sturmey (2007), no qual se ensinou pais a aplicarem princípios da Análise do Comportamento na modelagem de novos repertórios comportamentais em seus próprios filhos. O procedimento utilizado foi o de modelagem por tentativa discreta, ou seja, reforçar diferencialmente passos de comportamentos complexos a partir de unidades mais simples. Os resultados esperados foram de que os pais estivessem aptos a aplicarem o mesmo princípio de treino em outras atividades não treinadas previamente e que a taxa de respostas corretas dos participantes aumentasse para esses novos programas de treino. Os resultados foram positivos em ambas as observações.

Os objetivos de pesquisas nesse tema envolvem viabilizar um tratamento precoce e intensivo para pessoas com distúrbios de aprendizagem, uma vez que estas devem ser as primeiras beneficiárias dos futuros serviços terapêuticos. Ao desenvolver protocolos de conduta para treinos de pais no acompanhamento de programas terapêuticos não se subentende que o papel do terapeuta será reduzido ou suprimido. O período que se estende desde a análise funcional inicial até a implementação e a execução de todo o programa terapêutico é de suma responsabilidade do profissional contratado. Entende-se aqui o treino de pais como um complemento para maior eficácia da terapêutica a ser utilizada. A possibilidade de trabalho dos pais nos programas terapêuticos pode também atender a uma necessidade de redução de custos, uma vez que evitaria constantes contratações de estagiários para o seguimento dos programas terapêuticos e, somando-se a isso, oferece-se maior comodidade ao se disponibilizar o atendimento domiciliar.

MANUAIS PARA TREINO DE HABILIDADES EM PESSOAS AUTISTAS

Atualmente, pode-se encontrar no mercado uma vasta literatura de materiais didáticos desenvolvidos para trabalho com pessoas autistas voltados para o público parental. A prova disso está nos próprios títulos de muitos manuais editados, nos quais a clientela-alvo são pais e profissionais da área. Além dos manuais técnicos voltados exclusivamente para profissionais da área psicológica, muito se tem investido em expor os conceitos trabalhados na ACA e os jargões da área sob um vocabulário comum aos leigos, com exemplos ilustrativos claros do cotidiano e com tópicos introdutórios.

A maioria dos manuais produzidos na área é oriunda de outros países e poucos foram traduzidos para o português. No Brasil, um manual que estabeleceu um marco importante na prática dos princípios da Análise do Comportamento aplicados à educação especial foi o "Passo a Passo, Seu Caminho", escrito por Windholz (1988). Trata-se de um guia curricular desenvolvido para educadores no intuito de auxiliar programas terapêuticos para diferentes habilidades básicas a serem desenvolvidas no repertório global de participantes com atraso no desenvolvimento. Soma-se um total de 26 programas de ensino que se estendem em categoriais de habilidades de sensopercepção, contato visual, imitação motora, comunicação verbal receptiva/expressiva, nomeação, expressão/reconhecimento de sentimentos, atividades da vida diária, dentre outros. Tal manual, além de sugestões de estratégias comportamentais de intervenção nos diferentes níveis de habilidades a serem trabalhados, oferece alguns preceitos a serem adotados a fim de se otimizar o trabalho terapêutico: modelos de registro dos dados coletados nos programas, confecção de gráficos, como organizar os programas terapêuticos nas diferentes categorias, formas de avaliar os objetivos terapêuticos, níveis de ajuda a serem utilizados nos programas, hierarquia de trabalho das atividades a serem contempladas para o treino de repertório comportamental de apoio visando comportamentos mais complexos, ambiente físico de trabalho, planejamento das sessões, materiais utilizados em cada programa, além de outras sugestões quanto ao apoio técnico ao educador, considerando os princípios da Análise do Comportamento.

Outro manual amplamente conhecido e citado por muito outros autores dessa área é o "Behavioral Intervention for Young Children with Autism", editado por Catherine Maurice, com coedição de Gina Green e Stephen Luce (1996). Trata-se de um manual completo nos quesitos práticos a serem adotados na formação de qualquer programa de intervenção domiciliar, atualizando aspectos abordados em outros manuais destinados à mesma finalidade. Com respaldo em décadas de pesquisas experimentais de estudos de casos, os autores sintetizaram muito do que se tem obtido com sucesso, propondo currículos de habilidades a serem treinadas de diferentes níveis de complexidades, incluindo exemplos de como cada programa deverá ser cumprido em suas diferentes etapas. Além das habilidades básicas importantes para o aprendizado de novos comportamentos mais complexos, o manual sugere currículos para participantes de níveis mais avançados. Os currículos para iniciantes incluem categorias de programas como habilidade de atendimento (seguir ordens orais de terceiros), imitação motora grossa, imitação motora fina orofacial, habilidades pré-acadêmicas (identificação de cores, números, formas geométricas, objetos, etc.), cuidados pessoais, linguagem receptiva e expressiva. Em currículos mais avançados são acrescidos programas de desenvolvimento de linguagem abstrata, habilidades acadêmicas, habilidades sociais, leitura escolar e outros. Capítulos complementares discutem também, nesse manual, as diferentes formas de avaliação dos tratamentos ofertados para esse tipo de clientela, a diferenciação entre pesquisa experimental das demais pesquisas, maiores esclarecimentos sobre a formação profissional adequada da pessoa que presta esse tipo de atendimento e como deve ser coordenado o treinamento de pais e estagiários.

Apesar da grande abrangência e riqueza de informações deste último manual, não há nele um critério avaliativo a ser seguido de forma a planejar o currículo terapêutico mediante avaliações prévias de repertório comportamental de entrada de cada participante. Logo, haveria certa dificuldade em decidir quais dos programas deverão ou não entrar no currículo a que se pretende trabalhar de acordo com a demanda particular de cada participante, exigindo do psicólogo uma experiência maior quanto à programação das atividades terapêuticas. Desenvolvido por Sundberg e Partington (1998), o manual "Teaching Language to Children with Autism or Other Developmental Disabilities" foi desenvolvido para também suprir tal necessidade. Apesar de enfatizar habilidades no desenvolvimento de repertório de comportamento verbal, várias outras categorias de habilidades comportamentais são abordadas de forma a estabelecer uma hierarquia avaliativa, mediante tarefas estruturadas, a fim de verificar primeiramente em qual nível de habilidade está cada participante em cada categoria comportamental. Soma-se um total de 25 categorias, organizadas de modo a estabelecer passos a ser avaliados, começando do nível menos complexo para o mais complexo. Mediante a fluência ou deficiência do participante em cada tarefa a que se propõe, o manual tornará mais fácil o trabalho do profissional na escolha de quais programas deverão ou não entrar no currículo de cada um.

Um manual que tem se destacado pela sua proposta de difusão dos princípios da Análise do Comportamento para o público leigo é o *Help us learn*, escrito por Lear (2004). Nesse manual, são abordados, numa linguagem clara, os conceitos teóricos relevantes para o trabalho em educação especial como também procedimentos utilizados para se trabalhar na implementação de programas em diversas categorias de habilidades comportamentais. Trata-se de um manual introdutório e objetivo, adequado para uma primeira leitura acerca de trabalhos desenvolvidos na área de educação especial.

Cabe salientar que a proposta de tais manuais não é de instruir pais a assumirem por conta própria a terapêutica de seus filhos, mas sim de instruí-los e de lhes mostrar as possíveis estratégias terapêuticas utilizadas com sucesso em outros contextos de trabalho nessa área. Para os profissionais da área de educação em geral, tais manuais servem como modelos práticos de operacionalização das tarefas terapêuticas e como norteadores dos objetivos a serem alcançados, resguardando à sua inteira responsabilidade a capacidade de avaliar cada caso, delinear prioridades, criar um ambiente propício de trabalho com a família e com os cuidadores, esclarecer dúvidas, atualizar estratégias de intervenção mediante pesquisas recentes, integralizar seu trabalho com outros profissionais e tantas outras funções condizentes com seu papel.

CONSIDERAÇÕES FINAIS

Passando por uma breve análise dos diferentes fatores históricos da política pública, das particularidades do autismo, das tendências dos estudos em pesquisa aplicada e das novas estratégias de manejo no acompanhamento terapêutico de pessoas com atraso no desenvolvimento, pode-se perceber que o atendimento domiciliar seria uma alternativa a ser considerada. Naturalmente, essa nova contingência de trabalho acabaria por abrir, em uma mão, novos caminhos para o psicólogo, porém, em outra mão, exigiria dele habilidades mais complexas. Além dos programas terapêuticos delineados especialmente para cada caso, cabe também ao psicólogo o acompanhamento dos pais ou responsáveis pela pessoa atendida, o treinamento de estagiários e a integração dos objetivos clínicos com outros profissionais que também prestam seus serviços e que podem contribuir de alguma forma para um melhor aproveitamento das metas terapêuticas estabelecidas.

A constante divulgação de pesquisas em ACA, não somente no contexto acadêmico, com bons indicadores de resultados, tornou a Análise do Comportamento referência para trabalhos clínicos, tendo sido aqui destacado o acompanhamento de pessoas com atraso no desenvolvimento. Juntamente a esse fenômeno, ocorreu o aumento da demanda de profissionais qualificados em Análise do Comportamento que se adequassem a novas configurações de atendimento. Em alguns países, a criação de uma certificação para profissionais da área de aplicação dos conhecimentos analítico-comportamentais foi uma alternativa adotada tanto para garantir a qualidade dos serviços prestados à comunidade, como também para tentar normatizar os profissionais que se autointitulavam analistas do comportamento. A criação da *Behavior Analyst Certification Board* possibilitou a definição de parâmetros de conhecimento teórico-prático e de formação mínima necessária para cada profissional interessado em adquirir uma licença reconhecida para atuação como analista do comportamento especializado. Para se obter essa certificação (*Board Certified Behavior Analysts*® – BCBA®), é exigida a qualificação mínima de pós-graduação *stricto sensu*, em caráter de mestrado ou doutorado, além de disciplinas específicas cursadas, experiência prática na área e supervisão ofertadas pelo programa de qualificação. Caso o profissional não tenha a titulação mínima de mestre, poderá adquirir a certificação de associado ao grupo *(Board Certified Associate Behavior Analyst*® – BCABA®).[2]

Retomando a ênfase inicialmente exposta neste capítulo de que a ACA não é apenas uma "terapia para autistas", pode-se ainda destacar o que não seria a ACA no contexto de educação especial. Seria muito ingênuo dizer, por exemplo, que a ACA se ocupa mais em trabalhar com comportamentos simples ou então somente com comportamentos-problema. Isso seria refutado de imediato, uma vez que os procedimentos terapêuticos a serem adotados dependerão, primeiramente, das necessidades de cada participante, sejam elas habilidades básicas ou complexas. Dizer também que a principal proposta dessa área é desenvolver manuais com protocolos definidos a serem seguidos, estaria igualmente equivocado, já que um dos princípios de aplicação dos procedimentos é que eles sejam contextualizados e coerentes com a demanda terapêutica de cada participante. Logo, somente um profissional qualificado e com experiência prática na área de educação especial estaria apto a utilizar muitas das estratégias terapêuticas apresentadas em manuais de modo a torná-las adequadas aos objetivos delineados pelo terapeuta.

REFERÊNCIAS

Antunes, S. M. M. de O., & Queiroz, M. de S. (2007). A configuração da reforma psiquiátrica em contexto local no Brasil: Uma análise qualitativa. *Cadernos de Saúde Pública*, 23, 207-215.

Autism Society of America (ASA, 2008). *About Autism*. Retirado no dia 22 de julho de 2008, do site http://www.autism-society.org/site/PageServer?pagename=about_home.

Baieli, S., Pavone, L., Meli, C., Fiumara, A., & Coleman, M. (2003). Autism and phenylketonuria. *Journal of Autism and Developmental Disorders*, 33, 201-204.

Bailey, A., Le Couteur, A., Gottesman, I., Bolton, P., Simonoff, E., Yuzda, E., & Rutter, M. (1995). Autism as a strongly genetic

---

[2] Acesse http://www.bacb.com para maiores informações.

disorder: Evidence from a British twin study. *Psychological Medicine, 25*, 63-78.

Boardman A, & Hodgson, R. (2000). Community in-patient units and halfway hospitals. *Advances in Psychiatric Treatment, 6*, 120-7.

Borges, C. F., & Baptista, T. W. de F. (2008). O modelo assistencial em saúde mental no Brasil: a trajetória da construção política de 1990 a 2004. *Cadernos de Saúde Pública, 24*, 456-468.

Ministério da Saúde. Secretaria de Atenção à Saúde/DAPE (2007). *Saúde Mental no SUS: acesso ao tratamento e mudança do modelo de atenção*. Relatório de Gestão 2003-2006. Ministério da Saúde: Brasília.

Brasil (2008). *Constituição da República Federativa do Brasil de 1988*. Retirado no dia 22 de julho de 2008, do site http://www.planalto.gov.br.

Centers for Disease Control Prevention (CDC, 2008). *About Autism*. Retirado no dia 22 de julho de 2008, do site http://www.cdc.gov/ncbddd/autism/

Cohen, H., Amerine-Dickens, M., & Smith, T. (2006). Early intensive behavioral treatment: replication of the UCLA model in a community setting. *Journal of Developmental & Behavioral Pediatrics, 27*, 145-155.

da Hora, C. L., & Benvenuti, M. F. (submetido à publicação). Controle Restrito e Autismo: Discutindo Alguns Procedimentos da Análise do Comportamento. *Temas em Psicologia*.

Associação Americana de Psiquiatria (APA, 2002). *Manual Diagnóstico e Estatístico de Transtornos Mentais – DSM IV-TR*. Porto Alegre: Artmed.

Eikeseth, S., & Smith, T. (1992). The development of functional and equivalence classes in high-functioning autistic children: The role of naming. *Journal of the Experimental Analysis of Behavior, 58*, 123-133.

Eikeseth, S., Smith, T., Jahr, E., & Eldevik, S. (2002). Intensive behavioral treatments at school for 4- to 7-year-old children with autism. *Behavior Modification, 26*, 49-68.

Falcomata, T. S., Roane, H. S., Hovanetz, A. N., Kettering, T. L., & Keeney, K. M. (2004). An evaluation of response cost in the treatment of inappropriate vocalizations maintained by automatic reinforcement. *Journal of Applied Behavior Analysis, 37*, 83-87.

Fávero, M. A. B., & dos Santos, M. A. (2005). Autismo Infantil e estresse familiar: Uma revisão sistemática da literatura. *Psicologia: Reflexão e Crítica, 18*, 358-369.

Goulart, P., & de Assis, G. J. A. (2002). Estudos sobre autismo em análise do comportamento: Aspectos metodológicos. *Revista Brasileira de Terapia Comportamental e Cognitiva, IV*, 151-165.

Hall, R. V., Axelrod, S., Tyler, L., Crief, E., James, F. C., & Robertson, R. (1972). Modification of behavior problems in the home with a parent as observer and experimenter. *Journal of Applied Behavior Analysis, 1*, 53-63.

Hall, R. V., Cristler, C., Cranston, S. S., & Tucker, B. (1970). Teachers and parents as researchers using multiple baseline designs. *Journal of Applied Behavior Analysis, 3*, 247-255.

Hall, R. V., Fox, R., Willard, D., Goldsmith, L., Emerson, M., Owen, M., Davis, F., & Porcia E. (1971). The teacher as observer and experimenter in the modification of disputing and talking-out behaviors. *Journal of Applied Behavior Analysis, 4*, 141-149.

Howard, J. S., Sparkman, C. R., Cohen, H. G., Green, G., & Stanislaw, H. (2005). A comparison of intensive behavior analytic and eclectic treatments for young children with autism. *Research in Developmental Disabilities, 26*, 359-383.

Iwata, B. A., Wallace, M. D., Kahng, S. W., Lindberg, J. S., Roscoe, E. M., Conners, J., Hanley, G. P., Thompson, R. H., & Worsdell, A. S. (2000) Skill acquisition in the implementation of functional analysis methodology. *Journal of Applied Behavior Analysis, 33*, 181-194.

Lafasakis, M., & Sturmey, P. (2007). Training Parent Implementation of Discrete-Trial Teaching: Effects on Generalization of Parent Teaching and Child Correct Responding. *Journal of Applied Behavior Analysis, 40*, 685-689.

Lane, S. D., & Critchfield, T. S. (1998). Classification of vowels and consonants by individuals with moderate mental retardation: development of arbitrary relations via match-to-sample training with compound stimuli. *Journal of Applied Behavior Analysis, 31*, 21-41.

Lear, K. (2004). *Help us learn: A self-paced training program for ABA Manual and Program Manager's Guide* [Manual]. Toronto: Ontario, Lear Consulting, Inc.

Lovaas, O. I. (1987). Behavioral treatment and normal education and intellectual functioning in young autistic children. *Journal of Consulting and Clinical Psychology, 55*, 3-9.

Maurice, C., Green, G., & Luce, S. C. (1996). *Behavioral intervention for young children with autism: A manual for parents and professionals*. [Manual]. PRO ED Inc.

McEachin, J. J., Smith, T., & Lovaas, O. I. (1993). Long-term outcome for children with autism who received early intensive behavioral treatment. *American Journal on Mental Retardation, 97*, 359-372.

Muhle, R., Trentacoste, V., & Rapin, I. (2004). The Genetics of Autism. *Pediatrics, 113*, 472-486.

Organização Mundial de Saúde (1997). *Classificação de Doenças Mentais da CID-10* (10ª Ed.). Porto Alegre: Artmed.

Partington, J., & Sundberg, M. L. (1998). *The assessment of basic language and learning skills – The ABLLS* [Manual]. Behavior Analysts, Inc.

Report of the Guideline Recommendations Autism – Pervasive Developmental Disorders. Albany, NY: New York State Department of Health (1999). Retirado no dia 22 de julho de 2008, do site http://www.health.state.ny.us/community/infants_children/early_intervention/autism/index.htm#contents.

Sallows, G. O., & Graupner, T. D. (2005). Intensive behavioral treatment for children with autism: Four-year outcome and prediction. *American Journal on Mental Retardation, 110*, 417-438.

Secan, K. E., Egel, A. L., & Tilley, C. S. (1989). Acquisition, generalization, and maintenance of question-answering skills in autistic children. *Journal of Applied Behavior Analysis, 22*, 181-196.

Stroul, B. A. (1988). Residential crisis service: A review. *Hospital and Community Psychiatry, 39*, 1095-1099.

Taylor, B. A., & Harris, S. L. (1995). Teaching children with autism to seek information: Acquisition of novel information and generalization of responding. *Journal of Applied Behavior Analysis, 28*, 3-14.

Taylor, B. A., Hughes, C. E., Richard, E., Hoch, H., & Coello, A. R. (2004). Teaching teenagers with autism to seek assistance when lost. *Journal of Applied Behavior Analysis, 37*, 79-82.

Taylor B. A., & Levin, L. (1998). Teaching a student with autism to make verbal initiations: Effects of a tactile prompt. *Journal of Applied Behavior Analysis, 31*, 651-654.

Toth, K., Dawson, G., Meltzoff, A. N., Greenson, J., & Fein, D. (2007). Early Social, Imitation, Play, and Language Abilities of Young Non-Autistic Siblings of Children with Autism. *Journal of Autism and Developmental Disorders, 37*, 145-157.

Willians, G., Donley, C. R., & Keller, J. W. (2000). Teaching children with autism to ask questions about hidden objects. *Journal of Applied Behavior Analysis, 33*, 627-630.

Windholz, M. H. (1988). *Passo a passo seu caminho: Guia curricular para o ensino de habilidades básicas [Manual]*. São Paulo: Edicon.

Parte II

Estudos de caso

Capítulo 9

Caso Clínico
Formulação Comportamental

Denise Lettieri Moraes

A Análise do Comportamento tem como objeto de estudo o comportamento, ou seja, ela analisa relações entre um indivíduo que se comporta e o ambiente no qual ele está inserido. A terapia derivada dessa abordagem busca a explicação para a origem e manutenção dos problemas comportamentais, assim como as condições para alterá-los, nessas relações. Se todo comportamento é considerado como selecionado e mantido pelas relações que o indivíduo estabelece com o ambiente, não há porque considerar um comportamento como patológico, já que a reação do indivíduo é sempre adaptativa (Banaco, 1997).

É importante ressaltar que grande parte do trabalho realizado pelo terapeuta analista do comportamento é baseada em relatos trazidos pelo cliente sobre suas relações com o meio. Procura-se analisar os eventos relatados e, em alguns casos, sugerir formas de alterar as relações estabelecidas. O terapeuta, como parte do ambiente do cliente, tem condições de observar o seu comportamento e contingenciá-lo de forma a desenvolver um repertório que proporcione ao cliente o estabelecimento, em seu dia a dia, de interações menos aversivas que aquelas preexistentes (Zamignani, 2000).

O presente artigo discorre a respeito de um caso clínico e traz análises e considerações teóricas com base na terapia analítico-comportamental. É uma tentativa de aliar teoria e prática na busca de mais qualidade de vida para o cliente. Isso porque o fato de comportamentos mais "adequados" (aqueles que trazem menos sofrimento ao cliente e/ou a outras pessoas) serem ensinados, treinados e executados oportuniza uma maior harmonização entre o indivíduo e o mundo que o cerca.

CASO CLÍNICO
Cliente

João (nome fictício), 55 anos, natural do Rio de Janeiro, militar aposentado que assumia um cargo de confiança no Tribunal Militar. Católico praticante, casado há 25 anos e pai de três filhos. Ele possuía curso superior e conquistou um bom nível socioeconômico. Tinha uma irmã, com a qual mantinha bom relacionamento. Sua queixa inicial referia-se à infelicidade e a problemas de assertividade.

Ambiente

Atendimento psicoterapêutico realizado em uma clínica particular de Brasília. As sessões eram realizadas em um consultório amplo, com uma mesa e duas cadeiras, além de duas poltronas.

Procedimento

Era feita uma sessão semanal, com duração de 50 minutos, totalizando 30 sessões. Foram realizadas análises funcionais de seus comportamentos, ou seja, as causas dos comportamentos foram buscadas no ambiente externo.

As seguintes técnicas foram utilizadas para acelerar o processo de avaliação e intervenção:

1) Reforçamento diferencial.
2) Treino assertivo.
3) Treino de habilidade social.
4) Resolução e solução de problemas.

Resultados

O cliente se sentia extremamente infeliz e triste com sua vida. A perda do interesse pelas coisas e a falta de satisfação e de motivação também foram questões trabalhadas em terapia. O cliente chorava com frequência e passava os finais de semana trancado no quarto. Tinha desejos homossexuais e não conseguia lidar com essa ideia. Achava que a situação ficava cada vez pior e tinha medo do rumo que as coisas poderiam tomar.

Na infância e na adolescência, João foi um garoto tímido e com poucos amigos. Quando mais velho, depois que entrou para a faculdade, "soltou-se" mais. Nessa época, conseguiu fazer muitos amigos. Eles saíam muito para bares e para assistir a jogos de futebol. Com esses amigos, João se sentia mais à vontade para conversar. Apesar disso, a relação entre eles era distante e sem demonstração de afeto. Seus amigos o colocavam apelidos que o deixavam incomodado e assim o foi por toda a sua juventude.

João não tinha um bom relacionamento com o pai; disse se sentir pouco querido por ele. Seu pai era de Portugal, vindo para o Brasil com 30 anos. Quando tinha 43 anos, conheceu sua mãe, que na época tinha 32 anos. João não via respostas de carinho entre os pais. Seu pai era rígido, conversava muito pouco e não aceitava ser contrariado. Não era de fazer amizades e não permitia "estranhos" em casa. Apesar de o pai ter sido bem ausente, ele lembra de ter sido sempre provido em suas necessidades. Sua mãe era católica praticante e tinha uma relação mais próxima com o filho.

Aos 16 anos, tentou suicídio, tomando veneno de rato. João disse que não sabe se queria se matar mesmo ou se era um pedido de socorro para a família. Tinha uma irmã 11 meses mais velha, que sofria de depressão desde a adolescência. Por esse motivo, sempre foi protegida pela mãe. Depois da morte de seus pais, assumiu a responsabilidade de cuidar de sua irmã. A mesma foi abandonada pelo marido e morava, à época da terapia, com os dois filhos.

Morava em Brasília há 14 anos e, depois de 5 anos na cidade, cursou Direito. Estava formado havia 3 anos quando iniciou a terapia. Queria advogar, mas não se achava capaz para tal. João ocupava um cargo de chefia e era reconhecido por todos por sua eficiência. Seu único lazer era ir ao supermercado. Sua rotina era tensa e enfadonha.

Sua esposa foi sua primeira namorada séria. Ela tinha diagnóstico de Síndrome do Pânico desde a época em que se conheceram; diziam que se curaria com o casamento e, por isso, ele aceitou casar. Porém, mesmo fazendo terapia, ela ainda sofria com o problema. Sua esposa era extremamente consumista e não conseguia controlar gastos (compulsiva). Era possessiva, ciumenta e controladora. Seus filhos (duas mulheres de 23 e de 21 anos, e um menino de 12 anos) tinham grande expectativa em relação a ele.

João namorou somente duas meninas antes da sua esposa, sendo uma na adolescência e uma na faculdade. Ele dizia que nunca gostou muito dessas garotas e não tinha atração sexual por elas. Teve sua primeira relação sexual com sua esposa após o casamento. Nos primeiros anos de casamento, tinha uma vida conjugal boa. Viveu um momento delicado, mais precisamente depois de a esposa descobrir seu "caso" com outro homem. As relações sexuais entre ele e a esposa quase não aconteciam mais. Eles não conversavam, não saíam para namorar e, quando se falavam, era para discutir sobre dinheiro.

Dez anos antes, teve um relacionamento homossexual. Sua mulher descobriu ao ler uma carta que ele recebeu. A partir daí, não assumiu nenhum outro relacionamento homossexual, mas tinha encontros ocasionais em parques, bares, etc., o que o fazia sentir muita culpa. Sua mulher fazia ameaças e usava isso constantemente contra ele. A filha mais velha escutou uma discussão do casal e acabou descobrindo. Ela não recriminou o pai e o ajudou como pôde.

Em seu histórico familiar, constavam contingências que claramente favoreceram padrões perfeccionistas, de autoexigência e de controle muito forte sobre o ambiente. Todos esses padrões determinaram uma série de inadequações que mantinham o cliente sob uma condição de conflito e dor. Contextos atuais reforçavam a permanência desses padrões.

Podemos citar como exemplo de contingências passadas que fizeram parte da vida de João, pais exigentes, reforço diferencial para boa performance, alto desempenho no que fazia e história de sucesso frente à família e aos amigos. Além disso, a mãe buscava um "filho ideal", sendo ele apontado como modelo para os outros. Tinha grande responsabilidade pela irmã e pela mãe, assumindo cuidados com a saúde de ambas e as provendo financeiramente em todas as suas necessidades. Com tudo isso, ele acabava tendo poder e influência sobre as pessoas.

Os contextos mantenedores dos padrões comportamentais de João eram as muitas responsabilidades que ele assumia em casa e no trabalho: tinha muitas expectativas de outras pessoas sobre si, o que criava nele a regra segundo a qual deveria responder a tudo que era esperado. A isso se relacionava seu perfeccionismo, sua autoexigência e seu medo de errar. Ele também ocupou, em grande parte do seu histórico profissional, cargos de chefia. Como sempre, procurava fazer o melhor e não se permitia errar, tinha um alto resultado em suas atividades e seu comportamento era reforçado diferencialmente.

Ao mesmo tempo em que esses padrões acabavam sendo funcionais para João, eram "disfuncionais" em várias outras ocasiões, ou seja, ao mesmo tempo em que trazia ótimos desempenhos naquilo que fazia, reconhecimentos, sensação de dever cumprido, sucesso acadêmico e profissional, admiração da família, domínio sobre os outros e sobre o que ocorria à sua volta, produzia também desgastes nas relações interpessoais, fazia com que se sentisse preso, sem conseguir relaxar e, principalmente, acabava assumindo responsabilidades além do que podia, não aproveitando bons momentos.

Devemos entender, portanto, que, apesar de inadequados (ou seja, de trazerem sofrimento), esses comportamentos produziam reforços, sendo mantidos. É importante ressaltar que a falta de um repertório mais variado não permitia a emissão de comportamentos diferentes e mais adequados, com os quais ele ganhasse mais e perdesse menos. Assim, trabalhar a variabilidade comportamental fazia parte da proposta de tratamento.

Formulação comportamental

Diante de todos os dados sistematicamente expostos e antes de iniciarmos a formulação comportamental do caso, é importante ressaltar que o psicólogo comportamental tem como enfoque principal o que se denomina análise funcional do comportamento. É o que constitui a relação entre estímulos, comportamento e as consequências do comportamento no ambiente. Para adquirir esse tipo de habilidade, o analista do comportamento precisa desenvolver a capacidade de identificar eventos comportamentais, identificar eventos ambientais, relacionar eventos ambientais e comportamentais, compreender as relações identificadas e resolver problemas ligados a esses tipos de relações (Teixeira, 2002. Ver Capítulo 10).

O modelo clínico da Terapia Comportamental baseia-se na proposta do Behaviorismo Radical, que preconiza o conhecimento empírico e os dados obtidos em laboratório como substrato indispensável para a compreensão do homem e consequente utilização na análise do comportamento humano. A análise funcional, nessa perspectiva, é um dos instrumentos mais valiosos para a prática clínica, pois é a partir dela que é possível o levantamento correto dos dados necessários para o processo terapêutico (Delitti, 1997).

A formulação comportamental é parte imprescindível no processo terapêutico, e é nada menos que uma organização das informações obtidas relacionadas às queixas do cliente, identificando variáveis e contingências de controle responsáveis pela etiologia e manutenção do comportamento "disfuncional". A formulação comportamental possibilita um plano de tratamento mais eficaz e fortalece a aliança terapêutica e a adesão ao tratamento. Isso porque fornece a "esperança" de mudança que é estabelecida justamente a partir da nova compreensão do problema.

Assim, a formulação comportamental do caso poderia ser iniciada com a constatação da inassertividade que João demonstrava em todas as suas relações. Nunca se queixou com seu pai quando jovem e evitava brigas e conversas com a esposa. Estava insatisfeito no trabalho e pouco fazia para mudar essa condição. Até mesmo sua tentativa de suicídio evidenciava sua falta de assertividade – não dispor de outro meio para pedir ajuda. João dizia que sua esposa reclamava que ele era muito fechado e ele mesmo relatava que sempre foi muito seco, direto com as pessoas e, às vezes, agressivo. Isso sugere uma falta de habilidade social justificada em sua história de vida, na qual nenhum repertório nesse sentido foi reforçado ou implementado. João sempre foi um bom seguidor de regras e pensar em contestá-las sempre lhe eliciou muita ansiedade.

Quando alguém se comporta assertivamente, ela facilita a solução de problemas interpessoais, aumenta a autoestima e a sensação de segurança para desempenhar suas atividades. Isso resulta na melhora da qualidade de seus relacionamentos e na discriminação de uma postura mais tranquila frente aos contextos. Um comportamento agressivo produz justamente o contrário, pois gera conflitos interpessoais, perda de oportunidades, dano aos outros, sensação de estar sem controle, autoimagem negativa, culpa, frustração, tensão e solidão (Falcone, 1997).

A ausência de amigos e a dificuldade em ampliar seu círculo social vinha justamente dessa falta de habilidades, assim como pelos apelidos pejorativos que os amigos lhe davam. O modo como ele era rude nas suas relações vinha da falta de treino social e até mesmo de regras inadequadas, como "quem fala menos, ganha mais". Além disso, havia o medo de se expor por não ter tido treino, pois, mesmo tendo muitos amigos quando jovem, dizia que a relação deles era distante em termos de demonstração de afeto, como abraços mais longos, e nunca fazia afirmação do tipo: "eu gosto muito de fulano".

Dadas às condições pelas quais o terapeuta é procurado, é necessário que este se comporte de modo a minimizar o sofrimento do cliente e partir da provisão de estímulos discriminativos e disposição de consequências que levem a mudanças comportamentais mais efetivas. Para isso, é fundamental que o terapeuta apresente-se como uma audiência não punitiva e como um agente reforçador (Skinner, 1953/1998; Meyer, 2001), trazendo um aumento da tolerância do cliente no que se refere à exposição a emoções aversivas (Cordova e Kohlenberg, 1994, citado por Meyer, 2001) e maximizando as chances de o cliente aceitar interpretações, seguir instruções e atentar a quaisquer intervenções que o terapeuta possa fazer (Meyer, 2001).

João foi uma criança, um adolescente e um jovem nunca estimulado a falar de si, de seus problemas, enfim, de sua vida. Isso ficava evidente em seus relatos, nos quais ele observava que seus pais sempre foram muito fechados e que, em especial, seu pai nunca lhe deu atenção. Na história de vida do pai, poderiam permear regras relacionadas a como "criar um filho homem", que selecionam comportamentos secos e rudes, sem trato emocional ou comportamentos que denotem carinho.

Nas situações em que o repertório de resolução de problemas lhe era exigido, ele se sentia inseguro e despreparado para atuar. João não sabia argumentar, barganhar, convencer, questionar e, muitas vezes, na possibilidade de isso acontecer, ele evitava e não se expunha à contingência. Fugindo e esquivando-se cada vez mais dessas situações, mais diferente e despreparado para enfrentá-las ele se sentiria.

João era um homem que tinha escassez de reforçadores em sua vida aliado à pouca habilidade de criá-los. Um exemplo disso é que, apesar de aposentado, aceitou um cargo de confiança para dar estabilidade financeira à família e não porque se tratava de algo que ele gostaria de fazer. Relacionado a essa escolha estão associadas várias regras, como, por exemplo, "é obrigação do homem assumir responsabilidades sobre sua família". Além disso, João era o tipo de cliente em que a ausência de repertório de autoconhecimento era um grande obstáculo frente a escolhas mais coerentes. Ele não sabia tatear o que sentia e o que queria realmente.

Sua esposa tinha grande controle sobre ele e sobre seus comportamentos. Isso porque ela criava em sua relação uma intermitência muito grande no que dizia respeito à troca de carinho e afeto. As relações sexuais aconteciam na maioria das vezes quando ela queria, e ele ficava à espera de isso acontecer. A escassez de reforçadores fortalecia esse esquema. Aliado a essa contingência, sua esposa usava o fato de ele ter se relacionado com outro homem para fazê-lo se sentir culpado. Sua culpa também era alimentada por regras relacionada à sua religião: ele se sentia como tendo cometido um pecado.

Skinner (1953/1998) enfatiza que, quando um indivíduo é punido por não responder de uma dada maneira, gera-se uma estimulação aversiva condicionada quando estiver fazendo qualquer outra coisa. Apenas comportando-se daquela dada maneira ele consegue livrar-se da culpa, ou seja, assim, se pode evitar a estimulação aversiva condicionada gerada por não cumprir o dever simplesmente cumprindo.

A falta de assertividade fica evidente também quando João afirmava que nunca expressou nenhuma opinião sobre a maneira como sua esposa empregava o dinheiro. Ele sempre arcou com todas as despesas e sua esposa ficava sempre com o que era "supérfluo". Ter sido sempre assim fez com que sua forma de comportar-se tenha sido extremamente funcional para sua esposa, que não precisou assumir nenhuma responsabilidade financeira no casamento. Ao mesmo tempo, isso para João era uma esquiva das acusações da esposa e evitava que ela direcionasse sua agressividade para ele. Quando ele tentava conversar, argumentar ou criar um planejamento para mudar essa condição, sua esposa usava controle aversivo para diminuir ou evitar essa mudança – ela exercia contracontrole. Ela começava a chamá-lo de "pão-duro" ou "mesquinho", "colocava-o na geladeira", recusava-o sexualmente e ameaçava largar a relação. Para ele, o fim de um casamento representava um fracasso, pois "casamento é para sempre perante a igreja e os filhos" – outra regra que descrevia inadequadamente as contingências.

Desse modo, fica claro que João evitava discussões para se esquivar dessas críticas, das punições e do conflito que era ir contra suas regras. Isso se justificava até mesmo porque ele não tinha repertório para manter e sustentar suas argumentações. Pode-se dizer então que seu comportamento era mantido por reforçamento negativo, ou seja, ele usava de fuga e esquiva para não entrar em contato com esses eventos aversivos.

Skinner (1953/1998) afirma que, tanto na vida diária, quanto na clínica e no laboratório, é preciso saber o quão reforçador um determinado estímulo é. Algumas vezes, os estímulos aversivos são derivados da experiência do indivíduo e podem pertencer a dois tipos básicos: estímulos que são aversivos porque sinalizam uma redução do reforçamento positivo, e estímulos que são aversivos porque precedem ou constituem a ocasião para o aparecimento de outros estímulos aversivos. Um estímulo aversivo pode influenciar o comportamento de várias maneiras diferentes e determinar comportamentos de esquiva e fuga que são tão comuns entre as pessoas.

Quanto à sua experiência homossexual, falar sobre isso eliciava ansiedade em João, de modo que coletar dados a esse respeito era difícil. Nas sessões, quando esse ponto era abordado, ele se esquivava, mudando de assunto ou chorando muito. João tinha muita dificuldade em falar sobre esse assunto, mas desenvolver repertório de autoconhecimento em terapia o ajudou a modelar seu comportamento verbal em termos de explicações e de interpretações funcionalistas, o que interferiu na sua motivação para a mudança.

Para Skinner (1969/1988, 1974/1982), autoconhecimento refere-se aos eventos relativos a todo e qualquer comportamento do próprio indivíduo, mesmo que sejam públicos, e não privados. De acordo com ele, o indivíduo está consciente quando descreve seu comportamento e/ou as variáveis ambientais que o controlam. Tal comportamento (descrição) pode ser público ou privado.

Ao insistirmos em questões que são aversivas para o cliente, podemos estar criando uma contingência de punição. Não se recomenda bloquear todas as respostas de fuga e esquiva porque o bloqueio funciona como controle aversivo, e isso acarreta todos os efeitos indesejáveis a ele associados. Há casos, entretanto, nos quais os problemas do cliente que aparecem em terapia consistem em comportamentos de fuga e esquiva, o que impossibilita a ocorrência de progressos do cliente na sessão, ou seja, o desenvolvimento de repertórios mais efetivos. O bloqueio deveria ser aplicado com moderação no contexto de um ambiente primordialmente baseado em reforçamento positivo e estar de acordo com o nível atual de tolerância do cliente aos estímulos aversivos (Kohlenberg e Tsai, 1991. Ver também o Capítulo 11).

Assim, nessas situações, o terapeuta pode tentar bloquear a esquiva reapresentando ao cliente o estímulo discriminativo que originalmente evocou a fuga ou esquiva (p. ex., uma pergunta). Essas reações poderiam se relacionar com uma série de problemas do cliente em termos de relacionamentos interpessoais. Se o terapeuta muda de tópico e "parte para outra", haveria reforçamento da esquiva, sem que se possibilite o desenvolvimento de um repertório significativo do cliente, pleno de implicações, relacionado a "ser direto". Portanto, a técnica principal para enfraquecer a esquiva seria introduzir, novamente, o estímulo aversivo (Kohlenberg e Tsai, 1991).

Uma hipótese levantada para o caso de João é que a condição de privação que sua esposa o colocava em relação ao sexo pode ter funcionado como uma operação estabelecedora que potencializou a possibilidade e a qualidade do contato homossexual, eliciando nele todos os respondentes ligados à condição de prazer e evocando operantes relacionados à sua história de aprendizagem no que diz respeito a contatos sexuais.

Relacionado ainda aos seus desejos homossexuais, é importante relatar que, depois de seis meses de terapia, João conseguiu tatear outra função para seus padrões perfeccionistas e de autoexigência. Ele discriminou que querer fazer muito pela família, tentar não errar com eles fazendo suas vontades, ir à igreja todo domingo, cuidar da irmã, fazer compras, cuidar da casa, não negar favores inconvenientes, etc., eram operantes que diminuíam o sentimento de culpa em relação aos seus desejos homossexuais. Aqui fica claro como estar atento no *setting* terapêutico foi determinante para perceber em que momento seria adequado bloquear esquivas em relação ao falar sobre contatos homossexuais, já que isso permitiu que o cliente obtivesse ganhos no que se refere a autoconhecimento, ou seja, ele conseguiu fazer análise funcional de alguns de seus comportamentos. A aquisição de autoconhecimento coloca as pessoas numa posição privilegiada para atuar sobre si e sobre o mundo (Skinner, 1953/1998).

Nesse caso clínico, os recursos terapêuticos utilizados foram a validação de sentimentos, valores e pensamentos, em função da história de vida e das contingências atuais; o autoconhecimento; a identificação das variáveis motivacionais e a aceitação de que não há como mudar sem passar por novas experiências. Aqui, novas experiências estão ligadas a um fator crucial dentro de qualquer processo de terapia pautado na Análise do Comportamento: a exposição às novas contingências. Isso se relaciona à ênfase da Análise do Comportamento sobre o papel das consequências para explicar porque as pessoas agem de uma forma ou de outra. A noção de comportamento operante nos faz olhar para o papel seletivo de eventos que ocorrem depois do comportamento para que possamos compreender tanto como aprendemos algo novo quanto porque continuamos ou não fazendo aquilo que aprendemos. Isso porque consequências do que fazemos são responsáveis tanto pela aquisição quanto pela manutenção de comportamento (Benvenuti, 2000).

No caso de João, as novas experiências sugeridas foram dar prioridade a fazer coisas para si a sinalizar emoções para as pessoas, a vivenciar situações de lazer, a delegar funções de responsabilidade aos outros, a sinalizar dificuldades e limitações, a pedir ajuda, a tornar os filhos mais independentes, a ter comportamentos que possam desagradar, decepcionar, frustrar ou incomodar as pessoas, sem que isso lhe traga problemas reais; a fazer coisas de forma incompleta, a inserir-se em situações de pouco controle ou nas quais o controle esteja com outras pessoas; a inserir-se em situações em que o erro ocorra naturalmente e não haja punição severa; a conviver com grupos sociais diferentes e a abrir espaços para novos relacionamentos interpessoais mais próximos.

Todas essas exposições tinham como objetivo terapêutico levar o cliente a perceber que as condições de vida que o levavam ao sofrimento só seriam mudadas a partir de uma mudança no seu repertório comportamental. Outros objetivos foram o desenvolvimento de autonomia na produção de reforçamento em sua vida, a mudança no controle por regras ineficazes a partir da exposição a novas contingências, o desenvolvimento de autoconhecimento, a busca de seus próprios referenciais e o desenvolvimento de sua autoestima.

Para finalizar a exposição desse caso clínico, pode-se citar como ganhos que o cliente obteve, além de tantos outros, em um repertório verbal mais coerente de acordo com suas expectativas; em não dispensar o pagamento do aluguel por parte da cunhada, coisa que ele fazia quando ela o pedia e ele cedia mesmo estando sem dinheiro; em recusar aumento de salário em troca de mais horas de trabalho; em questionar sobre a própria vida, dividir tarefas da casa com a família, permitir que a filha o ajudasse a pagar a terapia, receber ajuda dos outros no trabalho, recusar cargo de síndico e extinguir o comportamento de queixa da subsíndica; em sentir-se menos responsável pela irmã e em se observar muito mais.

Concluindo, o psicólogo deve estar sempre pronto para propor, criar ou estabelecer relações de contingências para o desenvolvimento de certos processos comportamentais. Isso porque é através da manipulação de contingências que se pode estabelecer ou instalar comportamentos, alterar padrões como taxa, ritmo ou espaçamento, assim como reduzir, enfraquecer ou eliminar comportamentos dos repertórios dos organismos.

REFERÊNCIAS

Albuquerque, L. C. (2001). Definições de regras. Em H. J. Guilhardi (Org.), *Sobre Comportamento e Cognição: Vol. 7. Expondo a variabilidade* (pp. 112-119). Santo André: ESETec.

Banaco, R. A., Zamignani, D. R. & Kovac, R. (1997). O Estudo de eventos privados através de relatos verbais de terapeutas. Em R. A. Banaco (Org.), *Sobre Comportamento e Cognição: Vol. 1. Aspectos teóricos, metodológicos e de formação em Análise do Comportamento e Terapia Cognitivista* (pp. 75-82). Santo André: ARBytes.

Baum, W. M. (1994/1999). *Compreender o Behaviorismo: Ciência, comportamento e cultura* (M. T. A. Silva, G. Y. Tomanari & E. E. Z. Tourinho, trads.). Porto Alegre: Artmed.

Benvenuti, M. F. (2000). Reforçamento acidental e comportamento supersticioso. Em R. C. Wielenska (Org.), *Sobre Comportamento e Cognição: Vol. 6. Questionando e ampliando a teoria e as intervenções clínicas e em outros contextos* (pp. 47-53). Santo André: SET.

Delitti, M. (1997). Análise Funcional: o comportamento do cliente como foco da análise funcional. Em M. Delitti (Org.), *Sobre Comportamento e Cognição: Vol. 2. A prática da Análise do Comportamento e da Terapia Cognitivo-Comportamental* (pp. 55-61). Santo André: ARBytes.

Falcone, E. (1997). Habilidades Sociais: para além da assertividade. Em R. C. Wielenska (Org.), *Sobre Comportamento e Cognição: Vol. 6. Questionando e ampliando a teoria e as intervenções clínicas e em outros contextos* (pp. 204-210) Santo André: ARBytes.

Kohlenberg, R. J. & Tsai, M. (2001). *Psicoterapia Analítica Funcional: Criando relações terapêuticas intensas e curativas* (F. Conte, M. Delitti, M. Z. da S. Brandão, P. R. Derdyk, R. R. Kerbauy, R. C. Wielenska, R. A. Banaco, R. Starling, trads.). Santo André: ESETec.

Meyer, S. & Vermes, J. S. (2001). Relação terapêutica. Em B. Rangé (Org.), *Psicoterapias cognitivo-comportamentais: um diálogo com a psiquiatria* (pp. 101-110). São Paulo: Artmed.

Skinner, B. F. (1953/1998). *Ciência e Comportamento Humano* (J. C. Todorov & R. Azzi, trads.). São Paulo: Martins Fontes.

Skinner, B. F. (1969/1980). *Contingências do reforço: uma análise teórica* (R. Moreno trad.). Coleção Os Pensadores. São Paulo: Abril Cultural.

Skinner, B. F. (1974/1982). *Sobre o Behaviorismo* (M. da P. Villalobos, trad.). São Paulo: Cultrix.

Teixeira, A. M. S. (2002). Capacitação de analistas do comportamento: habilidades básicas. Em A. M. S. Teixeira, M. R. B. Assunção, R. R. Starling & S. dos S. Castanheira (Orgs.), *Ciência do Comportamento: Conhecer e Avançar* (pp. 1-4). Santo André: ESETec.

Zamignani, D. R. (2000). O caso clínico e a pessoas do terapeuta: desafios a serem enfrentados. Em R. R. Kerbauy (Org.), *Sobre Comportamento e Cognição: Vol. 5. Conceitos, pesquisa e aplicação: A ênfase no ensinar, na emoção e no questionamento clínico* (pp. 234-243). Santo André: SET.

Capítulo 10

Um Estudo de Caso em Terapia Analítico-Comportamental
Construção do Diagnóstico a Partir do Relato Verbal e da Descrição da Diversidade de Estratégias Interventivas

Suelem Araújo Ruas
Alessandra Rocha de Albuquerque
Paula Carvalho Natalino

Skinner (1953/2000) afirma que "a ciência se ocupa do geral, mas o comportamento do indivíduo é necessariamente único" (p. 30). Nesse sentido, o estudo de caso "tem riquezas e características que estão em nítido contraste com os princípios gerais" (Skinner, 1989/1991, p. 30), sendo considerado um recurso fundamental e necessário para o estudo do comportamento. Silvares e Banaco (2000) afirmam que "o estudo de caso pode ser a forma ideal de aumentar o corpo de conhecimento em terapia comportamental" (p. 38) e de demonstrar a eficácia da ação terapêutica.

O presente trabalho teve como objetivo geral descrever, por meio de um estudo de caso, um processo terapêutico de base analítico-comportamental, do diagnóstico à intervenção, enfatizando o papel do comportamento verbal como fonte de informações a respeito do cliente e como elemento propulsor de mudanças. Para tanto, os temas Operantes Verbais, Correspondência Verbal-NãoVerbal e Diagnóstico e Intervenção Analítico-Comportamental serão teórica e brevemente tratados e, posteriormente, apresentar-se-á o Estudo de Caso.

OPERANTES VERBAIS

O comportamento verbal é um comportamento operante e, como tal, é selecionado e mantido por suas consequências, as quais produzem modificações no ambiente que, retroativamente, o afetam (Moreira e Medeiros, 2007; Skinner, 1953/2000 e 1957/1978). Uma característica especial do operante verbal, que o diferencia dos demais operantes, refere-se ao fato de ele operar no ambiente de maneira indireta, pois as consequências que o seguem são mediadas por uma outra pessoa, membro da comunidade verbal (Skinner, 1957/1978). A comunidade verbal, por sua vez, é, segundo Baum (1994/1999), formada por um grupo de pessoas que falam e reforçam as verbalizações umas das outras (Baum, 1994/1999).

Skinner (1957/1978) divide os operantes verbais em oito subcategorias, cada qual definida com base nas relações funcionais (antecedente – comportamento – consequente) envolvidas. Para o presente estudo, a definição de duas dessas subcategorias é relevante – tato e mando –, uma vez que são amplamente exploradas no contexto clínico.

O tato caracteriza-se pelo controle por um evento antecedente não verbal e por reforço generalizado. Operantes vocais como relatar, emitir opiniões e observações, quando sob controle de antecedentes não verbais, são exemplos de tatos. O mando tem como antecedente uma operação estabelecedora (que altera o valor reforçador de um estímulo, como, por exemplo, privação, saciação ou estimulação aversiva), a qual especifica o reforçador. Operantes vocais como pedir, solicitar e requerer algo, quando sob controle de antecedentes específicos diretamente relacionados ao reforçador, exemplificam mandos. Os mandos subdividem-se em dois tipos: puro e disfarçado (Barros, 2003; Matos, 1991; Medeiros, 2002; Skinner, 1957/1978). O mando puro é exemplificado por solicitações diretas, enquanto o mando disfarçado é topograficamente semelhante a um tato, podendo ser exemplificado por pedidos realizados de forma indireta.

O relato verbal de um cliente, no contexto clínico, é compreendido como um tato e é por meio dele que o terapeuta tem acesso a grande parte das contingências disponíveis para o cliente, as quais não são passíveis de observação direta pelo terapeuta (de Rose, 1997). A partir do relato verbal do cliente, o terapeuta pode conhecer e fazer inferências a respeito das contingências às quais está exposto; logo, é relevante que esse relato seja acurado. A validade dessas inferências dependerá do controle discriminativo desempenhado sobre o tato pelos elementos nele envolvidos, ou seja, da correspondência entre o relato e o conjunto de elementos a que ele se refere, sejam eles elementos ambientais (físicos, sociais, biológicos) ou comportamentais.

O estudo da correspondência entre o comportamento verbal e não verbal se constitui em uma linha de pesquisa em Análise Experimental do Comportamento, a qual se dedica a investigar relações sistemáticas entre o que se fala e o que se faz, e vice-versa, independente da ordem em que esses comportamentos ocorrem (Lima, 2004). Segundo Beckert (2005), há temas no cotidiano que emanam uma investigação apurada da correspondência verbal e não verbal, tais como a mentira, a promessa não cumprida, a omissão e o uso da fala como recurso educacional e terapêutico.

Pesquisas relativas à correspondência verbal têm evidenciado que o comportamento verbal influencia o comportamento não verbal, ou seja, mudanças no dizer de um indivíduo podem facilitar mudanças no fazer (Beckert, 2000; Lima, 2004). Catania, Matthews e Shimoff (1982, 1990) propuseram, ainda, que é mais fácil mudar o comportamento humano modelando o que alguém diz do que o que alguém faz.

No contexto clínico, a correspondência verbal-não verbal pode ser fortalecida, com a mediação do terapeuta, por meio de reforço diferencial do repertório verbal do cliente, e tal reforçamento pode se reverter em autoconhecimento. O autoconhecimento refere-se à habilidade de tatear as variáveis das quais o comportamento não verbal (público ou privado) é função (Beckert, 2002; Tourinho, 2001). É importante destacar que o autoconhecimento tem origem social, ou seja, o que o sujeito sabe a respeito de si é construído por intermédio do outro, membro da comunidade verbal.

> Os falantes não apreendem o mundo e o descrevem com palavras; eles respondem ao mundo, dependendo das maneiras como as respostas foram modeladas e mantidas por contingências especiais de reforçamento. Os ouvintes não extraem informação ou conhecimento das palavras, compondo cópias de segunda mão sobre o mundo; eles respondem aos estímulos verbais segundo as maneiras com que foram modelados e mantidos por outras con-

tingências de reforçamento. Ambas as contingências são mantidas por um ambiente verbal desenvolvido ou cultural. (Skinner, 1989/1991, p. 53-54)

O autoconhecimento mostra-se também uma condição importante, porém não única e suficiente, para a obtenção de autocontrole, visto que, para exercer controle sobre algo, é necessário conhecê-lo (para maior discussão acerca da relação entre autoconhecimento e autocontrole, ver o capítulo Nery e de-Farias neste livro). Segundo Skinner (1953/2000), o autocontrole consiste no estabelecimento de contingências pela própria pessoa de modo a alterar a probabilidade de ocorrência de determinado comportamento. No autocontrole, existem duas respostas relevantes e distintas: a controladora, emitida pelo sujeito que manipula variáveis ambientais, e a controlada, que altera a probabilidade de ocorrência de um dado comportamento. O Behaviorismo Radical não atribui causalidade interna ao autocontrole; este é concebido de maneira contextual, em interação com o ambiente. O autocontrole pode ser considerado como um operante, ou seja, um comportamento analisado a partir das contingências de reforçamento e punição e deve ser explicado por variáveis que se localizam fora do próprio indivíduo (Beckert, 2000).

Pode-se afirmar, portanto, que a correspondência verbal-não verbal relaciona-se ao autoconhecimento e ao autocontrole. Estudos que relacionam esses temas entre si vinculam cadeias fazer-dizer ao autoconhecimento e dizer-fazer ao autocontrole (Beckert, 2002).

DIAGNÓSTICO E INTERVENÇÃO ANALÍTICO-COMPORTAMENTAL

O diagnóstico tradicional em Psicologia, baseado no modelo médico, é mentalista e internalista, na medida em que atribui a causalidade de comportamentos-problema a doenças mentais; além disso, enfatiza a topografia dos comportamentos, desprovidos do contexto no qual ocorrem, para a identificação de síndromes. Segundo Cavalcante e Tourinho (1998), as classificações diagnósticas tradicionais são baseadas em sinais (elementos visíveis que evocam dados do cliente com relevância clínica), e sintomas (manifestações trazidas pelo cliente), os quais, analisados conjuntamente, levam a classificações (rótulos) diagnósticas.

O diagnóstico comportamental, diferentemente do tradicional, atém-se à função do comportamento e é construído a partir da identificação e da análise de contingências. Conforme Moreira e Medeiros (2007), a análise de contingências ou análise funcional consiste na identificação das relações entre o indivíduo e seu mundo, isto é, na observação de um comportamento e na compreensão de qual tipo de consequência ele produz. Nesse sentido, o diagnóstico comportamental é orientado pelas variáveis controladoras, características de cada quadro; é externalista/interacionista e se constitui em uma explicação relacional do comportamento (Cavalcante e Tourinho, 1998).

A abordagem analítico-comportamental busca, a partir de um conjunto de análises funcionais, realizar sínteses funcionais dos comportamentos do indivíduo, as quais se constituem no que se denomina Diagnóstico ou Formulação Comportamental (ver também capítulo de Moraes neste livro). Uma formulação de caso é basicamente um modelo que estabelece, a partir de um determinado ponto de partida, aonde se quer chegar e os passos que deverão ser seguidos para que se alcance objetivos preestabelecidos ao menor custo possível (Rangé e Silvares, 2001). A formulação comportamental é um instrumento dinâmico, descritivo e pode ser modificado na medida em que novas informações a respeito do cliente surgem. A relevância desse instrumento não se restringe ao diagnóstico, mas estende-se para a intervenção e avaliação do processo terapêutico, na medida em que é o ponto de partida para o planejamento e acompanhamento da intervenção na clínica analítico-comportamental. Esse instrumento auxilia ainda o terapeuta na realização de análises funcionais futuras. Além disso, facilita a análise de contingências, que promovem a modificação do próprio comportamento e a produção de mudanças no ambiente que contribuem para a manutenção de comportamentos modificados (Rangé e Silvares, 2001). Nesse sentido, o mesmo instrumento de diagnóstico é também o de intervenção, isto é, as análises funcionais (baseadas no relato verbal do cliente), construídas pelo terapeuta e/ou em conjunto com o cliente, por meio da mediação verbal do clínico, promovem autoconhecimento, ampliação do repertório comportamental e mudanças.

A intervenção em Terapia Analítico-comportamental, assim como o diagnóstico, baseia-se em análises funcionais amplas, formuladas, principalmente, a partir do relato verbal do cliente, sendo as principais ferramentas de trabalho do analista do comportamento, qualquer que seja o contexto no qual atua.

Para Delitti (1997), o processo terapêutico envolve duas pessoas: o terapeuta e o cliente; entretanto, o comportamento do cliente é foco primário da análise funcional. Nesse sentido, uma análise funcional representa um dos instrumentos mais valiosos para a prática clínica, pois proporciona o levantamento dos dados necessários para o processo terapêutico. A partir dela, é possível descobrir a função do comportamento e em que contingências se instalou e em quais se manteve. De modo geral, a análise funcional acompanha o terapeuta no início do processo, com o levantamento das hipóteses; durante o processo, com a observação do comportamento do cliente na sessão e de seu relato fora dela; e no final do processo, com o planejamento da manutenção e generalização das mudanças comportamentais alcançadas.

ESTUDO DE CASO

O estudo de caso descrito a seguir refere-se a uma mulher de 30 anos atendida em uma clínica comunitária, em sessões com periodicidade semanal. Os dados apresentados são relativos a 28 sessões, ocorridas ao longo de sete meses. O atendimento teve início após consentimento livre e esclarecido da cliente.

Os dados serão apresentados, separadamente, em *diagnóstico* e *intervenção* e organizados, na seção intervenção, a partir das estratégias interventivas utilizadas. Em ambos os eixos – diagnóstico e intervenção – os objetivos específicos do presente trabalho, descritos a seguir, serão explorados:

(a) Delinear o processo de diagnóstico em terapia comportamental, tendo o comportamento verbal da cliente como principal fonte de informações sobre seu ambiente e comportamento.

(b) Apontar os objetivos terapêuticos, relacionando-os ao diagnóstico.

(c) Relacionar os objetivos terapêuticos com o curso da intervenção.

(d) Relacionar a história de aprendizagem da cliente com o estabelecimento de comportamentos "disfuncionais" atuais da mesma.

(e) Analisar o ambiente terapêutico como um local favorável para repetição de comportamentos "disfuncionais" presentes em outros contextos, bem como para o desenvolvimento de comportamentos mais adaptativos.

(f) Analisar a correspondência entre comportamento verbal e não verbal no contexto clínico e fora dele.

(g) Averiguar as estratégias de promoção de correspondência verbal e não verbal utilizadas no atendimento e a eficácia das mesmas.

(h) Avaliar a relação entre autoconhecimento e correspondência verbal e não verbal no caso atendido.

(i) Avaliar a relação entre autocontrole e correspondência verbal-não-verbal no caso atendido.

Diagnóstico comportamental

Apresenta-se a seguir o processo diagnóstico do caso atendido, de acordo com a estrutura comumente utilizada pela abordagem analítico-comportamental (apresentação dos dados e formulação/diagnóstico propriamente dito), com o objetivo de delinear todo o processo diagnóstico com base nesse referencial. Assim, inicialmente, são apresentados, de maneira ordenada e sintética, dados coletados ao longo das sessões e, posteriormente, análises funcionais micro e macro, as quais constituem, efetivamente, a formulação/diagnóstico comportamental.

Dados da cliente

Identificação: Florinda (nome fictício), 30 anos, sexo feminino, negra, ensino médio completo, nível socioeconômico baixo, noiva e católica praticante.

Queixa: No processo de triagem, a cliente relatou as seguintes queixas: choro frequente, tristeza, crises depressivas recorrentes, dificuldades financeiras e histórico de abuso sexual.

No decorrer dos atendimentos iniciais, explicitou mais algumas queixas, como a falta de autoconhecimento – "Quero entender por que eu choro tanto", "Por que as pessoas têm pena de mim?", "Eu não entendo porque eu não impedi que eles fizessem isso (abuso sexual) comigo" – e inassertividade – "Eu não sei dizer não para as pessoas... Meus irmãos e cunhados sempre pedem dinheiro para mim e não pagam. Quando digo que não tenho ou não posso, as pessoas parecem que sabem que estou mentindo, aí eu acabo emprestando mesmo".

Objetivos da Cliente: Entender as "causas" do choro e "ficar boa da depressão".

Demandas: A partir das queixas apresentadas pela cliente, identificou-se a necessidade de desenvolver repertórios de autoconhecimento. O interesse pelo desenvolvimento da assertividade ocorreu, também, por notar-se, logo nas primeiras sessões, que a cliente era passiva, inassertiva e emitia mandos disfarçados, e não diretos, com bastante frequência.

Variáveis históricas

Histórico Familiar: Família extensa, com pai falecido, mãe e seis irmãos, dentre eles quatro homens e duas mulheres. Ficou responsável por administrar o dinheiro de sua mãe após o falecimento do pai, o que gerava pedidos corriqueiros de empréstimo de dinheiro por parte dos parentes, que não pagavam e, às vezes, Florinda contraía dívidas em decorrência disso. Ela se recusava a emprestar, inicialmente, mas terminava cedendo à insistência. Como exemplo dessa situação, relatou uma dívida contraída com compra de material de construção para levantar o barraco em que a mãe morava. Enquanto todos os outros irmãos contribuíam com o pagamento do material, a cliente cobria o rombo mensal deixado pelo irmão (que cometeu o abuso sexual) que, além de não arcar com a parte que lhe cabia, ainda retirava produtos da loja de materiais de construção para si sem avisar aos demais irmãos e acrescentava à conta.

As discussões da cliente com o irmão abusador frequentemente eram acompanhadas de gritos da parte dele que, por sua vez, eram seguidos de choro da parte de Florinda. Relatou, e voltar rapidamente para o lar.

Histórico Social: Na adolescência, as colegas zombavam dela pelo fato de ter medo de homens. Marcavam encontros com rapazes que a cumprimentassem apenas para vê-la fugindo deles. Numa dessas "brincadeiras", ela conheceu o noivo e, depois, começaram a namorar. Relatou que "tento ser amiga, mas não tenho amigos; as pessoas brincaram muito comigo, já sofri muito com amizades"; "meu único amigo é meu noivo".

Florinda comentou em uma sessão que certa vez, uma colega de sua igreja, ao conhecer o seu noivo comentou: "Nossa, esse que é o seu namorado", "todos na minha casa veem e não fazem nada!".

A cliente afirmou que o dia do seu noivado foi o dia mais feliz de sua vida e que almejava casar-se para sair de casa o quanto antes. Revelou que, quando tinha que resolver algum compromisso fora de casa, demorava propositalmente para adiar seu retorno. Entretanto, logo o irmão abusador ligava para saber em que local estava; ela costumava dizer "ele é bonito, né?... Pensei que ele fosse igual àqueles neguinhos da rua". A cliente se sentiu diminuída e magoada, pois compreendeu que a colega a julgava incapaz de namorar um homem branco por ser negra (situação de discriminação racial), porém a cliente nada fez.

Frequentava a igreja habitualmente e disse gostar muito do que fazia. Além disso, participava de um grupo religioso que rezava terços na casa de pessoas assiduamente.

Muitas vezes, chorava na frente de outras pessoas, dizendo que sentia uma enorme tristeza. As pessoas costumavam ir até ela, acolhiam-na e perguntavam o que ela estava sentindo. Ela respondia: "Não sei".

Histórico Afetivo-sexual: Foi abusada sexualmente na infância pelo cunhado e pelo irmão. Com o cunhado, houve dois episódios: o primeiro aconteceu enquanto ela brincava de pular na cama em que o cunhado estava; ele tocou em sua vagina, havendo ardor e ela então saiu correndo. No segundo episódio, não consumado, ele tentou retirar o cobertor e as roupas dela durante a noite, mas ela empurrou suas mãos, impedindo que o fizesse. A diferença de idade entre o cunhado abusador e a cliente era de 18 anos, sendo que, na época dessas duas tentativas, ela tinha aproximadamente 4 anos e ele 22.

Os episódios de abuso cometidos pelo irmão (cinco anos mais velho) foram mais frequentes e diversos: em "brincadeiras", nas quais ele a tocava; com penetração dos dedos na vagina da cliente; em situações nas quais os pais saíam e ele a levava até o banheiro, ordenava que ela abaixasse as roupas e encurvasse o corpo de costas para ele – nessas ocasiões, manipulava o pênis em contato com sua vagina, chegando a haver introdução vaginal algumas vezes. Ao falar dos abusos do irmão, sensibilizava-se e afirmava: "Ele é meu dono"; "O meu pai era um homem bom, mas ele era dominado pelo meu irmão"; "Ele só queria me usar, ele só queria a minha vagina".

A cliente dizia não se lembrar quantos anos tinha quando ocorreram os abusos, nem da idade da primeira menstruação, ocasião na qual os episódios de abuso se encerraram, pois ela poderia engravidar. Dizia também não se lembrar de nada falado nas sessões terapêuticas nas quais o abuso fora tratado. Lembrava-se, contudo, de outras datas relevantes.

Relatou que, apenas quando foi esclarecendo-se sobre o ocorrido, começou a sofrer bastante e culpabilizar-se, e isso afetava diretamente sua vida até o momento presente. Poucas pessoas tinham conhecimento do ocorrido; dentre elas, um padre, o noivo e duas psicólogas. Temia que esse assunto, algum dia, viesse a ser revelado à família, pois ninguém acreditaria nela e a acusariam de tê-los provocado.

Nunca havia tido envolvimento sexual com o noivo, seu primeiro namorado, com quem estava há cinco anos. Defendia o sexo só depois do casamento, devido a preceitos religiosos. Vale ressaltar que ela costumava usar camisas com imagens de santo e um terço envolto entre os dedos. Disse que sexo era algo importante para o casal quando vivido no casamento, que desejava casar-se e ter filhos com esse noivo e que não o via apenas para a reprodução. Costumava namorar na praça; no entanto, quando estavam na casa dela, evitava aproximar-se dele, para evitar comentários moralistas da mãe.

Histórico Acadêmico e/ou Profissional: Concluiu o ensino médio. Não trabalhava durante o período que durou o atendimento, porém gostaria de ter um emprego para ajudar o noivo com o casamento e esperava que algum colega a indicasse para um trabalho. Não queria emprego relacionado à limpeza, pois havia avançado nos estudos e acreditava merecer algo melhor. Tinha experiências de trabalho em uma padaria e na cozinha de um grande supermercado. Em relação ao serviço no supermercado, atribuiu sua demissão ao fato de ter sido verdadeira com uma das chefes. A chefe fazia comentários maliciosos a respeito de Florinda com outros colegas pelo fato de ela ser virgem. Frente a essas provocações, a cliente, inicialmente, relatou partes da Bíblia para a chefe e, posteriormente, disse à mesma que ela não se valorizava, que não valia nada, apesar de ser bonita.

Após ter iniciado a terapia, deixou currículos em uma empresa e fez inscrição em um concurso público, com o auxílio financeiro do noivo para o pagamento da inscrição. Resistiu em aceitar a ajuda financeira do noivo, pois acreditava que não deveria aceitar dinheiro de homem (regra da mãe), principalmente: "se ele ainda não é seu marido, não deve decidir nada por você". Todavia o noivo insistiu, disse que não cobraria dela depois e a cliente acabou aceitando. Animou-se em fazer o concurso, pois teria prova prática de corrida e ela lembrou-se de ter corrido e caminhado no passado e que ainda gostava muito dessas atividades. No entanto, não estudou regularmente para o concurso e hesitou várias vezes em fazer as caminhadas, conforme havia se comprometido. Além disso, foi chamada para entrevistas de emprego e as recusou, afirmando estar atribulada com os preparativos para o casamento e que não sobraria tempo para fazer as duas coisas.

Histórico Médico-psicológico: A cliente realizava consultas semestrais com um psiquiatra da rede pública, o qual receitava antidepressivo, ansiolítico e estabilizador de humor, de forma conjugada. Foi diagnosticada pelo psiquiatra como tendo Transtorno Bipolar[1]. Já havia passado por duas terapias anteriormente, de abordagens diversas. A última foi em uma instituição de Ensino Superior do Distrito Federal, na qual fez três triagens e 18 sessões, sendo que o atendimento foi in-

---

[1] O Manual Diagnóstico e Estatístico de Transtornos Mentais/(DSM-IV-TR) faz duas classificações elementares para o Transtono Bipolar: O Transtorno Bipolar do Tipo I, marcado pela presença de um episódio maníaco único, levando em consideração o episódio mais recente (maníaco, depressivo, misto ou não especificado); e o Transtorno Bipolar do Tipo II, caracterizado pelo episódio de hipomania associado a pelo menos uma crise de depressão (mostra-se necessário identificar o tipo mais frequente, o hipomaníaco ou o depressivo) (APA, 2002). Na perspectiva da Análise do Comportamento, a mania é caracterizada por uma fase de maior euforia, enquanto que na depressão ocorre uma "menor densidade comportamental".

terrompido, pois o local entrou em férias e a terapeuta se formou, não podendo dar continuidade à psicoterapia.

Formulação Comportamental: Ao longo das sessões, a partir das informações inicialmente trazidas pela cliente a respeito do próprio comportamento e/ou de seu ambiente (físico, familiar, social, etc.), formulavam-se hipóteses funcionalmente estruturadas, a partir das quais informações adicionais eram requisitadas pelo terapeuta a fim de validar ou refutar tais hipóteses. Hipóteses confirmadas constituíram o conjunto de análises funcionais de comportamentos isolados da cliente (análise micro). A partir desse conjunto de análises funcionais, chegou-se a uma síntese comportamental, na qual inter-relações comportamento-ambiente e comportamento-comportamento foram exploradas, constituindo a formulação comportamental (análise macro).

Apresenta-se, no Quadro 10.1, as análises funcionais (micro) de comportamentos isolados. Ao final do quadro, tais análises são apresentadas de forma integrada, constituindo-se na formulação comportamental do caso estudado. Foram necessárias 12 sessões para se chegar a uma versão final da formulação, a qual foi formalmente devolvida e discutida com a cliente.

A cliente vinha de uma família conservadora, muito religiosa e repleta de regras que contribuíram para a formação de autorregras, tais como: "se sou uma boa filha, não contrario meus pais"; "se me mantenho casta, preservo o nome da família". Sua história de vida foi marcada por um controle rígido, em que pessoas ordenavam e/ou indicavam o que fazer. No passado, houve abusos sexuais pelo irmão e pelo cunhado, aos quais ela se submetia, evitando assim outros tipos de violência física/verbal e esquivando-se da descoberta do ocorrido por familiares. Esse comportamento inassertivo, de submissão, todavia, reforçava novos abusos por parte deles. Esse padrão comportamental inassertivo apresenta-se de forma generalizada e extrapola o contexto familiar, sendo observado no grupo religioso e no trabalho, nos quais se comportava fazendo o que lhe era solicitado e preocupando-se com a opinião dos outros, evitando, assim, críticas, reclamações e confrontos. Do mesmo modo, nesses contextos, o comportamento inassertivo servia também como estímulo reforçador para o comportamento de familiares e colegas, favorecendo o aumento da frequência de novos pedidos ou solicitações. A exposição frequente a contingências coercitivas de reforçamento negativo e de punição gerava a eliciação de respondentes: lágrimas, enrijecimento dos músculos, sudorese, taquicardia e queda de pressão. Além dos respondentes, o operante – choro – acompanhava o comportamento inassertivo.

Diante desse histórico, em que houve construção de um repertório comportamental passivo, consequenciado pela esquiva de contingências aversivas no passado e, no presente, pela impossibilidade de contracontrolá-las de modo efetivo, desenvolveu-se um quadro de depressão caracterizado por um repertório comportamental "disfuncional" mantido por contingências coercitivas (Ferster, Culbertson, Boren e Perrot, 1977/1982). Questiona-se, portanto, o diagnóstico psiquiátrico de Transtorno Bipolar, pois, independentemente da terapia medicamentosa, não se tem, a partir do relato da cliente, histórico de episódios de mania/euforia intercalados com depressão.

No seu contexto familiar, teve modelos de passividade (pai e, algumas vezes, a mãe – com comportamentos permissivos ao filho abusador) e de agressividade (irmão abusador e mãe) que contribuíram para o seu comportamento passivo, havendo algumas situações nas quais oscilava da passividade para a agressividade. Vale

Quadro 10.1 Exemplos de Análises Funcionais (Análise Micro) realizadas a partir do relato da cliente.

Antecedentes	Comportamento	Consequências
Parentes da cliente pediam dinheiro	Emprestar dinheiro	Reforço negativo (esquiva): evitar insistência e confrontos. Reforço positivo: em algum momento, ela exercia função de poder.
Parentes não efetuavam o pagamento do dinheiro requerido	Pedir pagamento do dinheiro que emprestou	Punição positiva: brigas e discussões.
Comentários desagradáveis de colegas	Não se posicionar perante essas situações, colocar-se em uma postura passiva, dificuldade em expor-se e em expressar opiniões	Reforço negativo (esquiva): evitar críticas, perda das amizades e confrontos.
Discussões e conflitos com irmão abusador na casa da cliente	Chorar diante de todos em casa	Reforço negativo (esquiva): evitar entrar em contato com os gritos do irmão (quando o choro se antecedia aos gritos). Reforço negativo (fuga): o irmão interrompia os gritos e se retirava do local.
Episódio de conflito com o irmão	Contra-argumentar através de gritos e/ou com ironia	Punição positiva: recebimento de uma maior quantidade de gritos, insultos e palavrões.
Episódio de discussão com a mãe	Chamá-la de cínica	Punição positiva: apresentação de choro da mãe e lamentações. Punição Negativa: ficar dias sem falar com a mãe ("recebeu um gelo").
Compromissos fora de casa	Demorar no local	Reforço negativo (esquiva): evitava ter que voltar para casa (local aversivo).
Conflitos familiares	Chorar na frente de outras pessoas	Reforço Positivo: receber carinho e atenção.
Regras familiares (principalmente da mãe)	Seguir a regra. "Não deixe seu noivo ajudar a enxugar louças, isso é tarefa de mulher"; "Moça não deve entrar em quarto de homem".	Reforço negativo (fuga-esquiva): Evitar punição dos familiares.

(Continua)

Quadro 10.1 (*Continuação*)

Antecedentes	Comportamento	Consequências
Ouvir algo do noivo que a desagradava (por exemplo, ao dizer que iria à excursão para ver o papa, ele comentou: "só vão pessoas jovens nessa excursão", o que a desagradou)	Fazer "cara feia", responder (por exemplo: "Você não me conhece o suficiente!") e propor que eles só conversem no outro dia	Reforço positivo (do comportamento agressivo): recebia desculpas, atenção e carinho do noivo, e ele atendia à sua solicitação de conversarem no dia em que ela estipulou.
Presença do noivo	Contar seus "problemas" e chorar	Reforço positivo: recebia escuta atenciosa do noivo e palavras de conforto.
Conflito com a chefe no antigo emprego	Falar: "Você não se valoriza... Mesmo sendo bonita, não vale nada!"; "Sua filha não merece a mãe que tem!"	Punição negativa: demissão do emprego.
Término da sessão, não havendo tempo de falar tudo o que gostaria para a terapeuta	Choro na sala de espera da clínica – CRB 1[1]	Extinção do comportamento de chorar e reforço diferencial de outros comportamentos pela terapeuta, que lhe sinalizava essas ações, sorria, indicava avanços conquistados, etc.
Situações relacionadas aos abusos sexuais vividos no passado pela cliente	Esquecer-se de datas e de situações. "Não sei". "Não lembro" – CRB 1	Evitava entrar em contato com sentimentos relacionados às situações dolorosas e aversivas envoltas ao abuso. Não reforçamento de tal verbalização na clínica (extinção) e investimento em autoconhecimento.
Sessão de atendimento psicoterápico	Pontuar limite claro na sessão sobre até onde trabalhar em um tema específico, como, por exemplo, o abuso – CRB 2	Durante o processo terapêutico, evitou entrar em contato, de forma excessiva, com sentimentos/lembranças associadas ao abuso, utilizando-se da assertividade com a terapeuta, visando preservar a sua integridade física e emocional.
Tarde calorenta	Ser colocada em situação de escolha pelo terapeuta (ar-condicionado ligado ou desligado?) e preferir por ele ligado, em baixa temperatura – CRB 2	Reforço positivo: ter sua decisão atendida, dispondo-se do elemento reforçador, ar-condicionado.

[1] CRB é a sigla para Comportamentos Clinicamente Relevantes (em inglês, Clinical Relevant Behaviors), descritos por Kohlenberg e Tsai (1991/2001). CRB 1 refere-se aos comportamentos-problema do cliente, aqueles relacionados à sua queixa. CRBs 2 são comportamentos de mudanças, melhoras observadas no repertório do cliente. Por sua vez, CRB 3 consistem em interpretações de comportamento, por parte do cliente.

(*Continua*)

Quadro 10.1 (*Continuação*)

Antecedentes	Comportamento	Consequências
Necessidade de uma sessão adicional	Solicitar à terapeuta uma sessão extra – CRB 2	Reforço positivo: ter sua solicitação acolhida, havendo disponibilidade de uma sessão extra.
Necessidade de ter uma sessão conjunta com o noivo	Pedir uma sessão com a presença do noivo, com uso de mando disfarçado ("Seria bom que meu noivo estivesse aqui, agora, escutando isso") – CRB 2	Reformulação do mando disfarçado pela terapeuta ("Você gostaria de ter uma sessão junto com seu noivo?") e, depois, ter a recompensa esperada, ou seja, a sessão com o noivo.

lembrar o exemplo, em um dos empregos que teve, de ter expressado sua opinião de modo agressivo e pessoal a uma das chefes, o que culminou em sua demissão. Em outra situação, ao ouvir um comentário desagradável da mãe, chamou-a de cínica e teve como consequência o choro da mãe e vários dias de silêncio desta com a cliente. Em outra ocasião, o irmão abusador perguntou-lhe grosseiramente, enquanto ela fazia a comida, o que havia para comer, e ela respondeu: "Se quiser saber, abra as panelas!". Ele respondeu: "Vou abrir mesmo!", pegando a carne e o arroz com as mãos. É relevante pontuar que, na maior parte das vezes em que a cliente comportou-se agressivamente, seu comportamento foi punido positiva e negativamente, o que reduziu a frequência dessa classe de respostas. O reforço, mesmo que negativamente, era liberado quando ela emitia comportamentos passivos, e isso favoreceu o estabelecimento e a manutenção desse padrão comportamental. Uma das poucas pessoas que ainda reforçavam seus comportamentos agressivos era o noivo, pois fornecia carinho e atenção nesses momentos.

Em geral, ao longo de sua história de vida, seus familiares reforçaram também outros padrões passivos, ou seja, quando ela solicitava algo de forma indireta, obtinha como consequência o atendimento de seu pedido (reforço positivo). Nesse sentido, em curto prazo, emitir mandos disfarçados era reforçado. Em médio e em longo prazo, todavia, esse padrão comportamental da cliente implicava a perda de reforçadores sociais e a manutenção de um repertório comportamental empobrecido. Tendo em vista a baixa densidade de reforçadores positivos, sua variabilidade comportamental mantinha-se reduzida.

Diversos autores têm apontado que a aprendizagem por regras diminui a sensibilidade às contingências (Albuquerque, 2001; Castanheira, 2001; Nico, 1999). No contexto familiar, o uso extensivo de regras parece ter favorecido o estabelecimento de um repertório comportamental restrito e pouco sensível às contingências. Essa baixa sensibilidade se evidenciava na generalização do mesmo padrão de comportamento – depressivo, inassertivo – em contextos diversos (igreja, trabalho), caracterizados por contingências distintas daquelas disponíveis no contexto familiar.

Em suma, Florinda apresentava padrão comportamental inassertivo, com baixa variabilidade, com alta frequência de comportamentos de esquiva e fuga e baixa densidade de reforçadores positivos.

Objetivos Terapêuticos: Florinda relatou dois objetivos para a terapia: "entender as causas do choro" e "acabar com a depressão".

"Entender as causas do choro": Tal objetivo pode ser traduzido em termos de desenvolvimento de autoconhecimento, de um dizer coerente com o fazer. A cliente trouxe esse objetivo de forma limitada, direcionando-o a uma meta específica a ser alcançada; contudo, na terapia, propôs-se a ampliar esse objetivo para todas as esferas da vida e a analisá-lo de forma funcional. Autoconhecer-se, para Tourinho (2001), envolve saber descrever o comportamento contextualmente. Tornou-se relevante o alcance desse objetivo, pois, baseando-se no relato da cliente e na formulação comportamental construída a partir do mesmo, foi evidenciada relação entre seus comportamentos "disfuncionais" (como a inassertividade) e seu baixo nível de autoconhecimento.

"Acabar com a depressão": O alcance desse objetivo implicava o alcance de outros (descritos a seguir e não especificados inicialmente por Florinda) considerados pré-requisitos. A relevância do alcance desse objetivo decorre do fato de que, no diagnóstico comportamental, foi evidenciado o predomínio de contingências aversivas e um amplo repertório de esquiva.

Desenvolver Repertórios de Autocontrole: Relaciona-se a manter o comportamento não apenas sob controle de consequências imediatas (como ocorre nos mandos disfarçados), mas também de consequências em médio e em longo prazo, muitas vezes de maior magnitude (por exemplo, com a emissão de mandos puros). Relaciona-se ao desenvolvimento de correspondência verbal-não verbal, no sentido de o dizer ser coerente com o fazer e vice-versa (p. ex., chegar no horário à terapia, fazer as tarefas de casa, etc.). Trabalhar o autocontrole como um objetivo terapêutico significa utilizar o próprio comportamento da cliente para produzir mudanças em seu ambiente, isto é, operar no ambiente como agente e não como um coadjuvante que se comporta de modo passivo, como ela fazia (conforme pôde ser averiguado na formulação comportamental).

Desenvolver Habilidades Sociais: Visa estabelecer comportamentos assertivos (dizer não, argumentar e contra-argumentar) e empáticos, de forma a discriminar o comportamento do outro, o efeito do próprio comportamento sobre o outro e vice-versa, favorecendo o comportar-se apropriadamente frente a contextos e contingências diversos, de modo a produzir reforçadores, tais como interação apropriada com as pessoas. Na formulação comportamental, ficou evidenciado que a cliente era inassertiva, possuía um repertório comportamental empobrecido, com a presença de regras e com a emissão de mandos disfarçados.

Após a devolução da formulação para a cliente e do estabelecimento dos objetivos terapêuticos, procedeu-se com o planejamento e a execução da intervenção, apresentados a seguir.

Intervenção

Serão apresentadas, nesta seção do texto, algumas estratégias interventivas, usualmente utilizadas na clínica analítico-comportamental, aplicáveis a uma variedade de objetivos terapêuticos que foram utilizadas com a cliente: auto-observação e autodescrição (autoconhecimento); reforçamento positivo de comportamentos mais "adaptados" ou "funcionais" (ou seja, progressos); extinção de comportamentos "disfuncionais"; modelação (aprendizagem por observação); favorecimento à emissão de novos comportamentos; favorecimento a uma maior correspondência dizer-fazer (autocontrole); análise funcional; treino em assertividade; uso da Psicoterapia Analítica Funcional (FAP) e Terapia de Aceitação e Compromisso (ACT).

Auto-observação e Autodescrição (autoconhecimento): A discriminação do próprio comportamento e das possíveis consequências que este tem no meio pode aumentar a sensibilidade às contingências. A terapia pode auxiliar o cliente nesse processo, por meio do treino discriminativo com uso de reforçamento diferencial, que consiste em reforçar desterminada resposta na presença de estímulo discriminativo (S^D) e extinguir na presença de S^Δ (Moreira e Medeiros, 2007; Skinner, 1953/2000).[2]

No caso descrito, utilizou-se de treino discriminativo, por exemplo, ao reforçar o repertório descritivo de Florinda quando fazia referência aos seus comportamentos, aos contextos nos quais ocorriam e às consequências dos mesmos, indagando sobre as consequências prováveis ao emitir determinado comportamento.

Em uma sessão, às vésperas de seu casamento, a cliente queixou-se de estar muito incomodada por estar na casa de sua mãe e relatou que se disponibilizava sempre a realizar na íntegra o que era solicitado; com isso, os familiares pouco se esforçavam para fazer o que lhes competia. Em um momento da sessão, disse: "Eu sou uma escrava... Lá em casa parece um cinema; enquanto todos estão assistindo televisão na sala, sentados, a burra está cozinhando, passando, lavando...", e "nem se preocupam se estou bem... com febre ou com dor de cabeça; querem que eu faça tudo e pronto". A cliente foi capaz de discriminar seus comportamentos a partir de descrições verbais na própria sessão e de questionamentos por parte da terapeuta, que possibilitaram a construção, em conjunto, de uma análise funcional. O comportamento de fazer sempre o que lhe era solicitado era um estímulo reforçador para o comportamento de seus familiares, ou seja, aumentava a probabilidade de ocorrência de novos pedidos associados à não colaboração, à não ajuda e ao não empenho –; a ajuda e a colaboração, por sua vez, cada vez mais, decresciam de frequência.

Quanto à auto-observação, foram solicitados autorregistros diários, realizados pela cliente, que deveriam focalizar os acontecimentos de sua vida, funcionalmente descritos e com a inclusão de eventos privados. No decorrer dos atendimentos, notou-se que a cliente apenas citava as atividades vivenciadas, sem detalhá-las em termos de sentimentos e pensamentos. Essa observação levou à substituição da estratégia de autorregistro, uma vez que esta se mostrou ineficaz em função das seguintes limitações da cliente: não tinha o hábito de fazer anotações sobre si, não tinha sido treinada a tatear (relatar) sentimentos e mostrou restritos momentos de privacidade. A terapeuta, então, teve de adotar uma postura flexível ao fazer uso de uma estratégia interventiva, colocando-se a analisar os comportamentos da cliente e, dependendo do que era apresentado, rever análises e alterar procedimentos (Marçal, 2005).

Uma das estratégias alternativas utilizadas com o objetivo de promoção de autoconhecimento, de aumentar a correspondência fazer-dizer, foi com a utilização de textos sensibilizadores a fim de compreender aspectos da sua história. O primeiro texto continha a história de uma apresentadora de um canal de grande audiência, que sofrera abusos na infância.[3]

---

[2] S^D ou estímulo discriminativo é aquele que sinaliza disponibilidade do reforço "y" caso a resposta "x" ocorra. Por outro lado, o S^Δ – estímulo delta – prediz que, caso a resposta "x" ocorra, a consequência "y" não será apresentada. Desse modo, a resposta é mais provável na presença do S^D e menos provável em sua ausência.

[3] Materiais que explanam o conceito de abuso sexual e descrevem histórias de pessoas vítimas desse ato, podem ser encontrados nos sites: www.oprah.com/rys/journeys/1999/rys_journeys_19990325.jhtml www.veja.abril.com.br/arquivo_veja/capa_31011996.shtml

A exposição desse material na clínica foi produtiva, pois a cliente demonstrou evidências de acolhimento e de compreensão de sua história, fortalecendo o vínculo terapêutico, minimizando a culpa atribuída ao abuso e percebendo a terapia e o apoio do noivo como essenciais para ajudá-la a trabalhar com essa questão.

Um texto referente ao assédio moral favoreceu o entendimento do significado desse termo à cliente.[4] Em uma linguagem comportamental, assédio moral consiste no estabelecimento de uma relação de poder, na qual uma pessoa emite comportamentos agressivos e abusivos à outra que se coloca em uma posição de passividade e submissão. A partir desse material, a cliente compreendeu que seus comportamentos de ceder aos pedidos de empréstimo do irmão abusador estavam diretamente ligados à relação de poder, estabelecida ao longo de sua infância, na qual era coagida a manter relações sexuais com o mesmo. A cliente chorou muito ao entrar em contato com isso.

Outra estratégia utilizada, com o objetivo de promoção de autoconhecimento, foi uma atividade lúdica ocorrida em uma sala de atendimento infantil, que requereu de Florinda discriminar a sua relação com cada integrante de sua família e, também, expor como ela imaginava que seria sua vida em um novo lar. Enfim, essa atividade objetivava, adicionalmente, propiciar uma tomada de decisão – ficar ou sair de casa após o casamento –, assim como fazê-la entender que ela incluía-se nesse processo.

Reforçamento Positivo de Comportamentos mais "Adaptados", "Funcionais": Conforme a cliente comportava-se compativelmente aos objetivos terapêuticos propostos, a terapeuta disponibilizava reforço social por meio de eventos verbais e não verbais (confirmação com a cabeça, sorrisos) que sinalizavam os avanços conquistados, isto é, ressaltavam os comportamentos emitidos compatíveis com as contingências disponíveis, sem produzir sofrimento e, nesse sentido, que poderiam ser julgados como mais "adaptados" ou "funcionais". Consequenciar com reforços positivos os comportamentos adequados da cliente foi relevante, também, na medida em que a grande maioria de seus comportamentos, no ambiente natural, era mantida por reforçamento negativo e punição. Tais contingências colaboravam com a manutenção de um repertório comportamental predominantemente de esquiva, restritivo, inassertivo e "depressivo".

Extinção de Comportamentos "Disfuncionais": Da mesma forma que alguns comportamentos da cliente, considerados "adequados" do ponto de vista clínico, foram fortalecidos, outros, avaliados como "disfuncionais" e "maladaptativos" (por produzirem sofrimento), foram colocados em processo de extinção, a fim de serem enfraquecidos.

Sabe-se que a comunidade verbal pode reforçar positivamente alguns comportamentos considerados "disfuncionais" ou "maladaptativos". No caso da cliente, quando privada de carinho e atenção, utilizava-se do choro, produzindo assim reforçadores sociais – atenção, conselhos, etc. O choro exerce, em alguns contextos, função manipulativa, sendo usado como forma de acesso a reforçadores habitualmente inacessíveis por outros meios, dada a inabilidade, a inassertividade e a baixa variabilidade do repertório comportamental de Florinda.

Um exemplo no qual a cliente utilizou-se do comportamento de chorar de forma manipulativa para produzir reforçadores é descrito a seguir: Florinda foi ao posto de

---

[4] Com relação ao assédio moral, a definição, apurada e simplificada, foi retirada dos sites: www.assediomoral.com.br/int_definicao.html e www.direitonet.com.br/artigos/x/81/55/815/

saúde para se consultar com o psiquiatra; no entanto, não havia feito marcação prévia da consulta e a secretária pediu que retornasse posteriormente, pois não haveria vaga naquele dia. Após alguns instantes, a cliente chorou copiosamente na sala de espera do consultório do psiquiatra e logo recebeu auxílio da equipe médica. Após esse episódio, expôs à terapeuta que, se não tivesse chorado, não conseguiria o atendimento naquele dia e, inclusive, afirmou que a primeira vez que conseguiu consulta no posto foi em decorrência de uma crise de choro.

Posteriormente, houve uma situação de choro na sala de espera da clínica social (na qual ocorriam os atendimentos psicoterápicos), que reproduziu o mesmo padrão comportamental descrito no episódio do Posto de Saúde; no entanto, a consequência dispensada pela terapeuta foi diferenciada. Ao término de uma sessão, não havendo mais tempo disponível para Florinda continuar falando, ela saiu do consultório, como habitualmente ocorria, no entanto, sentou-se na sala de espera e pôs-se a chorar, com a mão no rosto, perante todos os presentes. A terapeuta aproximou-se dela e disse: "O que houve? Como você está se sentindo?" Ela nada respondeu; então foi reservada uma sala e realizado o convite para direcionar-se até lá, caso precisasse. A cliente não compareceu e, após aproximadamente 30 minutos, retirou-se do local.

O choro em público, reproduzido na sala de espera da clínica, exigiu manejo da terapeuta no sentido de não reforçá-lo, pois ele representou claramente uma forma de manipulação pela cliente para conseguir mais tempo de terapia. A disponibilidade de um espaço individual se deu por questões éticas para que a mesma saísse com segurança da clínica. Nas sessões seguintes, investiu-se em questionamentos sobre outras formas de comportar-se além do choro, e ela sugeriu comunicar à terapeuta quando precisasse de maior tempo de terapia e solicitar uma sessão extra.

Modelação: Os modelos verbais concedidos pelo clínico são úteis para a cliente interpretar maneiras alternativas para emissão de alguns comportamentos em dado contexto, de modo a favorecer a ampliação de seu repertório comportamental.

Em algumas sessões, a cliente havia relatado que o irmão abusador costumava telefonar quando a mesma ausentava-se de casa em um maior período para perguntar de forma grosseira onde ela estava. A cliente sempre respondia e voltava rapidamente para casa. Entretanto, incomodava-se muito com essas ligações, até porque, quando saía, costumava avisar à mãe. Foi perguntado se ela sempre atendia aos telefonemas dele, respondeu que sim. Foi averiguado se ela já havia pensado em não atender aos telefonemas; ela disse que, se não atendesse, seria uma outra fuga, e classificou sua vida como uma fuga. Tentou-se trabalhar a existência de outras alternativas; como não apareceram, a terapeuta ofereceu um modelo, colocando-se no lugar da cliente. O modelo atendia às ligações de maneira assertiva, dando bom dia ao irmão, respondendo que já tinha comunicado à mãe sobre o local em que estava e, após isso, despedia-se e desligava. A cliente passou a se comportar dessa forma diante das ligações do irmão e relatou que o mesmo reduziu gradativamente a frequência de ligações para seu celular quando ausentava-se de casa.

Favorecimento à Emissão de Novos Comportamentos: A emissão de novos comportamentos favorece a variabilidade comportamental e a ampliação do repertório comportamental. Nesse sentido, o terapeuta pode criar condições para que o cliente apresente comportamentos ausentes em seu repertório atual, capazes de produzir novas consequências reforçadoras. O clínico pode utilizar-se de questionamentos, de modo a provocar o cliente a refletir e a posicionar-se sobre outras formas de comportar-se dentro de alguma situação.

Percebeu-se que a cliente possuía um repertório comportamental restrito com a presença de regras fornecidas pela mãe, como, por exemplo, "não deixe seu noivo ajudar a enxugar louças, isso é tarefa de mulher". Solicitou-se que ela entrasse em contato com as regras e as autorregras por meio de seu relato; foram feitos questionamentos sobre os elementos evitados com tal regra, sobre a participação de outras pessoas para a aquisição dessa regra; foram realizadas averiguações a respeito da aplicabilidade delas em contextos diversos, indiscriminadamente, levando a insensibilidade às contingências. Isso foi realizado até que ela percebesse as limitações que vivenciava ao seguir regras. Quando o presente trabalho foi redigido, a cliente já conseguia perceber os benefícios do auxílio do noivo com tarefas domésticas e financeiras e não o impedia quando o mesmo se dispunha a ajudá-la.

Favorecimento a uma Maior Correspondência Dizer-fazer (Autocontrole): A cliente apresentou como objetivo terapêutico "acabar com a depressão", mas a princípio apresentava incoerência dizer-fazer relacionada a esse objetivo, pois pouco se envolvia com a terapia, apresentava atrasos recorrentes e não cumpria tarefas.

Foram registradas pela terapeuta as inconsistências na correspondência dizer-fazer relacionadas ao autocontrole e, depois, foi construído um material, denominado "Ficha de Coerência", para quantificar, junto com a cliente, a ocorrência ou não da correspondência verbal e não verbal. Foram identificadas, no decorrer dos atendimentos, as seguintes incoerências dizer-fazer:

(a) Comprometia-se a fazer caminhadas e autorregistros (dizer); no entanto, comparecia às sessões seguintes sem cumprir o que havia se comprometido.

(b) Comprometia-se a chegar no horário, antecipando-se na parada de ônibus para pegar condução mais cedo (dizer); entretanto, não o fazia (fazer).

(c) Em seu relato, desejava arranjar emprego para ajudar o noivo nos preparativos para o casamento (dizer), mas não se habituava a deixar currículos, procurar classificados, nem ir a entrevistas (fazer).

(d) Almejava passar em um concurso (relato); no entanto, não estudava para ele (fazer) e já pensava em um resultado positivo.

A "Ficha de Coerência" contribuiu para a discriminação de que havia falha na correspondência dizer-fazer, e houve busca das prováveis respostas existentes no repertório da cliente que poderiam contribuir para o desenvolvimento de uma maior coerência. A correspondência foi fortalecida com a mediação da terapeuta por meio do reforço do repertório verbal diferenciado da cliente, para aprimorar o autoconhecimento da mesma. A mediação se deu por meio de questionamentos, contextualizações de comportamentos e conferências entre elementos ditos pelo cliente que lhe eram, posteriormente, apresentados e denotavam certa incoerência verbal e não verbal. Houve intervenções voltadas para o desenvolvimento de repertórios de autocontrole de modo a ampliar o repertório verbal como um todo, fornecendo S^Ds para que ela detalhasse e descrevesse melhor o que dizia e o que lhe ocorria, de forma a contextualizar seus comportamentos.

A "Ficha de Coerência" colaborou, também, para a promoção de mudanças do repertório não verbal. A partir desse material, houve a negociação da substituição da estratégia de autorregistros diários pelo uso maior da sessão terapêutica como promotora de autoconhecimento. A respeito das caminhadas, admitiu a atividade física como uma forma de lazer, a qual lhe ajudaria por mantê-la um pouco fora de casa, pelo contato social, etc. Esse comportamento de engajar-se em caminhadas foi gradativamente aumentando de frequência.

Com relação aos atrasos, eles foram informados à cliente com a apresentação das datas e dostempos. Ela surpreendeu-se com a quantidade de anotações referentes à demora para chegar ao consultório e comprometeu-se em pegar um ônibus mais cedo. Outra estratégia utilizada consistiu em encerrar a sessão no horário previsto, mesmo que isso incorresse em uma sessão menos produtiva e de menor duração, de modo que Florinda pudesse entrar em contato com prejuízos decorrentes dos atrasos. A partir disso, ela passou a chegar pontualmente nas sessões.

Com relação ao comportamento de procurar empregos, foram investigadas as formas habitualmente usadas pela cliente. Identificou-se que se restringiam, basicamente, a divulgar a colegas que estava interessada em um emprego e que a avisassem ou a indicassem caso soubessem de algum. Investiu-se no estabelecimento de outros comportamentos relacionados ao emprego que aumentariam a probabilidade de consegui-lo, tais como deixar currículos, procurar em jornais e em agências de emprego e fazer concursos. A cliente fez a inscrição em um concurso, porém não estudou e imaginava-se com uma possível aprovação. Foi discutido o que aumentaria as chances de aprovação e ela apontou ler o edital e estudar.

Outro aspecto trabalhado na terapia foi a emissão de mandos disfarçados, que remetiam a padrões impulsivos (comportamentos que produzem reforços imediatos, porém de menor valor), contrapondo-se aos autocontrolados (que envolvem a emissão de comportamentos que produzem reforços atrasados, mas de maior valor). Como exemplo de mando disfarçado ocorrido fora do ambiente clínico, pode-se citar seu comentário com uma colega que não tinha conseguido local para a realização de seu chá de panela e tal colega cedeu sua casa para o evento (reforçou o mando disfarçado). Na terapia, comparou a terapeuta anterior com a atual, para "pedir" que ligasse semanalmente em sua casa para perguntar sobre seu estado. A terapeuta não foi responsiva à comparação (extinção) e fez esclarecimentos sobre a terapia comportamental e sobre o processo terapêutico.

Além de submeter os mandos disfarçados ao processo de extinção, foi feita também, em terapia, a diferenciação, dos pedidos diretos (mandos puros) dos disfarçados (mandos indiretos), proporcionado, por meio de questionamentos, o contato com as situações nas quais realizava solicitações indiretas, de modo a discriminá-las.

Análise Funcional: Fazer análise funcional pressupõe que, diante de um comportamento, são verificados os antecedentes, isto é, a ocasião em que o comportamento ocorre e as consequências produzidas pelo mesmo. Florinda chegou à terapia com algumas explicações causais de seus comportamentos, tais como: "sou sensível e choro muito; por isso, tenho depressão"; "esqueço as coisas por causa dos remédios". A realização de análises funcionais favoreceu a quebra da interpretação de certos eventos como "causas do comportamento" e houve um avanço para uma análise mais ampla e apurada do comportamento. Dessa forma, ela passou a perceber a contribuição de seu comportar-se para o curso das consequências. Boa parte das análises funcionais dispostas na formulação comportamental foi construída com a cliente nos atendimentos psicoterapêuticos.

Uso da Psicoterapia Analítica Funcional (FAP): A FAP explora a análise da relação terapeuta-cliente como estratégia prioritária para a promoção de mudanças no cliente (Brandão, 2001; Kohlenberg e Tsai, 1991/2001). Tal proposta parte do pressuposto de que os comportamentos do cliente no contexto clínico (comportamentos-problema e progressos) são semelhantes aos que ocorrem em outros contextos e que análise e mudança destes propiciam uma atuação direta sobre as contingências (e não sobre o relato delas), que se revertem, por meio do processo de generalização, em mudanças em outros contextos.

Apesar de o processo descrito no presente trabalho não se tratar de uma intervenção de terapia analítico-funcional, análises baseadas na FAP foram realizadas e, nesse sentido, a interação terapeuta-cliente foi alvo de diversas análises e intervenções. Como exemplo, pode-se citar uma sessão na qual a cliente relatou o comentário de um colega de sua igreja ("Deus é maior e único psicólogo") e sua posição frente a ele sobre a importância de outros profissionais que vieram a auxiliá-lo em sua "obra"; considerou-se terapêutico recorrer à FAP e colocar-se como profissional da Psicologia e católica, dizendo que a entendia em seus preceitos e que a terapia servia como mais um recurso para a cliente, em busca da melhora e avanço nas questões que permeavam sua vida.

Utilização da Terapia de Aceitação e Compromisso (ACT): A ACT se propõe, por meio do cumprimento de seis fases sequenciais, a reduzir a esquiva experiencial, considerada, por esse modelo, uma das principais fontes de sofrimento humano (Brandão, 1999; Hayes, 1987; Hayes, 2000). Da primeira fase (que visa promover um estado de desesperança relativa à solução do problema identificado pelo cliente) à fase final (que se propõe a estabelecer compromisso com os objetivos da terapia e, portanto, com a mudança), busca-se, em suma, provocar mudanças nas tentativas de controle de comportamentos que causam o problema identificado pelo cliente, favorecendo a ação criativa sobre o ambiente.

Este trabalho também não se propôs a uma intervenção baseada na Terapia de Aceitação e Compromisso; contudo, foram realizadas algumas análises baseadas na ACT que auxiliaram em critérios interventivos, a fim de favorecer a mudança comportamental e o enfraquecimento da esquiva emocional. Propôs-se a aceitar a existência de alguns eventos e buscar alternativas de lidar com eles, buscando otimizar aspectos relativos à saúde.

Logo nas primeiras sessões, a cliente atribuía ressentimento e culpa por não ter evitado os abusos. A terapeuta trabalhou de forma a apresentar textos sensibilizadores com casos de pessoas que sofreram abusos sexuais, assim como ela, para sensibilizá-la ao fato de que eventos dolorosos como esses também aconteceram com outras pessoas. Foi enfatizado que ela não poderia mudar o que passou, que realmente era sofrido e árduo, mas que não houve culpa, ela era muito pequena e tinha poucas formas de se defender.

Em vários atendimentos, quando averiguado o que foi tratado na sessão anterior, na qual havia alguns conteúdos dos abusos, a cliente respondia: "Não sei... Não lembro". No entanto, após alguns questionamentos e investigações, ela trazia alguns elementos. Através dessa situação, evidenciou-se a esquiva experiencial por parte da mesma. A verbalização "não sei... Não lembro" não foi reforçada pela terapeuta, no sentido de que não era encerrado o assunto com essa emissão; pelo contrário, instigava-se até que a mesma falasse sobre o que foi perguntado. No decorrer do processo psicoterápico, discutiu-se esse "esquecimento" e constatou-se o quão difícil era falar sobre isso ("Dói muito o coração"). Foi apontada a necessidade de entrar em contato com essas questões, de modo a não haver esquiva da experiência em nível privado (sentimentos, pensamentos, lembranças), visando estabelecer contato com o evento aversivo para construir alternativas de mudança comportamental.

Treino em Assertividade: Foi utilizado como recurso o treino em assertividade na terapia ao colocá-la em situações de escolha, como, por exemplo, quanto à preferência do ar-condicionado ligado ou desligado, visando desenvolver a assertividade, primeiro no ambiente terapêutico e depois fora dele. A princípio, respondia que aceitaria o que a terapeuta preferisse, denotando passividade/inassertividade. Com o passar do tempo, foi realizando pequenas escolhas, dentro da sessão, por meio de um trabalho progressivo que envolveu o desenvolvimento de uma relação terapêutica reforçadora e não coercitiva. Ao emitir comportamentos de escolha, de iniciativa, de manifestação de opinião e de pedidos, recebia reforços positivos, tendo sua solicitação atendida. Além disso, foram fornecidas informações a respeito de padrões comportamentais passivo, agressivo e assertivo[5], ao mesmo tempo em que lhe eram analisadas situações nas quais comportava-se de alguma dessas maneiras.

Alguns progressos quanto à assertividade, à iniciativa e à tomada de decisão, que foram alcançados com o auxílio da terapia fora da clínica, foram:

(a) A cliente passou a não cobrir os desfalques cometidos pelo irmão abusador e teve uma conversa com os demais irmãos para fazerem uma conta em separado para compra dos materiais de construção, sem inclusão desse irmão.

(b) Decisão de morar em outro local com o noivo, mesmo após uma decisão contrária da parte dos familiares de que ela permanecesse na casa da mãe.

(c) Ir à casa de cada conhecido da vizinhança solicitar ajuda para o chá de panela e para o casamento. A cliente relatou que foi à casa de vizinhos conhecidos, pedindo colaboração para o chá de panela e para o casamento e entregou os convites para o evento. A terapeuta pediu para que ela representasse como realizou esses pedidos, os quais ocorreram como emissão de mandos puros, representando um avanço para a terapia.

(d) Convidar a terapeuta anterior para o casamento e planejar a ida dela. Ao encontrar a antiga terapeuta, convidou-a para o casamento, mas a mesma não sabia chegar ao local; então, a cliente pensou em formas de auxiliá-la, como, por exemplo, seguindo o carro de outrem.

Esses trechos evidenciaram que o trabalho desenvolvido na terapia (treino de assertividade) foi produtivo, pois a cliente começou a discriminar a forma como se comportava em diferentes contextos passando a comportar-se de forma mais assertiva.

---

[5] Comportar-se passivamente envolve receber ordens e, em seguida, obedecê-las, concordância às colocações dos outros, não defesa de seus direitos, submeter-se ao que lhe é imposto. O comportamento agressivo refere-se a um padrão impositivo, questionador, controlador, que privilegia seus direitos em detrimento dos interesses alheios e de seus próprios deveres. O assertivo seria o equilíbrio entre o comportamento passivo e o agressivo, o que tem sensibilidade à mudança das pessoas e do ambiente, sabe dizer "sim" e "não" conforme requer a situação, pois o "não" não é para a pessoa e sim para o assunto ou para a ideia que está sendo colocada em vigor no momento (Conte e Brandão, 2007).

CONSIDERAÇÕES FINAIS

Os objetivos específicos propostos no trabalho foram percorridos de modo a atender às esferas diagnóstico e intervenção. Nesse sentido, foi apresentado todo o processo diagnóstico em Terapia Comportamental, relacionando-o com os objetivos terapêuticos e com o embasamento teórico em Análise do Comportamento. Explicitou-se que o sujeito age sobre o ambiente, ao mesmo tempo em que é afetado pelos resultados de suas ações, constituindo-se assim um processo dinâmico e interativo. Na medida em que um indivíduo procura uma terapia de base analítico-comportamental, o clínico atém-se às contingências presentes que atuam no comportamento do sujeito e recorre à história de aprendizagem para compreender a relação entre o estabelecimento e a manutenção de determinados comportamentos.

No que se refere à intervenção, percebeu-se a importância da obtenção de um relato verbal apurado e coerente, visto que é este o principal instrumento de trabalho do terapeuta e de acesso a contingências indisponíveis no contexto clínico. Nesse sentido, o uso de algumas estratégias de desenvolvimento da correspondência verbal e não verbal torna-se fundamental para o alcance de um relato coeso e consistente. Foi constatado, no trabalho, que o ambiente terapêutico é um local propício para a emergência de comportamentos "disfuncionais" encontrados nos contextos externos à clínica e que a sensibilidade do terapeuta para perceber essas questões, utilizando-se de manejo clínico apropriado e de reforçamento natural, promove o estabelecimento de comportamentos funcionais e mais adaptativos dentro e fora da clínica.

A relevância prática do estudo consistiu em propiciar uma autoanálise do trabalho do clínico, em termos de estratégias utilizadas e investimento das habilidades terapêuticas nas sessões, a fim de aprimorar o serviço prestado ao indivíduo que busca o atendimento. Além disso, esperava-se contribuir para a construção de conhecimento, disponibilizado através de dados de pesquisa, para estudantes e profissionais da área de Psicologia e da saúde em geral.

REFERÊNCIAS

Albuquerque, L. C. (2001). Definições de regras. Em H. J. Guilhardi, M. B. B. P. Madi, P. P. Queiroz & M. C. Scoz (Orgs.), *Sobre Comportamento e Cognição: Vol. 7. Expondo a variabilidade* (pp. 132-140). Santo André: ESETec.

Associação Americana de Psiquiatria (APA, 2002). *Manual Diagnóstico e Estatístico de Transtornos Mentais (DSM-IV-TR)*. Porto Alegre: Artmed.

Baum, W. M. (1994/1999). *Compreender o Behaviorismo: Ciência, comportamento e cultura* (M. T. A. Silva, M. A. Matos, G. Y. Tomanari & E. Z. Tourinho, trads.). Porto Alegre: Artmed.

Barros, R. S. A. (2003). Uma introdução ao comportamento verbal. *Revista Brasileira de Terapia Comportamental e Cognitiva*, 5, 73-82.

Beckert, M. E. (2000). *Reforço de Verbalização e treino de correspondência: Efeitos sobre o comportamento de autocontrole.* Dissertação de mestrado não publicada, Universidade de Brasília, Brasília, DF.

Beckert, M. E. (2002). Correspondência: Quando o objetivo terapêutico é o "digo o que faço e faço o que digo". Em H. J. Guilhardi, M. B. B. Madi, P. P. Queiroz; & M. C. Scoz (Orgs.), *Sobre Comportamento e Cognição: Vol. 9. Contribuições para a construção da teoria do comportamento* (pp. 183-194). Santo André: ESETec.

Beckert, M. E. (2005). Correspondência verbal/não verbal: Pesquisa básica e aplicações na clínica. Em J. Abreu-Rodrigues & M. R. Ribeiro (Orgs.), *Análise do comportamento: Pesquisa, teoria e aplicação* (pp. 230-244). Porto Alegre: Artmed.

Brandão, M. Z. S (1999). Abordagem contextual na clínica psicológica: Revisão da ACT e proposta de atendimento. Em R. R. Kerbauy

& R. C. Wielenka (Orgs.), *Sobre Comportamento e Cognição: Vol. 4. Psicologia Comportamental e Cognitiva – da reflexão teórica à diversidade na aplicação* (pp. 149-156). Santo André: ESETec.

Brandão, M. Z. S. (2001). Psicoterapia analítico funcional (FAP): Caracterização e estudo de caso. Em H. J. Guilhardi (Org.), *Sobre Comportamento e Cognição: Vol. 8. Expondo variabilidade* (pp. 255-261). Santo André: ESETec.

Castanheira, S. S. (2001). Regras e aprendizagem por contingência: sempre e em todo lugar. Em H. J. Guilhardi, M. B. B. P. Madi, P. P. Queiroz & M. C. Scoz (Orgs.), *Sobre Comportamento e Cognição: Vol. 7. Expondo a variabilidade* (pp. 36-46). Santo André: ESETec.

Catania, A. C., Matthews, B. A. & Shimoff, E. (1982). Instructed versus shaped human verbal behavior: Interactions with nonverbal respondig. *Journal of the Experimental Analysis of Behavior, 38*, 233-248.

Catania, A. C., Matthews, B. A. & Shimoff, E. (1990). Properties of rule-governed behavior and their implications. Em D. E. Blackman & H. Lejeune, *Behavior Analysis in Theory and Practice: Contributions and Controversies* (pp. 215-230). London: LEA Publishers.

Cavalcante, S. N. & Tourinho, E. Z. (1998). Classificação e diagnóstico na clínica: possibilidades de um modelo analítico-comportamental. *Psicologia: Teoria e Pesquisa, 14*, 139-147.

Conte, F. C. S. & Brandão, M. Z. S. (2007). *Falo? Ou não falo? Expressando sentimentos e comunicando ideias*. Londrina: Macenas.

Delitti, M. (1997). Análise funcional: o comportamento do cliente como foco da análise funcional. Em M. Delitti (Org.), *Sobre Comportamento e Cognição: Vol. 2. A prática da Análise do Comportamento e da Terapia Cognitivo-Comportamental* (pp. 37-44). Santo André: ARBytes.

de Rose, J. C. C. (1997). O relato verbal segundo a perspectiva da análise do comportamento: Contribuições conceituais e experimentais. Em R. A. Banaco (Org.), *Sobre Comportamento e Cognição: Vol. 1. Aspectos teóricos, metodológicos e de formação em Análise do Comportamento e Terapia Cognitiva* (pp. 148-163). São Paulo: ARBytes.

Ferster, C. B., Culbertson, S. & Boren, M. C. Perrot (1977/1982). *Princípios do comportamento* (M. I. R. Silva, trad.). São Paulo: Editora Hucitec-USP.

Hayes, S. C. (1987). A Contextual approach to therapeutic change. Em N. S. Jacobson (Ed.), *Psychotherapists in clinical pratice: Cognitive and behavoiral perspectives* (pp. 327-387). New York: Grilford Press.

Hayes, S. C. (2000). Acceptance and commitment Therapy in the Treatment of Experiential Avoidance Disorders. *Clinician's Research Digest, Suplemental Bulletin, 22*, 2-38.

Kohlenberg, R. J. & Tsai, M. (1991/2001). *Psicoterapia Analítica Funcional: Criando relações terapêuticas e curativas* (F. Conte, M. Delitti, M. Z. da S. Brandão, P. R. Derdyk, R. R. Kerbauy, R. C. Wielenska, R. A. Banaco, R. Starling, trads.). Santo André: ESETec.

Lima, E. L. T. (2004). *Efeitos da história de reforçamento e do tipo de verbalização sobre a aquisição e generalização da correspondência dizer-fazer*. Dissertação de Mestrado não publicada, Universidade de Brasília, Brasília, DF.

Marçal, J. V. S. (2005). Estabelecendo objetivos na prática clínica: quais caminhos seguir? *Revista Brasileira de Terapia Comportamental e Cognitiva, 7*, 231-246.

Matos. M. A. (1991). As categorias formais do comportamento verbal em Skinner. Em M. A. Matos, D. das G. Souza, R. Gorayeb & V. R. L. Otero (Orgs.), *Anais da XXI Reunião Anual de Psicologia*, Ribeirão Preto, SP: SBP, 333-341.

Medeiros, C. A. (2002). Comportamento verbal na Terapia Analítico Comportamental. *Revista Brasileira de Terapia Comportamental e Cognitiva, 4*, 5-118.

Moreira, M. B. & Medeiros, C. A. (2007). *Princípios Básicos da Análise do Comportamento*. Porto Alegre: Artmed.

Nico, Y. (1999). Regras e insensibilidade: Conceitos básicos, algumas considerações teóricas e empíricas. Em R. R. Kerbauy & R. C. Wielenska (Orgs.), *Sobre Comportamento e Cognição: Vol. 4. Psicologia Comportamental e Cognitiva – da reflexão teórica à diversidade na aplicação* (pp. 31-39). Santo André: ARBytes.

Rangé, B. & Silvares, E. F. M. (2001). Avaliação e formulação de casos clínicos adultos e infantis. Em B. Rangé (Org.), *Psicoterapia cognitivo-comportamental: Um diálogo com a psiquiatria* (pp. 79-100). Porto Alegre: Artmed.

Skinner, B. F. (1957/1978). *O Comportamento Verbal* (M. da P. Villalobos, trad.). São Paulo: Cultrix, EDUSP.

Skinner, B. F. (1989/1991). *Questões Recentes na Análise Comportamental* (A. L. Neri, trad.). São Paulo: Papirus.

Skinner, B. F (1953/2000). *Ciência e Comportamento Humano* (J. C. Todorov & R. Azzi, trads.). São Paulo: Martins Fontes.

Silvares, E. F. M. & Banaco, R. A. (2000). O estudo de caso clínico comportamental. Em E. F. M. Silvares (Org.), *Estudos de caso em psicologia clínica comportamental infantil – Vol. I* (pp. 31-48). Campinas: Papirus.

Tourinho, E. M. (2001). Eventos privados em uma ciência do comportamento. Em R. A. Banaco (Org.), *Sobre Comportamento e Cognição: Vol. 1. Aspectos teóricos, metodológicos e de formação em Análise do Comportamento e Terapia Cognitivista* (pp. 172-184). Santo André: ESETec.

Capítulo 11

Esquiva Experiencial na Relação Terapêutica[1]

Andréa Dutra

O presente capítulo pretende, sob orientação da Análise Comportamental Clínica, discutir questões relacionadas à emissão de comportamentos de fuga e esquiva, por parte do cliente, durante as sessões terapêuticas, bem como apontar possíveis estratégias clínicas e importantes cuidados a serem tomados em tais situações.

Geralmente, as pessoas procuram terapia quando estão apresentando dificuldades em resolver problemas ou em função daquilo que estão sentindo, do seu "sofrimento". Ao falar desse "sofrimento", o cliente relata seus eventos privados, considerando-os como problemas ou como causa de seus problemas. Segundo Santos e Tourinho (2000), na cultura ocidental, explicações "internalistas" para o comportamento são legitimadas pela comunidade, que modela e privilegia verbalizações desse tipo.

Hayes (1987) afirma que os clientes procuram na terapia ajuda para a aquisição de um repertório mais eficaz de fuga-esquiva daquilo que eles acreditam ser o seu problema ou a causa dos seus problemas: os eventos privados relacionados a eventos aversivos. Kohlenberg e Tsai (1991/2001) concordam ao afirmar que os clientes frequentemente buscam a terapia como meio para se livrarem de sentimentos associados à estimulação aversiva.

Assim, comportamentos de fuga e esquiva dirigidos a esses eventos privados, e não somente aos estímulos aversivos[2] que os geram, ocorrem com frequência nas sessões terapêuticas. O contato com os estímulos aversivos e os sentimentos associados a eles mostra-se imprescindível durante o processo terapêutico, já que os clientes procuram na terapia solução para o que era sofrimento em sua vida.

O COMPORTAMENTO DE ESQUIVA E O PADRÃO DE ESQUIVA EXPERIENCIAL

Hayes (1987) apresentou o conceito de esquiva experiencial a partir da afirmação de que a comunidade verbal estabelece regras, tais como "para se ter uma vida bem-sucedida, é necessário ter pensamentos e sentimentos positivos; assim, o controle emocional e cognitivo é o melhor caminho para alcançar tal objetivo". Ignora-se, portanto, a condição humana e suas experiências inerentes: o contato com estimulação aversiva e os sentimentos associados a esse contato (angústia, ansiedade e medo).

A esquiva experiencial ocorre quando eventos privados passam a ser alvos de controle verbal, devido à bidirecionalidade da linguagem humana. Quando as experiências privadas são produtos de even-

---

[1] Agradeço à amiga Ana Karina Curado Rangel de-Farias pela valiosa revisão do presente trabalho.
[2] Estímulos aversivos podem também ser denominados "reforçadores negativos" ou "punidores".

tos traumáticos, a pessoa passa a evitar as primeiras para não entrar em contato com os últimos. Uma mudança verbalmente direcionada pode produzir resultados paradoxais que só intensificam o sofrimento humano (Hayes, 2000).

Em suma, o contexto cultural estabelece que sentimentos e emoções como tristeza, angústia e ansiedade devem ser evitados. Essa visão é contrária à filosofia behaviorista radical. Além disso, quando a pessoa evita entrar em contato com suas emoções, ela perde os benefícios do autoconhecimento, visto que as emoções sinalizam o tipo de contingência em operação.

A partir do contato do indivíduo com a comunidade verbal, os eventos privados são verbalmente elaborados e não simplesmente descobertos e discriminados. Em outras palavras, o autoconhecimento é um produto social, resultado da exposição a contingências sociais. As emoções adquirem funções de eventos organizados em quadros relacionais, sendo construídas e relacionadas a demais eventos, de modo que as emoções adquirem funções motivacionais e discriminativas para a fuga e a esquiva (Hayes, 1987).

Percebe-se que parte do processo que auxiliaria na instalação do repertório de autoconhecimento proporciona também a autodecepção e a esquiva das próprias reações aos estímulos aversivos, e não somente a fuga dos estímulos aversivos em si. Organismos não humanos esquivam de estímulos aversivos (por exemplo, o choque); já os humanos, seres verbais, esquivam de suas próprias reações aos estímulos aversivos, e esse processo ocorre graças à capacidade de elaborar e relacionar eventos verbalmente (Hayes, 2000).

Assim sendo, as pessoas geralmente atribuem a causa da esquiva aos sentimentos, mas essa associação é equivocada, já que tanto o comportamento de esquiva quanto os sentimentos são evocados pelos mesmos estímulos aversivos. De acordo com Cameschi e Abreu-Rodrigues (2005), as condições corporais sentidas, as observações introspectivas e os comportamentos públicos alteram-se devido não aos sentimentos, mas às contingências aversivas que são causas comuns da condição sentida, das mudanças nos sentimentos e no comportamento.

As contingências de reforço e punição desenvolvem e mantêm o repertório operante, e os estímulos envolvidos também exercem funções antecedentes que afetam o comportamento por meio dos processos de eliciação, de indução e de modulação (Hineline, 1984, citado por Cameschi e Abreu-Rodrigues, 2005). Esses processos incluem efeitos emocionais que, quando resultantes do controle aversivo, têm implicações clínicas extensas, pois, como já mencionado, surgem como os motivos centrais das queixas das pessoas.

Para distinguir o comportamento de esquiva do comportamento de fuga, Catania afirma: "fugimos de circunstâncias aversivas presentes, mas nos esquivamos de circunstâncias potencialmente aversivas que ainda não ocorreram" (1998/1999, p. 117). A diferença central então está no fato de que, na contingência de fuga, o estímulo aversivo está presente, já o mesmo não ocorre na contingência de esquiva.

Uma pessoa esquiva-se de um estímulo aversivo quando emite um comportamento que impede ou retarda a ocorrência desse estímulo. No comportamento humano, a maior parte do controle aversivo tende a ser exercida por estímulos aversivos condicionados[3] (ou estímulos pré-aversivos), isto é, estímulos que precedem o evento aversivo em si. Esse desvio de controle para os estímulos aversivos condicionados ocorre pelo fato de que a maior parte do controle aversivo é previ-

---

[3] O termo "condicionado", frequentemente usado no presente texto, é sinônimo de aprendido por meio da relação organismo-ambiente.

sível na sociedade (Ferster, Culbertson e Boren Perrot, 1977).

Como pode a ausência de um evento afetar o comportamento de uma pessoa? Essa questão, chamada paradoxo da esquiva, segundo Cameschi (1997), gera grandes controvérsias. Na tentativa de explicar o paradoxo, importantes estudos foram realizados dentro de três linhas gerais de pensamento: a Teoria Bi-fatorial (Mowrer, 1947, citado por Cameschi, 1997), a Teoria Operante (Herrnstein e Hineline, 1966, citado por Cameschi, 1997) e a Teoria Cognitiva (Dinsmoor, 1977, citado por Cameschi, 1997). Cameschi esclarece que o cerne das controvérsias incluídas nessa discussão está entre a observação e a descrição dos eventos envolvidos. A análise operante relaciona a não ocorrência de um evento à história de interação do organismo com situações semelhantes, isto é, devido à sua história de reforço e punição, sem precisar recorrer a entidades (cognitivas ou mentais) para explicar o comportamento de fuga e/ou esquiva.

O comportamento de esquiva pode ser explicado a partir do conceito de reforço negativo condicionado. Estímulos previamente neutros, ao serem emparelhados a estímulos aversivos, tornam-se condicionados. Portanto, os estímulos anteriormente neutros tornam-se reforçadores negativos condicionados, e qualquer ação que os reduza é reforçada através de condicionamento operante. Tendo em vista que os estímulos aversivos condicionados e incondicionados são separados por um intervalo de tempo, o organismo emite uma resposta antes que o estímulo incondicionado esteja presente, o que configura essa resposta como esquiva (Skinner, 1953/2000). Um exemplo simples pode facilitar o entendimento desse conceito. A testa franzida do pai é um estímulo neutro para a criança inexperiente, ou seja, não elicia emoções. A partir de emparelhamentos entre testa franzida e fortes palmadas, a simples observação da testa franzida pode eliciar respostas condicionadas. A criança pode, então, emitir alguma resposta que retire a presença do pai (ou de sua testa franzida), antes que as palmadas apareçam. Emitir resposta na presença das palmadas é denominado fuga, enquanto emitir respostas antes que as palmadas surjam, evitando-as, consiste no que denominamos esquiva.

Cameschi (1997), citando Hineline (1977) e Todorov e Cameschi (1990), conclui que os eventos aversivos induzem ou eliciam certas classes de respostas específicas da espécie. Algumas dessas respostas, ao produzirem mudanças no meio, tornam-se operantes selecionados pelas consequências reforçadoras programadas. Essas respostas podem também tornar-se operantes como resultado de processos de reforço acidental (ou seja, na ausência de consequências programadas), dependendo da distribuição temporal das respostas em relação aos eventos aversivos.

O comportamento de esquiva é particularmente susceptível ao reforço acidental, pois é reforçado quando o estímulo aversivo não ocorre e a não ocorrência do estímulo aversivo (que poderia ser explicada por vários outros processos, e não pela resposta de esquiva) fará com que esse tipo de responder seja mantido. Esse tipo de responder pode ser persistente mesmo depois de uma longa história, ou seja, a extinção dessa resposta pode ser lenta (Catania, 1998/1999).

Hineline (1981, citado por Cameschi, 1997) entende que sequências de estímulos aversivos também exercem funções discriminativas, isto é, dependendo da situação, um choque pode ser sinal de que outros virão. Portanto, o processo de extinção pode ser mais prolongado ao envolver também a extinção de propriedades discriminativas dos estímulos aversivos primários ou condicionados (Cameschi, 1997).

Frequentemente, as pessoas procuram identificar os estímulos aversivos condicionados nas situações em que eles sinalizam o aparecimento de um evento aversivo para, assim, evitá-los. A explicação do comportamento de esquiva, segundo Garcia (2004), não pode estar dirigida para o futuro. Suas consequências estão no passado e no presente. Uma possibilidade de mudança da resposta de esquiva pode ser encontrada ao mudarmos a probabilidade dos eventos ambientais que passam a ser indicadores de uma situação aversiva.

A esquiva tem um papel importante na psicopatologia, como na Agorafobia ou no Transtorno de Estresse Pós-traumático, pois o cliente tipicamente se esquiva de certas situações ou estímulos ameaçadores. Ocorre um efeito alienante, já que a pessoa deixa de entrar em contato com parte da realidade. Pode-se dizer que o comportamento de esquiva é mantido, também, porque a pessoa recusa-se a verificar a realidade através do contato com os eventos ameaçadores.

Para Kohlenberg e Tsai (1991/2001), a esquiva emocional ocorre quando respostas emocionais tornaram-se aversivas devido a uma história de punição. Novamente, esses autores enfatizam que sentimentos, pensamentos e lembranças não causam a esquiva em si – a história de punição é que causa esse padrão comportamental, assim como causa as emoções aversivas. A esquiva emocional é obtida por meio de contatos reduzidos com variáveis de controle para os comportamentos clinicamente relevantes (CRBs), o que, por sua vez, também reduz a oportunidade para a aquisição de novos comportamentos.

Cordova e Kohlenberg (1994) apontam as principais consequências do comportamento de esquiva: perda de contato com reforçadores positivos, acarretando em *déficits* comportamentais; ausência dos sentimentos positivos decorrentes do contato com novas situações; recorrência de respostas emocionais ou sentimentos negativos; aumento do potencial aversivo da situação evitada; e generalização de respostas emocionais para outras situações, objetos ou pessoas.

O CONTROLE AVERSIVO NO CONTEXTO TERAPÊUTICO

O estudo do controle aversivo é de extrema importância para a aplicação clínica, já que os clientes chegam ao consultório apresentando produtos comportamentais resultantes da exposição a contingências aversivas ao longo de suas histórias de reforçamento. Na literatura, constata-se o interesse na compreensão do efeito de tais contingências sobre o repertório comportamental do cliente. No entanto, o mesmo interesse não é tão frequente no estudo da ocorrência e no manejo de contingências aversivas no processo terapêutico, contingências essas que evocam comportamentos de fuga-esquiva por parte do cliente nas sessões terapêuticas.

Cameschi e Abreu-Rodrigues (2005), ao concluírem que a relação terapeuta-cliente está sujeita ao controle aversivo, como qualquer outro relacionamento interpessoal, fazem um resumo de como o controle aversivo esteve e está presente em vários enfoques da Terapia Comportamental. O objetivo dos autores com esse levantamento foi justificar a importância de investigações sistemáticas sobre o papel de contingências aversivas na relação terapêutica.

Na chamada Terapia Comportamental Clássica, as técnicas comportamentais aversivas, como a inundação, a implosão, a sensitização encoberta e a punição contingente, foram bastante usadas, principalmente nas décadas de 1960 e 1970. A popularidade das mesmas declinou consideravelmente nos últimos 30 anos, apesar de a literatura apontar evidências de eficácia de tais técnicas. A Terapia Comportamental sofreu e continua sofrendo muitas críticas devido à aplicação de técnicas aversivas. Entre elas, a de que é uma terapia focal e tecnicista. Os estudos sobre os efeitos indesejáveis da punição sobre os organismos levaram a discussões éticas e reduziram drasticamente a investigação sobre o tema. A repercussão da abordagem construcional de Goldiamond (1974) também contribuiu para o desuso de técnicas aversivas. O foco da proposta construcionista é a construção de repertórios mais produtivos, opondo-se à postura dominante de que o empenho deveria estar na eliminação de comportamentos-problema.

Por fim, Cameschi e Abreu-Rodrigues (2005) apontam que, desde 1980, ocorre o crescente interesse na relação terapeuta-cliente como o principal meio de se realizar mudanças no contexto clínico. As propostas de Hayes, Strosahl e Wilson (1999) – a Terapia da Aceitação e Compromisso (ACT) – e de Kohlenberg e Tsai (1991/2001) – a Psicoterapia Analítica Funcional (FAP) – enfatizam o papel da relação terapêutica.

A ACT e a FAP priorizam o emprego de estratégias positivamente reforçadoras na prática clínica, mas ainda assim não estão livres do controle aversivo na relação terapeuta-cliente (Cameschi e Abreu-Rodrigues, 2005). Tanto Hayes e colaboradores (1999) quanto Kohlenberg e Tsai (1991/2001) afirmam que muitos comportamentos problemáticos que o cliente emite no contexto terapêutico referem-se a comportamentos de fuga-esquiva. As duas propostas são direcionadas à promoção de aceitação, isto é, à redução da esquiva experiencial e ao aumento da tolerância emocional no contexto terapêutico.

A ACT e a FAP[4] são psicoterapias que têm entre seus objetivos tratar a esquiva emocional a partir da promoção da aceitação. As propostas divergem no que se refere aos procedimentos terapêuticos empregados durante as sessões. Na ACT, o contato com as emoções, até então evitado, ocorre a partir da utilização de metáforas e do enfraquecimento do controle verbal, a fim de alterar as funções de estímulos desses eventos privados e estabelecer condições que ajudem a conscientizar o cliente de que suas emoções são produtos de contingências ambientais.

Já na FAP, a principal ferramenta é a identificação de comportamentos clinicamente relevantes (CRBs), que inclui tanto os "comportamentos-problema" como os comportamentos finais desejados. São três tipos de comportamentos clinicamente relevantes (CRBs). O CRB 1 refere-se a exemplos de comportamentos-problema apresentados pelo cliente, que devem ter sua frequência diminuída ao longo da terapia. Os CRBs 2 são os progressos do cliente que ocorrem durante as sessões terapêuticas, sendo objetivo terapêutico aumentar sua frequência. Por fim, os CRBs 3 são as interpretações dadas pelo próprio cliente sobre o seu comportamento. As interpretações envolvem relações funcionais estabelecidas pelo cliente entre seus comportamentos e o ambiente, interpretações e descrições de seus comportamentos, bem como a equivalência funcional, que indica semelhanças entre o que ocorre na sessão e na vida diária. O esperado é que, ao longo da terapia, o cliente adquira cada vez mais explicações funcionalistas e refinadas do seu próprio comportamento (Kohlenberg e Tsai, 1991/2001).

---

[4] Não é objetivo do presente capítulo descrever completamente as recomendações da FAP e da ACT. Para um maior detalhamento, sugere-se ao leitor consultar as referências já citadas.

Comportamentos clinicamente relevantes podem, muitas vezes, se referir a respostas emocionais do cliente durante as sessões, que ocorrem por meio da disposição de condições que as eliciem e as evoquem, sendo consequenciadas positivamente pelo terapeuta.

Quando o comportamento-problema (CRB 1) é identificado e descrito pelo terapeuta, o cliente entra em contato com a situação aversiva, bem como com as emoções produtos dessas contingências aversivas. Por isso, Cameschi e Abreu-Rodrigues (2005) afirmam que evocar comportamentos-problema pode ser considerado um procedimento aversivo. Pode-se constatar que a promoção de aceitação inclui estratégias aversivas no que se refere ao procedimento de bloqueio da esquiva.

PROCEDIMENTO DE BLOQUEIO DO COMPORTAMENTO DE ESQUIVA

De acordo com a ACT e a FAP, a ausência de expressão emocional nas sessões terapêuticas indica que o mesmo padrão pode ocorrer na vida cotidiana do cliente. Assim, o foco do processo terapêutico recai sobre experiências e lembranças mais aversivas dos clientes, justamente aquelas evocadas por situações em que o cliente empenha em esquivar-se. A expressão de emoções por parte do cliente durante as sessões serve como um indicador de que o cliente está em contato com variáveis de controle que eliciam emoções.

A FAP propõe sugestões de trabalho, em forma de regras, que resultariam em efeitos reforçadores para o terapeuta quando aplicadas. Tais regras visam uma melhor utilização e identificação de oportunidades de intervenção terapêutica. A "Regra 1" refere-se à recomendação de prestar atenção à ocorrência dos CRBs. Assim o terapeuta terá maior probabilidade de reagir naturalmente a tais comportamentos, reforçando, extinguindo ou punindo-os, conforme o tipo de CRB.

A "Regra 2", por sua vez, consiste em evocar CRB 1. Em outras palavras, refere-se ao esforço consciente do terapeuta em dispor estímulos que evoquem tais comportamentos, e, como já mencionado, a esquiva emocional muitas vezes é um importante CRB 1.

Kohlenberg e Tsai (1991/2001) relacionam comportamentos de esquiva, que ocorrem frequentemente na terapia, a CRBs 1. A sugestão dos autores é o questionamento contínuo do terapeuta: "O que esta resposta consegue evitar?". É difícil identificar a esquiva, pois a situação aversiva pode ser extremamente idiossincrática; daí a importância da formulação de hipóteses. Muitas variáveis controladoras tornam-se sutis devido aos efeitos do condicionamento aversivo.

Uma descrição do comportamento-problema do cliente e das variáveis de controle, baseada em um evento que ocorra durante a sessão, é apontada, por Cordova e Kohlenberg (1994), como mais benéfico do que se basear apenas no comportamento que ocorre fora da sessão.

Uma das possibilidades para focar no comportamento de esquiva do cliente durante uma sessão é seguir a "Regra 5" proposta pela FAP, que se refere ao empenho do terapeuta em fornecer interpretações de variáveis que afetam o comportamento do cliente. O seguimento de tal regra resultará então em modelar no cliente um repertório verbal funcionalista, isto é, de identificação das variáveis de controle envolvidas no comportamento de esquiva. Tal estratégia também favorece o aumento da tolerância emocional ou, ao menos, o aumento da consciência do cliente. Para os autores da FAP, quando o terapeuta dispõe estímulos que visem o aumento da consciência do cliente acerca do próprio comportamento de esquiva, o procedimento de bloqueio da esquiva está sendo utilizado.

Em contato com as variáveis das quais seu comportamento é função, o cliente pode apresentar comportamentos que caracterizam fuga ou esquiva. O terapeuta, funcionando como comunidade verbal, não deve reforçar o padrão de esquiva do cliente e sim enfraquecê-lo, para benefício do cliente. No entanto, não é uma tarefa fácil e simples, mas, sim, arriscada, já que envolve o sofrimento do cliente.

O procedimento de bloquear o comportamento de esquiva do cliente é sugerido explicitamente pela FAP e pela ACT, pois provê oportunidades de aprendizagem, limita o próprio comportamento de esquiva, favorece o contato crescente com as variáveis de controle e enfraquece o controle instrucional. Para tanto, é necessário:

1. Reapresentar o estímulo aversivo.
2. Focar-se nos comportamentos de fuga-esquiva em que o cliente está evitando o contato com as emoções.
3. Focar-se na emoção do cliente, relacionando a similaridade funcional entre a terapia e a vida cotidiana.
4. Pedir para o cliente observar atentamente o que ele está fazendo agora para impedir a si mesmo de sentir algo.

Os passos do procedimento de bloqueio de esquiva têm caráter nitidamente aversivo, estabelecendo condições que geram e intensificam o sofrimento, sendo sua implementação justificável em função de sua relevância para a aceitação de comportamentos e de emoções aversivas, promovendo a análise funcional da situação-problema e a aprendizagem de comportamentos mais efetivos (Brandão, Menezes, Jacovozzi, Simomura, Bitencourt, Rocha e Santana, 2006).

A posição da FAP, segundo a qual a resposta do terapeuta a demonstrações de emoção do cliente deverá ser naturalmente reforçadora, mostra-se bem coerente com tudo que já foi mencionado até aqui (Kohlenberg e Tsai, 1991/2001). Para tanto, o próprio terapeuta deveria ter um repertório de expressão emocional, bem como saber tolerar demonstrações emocionais de outras pessoas. Profissionais com tal repertório deficiente não conseguirão, provavelmente, dispor condições favoráveis para expressão emocional com aqueles clientes que requeiram contatos gradativamente maiores com estímulos que evoquem respostas emocionais.

As recomendações da FAP são baseadas na principal premissa dessa terapia de que a relação terapêutica fornece uma oportunidade de enfraquecer o padrão de esquiva do cliente por meio do contato repetido com os estímulos evocativos, principalmente quando a estimulação aversiva refere-se a contatos interpessoais. O esperado é que a atuação do terapeuta leve a um resultado mais positivo e ameno (menos aversivo) do que no passado para o cliente e, em consequência, a previsão é que ocorrerá também uma melhora significativa no repertório de enfrentamento do cliente.

Já a ênfase dada pela ACT é de que, quanto mais tempo o cliente experienciar os eventos privados, produzidos por estimulação aversiva, sem avaliação verbal, julgamento, culpa e sem a tentativa de controlá-los, mais esses mesmos eventos adquirirão outras funções de estímulo e serão menos ameaçadores para os clientes.

A esquiva emocional pode ser observada e sinalizada pelo terapeuta quando coloca o cliente em contato com a situação aversiva e com o sentimento que ela produz. De acordo com Brandão e colaboradores (2006), é nesse momento que se considera de extrema importância que o cliente, sem poder se esquivar da situação e do sentimento, possa aprender a tolerar suas próprias reações emocionais. Vale ressaltar que embora esses comportamentos de esquiva sejam funcionais na remoção do estímulo aversivo, em certas circunstâncias tais eventos aversivos motivam comportamentos que geram mais problemas do que resolvem.

Kohlenberg e Tsai (1991/2001) não recomendam bloquear todas as respostas de fuga/esquiva, porque o bloqueio funciona como controle aversivo e isso acarreta todos os efeitos indesejáveis a ele associados. Dessa forma, deveria ser aplicado com moderação em um contexto baseado primordialmente no reforço positivo, levando em consideração o grau de tolerância do cliente aos estímulos aversivos. Além disso, o reforçamento positivo, resultante do novo comportamento que se desenvolve após a aversividade inicial gerada pelo bloqueio de esquiva, acaba por facilitar o aumento da tolerância.

No contexto clínico, o emprego de estimulação aversiva pode gerar esquiva da terapia, bem como agressividade em geral ou substituição do comportamento produtivo por fuga/esquiva. Dessa forma, em conformidade com a proposta behaviorista radical, que se opõe ao uso da punição, os estímulos aversivos somente deveriam ser utilizados quando procedimentos que envolvam reforçamento positivo forem aplicados e mostrarem-se ineficazes.

Quando o uso de controle aversivo é recomendado na terapia? Essa questão envolve um grande conflito para o terapeuta comportamental clínico, e a consideração da premissa básica de que o processo terapêutico existe para o benefício do cliente mostra-se como meio para solucionar tal conflito. Já que o terapeuta estará avaliando o tempo todo o repertório atual do cliente e o nível de tolerância do mesmo, a aplicação do processo de modelagem encaixa-se perfeitamente, pois a tolerância emocional pode ser programada e seus procedimentos aplicados de forma gradual e gradativa.

TOLERÂNCIA EMOCIONAL

As psicoterapias de Kohlenberg e Tsai e a de Hayes são orientadas para a promoção de aceitação. De acordo com Cordova e Kohlenberg (1994), a promoção de tolerância emocional está diretamente relacionada ao sucesso terapêutico com certos clientes. Percebe-se que clientes que apresentam esquiva experiencial são, particularmente, beneficiados com as técnicas de aceitação.

Aceitação refere-se à tolerância às emoções evocadas por estímulos aversivos. Na presença de estimulação aversiva, a pessoa frequentemente sente emoções intensas e/ou apresenta resposta de esquiva, fuga ou ataque. Quando a apresenta ambos, a pessoa provavelmente consegue dizer por quais razões ela evita: em contato com tais emoções, sente-se ameaçada, vulnerável e invadida. Nesse momento, vem a crença ilusória de que as emoções são causas, são os problemas em si (Cordova e Kohlenberg, 1994).

Quando o cliente tem acesso aos sentimentos evocados pelo estímulo aversivo, deve-se promover aceitação no sentido de aprender a tolerar esses sentimentos. De acordo com Cordova e Kohlenberg (1994), a tolerância dos sentimentos é definida como permanecer em contato com os estímulos aversivos sem a apresentação de comportamentos de fuga, esquiva ou ataque; exatamente o efeito esperado no procedimento de bloqueio da esquiva. Pode-se então concluir que a promoção da aceitação é conseguida a partir do bloqueio dos comportamentos de esquiva do cliente na terapia.

Cordova e Jacobson (1999), na Terapia Comportamental de Casal Integrativa, empregam técnicas de promoção de aceitação, visto que essas técnicas promovem contato com as contingências naturais, evitando o controle verbal. A estimulação aversiva refere-se a eventos públicos, embora as pessoas geralmente não tenham consciência da origem pública de seus sentimentos, focalizando-se exclusivamente sobre seus efeitos privados. O efeito do controle verbal sobre o comportamento privado é diferente do seu efeito produzido no comportamento público e, nesse contexto, a aceitação é destinada a ter efeito sobre a experiência privada.

Comportamentos de esquiva, fuga ou ataque têm efeitos distintos quando direcionados a estímulos públicos ou privados. Quando direcionados a estímulos privados, envolvem ataques ao "eu", como autorrepugnância, autocrítica e até mesmo suicídio (Cordova e Kohlenberg, 1994). Daí a importância de reduzir a culpa por meio da substituição de explicações de julgamento por explicações funcionalistas.

De acordo com os princípios da FAP, a tolerância emocional é obtida através das experiências do cliente durante a sessão terapêutica e, para isso, o foco na relação interpessoal naturalmente leva a experiências necessárias para a promoção da aceitação. Cordova e Kohlenberg (1994) apontam três caminhos para promovê-la:

a) encorajamento da auto-observação;
b) redução da autoculpa;
c) experiências de respostas emocionais durante as sessões terapêuticas.

Comportamentos de auto-observação são CRBs 3. O terapeuta, seguindo as Regras 4 e 5 da FAP, treinará em seus clientes a auto-observação. Tais regras referem-se, respectivamente, ao terapeuta observar o impacto dos seus próprios comportamentos sobre o cliente e dispor estímulos discriminativos para o cliente adquirir o repertório de discriminação das relações funcionais entre as variáveis que controlam os CRBs, como já mencionado (Kohlenberg e Tsai, 1991/2001). A partir dessas regras, o terapeuta irá fornecer explicações e interpretações funcionais baseadas na história de vida do cliente, evitando assim julgamentos negativos e ataques ao "eu".

Tanto a FAP como a ACT propõem que os clientes sejam ajudados a tolerar emoções aversivas, focalizando suas próprias reações enquanto elas ocorrem. Também são ensinados a perceber o que eles fazem em resposta a seus sentimentos e a fornecer explicações para essas reações, sem julgá-las nem julgarem-se. Esse procedimento é suficiente para mudar o contexto de intolerância para o de tolerância, aceitação e mudança. É evidente a diferença entre reagir e observar, ao ponto de permitir outros comportamentos.

Linehan e Kehrer (1999), em seu trabalho com *borderlines*, desenvolvem aceitação com esses clientes, no sentido de aumentar a tolerância ao sofrimento: "observar, descrever, participar espontaneamente, ter uma postura acrítica, ter uma consciência concentrada e foco na eficiência" (p. 445) são formas de aprender a suportar o sofrimento com habilidade. Essas habilidades de tolerância ao sofrimento representam a capacidade para experimentar e observar seus próprios pensamentos, emoções e comportamentos públicos sem avaliação e tentativas de mudá-los ou controlá-los. Trata-se da redução do sofrimento através da exposição à emoção numa atmosfera acrítica.

A disposição de interpretações de não censura e julgamento ao cliente é fundamental na promoção de tolerância emocional. Como afirma Hayes (1987), as pessoas dão nomes a seus sentimentos, classificando-os. Esses rótulos não promovem mudança, mas sim autocensura e, consequentemente, a dificuldade para aceitar os sentimentos evocados por situações aversivas e culpa por sentir-se de tal forma.

De acordo com os princípios da FAP, quanto mais o cliente permanecer em situações insuportáveis, mais oportunidades ele terá para aprender a comportar-se nessas situações mais eficazmente.

A auto-observação e a redução da culpa são efetivamente aprendidas por meio da focalização da relação terapeuta-cliente. Do mesmo modo, para a tolerância emocional ser promovida, emoções evocadas pelo estímulo aversivo devem ocorrer durante a sessão terapêutica, sendo observadas por ambos e interpretadas sem julgamento. Os terapeutas devem encorajar e reforçar tais reações emocionais (Cordova e Kohlenberg, 1994).

O sucesso da tolerância emocional é medido pelo grau em que o cliente pode aprender a experienciar esses sentimentos sem fugir da terapia ou atacar o terapeuta. Assim, a ausência de respostas emocionais durante a sessão indicaria ao terapeuta que a terapia não está encaminhando como efetivamente deveria.

Os três caminhos propostos – auto-observação, redução da culpa e experiência de reações emocionais durante a sessão – promovem a aceitação, no sentido de fazer o cliente entrar em contato com emoções até então intoleráveis, obtendo vários benefícios, incluindo o contato com novos reforçadores, aumento da variabilidade comportamental e a redução da aversividade do estímulo.

Cordova e Kohlenberg (1994) apontam para um conceito similar ao de aceitação, que é o de rendição. A promoção da aceitação refere-se ao abandono da luta de mudar coisas que não podem ser mudadas. Quando o cliente luta com seus eventos privados, ele terá mais danos do que bens. Linehan e Kehrer (1999), direcionam suas intervenções com o objetivo de ajudar seus clientes a renderem-se a essa luta. Render-se, nesse contexto, é um CRB 2, um exemplo de comportamento produtivo para o cliente, principalmente quando lutar com um problema leva à esquiva do seu próprio mundo privado. Entretanto, rendição para algumas pessoas pode ser uma estratégia que elas têm adotado como conduta em situações aversivas em que assertividade, honestidade e expressão seriam mais produtivas. Em tais casos, rendição seria um CRB 1.

A seguir, será ilustrado o caso de Marisa (nome fictício), que procurou terapia apresentando muito sofrimento e uma dificuldade em relatar o que estava gerando tal sofrimento.

QUANDO O CONTATO COM CONTINGÊNCIAS AVERSIVAS HISTÓRICAS LEVA A UMA LUTA PESSOAL: UM CASO QUE ILUSTRA O PADRÃO DE ESQUIVA EXPERIENCIAL

Marisa, 48 anos (idade aproximada), dona de casa, casada há 23 anos, três filhos. A queixa inicial foi assim expressa: "Sinto-me um monstro, uma pessoa estranha e diferente de todas as outras". Sentia e pensava muitas coisas terríveis; achava-se uma "farsa no mundo", já que todos imaginavam que ela fosse uma mulher muito feliz, pois "tenho um marido maravilhoso (bom pai, bem-sucedido e carinhoso), recursos financeiros e filhos inteligentes. No entanto, sinto-me um monstro, não merecedora de tudo isso, muito angustiada e infeliz". Afirmou que não seria fácil confiar na terapeuta, pois esperava sempre o pior das pessoas. Procurou ajuda por não estar suportando mais e tinha resolvido "pôr fim a todo o sofrimento".

Marisa dedicava todo seu tempo aos cuidados da casa, do marido e dos filhos. Apresentava características obsessivas relevantes relacionadas à limpeza da casa e à alimentação da família. Tinha uma empregada, mas ainda assim gastava muito tempo com os cuidados da casa e somente ela fazia as refeições da família. Constatou-se uma vida social bastante restrita, com contatos esporádicos com colegas de trabalho do marido que, por sua vez, era um homem bem-sucedido, com uma carga horária de 12 horas diárias e muitas viagens a trabalho.

Era uma mãe e uma patroa exigente no que se referia aos comportamentos de higiene e de estudo. A relação com os filhos era considerada "boa" por ela, com exceção do filho mais velho que era muito distante (ambos evitavam o contato físico e verbal). A relação com o marido era apontada como satisfatória. Marisa expressava muita admiração pelo marido.

A cliente foi categórica ao afirmar que o único evento que gerava sofrimento atualmente era a distância do filho mais velho e a própria dificuldade de se aproximar do mesmo. Ao ser questionada sobre eventos do passado, Marisa afirmava não conseguir relatá-los, o que indicava uma aversividade importante desses eventos. Na quinta sessão, a cliente apresentou muita resistência em falar do seu passado e muito sofrimento; ficou por minutos chorando e a terapeuta ficou em silêncio, optando em não bloquear a esquiva naquele momento.

As próximas três sessões seguiram com a relação de Marisa com o filho mais velho sendo o tema principal. Nessas ocasiões, foi observado pela cliente e pela terapeuta o quanto ela foi uma mãe exigente e punitiva com esse filho, o que gerou tal distanciamento. Tal constatação gerou alívio, já que Marisa ficou sensível à sua forma de se comportar com seu filho e expressou a motivação em mudar a forma de tratá-lo.

Na nona sessão, a terapeuta perguntou sobre os pais da cliente e, nesse momento, Marisa começou a chorar copiosamente. Priorizando contatos graduais com os eventos aversivos, a terapeuta novamente ficou em silêncio e não reapresentou o estímulo aversivo (a pergunta). A terapeuta empenhou-se em validar o sofrimento com falas de apoio, a fim de estabelecer um contexto de confiança e de segurança para Marisa, já que parte de seus problemas referia-se à dificuldade de confiar e relacionar-se de forma afetuosa. Não havia mais dúvida de que, apesar dos déficits comportamentais atuais relevantes da cliente, o que a levou principalmente a procurar ajuda foram os produtos colaterais de sua história de reforçamento que, assim como os déficits, estavam mantendo e intensificando seu sofrimento.

As próximas sessões seguiram com procedimentos (disposição de estímulos verbais que a deixaram sensível a observar e descrever seus comportamentos públicos e sentimentos nas situações cotidianas) que levaram à identificação, por parte da cliente, de suas dificuldades atuais: rituais obsessivos, dificuldade em relacionar-se com as pessoas, poucos contatos sociais, inabilidade social, escassez de reforçadores, perfeccionismo e exigência consigo mesma e com os outros e um padrão de desconfiança nas relações. Apesar dos muitos objetivos terapêuticos importantes dirigidos para as contingências de reforçamento atuais em operação na vida da cliente, a terapeuta decidiu investir no enfraquecimento da esquiva experiencial apresentada por ela em relação ao seu passado, já que o objetivo era aumentar a tolerância emocional de Marisa e, principalmente, entender como o repertório atual foi instalado, fazendo-a entender tal processo. Em outras palavras, objetivava-se promover autoconhecimento. Esse era o momento indicado, pois a terapeuta e a própria Marisa estavam verdadeiramente sensíveis ao sofrimento e ao repertório atual da cliente.

Algumas estratégias para favorecer o contato com os estímulos eliciadores e evocadores das emoções aversivas, produzidas pelo contato com a história de vida da cliente, foram utilizadas a partir da décima sessão. Pode-se citar, por exemplo, apresentação e discussão de fotos. A terapeuta pediu para a cliente trazer fotos de diferentes fases, que contassem sua história desde o nascimento. A cliente ficou surpresa e concordou. Não trouxe na sessão seguinte, e a terapeuta explorou esse comportamento de esquiva, utilizando-se da Regra 5 da FAP, abordando com a cliente as variáveis de controle envolvidas no comportamento de esquiva. Foi determinante para o comprometimento da cliente com a estratégia à pergunta feita pela terapeuta: "Marisa, eu entendo e vejo o quanto é difícil e sofrido para você tratar do seu passado. Mas você acredita que, trazendo as fotos e falando sobre elas, você pode sofrer mais do que você já sofre e sofreu todo esse tempo sozinha? Agora você tem a mim para lhe ajudar". A terapeuta iniciou, então, o procedimento de bloqueio da esquiva e promoção da aceitação.

Na sessão seguinte, Marisa trouxe as fotos e tal procedimento produziu muito impacto na relação terapêutica e no processo de mudança comportamental. Foram momentos de muita intimidade entre a terapeuta e a cliente, de confiança e cumplicidade. Marisa era a segunda filha de três. Morou com os pais no interior até os 18 anos, quando se mudou para uma capital para arrumar trabalho e tentar o vestibular. Conheceu o marido no trabalho e, por volta dos 24 anos, ficou grávida e casou-se. Nessa ocasião, abandonou a faculdade e parou de trabalhar. Ao relatar situações da história com os pais, Marisa expressou com muito sofrimento as seguintes contingências e sentimentos:

1. Sentimento de pena e raiva do pai: eles passaram por privação material, muitas dificuldades financeiras e dependiam de favores da família do pai, o que acarretava algumas humilhações por parte do avô paterno.
2. Sentimento de pena e raiva da mãe: muito submissa e dedicada à casa e à família. Costurava para ajudar nas despesas da casa. O pai era exigente com a mãe e a responsabilizava pelos comportamentos das filhas.
3. Sentimento de culpa pela morte da mãe: morreu devido a um câncer e seu diagnóstico foi tardio (sentimento que será mais bem explicado a seguir).
4. Raiva das tias e dos tios: era chamada de moleque, acusada e punida por tudo de errado que acontecia na rua; privada de atenção e de presentes e constantemente comparada à irmã mais velha: "ela era uma bonequinha e eu, a moleque".

As quatro sessões que foram utilizadas para a exploração das fotos possibilitaram, para a cliente e para a terapeuta, o contato com sua história de reforçamento. Marisa, ao entrar em contato com tais contingências e com os sentimentos associados, sofreu muito. A terapeuta ficou atenta para bloquear comportamentos de fuga durante essas sessões e dispôs estímulos que levaram Marisa a observar e descrever o que sentia, sem se culpar. Juntas analisaram e interpretaram funcionalmente tais contingências, a partir de estímulos verbais dispostos pela terapeuta. Marisa resistiu. A terapeuta validou seus sentimentos como coerentes com as contingências vividas.

A história de vida de Marisa foi predominantemente marcada por punição verbal e física. No contexto atual, Marisa ainda convivia com todos os produtos colaterais dessas contingências, já que não teve exposição a outros contextos marcados por reforçamento positivo. Marisa se comportava de forma muito semelhante à sua mãe; assim, seu casamento era predominado por contingências de reforçamento negativo, e ela tornou-se sensível a isso. Posteriormente, Marisa identificou as contingências de reforçamento em operação no seu casamento.

Ao longo de sua vida, Marisa foi comparada à irmã mais velha, sendo colocada numa posição de inadequação. Na relação com os pais, Marisa adquiriu um repertório de fuga-esquiva (mentia e escondia-se) e contracontrole (desobedecia, reclamava, xingava e brigava com a mãe). Isso produziu muita culpa em Marisa após a morte da mãe. A partir do contato, Marisa também entendeu e aceitou sua forma de ter se comportado na relação com os pais, diminuindo o sentimento de culpa e autorrepugnação.

Somente após o enfraquecimento do padrão de esquiva experiencial e o aumento da tolerância emocional, foi possível o manejo das contingências em operação na vida da cliente. A terapeuta entendeu como as contingências atuais entraram em operação. O contato com eventos privados, produtos de sua história, teve o efeito de alterar as funções de estímulos desses mesmos eventos. Marisa parou de lutar consigo mesma.

Após quatro meses de terapia, Marisa estava com o repertório de autoconhecimento mais refinado e começou a relatar, de forma mais funcional, as contingências em operação e a fazer planos para o futuro: voltar para a faculdade.

CONSIDERAÇÕES FINAIS

Segundo Kohlenberg e Tsai (1991/2001), lembrar e relatar um trauma antigo pode ser útil, e isso consiste em um exemplo de promoção da aceitação. Uma vez que o trauma tenha sido lembrado e relatado, o cliente pode, então, formular uma regra que possa ajudar a melhorar o funcionamento na vida diária. Mais importante que simplesmente lembrar, isso ajuda a reduzir a aversividade dos estímulos evitados no presente, o que auxilia o aumento do contato com eles e permite a aprendizagem de comportamentos mais eficazes. Isso significa afirmar que, quando o trauma é lembrado de forma operante, a aversividade é reduzida por meio da extinção respondente. Na sequência, os estímulos presentes que até então foram evitados porque eliciavam o ver respondente, serão agora contatados.

De acordo com Cameschi e Abreu-Rodrigues (2005), a atividade clínica fornece evidências de que a administração de controle aversivo em um ambiente pleno de reforçamento positivo pode ser favorável ao desenvolvimento de repertórios comportamentais mais produtivos. Os autores citam os achados de Sidman (1995), que apontam que a administração de punições suaves pode gerar supressão da resposta (pelo menos temporária), e essa supressão pode consistir em uma excelente oportunidade para o terapeuta treinar alternativas comportamentais mais úteis. A insistência do terapeuta em permanecer conversando sobre um determinado tema pode não somente funcionar como punição, eliminando a tentativa de esquiva, mas também como uma operação estabelecedora, evocando alternativas comportamentais mais produtivas (como discutir outro tema).

De fato, percebe-se que a emissão de comportamentos de fuga-esquiva, por parte do cliente, pode dificultar o progresso da terapia, principalmente quando esses comportamentos estão relacionados à queixa apresentada por ele, como no caso da Marisa. O procedimento de bloqueio da esquiva pode ser introduzido na terapia de forma gradual e cuidadosa, desde que o terapeuta esteja bem sensível ao nível de tolerância do cliente.

O processo terapêutico, caracterizado pelo uso de reforçamento positivo, mas também incluindo contingências aversivas pode, portanto, ser bastante efetivo para promover mudanças comportamentais positivas e duradouras. Tal afirmação sugere que não é indicado negar ou ignorar o papel do controle aversivo na relação terapêutica. O cuidado deve ser o de evitar o uso incompetente e irresponsável de procedimentos aversivos. Para tanto, mostra-se de suma importância retomar as investigações sobre controle aversivo, tanto no âmbito da pesquisa básica quanto no da aplicação.

REFERÊNCIAS

Brandão, M. Z. S. (1999). Terapia Comportamental e Análise Funcional da relação terapêutica: estratégias clínicas para lidar com o comportamento de esquiva. *Revista Brasileira de Terapia Comportamental e Cognitiva, 1*, 179-188.

Brandão, M. Z. S., Menezes, C. C., Jacovozzi, J. S., Bitencourt, L., Rocha, R. C. A. & Santana, M. G. (2006). Comportamento de esquiva no contexto clínico. Em H. J. Guilhardi & N. C. Aguirre (Orgs.), *Sobre Comportamento e Cognição: Vol. 18. Expondo a variabilidade* (pp. 509-513). Santo André: ESETec.

Cameschi, C. E. (1997). Comportamento de esquiva: Teorias e controvérsias. *Psicologia: Teoria e Pesquisa, 13*, 143-152.

Cameschi, C. E. & Abreu-Rodrigues, J. (2005). Contingências aversivas e comportamento emocional. Em J. Abreu-Rodrigues & M. R. Ribeiro (Orgs.), *Análise do Comportamento, Pesquisa, Teoria e Aplicação* (pp.113-137). São Paulo: Artmed.

Catania, A. C. (1998/1999). *Aprendizagem: Comportamento, linguagem e cognição* (A. Schmidt, D. das G. de Souza, F. C. Capovilla, J. C. C. de Rose, M. de J. D. dos Reis, A. A. da Costa, L. M. de C. M. Machado & A. Gadotti, trads.) Porto Alegre: Artmed.

Cordova, J. V. & Jacobson, N. S. (1999). Crise de casais. Em D. H. Barlow (Org.), *Manual dos Transtornos Psicológicos* (pp. 535-567). Porto Alegre: Artmed.

Cordova, J. & Kohlenberg, R. J. (1994). Acceptance and the therapeutic relationship. Em S. Hayes, N. Jacobson, V. Follette & M. Dougher (Orgs.), *Acceptance and Change: Content and context in psychotherapy* (pp. 125-142). Reno, NV: Context Press.

Ferster, C. B., Culbertson, S. & Boren, M. C. Perrot (1977). *Princípios do comportamento* (M. I. R. Silva, trad.). São Paulo: Editora Hucitec-USP.

Garcia, M. R. (2001). *Uma tentativa de identificação de respostas de esquiva e da utilização do procedimento de bloqueio de esquiva através da análise de uma relação terapêutica.* Dissertação de Mestrado não publicada, Universidade Católica de São Paulo, São Paulo.

Goldiamond, I. (1974). Toward a constructional approach to social problems: Ethical and constitutional issues raised by applied behavior analysis. *Behaviorism, 2*, 1-85.

Hayes, S. C. (1987). A Contextual approach to therapeutic change. Em N. S. Jacobson (Ed.), *Psychotherapists in clinical pratice: Cognitive and behavoiral perspectives* (pp. 327-387). New York: Grilford Press.

Hayes, S. C. (2000). Acceptance and commitment Therapy in the Treatment of Experiential Avoidance Disorders. *Clinician's Research Digest, Suplemental Bulletin, 22*, 2-38.

Hayes, S. C., Strosahl, K. D. & Wilson, K. G. (1999). *Acceptance and commitment therapy: An experiential approach to behavior change.* New York: The Guilford Press.

Kohlenberg, R. J. & Tsai, M. (1991/2001). *Psicoterapia Analítica Funcional: Criando relações terapêuticas e curativas* (F. Conte, M. Delitti, M. Z. da S. Brandão, P. R. Derdyk, R. R. Kerbauy, R. C. Wielenska, R. A. Banaco, R. Starling, trads.). Santo André: ESETec.

Linehan, M. M. & Kehrer, C. A. (1999). Transtorno da personalidade borderline. Em D. H. Barlow (Org.), *Manual dos Transtornos Psicológicos* (pp. 443-492). Porto Alegre: Artmed.

Santos, P. S. & Tourinho, E. C. (2000). Eventos privados e terapia analítico-comportamental. Em R. G. Wielenska (Org.), *Sobre comportamento e Cognição: Vol. 6. Questionando e ampliando a teoria e as intervenções clínicas e em outros contextos* (pp. 36-45). Santo André: ESETec.

Sidman, M. (1989/1995). *A coerção e suas implicações* (M. A. Andery & T. M. Sério, trads.). Campinas: Editorial PSY.

Skinner, B. F. (1953/2002). *Ciência e Comportamento Humano* (J. C. Todorov & R. Azzi, trads.). São Paulo: Martins Fontes.

Capítulo 12

Rupturas no Relacionamento Terapêutico
Uma Releitura Analítico-Funcional[1]

Alysson B. M. Assunção
Luc M. A. Vandenberghe

Nas últimas duas décadas, o relacionamento entre terapeuta e cliente tem recebido atenção cada vez maior dentro da teoria e pesquisa em psicoterapia. Estudiosos se voltaram para aspectos da prática clínica que não dependem de técnicas específicas, mas que são tão ou mais importantes. Desde então, a aliança terapêutica – ou relacionamento terapêutico – tem sido vista como uma variável integrativa do processo psicoterápico comum a todas as abordagens terapêuticas (Kohlenberg e Tsai, 1991/2001; Safran, 2003; Safran e Muran, 1996).

Embora o uso do termo aliança terapêutica seja originário da teoria psicanalítica (Freud, 1912/1980 e 1913/1980), sua conceituação é relativamente recente. Bordin, em 1979, a define como sendo o laço colaborativo e afetivo entre terapeuta e cliente, cujo estabelecimento está relacionado a três fatores: a tarefa ou o papel que se espera que o cliente assuma, o elo colaborativo com o terapeuta e os objetivos da psicoterapia. Estima-se que a qualidade da aliança seja função da concordância em relação a objetivos e tarefas (Bordin, 1979; Safran, 2002; Safran, Muran, Samstag e Stevens, 2002).

Este capítulo pretende refletir sobre as rupturas ou flutuações na qualidade do relacionamento terapêutico, no sentido de que esses eventos possam proporcionar a discussão de temas fundamentais à terapia. Devido à importância de uma aliança sólida na terapia para o resultado subsequente, é importante esclarecer os fatores envolvidos no estabelecimento e na reparação das rupturas (Martin, Garske e Davis, 2000; Safran, 2002; Safran, Muran, Samstag e Winston, 2005). O referencial utilizado será a Psicoterapia Analítica Funcional (FAP), que nasceu de uma leitura contextualista do Behaviorismo Radical na década de 1980 (Kohlenberg e Tsai, 1991/2001).

VÍNCULO TERAPÊUTICO NA TERAPIA COMPORTAMENTAL

Os modelos iniciais de Terapia Comportamental incorporaram muito da tradição da ciência moderna, calcada no determinismo e na exatidão, que nutria certa antipatia pelos contextos e pelo olhar sobre as consequências (Moxley, 1999, 2001). Nesse período, Eysenck (1959) opinou que as teorias que abordavam o papel curativo do relacionamento terapeuta-cliente não eram organizadas segundo metodologias verificáveis. Ele apontou que pesquisas empíricas indicavam que psicoterapias não possuíam eficácia maior do que remissão espontânea ou tratamento com placebo.

Segundo essa visão, havia duas formas principais de tratamento na Terapia Comportamental: procedimentos de extinção,

---

[1] O presente trabalho é parte da monografia de conclusão de graduação em Psicologia, da Universidade Católica de Goiás, defendida pelo primeiro autor sob orientação do segundo.

que enfraqueciam a apresentação de comportamentos considerados inadequados; e de treinamento, que utilizavam técnicas de reforçamento para estabelecer e manter comportamentos (Eysenck, 1952, 1959). Os ganhos terapêuticos eram atribuídos à correta aplicação de técnicas para tratar transtornos específicos, derivados da pesquisa empírica, e o relacionamento terapêutico era colocado em segundo plano (Braga e Vandenberghe, 2006).

No início da década de 1970, dados de pesquisas sobre a eficácia de diferentes abordagens em psicoterapia apontaram que as técnicas não eram os únicos fatores relevantes. Nesse período, as terapias cognitivo-comportamentais chamaram atenção para aspectos inerentes ao relacionamento terapêutico, que interagiam com processos objetivos, como as técnicas, e que pareciam conduzir a melhores resultados (Braga e Vandenberghe, 2006; Safran, 1993). Essa evolução foi chamada de "virada relacional" e colocou em evidência um modelo que enfocava a interação entre aplicação de técnicas e aliança terapêutica, contexto que pôde tornar intervenções mais eficazes (Eysenck, 1994; Safran, 2003; Safran e Muran, 1996).

Propostas terapêuticas recentes – chamadas de "terceira geração" da Terapia Comportamental – consideram que fatores relacionais e interpessoais do terapeuta e do cliente vão ao encontro de uma concepção contextualista, selecionista, e da pragmática da prática clínica, em uma perspectiva integracionista pós-moderna (Safran, 2002, 2003) compatível com a proposta behaviorista radical de Skinner (Skinner, 1953/2002, 1969/1980; Kohlenberg e Tsai, 1991/2001; Moxley, 1999, 2001).

Dentre os exemplos dessas propostas terapêuticas, podemos citar a Terapia Comportamental Dialética (TCD), a Terapia de Aceitação e Compromisso (ACT) e a Psicoterapia Analítica Funcional, a FAP (Hayes et al., 2004). Apesar de não ser fácil especificar aspectos comuns que unam essas abordagens, elas enfatizam aspectos antes negligenciados, como aceitação, valores e espiritualidade, e consideram a relação terapêutica como fundamental no processo de mudança (Hayes, et al., 2006; Kohlenberg e Tsai, 1991/2001). A TCD e a ACT têm um corpo crescente de pesquisas e resultados que corroboram com os procedimentos e mecanismos teóricos que descrevem. Já a FAP tem uma base de pesquisa mais limitada (Hayes, et al., 2004).

O RELACIONAMENTO TERAPÊUTICO NA FAP

O terapeuta na FAP escolhe estratégias de intervenção enfocando contingências presentes na relação com o cliente. Isso explica o caráter integrativo da terapia ao usar procedimentos de diferentes orientações teóricas (Braga e Vandenberghe, 2006; Kohlenberg e Tsai, 1994). A FAP enfatiza que o elo formado entre terapeuta e cliente é frequentemente o principal veículo transformador na terapia (Follette, Naugle e Callaghan, 1996). O profissional baseia-se na análise funcional do relacionamento terapêutico, pois ele espera que o cliente se comporte na sessão de forma semelhante ao modo como se comporta com outras pessoas em sua vida. O terapeuta deixa claro que o laço que os une será baseado em valores como confiança, respeito e honestidade, que devem ser confirmados no decorrer das sessões quando ele relatar seus próprios sentimentos e o impacto que o cliente causa nele.

A análise que o terapeuta faz do fluxo de interações complexas que constituem o processo psicoterápico pode acontecer considerando diferentes componentes no momento em que ocorrerem – o que configura uma análise molecular –, ou de forma mais abstrata, ampliando os contextos em que esses comportamentos estavam inseridos e considerando-os de uma maneira global – o que caracteriza uma especificação em nível molar – no que se refere às ações interpessoais que se distinguiam entre si em termos de sua função.

A ênfase contextualista desse modelo não permite que o terapeuta desconsidere a história de aprendizagem que levou o cliente a produzir determinada queixa, assim como os contextos mantenedores de comportamentos problemáticos, que podem ter semelhança funcional com o que acontece no relacionamento terapêutico (Kohlenberg e Tsai, 1994). É interessante ressaltar que a noção de análise funcional implica que o terapeuta influencia o comportamento do sujeito, mas o sujeito também tem influência sobre o do terapeuta (Vandenberghe, 2002).

Os comportamentos-alvo da FAP são chamados de comportamentos clinicamente relevantes, ou CCRs[1]. Segundo Kohlenberg e Tsai (1991/2001), eles podem ser enquadrados segundo três classificações: CCR1 – comportamentos problemáticos apresentados pelo cliente na sessão, que devem ser enfraquecidos ao longo da terapia, pois interferem na ocorrência de repertórios efetivos; CCR2 – fazem parte do progresso do cliente ocorrido na terapia, e apresentam uma baixa probabilidade de ocorrência no início do tratamento; e CCR3 – observações e interpretações que o cliente faz de seu comportamento, e refletem a identificação pelo próprio cliente das relações funcionais que envolvem seu comportamento na sessão.

Kohlenberg e Tsai (1991/2001) também encorajam os terapeutas a: (a) prestar atenção aos CCRs, o que aumenta a probabilidade de reações apropriadas do terapeuta e conduz a reações emocionais mais fortes durante a sessão; (b) evocar CCRs de todos os tipos, de forma natural, pelo próprio comportamento do terapeuta, ou pela utilização de técnicas específicas; (c) reforçar positivamente os CCR2 que ocorrem durante a sessão; (d) observar efeitos potencialmente reforçadores do seu comportamento em relação aos CCRs do cliente, atentando para o papel das consequências em ocorrências futuras; (e) fornecer interpretações de variáveis que afetam o comportamento do cliente para aumentar o contato com as variáveis controladoras e auxiliar na produção de regras mais efetivas.

Ao perceber exemplos de comportamentos problemáticos do cliente, o terapeuta estrutura o ambiente de terapia – para aumentar a chance de ocorrência deles – e responde de forma contingente. Ele pode treinar o cliente, melhorar seu repertório, para que ele mesmo descreva seus CCRs e as condições que os originam, assim como as consequências de suas ações no ambiente. Esta atuação terapêutica fundamenta-se na suposição de que cliente e terapeuta terão acesso às causas do problema enquanto esse está ocorrendo (Kohlenberg e Tsai, 1991/2001).

O processo de mudança baseia-se na criação de uma relação terapêutica intensa, na qual o cliente tem a oportunidade de entrar em contato com sua história de vida, sonhos, esperanças, perdas. Ele pode falar sobre sentimentos e demonstrá-los, sentir-se vulnerável, falar e agir conforme suas crenças. Como esse processo pode ser aversivo, o terapeuta pode atuar bloqueando a esquiva experiencial do cliente até que essas respostas diminuam de intensidade (Braga e Vandenberghe, 2006, Ver capítulo de Dutra, neste livro, para maior discussão acerca do bloqueio de esquiva experiencial).

Espera-se que as mudanças de comportamento que ocorrem na sessão tenham

---

[1] A sigla em inglês é bastante conhecida no Brasil: CRB, do original *clinical relevant behavior*.

maior probabilidade de serem generalizadas para outras situações (Kohlenberg e Tsai, 1991/2001). Como o objetivo é sempre ter uma relação de interação íntima e intensa com o cliente, enfatizando a metacomunicação dentro da sessão, o referencial da FAP torna-se ideal para abordar as rupturas no relacionamento terapêutico.

ESTRUTURA CONCEITUAL DAS RUPTURAS

A ruptura no relacionamento terapêutico pode ser definida como uma mudança negativa na qualidade da relação colaborativa entre terapeuta e cliente, ou como uma dificuldade em estabelecê-la. Embora possa variar em intensidade e duração, se não resolvida ela pode resultar até em fracasso ou em abandono da terapia (Safran, 2002, 2003; Safran e Muran, 1996, 2000a, 2000b). Adaptando a formulação de Bordin (1979) sobre a aliança terapêutica, podemos conceber rupturas como: (a) desacordo quanto aos objetivos do tratamento; (b) desacordo quanto às tarefas que se espera do cliente; (c) tensões no laço afetivo entre cliente e terapeuta. Esses aspectos podem ocorrer em conjunto na terapia (Safran et al., 2002).

Momentos de ruptura são mais comuns do que a maioria dos terapeutas costuma considerar, e não acontecem apenas com terapeutas inexperientes. Além de serem importantes para discutir temas que emergem no relacionamento terapêutico, as suas resoluções são fundamentais para criar um laço intenso e duradouro. Esclarecer os fatores envolvidos no estabelecimento e reparação de rupturas pode proporcionar informações importantes sobre como o cliente interpreta intervenções do terapeuta, além de poder gerar experiências emocionais corretivas (Safran, 1993, 2002).

É importante discutir quão intensa deve ser a tensão no relacionamento para que seja considerada uma ruptura. Pesquisas empíricas mostram que o processo terapêutico pode ser mais efetivo se, em vez de considerar como ruptura apenas os eventos mais graves que comprometem a qualidade da terapia, sejam incluídas como rupturas também as flutuações momentâneas. Essa abordagem pode favorecer a metacomunicação no relacionamento (Safran e Muran, 1996; Safran et al., 2002).

Quando a aliança não é estabelecida, é fundamental que isso seja objeto de comunicação, pois é possível que o terapeuta esteja absorvido por "ciclos interpessoais disfuncionais" da vida do cliente ou sendo mal interpretado por ele. Nos casos em que a interpretação do cliente a respeito do terapeuta é o que contribui para a ruptura, seu esclarecimento pode gerar informações importantes ao processo terapêutico (Safran e Muran, 2000a; Safran, 2002).

A ruptura como objeto de estudo na FAP

O estudo de rupturas no relacionamento terapêutico surgiu fora da Terapia Comportamental e está associado a um referencial da Terapia Cognitiva que costuma distinguir produtos cognitivos (pensamentos, crenças) de processos cognitivos (como memória e atenção). O papel causal dos comportamentos é atribuído a estruturas ou "esquemas disfuncionais" que o indivíduo carrega (Safran, 1993, 2002). Nessa perspectiva, uma ruptura é um bom momento para explorar e mudar crenças, cognições e processos de avaliação relacionados ao ciclo cognitivo-interpessoal "disfuncional" do cliente (Safran, 2003; Safran e Muran, 1996).

Segundo Vandenberghe e Pereira (2005), uma leitura behaviorista radical analisa os processos psicológicos em termos do que acontece na interação entre as pessoas, sem fazer atribuições a dinâmicas mentais internas. Assim, enquanto Safran (2002) considera as "crenças" como sendo variáveis cognitivas, a Análise Comportamental Clínica usa o termo para indicar comportamento verbal encoberto. A crítica ao modelo cognitivo, levantada por Kohlenberg e Tsai (1991/2001), é de que o único contato que o terapeuta tem com a cognição do cliente é pelos pensamentos e crenças presentes como comportamento do cliente na sessão. Qualquer intervenção na terapia é, na verdade, um processo de modificação desse comportamento.

Dessa forma, pode-se argumentar que a ruptura "clinicamente relevante" acontece quando o terapeuta se comporta de forma semelhante ao modo como outras pessoas se comportaram com o cliente em sua história, ou que ainda fazem parte de contingências atuais. Essa proposta é apoiada pela afirmação de Safran (2002, p. 211): "os terapeutas contribuem para problemas na relação terapêutica, participando involuntariamente de ciclos viciosos não muito diferentes daqueles que são característicos das outras interações do cliente".

É importante ressaltar que o impacto do comportamento do terapeuta deve ser entendido essencialmente em termos de como o cliente reage a tal comportamento – ou seja, de como é influenciado por ele –, que é determinado por sua história de aprendizagem única. Assim, a mesma intervenção terapêutica pode ser interpretada de forma bastante diferente por dois clientes – com um deles, pode melhorar o relacionamento terapêutico e, com outro, pode dificultar ou mesmo impedir tal aliança.

Por isso, torna-se extremamente importante entender os fatores que moldam a percepção que o cliente tem do significado das intervenções terapêuticas e esclarecer como esses padrões de comportamento foram estabelecidos e mantidos pelas contingências. Nessa perspectiva, faz sentido que o terapeuta FAP atue de forma a identificar e até evocar voluntariamente as rupturas clinicamente relevantes. Essa abordagem pode ter melhores resultados se a ruptura se manifestar em uma sessão e for resolvida ainda dentro desta (Safran, 2002). O objetivo dessa tática é providenciar ao cliente vivências preciosas que podem se generalizar para o ambiente fora da sessão (Kohlenberg e Tsai, 1991/2001).

Explorando rupturas na prática clínica

Safran e Croker (1990, citado por Safran, 2002) classificaram as rupturas em duas classes diferentes. O primeiro tipo são as rupturas de confrontação do terapeuta, nas quais o cliente demonstra sentimentos negativos em relação ao terapeuta de forma direta. O segundo tipo é chamado de evitação de confronto, e geralmente acontece quando o cliente lida com a ruptura por meio de comportamentos que denotam retração ou distanciamento em relação ao terapeuta.

Marcadores de ruptura

Esses dois tipos podem ser expressos em pelo menos sete classes de comportamentos, chamados por Safran (2002) de marcadores, estruturados a partir dos comportamentos do cliente percebidos dentro da sessão de terapia:

1. Expressão direta de sentimentos negativos (Rup 1) – "É a expressão, por parte do cliente, de sentimentos negativos em relação ao terapeuta" (Safran, 2002, p.181).
2. Expressão indireta de sentimentos negativos (Rup 2) – sentimentos negativos comunicados indiretamente, através de sarcasmo, comportamento não verbal ou comportamento passivo-agressivo.

3. Desacordo a respeito de objetivos ou tarefas da terapia (Rup 3) – envolve o cliente questionar ou rejeitar os objetivos e as tarefas da terapia, refletindo a discordância no relacionamento terapêutico.
4. Consentimento (Rup 4) – "Nesse tipo de situação, em vez de arriscar ameaçar o relacionamento com o terapeuta, o cliente consente (mesmo que não concorde com o terapeuta)" (Safran, 2002, p. 180).
5. Manobras de evitação (Rup 5) – envolve desde o cliente ignorar os comentários do terapeuta até atrasar-se, cancelar ou deixar de comparecer a uma sessão. Esses comportamentos geralmente refletem uma tentativa de reduzir a ansiedade associada à ruptura e dificultam a exploração das questões com maior profundidade.
6. Operações para aumentar a autoestima (Rup 6) – esse tipo de comportamento é caracterizado por comunicações do cliente que justificam e enaltecem suas atitudes, dificultando a investigação terapêutica.
7. Falta de responsividade à intervenção (Rup 7) – o cliente deixa de responder positivamente ou de fazer uso de uma determinada intervenção terapêutica.

Essa classificação não significa que o cliente é o único responsável pela ruptura, pois ela é sempre um fenômeno de interação com o terapeuta. Sob a perspectiva da FAP, eventos que indicam ruptura nem sempre são decorrentes de comportamentos problemáticos a serem enfraquecidos (CCR1). Pode ser que os comportamentos do cliente indicativos de ruptura signifiquem na verdade um avanço em direção aos objetivos na terapia (CCR2), devendo ser reforçados. Portanto, é a reação do terapeuta ao comportamento do cliente que determina se a ruptura pode vir a resultar em progresso terapêutico.

Resolvendo rupturas

Safran (2002) e Safran e colaboradores. (2002) afirmam que a resolução de rupturas na aliança envolve um processo de metacomunicação, de falar a respeito do que ocorreu naquele momento, o que pode ser um dos aspectos mais importantes no relacionamento terapêutico. Os autores sugerem uma série de estratégias, reinterpretadas aqui sob o referencial da FAP, que podem ser utilizadas para resolver rupturas:

1. Prestar atenção a rupturas na aliança – é preciso que o terapeuta se coloque de prontidão para perceber rupturas, de forma semelhante à identificação de CCRs, pois o cliente pode frequentemente ser relutante em comunicar sentimentos negativos.
2. Ter consciência de seus próprios sentimentos – para a FAP, os sentimentos do terapeuta são indicativos do que ocorre na relação com o cliente.
3. Aceitar a responsabilidade – quando o terapeuta consegue esclarecer honestamente o seu papel na interação, favorece o entendimento do cliente sobre o contexto de suas próprias reações. Ele pode, assim, se sentir mais confortável para aceitar seus sentimentos e começar a explorar suas contribuições para o relacionamento.
4. Ter empatia com a experiência do cliente – Kohlenberg e Tsai (1991/2001) enfatizam que a capacidade de ter empatia pelas dificuldades do cliente é relacionada à capacidade do terapeuta

de compreender as contingências pelas quais o cliente está passando. Quando o terapeuta demonstra compreensão e empatia pela experiência do cliente, ele pode expressar emoções e sentimentos que não haviam sido correspondidos em sua história de vida;

5. Manter uma postura de observador-participante – é fundamental que o terapeuta não se exclua do processo terapêutico, para que possa identificar quais são os comportamentos dele que provocam reações no cliente e entender se essas reações são um CCR1 ou um CCR2.

Ao se comportar da maneira descrita e reforçar comportamentos de forma diferente do que normalmente acontece no contexto interpessoal do cliente, o terapeuta pode ser capaz de lidar com rupturas, explorando temas fundamentais para a terapia. Dessa forma, o cliente pode desenvolver uma nova representação de si mesmo, como sendo capaz de resolver conflitos, manter o contato interpessoal em situações difíceis, revelar seus sentimentos e perceber outras pessoas como sendo emocionalmente disponíveis (Vandenberghe e Pereira, 2005).

O objetivo deste trabalho é demonstrar, a partir de momentos-chave da prática clínica, algumas possibilidades pragmáticas de identificação e análise funcional de rupturas no relacionamento terapêutico, indicando oportunidades de resolução como janelas para explorar temas fundamentais na terapia.

MÉTODO

Participantes

Este trabalho baseou-se em atendimentos realizados em coterapia com uma cliente que será chamada aqui pelo nome fictício de Camila. Camila tinha 34 anos, era divorciada e morava sozinha. Tinha uma filha de 12 anos que morava em outra cidade com a avó. Camila tinha o ensino médio completo, formação técnica na área de saúde e trabalhava como vendedora. A cliente veio à clínica universitária buscando tratamento para ansiedade e queixando-se de dificuldades em relacionamentos.

Ambiente e materiais

As sessões de psicoterapia foram realizadas no Centro de Estudos, Pesquisa e Prática Psicológica (CEPSI), uma extensão da Universidade Católica de Goiás que presta atendimento psicológico ao público carente e serve como campo de estágio para estudantes da instituição, além de promover e desenvolver pesquisa científica. O consultório onde foram feitas as intervenções continha duas poltronas, uma mesa com três cadeiras e um pequeno armário. Na coleta dos dados, foram utilizados papéis, lápis, caneta, dois questionários contendo perguntas sobre a forma como a cliente avaliava o relacionamento terapêutico, e avaliações de desempenho do trabalho de Camila, que apontavam comportamentos problemáticos que ela gostaria de mudar e registros de observação que a cliente fazia de seu próprio comportamento no seu cotidiano, requisitados a ela pelos terapeutas como tarefa de casa.

Procedimento

As sessões ocorriam duas vezes por semana, com duração média de 50 minutos cada, em um formato de condução não muito estruturado, centrado em ocorrências clinicamente relevantes que emergiam no relacionamento. Um atendimento era conduzido pelo autor (T1) e o seguinte por T2, que revezavam papéis de terapeuta e coterapeuta. Os dados foram obtidos através da observação de CCRs e episódios verbais, registrados pelo estagiário ao final de cada sessão ou em intervisão com a coterapeuta. Também foram obtidos dados das anotações do coterapeuta e de tarefas de casa, propostas quando havia necessidade terapêutica.

Utilizou-se um método de pesquisa descritivo e clínico, qualitativo e indutivo, seguindo os princípios da "Grounded Theory" (Charmaz, 2003). Momentos relevantes durante as sessões de psicoterapia foram identificados, escolhidos e transcritos. Depois, foram feitas análises abertas dos dados, a partir de conceitos sensibilizadores (Bowen, 2006). Estes últimos eram provenientes dos referenciais da FAP e do que foi dito sobre rupturas no relacionamento terapêutico, que foram organizados por categorias, respeitando semelhanças formais e funcionais entre eles.

A organização dos momentos-chave transcritos seguiu as categorizações de comportamentos clinicamente relevantes e dos marcadores de ruptura, obedecendo à ordem cronológica em que foram identificados e tornados mais sólidos durante os atendimentos, de forma a servirem de base para as conclusões do trabalho.

RESULTADOS

Camila tinha saído há alguns meses de um casamento de quase 10 anos, que terminou subitamente e ao qual dizia ter se dedicado muito. Disse que o sentimento de querer ficar sempre sozinha vinha se agravando e que estava se tornando cada vez mais crítica e menos interessada na companhia das pessoas. Entretanto, não gostava dos momentos em que ficava sozinha.

Havia rompido há pouco tempo um relacionamento romântico que havia seguido o mesmo curso de todos os seus relacionamentos anteriores: sentia que havia sido abandonada de repente. Embora se sentisse frustrada com a falta de compromisso do rapaz, relatou que estava com medo de que o que aconteceu tivesse sido reflexo do seu modo de ser, mas não sabia como isso ocorria. Nas sessões iniciais, eram frequentes relatos tais como "não sei quem sou"; "sinto vazio, não sinto vontade de viver"; "sou incapaz de me relacionar"; "incomoda-me muito estar perto das pessoas"; "faço tudo tentando agradar os outros para que eles gostem de mim, mas não recebo nada em troca"; "não demonstro afeto por ninguém".

No decorrer das sessões, foram identificados vários comportamentos de Camila relacionados aos problemas dela: era controladora, perfeccionista, detalhista, muito exigente consigo e com os outros; era forte seguidora de regras; apresentava inflexibilidade diante de novas situações; tinha forte preocupação em como os outros iriam julgá-la; tinha dificuldade em estabelecer relações de intimidade; era acostumada a relações condicionais, nas quais "tudo tem um preço"; tinha dificuldade em sentir-se vulnerável; tinha baixa resistência à frustração; sentia-se ansiosa e tensa quando estava só com a filha; sentia-se mal quando ficava sozinha em casa.

Na história de vida da cliente, foram encontradas variáveis que contribuíam para essas dificuldades: sua mãe e pessoas próximas manifestavam muito desapontamento em relação a ela; o ambiente familiar era tenso, com muitas brigas; não recebeu muito carinho na família; sua educação foi controlada por regras rígidas, inclusive para relações amorosas; teve poucas amizades na vida; precisou sair de casa cedo para trabalhar; morou com parentes que a tratavam como empregada; só era recompensada e valorizada pelo desempenho ou pela produção; assim, aprendeu a determinar muitas regras para si mesma.

Como resultado de sua história, ela sempre tentou corresponder às expectativas dos outros; assumiu responsabilidade de tudo; achava que "só seria aceita se

---

* N. de R. Teoria Fundamentada. Para mais imformações ver Charmaz, K. A Construção da teoria fundamentada. Artmed: Porto Alegre; 2009.

fosse a melhor"; ficava muito incomodada quando alguma coisa planejada dava errado ou quando percebia que não era perfeita; carregava muita exigência sobre com quem se relacionar; suas aproximações eram apenas superficiais; dizia nunca ter amado ninguém em sua vida.

Camila apresentava ainda crenças, entendidas enquanto comportamentos verbais privados, tais como: "ter emoções é sinal de fraqueza"; "ser eu mesma é muito difícil"; "tenho que provar para todos que eu consigo"; "precisar dos outros é terrível"; "não devo deixar outras pessoas assumirem minhas tarefas"; "eu faço as coisas bem feitas"; "não dar conta de tudo é fraqueza".

Contextos que ajudaram a manter os comportamentos problemáticos foram encontrados em seu cotidiano: ela trabalhava em uma farmácia de manipulação e era muito cobrada por desempenho; tinha uma relação complicada com a mãe, que era quem cuidava da filha dela; ela era responsável por resolver conflitos familiares; tinha o controle da família atual e pagava as contas da mãe e da filha; tinha acesso a raras situações de lazer e frequentava sempre os mesmos lugares; ficava muito tempo sozinha em casa e tinha grupo limitado de amigos.

Explorando e resolvendo rupturas

O tratamento de Camila teve como objetivos desenvolver na cliente maior autoconhecimento, assertividade e capacidade de estabelecer relações de intimidade. Nesse processo, procurava-se que ela desistisse da luta contra seus sentimentos e suas emoções para que pudesse se concentrar em produzir mudanças em seus relacionamentos e em seu cotidiano (Hayes, Strosahl e Wilson, 1999). Usava-se o relacionamento terapeuta-cliente como ferramenta de mudança (Kohlenberg e Tsai, 1991/2001). As interações que ocorrem no relacionamento terapêutico foram usadas para identificar e para modelar comportamentos clinicamente relevantes. Uma descrição de momentos-chave de algumas sessões é apresentada abaixo, respeitando a ordem cronológica dos acontecimentos.

O primeiro marcador de ruptura observado foi a discordância em relação aos objetivos na terapia. Na quarta sessão, ao discutir uma avaliação de desempenho que Camila trouxe do emprego, ela disse que sentia falta de instruções precisas dos terapeutas e que os pontos trabalhados ficavam vagos. T2, terapeuta na sessão, perguntou o que ela esperava da terapia. Ela disse que esperava que os terapeutas a orientassem sobre como agir, como fazia sua terapeuta anterior (Rup 3/CCR1).

Em princípio, esse marcador não foi explorado como objeto de metacomunicação dentro da sessão. Os terapeutas disseram à cliente que poderiam discutir com ela sobre o que fazer e eventualmente o fariam algumas vezes, mas que esse não era o principal objetivo da terapia. Foi dito que, na medida em que ela se conhecesse melhor, poderia ela mesma se tornar sensível ao que acontecia ao seu redor e tomar decisões sobre como agir.

Na medida em que as intervenções eram feitas, Camila começou a manifestar, durante as sessões, sentimentos negativos em relação ao terapeuta (T1). Essa comunicação pode ser percebida no exemplo do Fragmento 1 que ocorreu no segundo mês de tratamento, na 9ª sessão:

C: Você está me deixando doidinha, com o pensamento confuso (Rup 2).

T1: Não entendi, Camila. O que eu estou fazendo para que você pense isso?

C: Você me questiona, indo para lá e para cá com essas perguntas, e está me confundindo (CCR1). Não gosto quando você faz isso! (Rup 1)

(**T1** achou que uma ruptura pudesse estar ocorrendo e decidiu investigar)

T1: Você quer me dizer o que te incomoda quando te faço essas perguntas?

C: Parece que você acha que eu estou sofrendo porque quero. Percebo que você não gosta do modo como faço as coisas. Sinto que você me acha horrível (CCR1).

T1: Não estamos aqui para julgar, nem dizer se o que você faz é certo ou errado.

C: Sim, mas parece que você acha que tudo que acontece é minha culpa.

T1: Percebo que alguma coisa que eu faço pode provocar esses sentimentos ruins em você. Mesmo eu gostando de você, isso pode ocorrer. O que você acha?

C: Acho que é isso que estou sentindo, que está acontecendo agora (CCR1).

T1: Em que situações você costuma ter sentimentos semelhantes a esses?

C: Isso acontece no meu trabalho a todo o momento, e também quando estou em lugares com pessoas com quem não me sinto à vontade. Acontece bastante, na verdade, sempre que eu sinto que estou sendo avaliada, como senti agora (CCR3).

T1: Você sente que eu a estou avaliando agora? É isso que está acontecendo?

C: É, é isso sim...

Depois dessa sessão, onde sentimentos negativos em relação à T1 foram manifestados, rupturas ocorreram com frequência quando fazia perguntas à cliente com o objetivo de estabelecer relações de semelhança funcional entre comportamentos problemáticos do cotidiano da cliente e o que se passava no consultório. As quatro sessões seguintes prosseguiram tendo como foco a aceitação de pensamentos e sentimentos.

O Fragmento 2 ilustra como os sentimentos negativos demonstrados de forma direta e indireta pela cliente por T1 na sessão foram usados para facilitar a aceitação emocional. Na 15ª sessão, a cliente relatou que havia demonstrado sentimentos semelhantes aos que já havia sentido por T1 em relação a um homem que a chamou para sair, sem que ela precisasse fazer nada para conquistá-lo. Identificou-se uma oportunidade de evocar uma ruptura clinicamente relevante e decidiu-se investigar. Ela disse que, ao conversar com o rapaz, sentiu-se confusa e inferior. Ele havia perguntado muito sobre a vida dela, e ela, por não querer responder, acabou dispensando-o. Ao perguntar sobre o motivo de não ter mantido a conversa, ela cruzou os braços, franziu as sobrancelhas e os músculos faciais:

C: Odeio quando você aponta o que faço errado. Vontade de sair daqui... (Rup 1/CCR1).

T1: Você sente que estou fazendo você se sentir assim agora?

C: Ah, não! Lá vem você querendo "discutir a relação"... (como ela chamou as metacomunicações na sessão. O terapeuta considerou como Rup 5/CCR1 e bloqueou a esquiva).

T1: Sim, estou, vamos pensar em como se sente quando faço essas perguntas.

C: Fico achando que você me acha errada por não ter dado chance a ele (CCR1).

T1: Você sabe que minha intenção não é ofendê-la ou mesmo julgá-la.

C: Sim, eu sei. Mas é que eu sempre faço tudo certo; sou franca e honesta, não dou margem para ninguém falar nada de mim (Rup 6/CCR1) e...

T1: (Interrompendo) Como é quando você se relaciona com homens?

C: Eu me sinto estranha, como se eu tivesse que tentar ser melhor, provar que eu sou melhor que ele. Isso acontece aqui com você (CCR1), e você acha isso errado.

T1: Acho? Eu não te disse que você estava errada...

C: É... Eu que acho que fiz errado; e não aguento falar disso. Parece a todo tempo que você está me avaliando. Eu fico esperando você brigar comigo (CCR1).

T1: Você acha que isso pode ter a ver com seus últimos relacionamentos íntimos?

C: Sim, totalmente. Acho que todo o tempo eu tento provar para você que posso ser melhor (CCR1/CCR3). Quando não faço tudo certo, espero o pior de você.

T1: Camila, saiba que não espero que você faça tudo certo. Na verdade, quero que você fale dos seus erros, sim, mas para podermos aprender.

C: Ahnm? Como assim, aprender?

T1: Você acha que precisa estar sempre certa, para assim evitar o sofrimento?

C: Sim, por isso eu sou sempre franca e correta em tudo (Rup 6/CCR1).

T1: Eu não preciso que você seja sempre certa comigo. Quero que você saiba que erra e que pode descobrir onde melhorar. Você acha que isso pode acontecer?

C: É... é por isso que eu estou aqui.

T1: Você viu o que aconteceu quando sentiu que agiu errado com esse rapaz?

C: Tratei-o mal para evitar me sentir mal com a situação.

T1: O que acontece quando você tenta se esquivar desses sentimentos?

C: Faço coisas horríveis só para não sentir, para ter controle da situação (CCR3).

T1: Viu como, tentando controlar seus sentimentos, você perde o controle deles?

C: Sim. Nossa, eu estou me sentindo mais aberta com vocês agora (CCR2).

Durante o tratamento, a cliente apresentou também consentimento em relação às intervenções dos terapeutas. Isso aconteceu principalmente em momentos em que era sugerido que a cliente fizesse algum tipo de tarefa de casa envolvendo contato com eventos aversivos. Na 19ª sessão, T2 sugeriu que Camila procurasse a ex-sogra de quem ela gostava muito, mas evitava porque a visita lhe traria lembranças desagradáveis. Ela concordou rápida e prontamente (Rup 4/CCR1).

Na sessão seguinte, a cliente pediu desculpas e disse que não havia conseguido cumprir o combinado. Perguntada por T1, ela disse que teve vontade de dizer que não queria fazer a tarefa, mas não conseguiu. Disse ainda que, se um dos terapeutas havia dado algo a fazer, então ela precisava ter feito (CCR1). Fizemos disso objeto de metacomunicação. Os terapeutas firmaram que sabiam o quão difícil para ela seria fazer o que foi sugerido. Ela se abriu com os terapeutas (CCR2) e revelou que ficou com medo de os terapeutas a julgarem mal ou ficarem bravos com ela. T1 e T2 disseram que isso não aconteceria e que ficaram contentes por ela ter se aberto.

A cliente conseguiu, na 26ª sessão, fazer interpretações sobre seu relacionamento com os terapeutas. Ela disse que via em T2 a mãe que ela nunca teve, que podia gostar dela sem precisar dar algo em troca. Já em relação a T1, ela disse que ele a fazia sentir como nos relacionamentos amorosos. Ela afirma sentir que precisava "provar alguma coisa, provar a T1 meu valor" (CCR3). Nessa sessão, ela relatou que "as pessoas lá fora, eu vejo mais como T1 do que como T2".

A cliente foi capaz de explorar relacionamentos íntimos sem que isso significasse que ela seria abandonada ou que tivesse que se mostrar forte. Na 30ª sessão (Fragmento 3), relatou exemplos nos quais foi capaz de observar sua ansiedade sem tentar controlá-la e chorou pela primeira vez sem sentir vergonha (CCR2):

> **T1:** Como você se sentiu nesse momento?
>
> **C:** Sei lá, eu sou sempre tão franca e honesta com todos (Rup 5 e Rup 6), e ele...
>
> **T1:** Camila, você percebeu? Você fica me dizendo que é franca e honesta...
>
> **C:** (Agressiva) Mas eu sou franca sim! (Rup 1)
>
> **T1:** Eu sei, você me diz e eu percebo isso. Mas por que você disse isso quando eu perguntei sobre como você tinha se sentido em relação a esse ex?
>
> **C:** T1, você me fez ver que o meu grande problema é o relacionamento íntimo com homens (CCR2). Eu tenho que sentir que estou segura.
>
> **T1:** Você não se sente segura aqui?
>
> **C:** Sinto, mas você pede para eu falar de sentimentos e eu fico confusa (CCR3).
>
> (T1 segurou a mão de Camila, que começou a chorar – CCR2)
>
> **C:** Eu sempre fui acostumada com coisas que posso pegar. Você me mostra que com sentimentos não é assim, eu não tenho como controlá-los... (CCR2/CCR3)
>
> **T1:** Sim, é impossível. Mesmo assim, entre em contato com o sentimento. Isso não te diminui diante de mim. Fico feliz que você se permita ser vulnerável comigo.
>
> **T2:** Chore, Camila, pode chorar.
>
> **C:** Sabe, T1, eu não achava que você me veria como vê. Eu achava que você me questionava porque considerava que eu estava fazendo tudo errado (CCR3).
>
> **T1:** E agora, como você se sente em relação a isso?
>
> **C:** Agora sei que você me dará apoio independente do que eu fizer (CCR2).

Depois dessa sessão, ela, que sempre cumprimentava T1 com um aperto de mão formal, abraçou-o. Durante o andamento do processo terapêutico, ela lembrou-se várias vezes do que foi dito nessa sessão.

Em um dos questionários sobre o relacionamento terapêutico, respondido com seis meses de terapia, Camila escreveu que se sentia pressionada com T1 porque ficava com os sentimentos confusos e ficava sem saber o que fazer. Revelou que era marcante para ela quando "tenho que discutir a relação e perco meu controle. Então percebo que não sou o que me imponho ser" (CCR2). Ela também revelou que estava mais aberta com T1 e T2 porque sentia que não precisava fazer o que não queria para receber retorno (CCR2).

Ela mesma passou a identificar esses momentos de metacomunicação na terapia e a reconhecer a importância deles. O Fragmento 4 ocorreu na 36ª sessão:

> **C:** Não me sinto mais tão ruim em discutir relação. Sinto-me confiante e à vontade com vocês, com minha filha e com muitas pessoas no trabalho também (CCR2).

T1: O que você sente em relação a esses nossos momentos?

C: Ainda incomoda, mas eu estou conseguindo tolerar (CCR2). Acho que nesses momentos você me instiga mais e é assim que estou caminhando (CCR3).

(...)

C: Hoje, não tenho de provar nada para T1. Discussões de relação ainda me confundem, mas graças a elas consigo acordar para coisas que ainda não sei dizer. Esses momentos me fazem buscar aquilo que me incomoda realmente (CCR3).

Depois de sete meses de terapia, novos objetivos foram traçados, tais como esclarecer metas e valores e buscar novas atividades que dessem significado à sua vida. Isso incluiu voltar e finalizar seu curso de enfermagem; trabalhar a dificuldade da cliente em respeito a relações sexuais; buscar um novo relacionamento amoroso; e, se necessário, encontrar outro trabalho do tipo que ela gostaria de fazer.

CONSIDERAÇÕES FINAIS

Conclui-se que a identificação e a resolução de rupturas na relação terapeuta-cliente, no caso apresentado, serviram como janelas para explorar temas fundamentais ao processo terapêutico de Camila. Os resultados do presente estudo demonstraram, de forma pragmática, como a identificação e a resolução de rupturas serviram de forma a aumentar a adesão e melhorar a qualidade do relacionamento terapêutico (Safran, 2002). Assim, os resultados apontam que exploração das dificuldades em estabelecer ou manter um bom relacionamento terapêutico pode desempenhar um papel fundamental no processo de mudança dos clientes.

O manejo de rupturas na prática clínica mostrou-se coerente com a proposta da FAP, em que o analista clínico deve manipular contingências dentro da sessão para poder observar seus efeitos sobre o comportamento do cliente. Estes, por sua vez, devem ser entendidos em última instância em termos da reação deste último em relação às intervenções do primeiro. Dessa forma, o terapeuta favorece uma postura de observador-participante e pode demonstrar ao cliente que aceita a responsabilidade pelo que acontece no relacionamento terapêutico (Safran, 2002).

O primeiro marcador de ruptura observado revelou um problema de controle verbal excessivo e generalizado na vida de Camila. Sua identificação foi proveitosa para que os terapeutas enfatizassem com a cliente os objetivos da terapia, enfocando os motivos de priorizar determinada meta, de forma a prevenir futuros desacordos que pudessem prejudicar a qualidade do relacionamento terapêutico.

Em relação ao Fragmento 1, o tema de a cliente se sentir avaliada por T1 em um contexto onde não existem bons ou maus resultados (CCR1) surgiu de uma falha empática do terapeuta em prever os efeitos de sua pergunta. No entanto, a discussão dessa ruptura, logo nas primeiras sessões, serviu como um momento de enfrentamento (CCR1) que se mostrou muito proveitoso para entender melhor os problemas dela fora da sessão, como ser "excessivamente franca", ríspida com pessoas, o que impedia que ela ampliasse seus relacionamentos.

Explorada a ruptura, o vínculo terapêutico se fortaleceu (CCR2) e a adesão ao tratamento aumentou. A comunicação, primeiramente indireta e depois direta, de sentimentos negativos em relação ao terapeuta emergiu como tema a ser explorado e serviu como oportunidade para identificar e trabalhar um conjunto de comportamentos clinicamente relevantes.

Fazer do consentimento da cliente um momento de metacomunicação revelou que ela ficou com medo de que, se ela não consentisse com o que foi pedido, os terapeutas fossem julgá-la mal (CCR2) e permitiu que os terapeutas explorassem situações em que isso acontecia em outros contextos de sua vida. Esse resultado condiz com a hipótese de que muitas vezes o cliente pode vir a consentir com o terapeuta apenas de forma a não sentir a ansiedade provocada por uma ruptura no relacionamento (Safran, 2002).

Nos Fragmentos 2 e 3, as manobras de evitação e as operações para aumentar a autoestima (principalmente dizer-se franca e honesta) na fala da cliente tinham função de fuga-esquiva em relação a perguntas feitas pelo terapeuta. Ao se autoafirmar, ela não precisava falar sobre sentimentos que procurava evitar. Quando bloqueou a esquiva experiencial, T1 permitiu à cliente sentir-se vulnerável e frágil num ambiente em que seu comportamento não seria punido, mas sim reforçado. No caso apresentado, essas metacomunicações foram capazes de produzir interações íntimas e intensas, em que a cliente abandonou padrões de comportamento há muito estabelecidos (Vandenberghe e Pereira, 2005).

A exploração dos momentos de ruptura serviu ainda como oportunidades para modelar melhores repertórios para os problemas do cotidiano de Camila. Como exemplificado no Fragmento 4, com o decorrer da terapia, mesmo se sentindo incomodada com perguntas de T1, ela conseguiu ser mais tolerante em relação a sentimentos negativos e se deixou ser vulnerável dentro da sessão (CCR2). O relacionamento terapêutico possibilitou que a cliente apresentasse comportamentos do tipo CCR2 e CCR3 que foram modelados e reforçados via aproximações sucessivas, construindo melhores repertórios para os problemas do cotidiano dela.

É interessante ressaltar a importância dos dois níveis de análise aplicados no presente trabalho, no que se refere a conteúdo e estrutura. Os conjuntos de comportamentos da cliente foram considerados em suas dimensões moleculares (nos diferentes componentes no contexto específico em que ocorriam na sessão) e molares (considerando a funcionalidade desses comportamentos de forma ampliada). Os cortes nas continuidades espacial e temporal nos resultados não invalidam as unidades funcionais de análise, que pode ser mais ou menos molar ou molecular, conforme as características da interação focalizada e da forma como o terapeuta trabalha com elas (Gálvez, Prieto e Nieto, 1991).

Percebe-se que a interação entre os dois níveis de análise facilitou a exploração de rupturas clinicamente relevantes nas sessões. Ao passo que as análises molares permitiram identificar aspectos gerais e padrões de comportamento da cliente em um contexto mais amplo, as microanálises propiciaram demonstrações da equivalência funcional entre o ambiente natural e o da terapia, além de permitir detalhar os procedimentos clínicos da FAP de forma clara e precisa, através da identificação dos marcadores de ruptura e CCRs durante as sessões. Assim, foi nas microanálises da relação terapeuta-cliente que pudemos afirmar que os procedimentos da FAP foram bem sucedidos em sua aplicação.

Não há como atribuir os resultados desse caso somente à resolução de rupturas. Mas esse não foi o propósito do relato. Ao invés disso, o que se pretendeu foi demonstrar a aplicação dos procedimentos de identificação, exploração e resolução de rupturas no relacionamento terapêutico dentro de uma proposta analítico-comportamental. Nesse sentido, avalia-se que os procedimentos utilizados serviram como oportunidade de aprendizagem ao vivo para a cliente.

As conclusões apontam para a necessidade de os analistas clínicos do comportamento estarem abertos a orientações e técnicas oriundas de outras escolas, para que possam colocar em discussão conceitos que consideram o contexto e a complexidade dos fenômenos da clínica, em perspectiva integracionista (Safran, 2002). Essa postura, entretanto, não deve implicar uma espécie de ecletismo teórico, mas sim um reconhecimento do potencial de utilização de um ponto de vista terapêutico e a produção de leituras que possam melhorar o entendimento dos procedimentos clínicos sem abdicar dos princípios filosóficos que norteiam a abordagem comportamental.

Mesmo assim, as releituras muitas vezes precisam modificar o *status* ontológico dos conceitos importados (Kohlenberg e Tsai, 1994), como foi o caso deste trabalho. Entretanto, é importante que elas mantenham a intenção e as implicações clínicas do conceito original, para preservar o contexto e garantir a fidelidade do conceito dentro de uma linguagem comportamental. Uma teoria sobre psicoterapia precisa estar baseada em especificidades dessa prática profissional e tentar englobar os diversos aspectos da mesma, de forma a acomodar novas contribuições em sua estrutura.

REFERÊNCIAS

Bordin, E. (1979). The generalizability of the psychoanalytic concept of the working alliance. *Psychotherapy: Theory, Research, and Practice, 16*, 252-260.

Bowen, G. (2006) Grounded Theory and Sensitizing Concept. *International Journal of Qualitative Methods, 5*. Retirado no dia 16/04/2007, do site http://www.ualberta.ca/~iiqm/backissues/5_3/pdf/bowen.pdf.

Braga, G. & Vandenberghe, L. (2006). Abrangência e função da relação terapêutica na Terapia Comportamental. *Estudos de Psicologia, 23*, 307-314.

Charmaz, K. (2003). Grounded theory: Objectivist and constructivist methods. Em N. K. Denzin & Y. S. Lincoln (Orgs.), *Strategies for qualitative inquiry* (pp. 249-291). Thousand Oaks: Sage.

Eysenck, H. J. (1952). The effects of psychotherapy evaluation. *Journal of Counseling Psychology, 16*, 319-324.

Eysenck, H. J. (1959). Learning theory and behavior therapy. *Journal of Mental Science, 105*, 61-75.

Eysenck, H. J. (1994). The outcome problem in psychotherapy: what have we learned? *Behavior Research and Therapy, 32*, 477-495.

Freud, S. (1912/1980). A dinâmica da transferência. Em *Edição Standard das Obras Completas de Sigmund Freud* (Vol. XII, pp. 131-143). Rio de Janeiro: Imago.

Freud, S. (1913/1980). Recomendações aos médicos que exercem a psicanálise. Em *Edição Standard das Obras Completas de Sigmund Freud* (Vol. XII, pp. 147-159). Rio de Janeiro: Imago.

Follette, W. C., Naugle, A. E. & Callaghan, G. M. (1996). A radical behavioral understanding of the therapeutic relationship in effecting change. *Behavior Therapy, 27*, 623-641.

Gálvez, M. S., Prieto, P. S. & Nieto, P. B. (1991). *Análisis funcional de la conducta: Un modelo explicativo*. Granada: Universidad de Granada.

Hayes, S., Strosahl, K. & Wilson, K. (1999). *Acceptance and Commitment Therapy: An Experimental Approach to Behavior Change*. New York: Guilford Press.

Hayes, S., Luoma, J., Bond, F., Masuda, A. & Lillis, J. (2006) Acceptance and commitment therapy: Model, processes and outcomes. *Behavior, Research and Therapy, 44*, 1-25.

Hayes, S. C., Masuda, A., Bissett, R., Luoma, J. & Guerrero, L. F. (2004). DBT, FAP, and ACT: How empirically oriented are the new behavior therapy technologies? *Behavior Therapy, 35*, 1-31.

Kohlenberg, R. J. & Tsai, M. (1991/2001). *Psicoterapia Analítica Funcional: Criando relações terapêuticas e curativas* (F. Conte, M. Delitti, M. Z. da S. Brandão, P. R. Derdyk, R. R. Kerbauy, R. C. Wielenska, R. A. Banaco, R. Starling, trads.). Santo André: ESETec.

Kohlenberg, R. J. & Tsai, M. (1994). Functional Analytic Psychotherapy: A behavioral approach to treatment and integration. *Journal of Psychotherapy Integration, 4*, 175-201.

Martin, C., Garske, J. P. & Davis, M. K. (2000). Relation of the therapeutic alliance with outcome and other variables: A meta-analytic review. *Journal of Consulting & Clinical Psychology, 68*, 438-450.

Moxley, R. A. (1999). The Two Skinners, Modern and Postmodern. *Behavior and Philosophy, 27*, 97-125.

Moxley, R. A. (2001). The Modern/Postmodern Context of Skinner's Selectionist Turn in 1945. *Behavior and Philosophy, 29*, 121-153.

Safran, J. D. (1993). Breaches in the therapeutic alliance: An arena for negotiating authentic relatedness. *Psychotherapy: Theory, Research and Practice, 30*, 11-24.

Safran, J. D. (2002). *Ampliando os limites da Terapia Cognitiva: O relacionamento terapêutico, a emoção e o processo de mudança*. Porto Alegre: Artmed.

Safran, J. D. (2003). The Relational Turn, the Therapeutic Alliance, and Psychotherapy Research: Strange Bedfellows or Postmodern Marriage? *Contemporary Psychoanalysis, 39*, 449-475.

Safran, J. D. & Muran, J. C. (1996). The resolution of ruptures in the therapeutic alliance. *Journal of Consulting and Clinical Psychology, 64*, 447-458.

Safran, J. D. & Muran, J. C. (2000a). Resolving therapeutic alliance ruptures: diversity and integration. *Journal of Consulting & Clinical Psychology, 56*, 233-243.

Safran, J. D. & Muran, J. C. (2000b). *Negotiating the therapeutic alliance: A relational treatment guide*. New York: Guilford Press.

Safran, J. D., Muran, J. C., Samstag, L. W. & Stevens, C. (2002). Repairing Alliance Ruptures. Em J. Norcross (Org.), *Psychotherapy Relationships that Work: Therapist contributions and responsiveness to patients* (pp. 235-254). New York: Oxford Press.

Safran, J. D., Muran, J. C., Samstag, L. W. & Winston, C. (2005). Evaluating alliance-focused intervention for potential treatment failures: a feasibility study and descriptive analysis. *Psychotherapy: Theory, Research and Practice, 42*, 512-531.

Skinner, B. F. (1953/2002). *Ciência e Comportamento Humano* (J. C. Todorov & R. Azzi, trads.). São Paulo: Martins Fontes.

Skinner, B. F. (1969/1980). *Contingências do reforço: uma análise teórica* (R. Moreno trad.) Em Coleção Os Pensadores. São Paulo: Abril Cultural.

Vandenberghe, L. (2002). A prática e as implicações da análise funcional. *Revista Brasileira de Terapia Comportamental e Cognitiva, 4*, 35-45.

Vandenberghe, L. & Pereira, M. B. (2005). O papel da intimidade na relação terapêutica: uma revisão teórica à luz da análise clínica do comportamento. *Psicologia, Teoria e Prática, 7*, 127-136.

Capítulo 13

Comportamento Governado por Regras
Um Estudo de Caso[1]

Caroline Cunha da Silva
Ana Karina C. R. de-Farias

O entendimento do comportamento humano é imprescindível para o aprimoramento dos indivíduos e para que possam melhor resolver seus problemas. O Behaviorismo Radical utiliza-se da história filogenética e ontogenética para a compreensão, previsão e controle do comportamento humano. A Análise do Comportamento explica a causa dos comportamentos por meio de análise de contingências, ou seja, regras que descrevem dependências entre antecedentes ambientais, respostas do organismo e suas consequências, dando ênfase à relação funcional entre esses elementos. Dessa forma, afirma-se que um comportamento é adquirido e mantido devido a suas consequências – sendo estas dependentes de seu valor de sobrevivência – e não a sensações que lhe estejam associadas (Skinner, 1953/1998, 1974/1982).

Uma das formas de controle sobre o comportamento dos indivíduos é aquele exercido por regras ou instruções. O comportamento de seguir regras envolve seguir conselhos, instruções, ordens ou outros comportamentos que descrevam, completa ou incompletamente, contingências. As regras são estímulos discriminativos verbais que especificam contingências, podendo estar descritas de forma implícita ou explícita (Baum, 1994/1999; Hayes, Brownstein e Zettle, 1986; Jonas, 2001; Meyer, 2005; Skinner, 1969/1980 e 1974/1982).

Segundo Albuquerque (2001), as regras não podem ser definidas somente como estímulos discriminativos especificadores de contingências, como dito anteriormente. Alguns autores criticam essa definição dizendo que estímulos discriminativos evocam comportamento imediatamente, aumentando a probabilidade da emissão de determinado comportamento naquele contexto, enquanto no comportamento governado por regras há uma lacuna temporal entre a apresentação do operante verbal, a regra, o aparecimento do estímulo discriminativo e a emissão do comportamento especificado na regra. Segundo Baum (1994/1999), a explicação para a ocorrência da lacuna temporal seria que o comportamento desejado generalizou-se e parte do contexto para a ação já ocorreu em um momento anterior.

Tendo em vista essa controvérsia, há autores que definem regras como estímulos verbais antecedentes, que podem exercer diferentes funções: discriminativa, estabelecedora, eliciadora e/ou reforçadora. A diferença entre essa definição de regras para aquela em que elas funcionariam apenas como estímulo discriminativo é que, nesse caso, o estímulo verbal adquiriu essa função por meio de uma história de reforçamento, enquanto naquele, cada função pode ser adquirida por meio de classes de equivalência.

---

[1] O presente trabalho é parte da monografia de conclusão do curso de Especialização em Análise Comportamental Clínica, no Instituto Brasiliense de Análise do Comportamento, defendida pela primeira autora sob orientação da segunda.

As regras podem também alterar a função de estímulos discriminativos. Um estímulo discriminativo que antes evocava um comportamento passa a evocar outro quando este é especificado pelas regras. As regras podem alterar a função de operações estabelecedoras e de estímulos punidores e reforçadores, mas, para isso, precisam especificar pelo menos dois componentes de uma contingência. Podem também funcionar como operações estabelecedoras, visto que podem evocar comportamentos e alterar a função de estímulos. Já que as regras nem sempre cumprem todas essas funções conjuntamente, o mais correto seria definir as regras como operantes verbais com múltiplas funções (Albuquerque, 2001; de-Farias, 2001; Michael, 1982; Schlinger, 1993).

O comportamento governado por regras é mais rapidamente aprendido do que o modelado diretamente pelas contingências. Porém, uma descrição das contingências nunca é exatamente igual às mesmas, o que torna o comportamento regido por regras mais ostensivo, enquanto o contato com as contingências parece significar "maior contribuição pessoal" (Catania, Matthews e Shimoff, 1990; Skinner, 1974/1982).

Os sentimentos, de acordo com a visão de Skinner, associados aos dois comportamentos também se diferem. Quando nos comportamos de determinada forma a fim de evitar uma punição social, os chamados comportamentos éticos, deparamo-nos com o comportamento privado denominado medo. Quando o mesmo comportamento se deve às contingências naturalmente reforçadoras, o sentimento é de valoração. Aqueles diretamente expostos às contingências comportam-se de maneira idiossincrática e estão mais propícios a sentirem os respondentes eliciados pela exposição ao ambiente natural.

Portanto, há diferenças entre o comportamento diretamente modelado por contingências e o comportamento governado por regras. Para Baum (1994/1999), um comportamento só é denominado controlado por regras se formos capaz de descrevê-lo. Enquanto o comportamento modelado por contingências contempla um tipo de conhecimento chamado operacional, ou "saber como", o controlado por regras contempla o conhecimento declarativo, ou "saber sobre".

Meyer (2005) também fala sobre a eficácia, a força e a rapidez com que as regras se instalam. Enfatiza que indivíduos que utilizam autoinstrução ou instrução externa (estímulos verbais advindos de outro falante) apresentam desempenhos mais apropriados e maior retardo no processo de extinção de respostas.

Outra vantagem relatada sobre o seguimento de regras é sua importância para a sobrevivência da espécie humana, pois permite (i) que haja emissão de comportamentos autocontrolados, ou seja, em cujas consequências reforçadoras são atrasadas; (ii) emissão de respostas de esquiva, sem que para isso seja necessário entrar em contato com a contingência aversiva; (iii) aprender com maior rapidez; (iv) transmitir a futuras gerações toda uma cultura (Guedes, 2001).

O comportamento de seguir regras, assim como o comportamento de autocontrole, dá a possibilidade de se agir mais efetivamente no futuro, quando o comportamento modelado pelas contingências já estiver enfraquecido. A descrição das contingências em vigor, ou a formulação de regras, ajuda na tomada de decisão, no planejamento em longo prazo e a estabelecer propósitos e metas (Jonas, 2001. Ver o capítulo de Nery e de-Farias, neste livro, para maior discussão acerca de autocontrole).

Matos (2001) relata, além do exposto acima, outras formas de o comportamento governado por regras ser empregado, como quando se deseja evitar a emissão de comportamentos indesejados (fumar, abuso de álcool, drogas, etc.) ou anular/compensar os efeitos aversivos de certas consequências naturais (p. ex., "tome muito líquido antes de fazer quimioterapia").

De acordo com a autora supracitada, as regras são importantes para o aprendizado de habilidades motoras complexas (p. ex., tocar violão, dirigir, etc.), principalmente no início. Após essa fase, o indivíduo vai interagindo com as contingências naturais e é essa interação que aprimora o desempenho inicial. A aquisição de habilidades conceituais abstratas se dá principalmente por meio de regras.

Álvarez (1996/2002) também fala sobre regras ao especificar alguns operantes verbais, como mando e tato, sendo que estes utilizam instruções direcionadas a uma ação não verbal. Tatear seria o comportamento de descrever as contingências das quais o comportamento é função, especificando o antecedente, a resposta e a consequência. Esse comportamento teria a função de instruir outros comportamentos. O mando especifica o reforçador desejado. Esses operantes são adquiridos e mantidos por meio da comunidade verbal da qual o indivíduo faz parte (Skinner, 1974/1982).

Segundo Álvarez (1996/2002), a resolução de problemas, um misto de ações públicas e eventos privados, utiliza operantes verbais para discriminar comportamentos apropriados a serem executados. São, portanto, regras ou produtos culturais que funcionam como pistas verbais de como atuar convenientemente. Simonassi (1999) e Simonassi, Oliveira, Gosh e Carvalho (1997) também relatam que a resolução de problemas envolve a descrição do próprio comportamento e das condições envolvidas na emissão do mesmo (tatos). Estudos relatados pelos autores demonstram que é possível ocorrer solução de problemas sem a descrição de contingências. Esses estudos mostraram também que a ocorrência de verbalizações sobre a resposta a ser reforçada aumenta as respostas apropriadas.

Para Baum (1994/1999), o comportamento de resolução de problemas é similar ao controlado por regras, visto que o indivíduo emite respostas que foram reforçadas em situações semelhantes e, por meio da descrição das contingências, formulam autoinstruções que servem como estímulos discriminativos verbais.

Kohlenberg e Tsai (1991/2001), fundadores da Psicoterapia Analítica Funcional (FAP), também falam sobre o uso de descrições verbais (mandos e tatos), que podem ser tanto públicas como privadas e que, quando se referem ao próprio indivíduo, propiciam um fortalecimento do comportamento. O tato sobre si mesmo ajuda o indivíduo a identificar as variáveis envolvidas em seu comportamento (autoconhecimento), enquanto o mando sobre si mesmo aumenta a eficácia do comportamento. Portanto, quando um tato ou mando especificam contingências e comportamentos a serem emitidos, estes são considerados regras, e ao comportamento de segui-las, segundo os autores, atribuiu-se o rótulo de comportamento governado por regras.

Esses mandos e tatos, de acordo com Jonas (2001), são vistos como autorregras à medida que são descrições de contingências formuladas ou reformuladas pelo próprio falante e que passam a controlar seu comportamento. A terminologia autorregras é criticada por Banaco (2001), pois essas regras não emergem de dentro do indivíduo, mas sim como consequência das contingências de reforçamento e punição passadas e presentes.

De acordo com a FAP, o comportamento de seguir regras é modelado desde a infância e seu seguimento dependerá da história de reforçamento de cada indivíduo, do quanto as regras prescritas eram específicas, foram seguidas e consequenciadas. Baum (1994/1999) enfatiza a importância das regras porque elas mantêm uma cultura. Esse aprendizado desde a infância se generaliza, e os estímulos discriminativos verbais condicionados passam a controlar o comportamento do indivíduo em várias situações diferentes (com os pais, amigos, professores, etc.).

Skinner (1974/1982) diz que não precisamos descrever as contingências de reforço para que sejamos afetados por elas. Os comportamentos dos indivíduos são modelados pela comunidade verbal, por meio de reforçadores sociais. Portanto, são as contingências descritas pelas regras que controlam o comportamento e não as regras por si só. Porém, de acordo com Guilhardi (2005), quando o indivíduo não conhece a fonte de controle de seu comportamento, ele não é capaz de exercer contracontrole ou emitir comportamentos que alterem efetivamente as contingências em vigor, o que se torna uma real dificuldade no caso do comportamento governado por regras.

É fundamental que se conheça a história de seguir regras dos indivíduos para que se possa entender o repertório comportamental do mesmo. A comunidade verbal na qual o indivíduo, durante sua infância, esteve inserido fará com que o mesmo se comporte de forma diferente na idade adulta. Crianças com uma educação na qual receberam muitas instruções, não tendo autonomia para se inserirem em situações novas, interagirem com as contingências e aprenderem com as mesmas, podem tornar-se adultos com comportamentos insensíveis às contingências, que se comportam para obterem reforços arbitrários ou somente ao receberem ordens (Matos, 2001).

Os pais são figuras importantíssimas no desenvolvimento afetivo dos filhos. A criação de contingências punitivas e coercitivas pode produzir comportamentos e sentimentos inadequados nos filhos (comportamento de mentir, sentimentos de culpa e medo). Atribuir consequências positivas aos comportamentos dos filhos, como reforçadores sociais generalizados, gera sentimentos de bem-estar, satisfação, alegria, autoestima, etc. O problema ocorre quando os pais passam a gratificar os filhos somente quando emitem comportamentos ditados por eles como corretos ou adequados, e a puni-los sempre que emitem comportamentos ditados como errados ou inadequados. Dessa forma, a criança passa a estabelecer uma relação de troca com o outro e não de amor, gerando um vazio afetivo (Guilhardi, 2002).

O seguimento dessas ordens ou regras (sobre o que é considerado "correto" ou "incorreto") envolve duas contingências, sendo uma próxima e outra em longo prazo. A contingência próxima envolve aprovação social ou retirada de estímulos aversivos, enquanto a contingência última envolve sobrevivência da espécie, saúde e bem-estar. Para que a resposta especificada na regra possa ocorrer mesmo na ausência da regra, o indivíduo deve entrar em contato com as contingências (Baum, 1994/1999). Em decorrência de contingências sociais, verifica-se o seguimento de regras formuladas por instituições religiosas, pela sociedade e pelo governo (Pierce e Epling, 1995).

Skinner (1953/1998) fala sobre essa influência das agências controladoras, do poder que as mesmas possuem, sobre variáveis que afetam o comportamento dos indivíduos. De acordo com o autor, certas instituições como o governo e a religião, principalmente, utilizam processos comportamentais baseados no poder de punir. Espera-se suprimir o comportamento indesejado do indivíduo, aquele que ameaça a estabilidade do grupo, por meio de práticas coercitivas. Essa técnica é empregada para o desenvolvimento do comportamento obediente, comum na relação entre pais e filhos. Nesse tipo de controle, o indivíduo é treinado a emitir uma resposta específica quando em contato com um tipo de comando verbal. Quando o indivíduo depara-se com um comando para o qual não possui resposta alternativa, ele simplesmente faz o que é mandado.

Para Skinner (1953/1998), as agências controladoras deveriam empregar reforçadores positivos na tentativa de controle do comportamento dos indivíduos ao invés de estímulos aversivos (algumas já o fazem). Assim, como efeito final sobre o grupo, o controle exercido evocaria respostas emocionais positivas e o comportamento de apoiar a fonte de controle.

A religião é uma fonte de controle fortíssima para o comportamento dos indivíduos. De acordo com Vandenberghe (2005), a religião pode ter uma função alienante, tornando-se um problema na terapia. Regras são formuladas por um agente controlador (pastor, padres), resolvendo alguns problemas da vida do indivíduo, que passa a empregá-las em situações descontextualizadas, tornando-se um substituto enganoso da terapia. O autor cita exemplos de preceitos bíblicos, regras que acarretariam comportamentos de acomodação diante de dificuldades, desconsideração de suas próprias necessidades e direitos, comportamentos de submissão, dentre outros.

É interessante ressaltar alguns sentimentos que podem ser produzidos por contingências coercitivas, como as empregadas pelas instituições citadas, sendo esses sentimentos de responsabilidade, racionalidade e tolerância à frustração. O "eu racional" é produto de uma história de reforçamento, na qual o comportamento é governado, basicamente, por regras ou autorregras. A alta tolerância à frustração é produto não só de contingências coercitivas, como também da extinção ou baixa densidade de reforços positivos. O indivíduo pode desenvolver um repertório de fuga-esquiva como subproduto das regras e autorregras, evitando entrar em contato com as consequências aversivas (Guilhardi, 2005).

Complementando as ideias descritas anteriormente, Skinner (1953/1998) também fala sobre os subprodutos do controle, pois as agências controladoras restringem e punem o comportamento egoísta reforçado primariamente no indivíduo. Como consequência do uso do poder para punir, os indivíduos podem emitir comportamentos de fuga do controlador, em alguns casos envolvendo-se com drogas, emitindo comportamentos ineficientes, como, por exemplo, a divagação ou apresentando timidez. Podem revoltar-se, como contra-atacar o agente controlador, ou apresentar resistência passiva, como no caso de não responder de acordo com os procedimentos controladores. O indivíduo pode começar a dar respostas discriminativas ineficientes ou inexatas, ter um autoconhecimento deficiente e aplicar contingências aversivas a si mesmo, como forma de evitar algo ainda mais aversivo.

Os subprodutos emocionais associados a esses comportamentos são (i) o medo, podendo gerar uma mudança no comportamento operante do indivíduo, como a fuga ou a "paralisia"; (ii) a ansiedade (que acompanha a fuga ou a esquiva comportamental) e/ou (iii) a ira e a raiva que acompanham a revolta e a depressão, decorrentes do excesso de controle.

Outro meio de controle social é o que chamamos de comportamento ético, mencionado anteriormente, que nada mais é do que o controle do homem por outro homem. Para isso, há sempre o envolvimento de uma comunidade que compartilha certas práticas consideradas adequadas e onde seus membros se punem ou se reforçam por manterem essas práticas. A comunidade dita não só os deveres, mas também os direitos dos indivíduos. Esse controle se estende até a alguns aspectos considerados de decisão pessoal, por exemplo, a forma como o corpo será utilizado, o tipo de trabalho efetuado, a forma como um veículo será conduzido, entre outros. O que chamamos de direitos é visto como comportamento verbal – mandos e tatos. Estes controlam o comportamento do falante ou do ouvinte ao especificar as respostas que serão reforçadas (Vargas, 1975).

De acordo com Guedes (2001), o comportamento de seguir regras é ensinado desde a infância e as respostas descritas nas regras são reforçadas arbitrariamente, o que pode tornar esse tipo de comportamento alienante, quando não resulta em reforçadores naturais. Isso se torna um problema, pois pode-se concluir que o comportamento de seguir regras deixará de ser emitido assim que se retirarem as consequências arbitrárias. Quando isso não ocorrer, ou seja, quando o comportamento controlado pela descrição verbal se mantiver, é devido às contingências sociais aversivas vivenciadas pelo indivíduo. Reforçando essa afirmação, Kohlenberg e Tsai (1991/2001) descrevem que todo comportamento é modelado por contingências, até mesmo o comportamento instruído. Como dito anteriormente, o comportamento instruído ou governado por regras ocorre sem contato prévio com as contingências naturais, mas é mantido por reforçamento.

O comportamento de seguir regras dependerá da natureza das mesmas. Quando são complexas e as contingências simples de serem discriminadas, os indivíduos tendem a ter seus comportamentos modelados pelas contingências. Quando as contingências são complexas, o desempenho dos indivíduos tende a variar, até que comecem a discriminar as contingências ou a formular autorregras com base em experiências passadas semelhantes, passando a se comportar em função das mesmas. Os indivíduos que agem conforme as contingências, também podem passar a descrevê-las, formulando autorregras (Matos, 2001).

A comunidade verbal treina o indivíduo a emitir estímulos verbais correspondentes com suas ações, ou seja, treina a correspondência dizer-fazer. Nesse contexto, o comportamento de formular regras é reforçado arbitrariamente, enquanto o de seguir as regras é reforçado naturalmente. Um problema que pode ocorrer é quando o comportamento de formular regras continua a ser reforçado socialmente e o de seguir regras não, fazendo com que o primeiro permaneça, ocorrendo, nesses casos, uma fala esquizofrênica, megalomaníaca ou a do mentiroso patológico.

Essa correspondência entre dizer e fazer é fundamental na educação de jovens, que observam os comportamentos dos adultos e deles retiram descrições das contingências, formulando regras que controlarão seus comportamentos (Matos, 2001).

O indivíduo pode, também, formular autorregras "disfuncionais" e não ser capaz de reformulá-las, interagindo de forma inadequada com a realidade, tornando seu comportamento insensível às contingências (Jonas, 2001). De acordo com Banaco (2001), essas autorregras "disfuncionais" surgem da formulação de causa-efeito entre respostas e eventos inexistentes, que coincidem temporalmente, evocando comportamentos que tragam sofrimento ao indivíduo ou a outras pessoas próximas a ele. O sofrimento do indivíduo que segue essas regras que não correspondem à realidade é caracterizado pelo desenvolvimento de medos, inseguranças e rituais desnecessários (Guilhardi, 2005).

Essas regras ou autorregras irracionais (sendo específicas ao agente que as elaborou) tornam-se alienantes, passando a ter a função de estímulo discriminativo ou estímulo que elucida que as consequências serão punitivas, estabelecendo ocasião para a emissão de comportamentos privados (emoções e sentimentos) e emissão de comportamentos públicos ou verbalizações sobre sentimentos. Como essas regras foram instaladas arbitrariamente por pessoas importantes do contexto social do indivíduo, o terapeuta pode servir como uma comunidade social diferente, manejando novas contingências, ajudando o cliente a desconstruir e reconstruir tais regras (Guilhardi, 2005).

Segundo Meyer (2005), essa insensibilidade a mudanças nas contingências de reforço, no comportamento governado por regras, pode ocorrer devido a diversos fatores. O primeiro fator é se há contato com a discrepância entre instrução e contingência atual. Quanto maior for o contato, maior será a sensibilidade comportamental (Otto, Torgrud e Holborn, 1999). O segundo fator é o conteúdo das instruções, ou seja, quanto maior for a especificação da instrução, mais controlado pelas regras será o comportamento. Esse fator também é mencionado no estudo de Albuquerque e Ferreira (2001), no qual o seguimento de uma regra depende da extensão da mesma, ou seja, o número de respostas diferentes descritas na regra, e por Skinner (1974/1982), ao mencionar que, quando o indivíduo se comporta em função das contingências reforçadoras e estas são complexas, pouco claras ou pouco reforçadoras, as regras tornam-se mais eficazes.

O terceiro fator relaciona-se à variabilidade comportamental, ou seja, quanto maior o número de esquemas de reforçamento e alternativas comportamentais, maior será a sensibilidade às contingências. Outros fatores importantes são a densidade dos reforços contingentes ao comportamento instruído, a história de reforçamento de seguir regras do indivíduo e o grau de discriminabilidade das contingências em vigor.

De acordo com Banaco (2001), o papel do terapeuta, ao lidar com clientes que relatam possuir repertórios comportamentais que geram sofrimento, é o de analisar as contingências que controlam o comportamento-queixa do cliente e mudá-las. Banaco apresenta um caso clínico, no qual ocorriam comportamentos governados por regras de forma "disfuncional", e descreve procedimentos terapêuticos que o ajudaram a trabalhar com a queixa e com a demanda do cliente. Utilizou análises funcionais do problema, identificação de outras autorregras "disfuncionais", verificando qual a função das mesmas, aumento do repertório social do cliente, introdução de novas regras mais funcionais e revisão de autorregras que descreviam falsas contingências.

A mudança de um comportamento deve passar pela análise das variáveis de controle do mesmo. A intervenção em um indivíduo cujo comportamento é modelado pelas contingências (paradigma A – C) e de outro cujo comportamento é governado por regras (paradigma A – B – C) deve ser diferenciada. Nesse paradigma, a letra "A" significa os eventos externos/ambientais, a letra "B" representa eventos privados ("cognitivos") e a letra "C", as ações públicas (Kohlenberg e Tsai, 1991/2001).

Na intervenção baseada no paradigma A – B – C, seria enfatizado o campo "B", relacionado aos mandos e aos tatos direcionados a si mesmo. Esses operantes verbais são vistos como comportamentos privados, sendo analisados funcionalmente. O trabalho consiste em evocá-los durante a terapia, durante a sessão, trabalhando o aqui-e-agora. Outra forma de trabalho consiste na inclusão de técnicas da Terapia Cognitiva: apresentação de argumentos lógicos, questionamento das evidências e apresentação de instruções para mudança de crenças, o que é, basicamente, dar regras ao cliente. O ideal também é expor o cliente às contingências que poderiam levá-lo a uma mudança de comportamento, fortalecendo o estabelecimento de um novo repertório comportamental.

De acordo com essa abordagem, a dificuldade existe quando o comportamento do cliente muda porque está sob controle do comportamento verbal do terapeuta, não sendo reforçado naturalmente por contingências presentes em seu dia a dia. A FAP, apesar de utilizar argumentação lógica nesses casos, não se restringe a dar regras aos clientes.

Relacionado a isso, Skinner (1953/1998) descreve alguns procedimentos importantes na terapia. O terapeuta, como um agente controlador, deve atentar-se sobre a forma como utilizará seu poder. Oferecer reforçadores positivos, como acolhimento, promessa de alívio, escuta, são importantes para garantir a volta do cliente, assim como tudo o mais que o assegure de que terá mais tempo com o mesmo. O terapeuta deve apresentar um padrão comportamental diferente da comunidade verbal na qual o cliente está inserido, ficando atento para não punir a fala do mesmo. Assim, diante dessa audiência não punitiva, o cliente poderá emitir comportamentos anteriormente punidos, juntamente com respostas emocionais, tornando possível a extinção dos subprodutos do controle aversivo.

É interessante também a reflexão que Guedes (2001) faz sobre esse tema. Segundo ela, há uma incoerência no trabalho do terapeuta, pois, ao mesmo tempo em que instrui o cliente a interagir com as contingências, para que o comportamento do mesmo possa ser diretamente modelado por elas, a instrução se faz de forma que esse estímulo verbal passa a funcionar como regra, ou seja, o terapeuta reforça o comportamento de seguir regras do cliente. Portanto, a autora expõe o paradoxo nos quais os terapeutas estão inseridos.

Tendo em vista a dificuldade e a relevância da discussão referente ao papel das regras no ambiente terapêutico, o presente trabalho objetivou ilustrar um caso de comportamento predominantemente governado por regras e suas implicações no cotidiano do indivíduo, assim como descrever os procedimentos terapêuticos utilizados. Foi realizado em função de um atendimento psicoterapêutico, realizado no Instituto Brasiliense de Análise do Comportamento (IBAC). O tema central do caso clínico foi o comportamento de seguir regras, emitido em alta frequência pela cliente, sendo esta uma mulher de 22 anos, solteira e com curso universitário incompleto. A cliente estava inserida em ambientes controladores, nos quais era utilizada a punição como forma de exercer o poder. Assim, a cliente passou a emitir alguns comportamentos socialmente tidos como "inadequados" com a função de fugir desse controle, apresentando um repertório comportamental restrito.

CASO CLÍNICO

Manu (nome fictício) tinha 22 anos, possuía curso universitário incompleto, morava com sua mãe, com seu pai e sua gata. A mãe era do lar e o pai, militar. Era a caçula e tinha dois irmãos (vivos); um irmão mais novo havia falecido. Os irmãos eram casados: o irmão, médico (29 anos), não a visitava muito, e a irmã (30 anos) morava em outra cidade.

Foi a própria cliente que procurou pelo atendimento psicoterapêutico em função de ter um humor cíclico e por não se conhecer. Disse também não ser perseverante em muitas de suas ações e gostaria de se conhecer mais. Segundo ela, desistia de muitas coisas que começava (nas quais havia necessidade de demonstrar bom desempenho) e possuía momentos de "altos e baixos", sem saber o porquê.

Primeiro encontro

O primeiro encontro destinou-se a estabelecer um contrato terapêutico verbal com a cliente, explicando o funcionamento da clínica e da psicoterapia. Foi feito, também, um *rapport* inicial, no qual a terapeuta procurou acolhê-la e escutar sua queixa principal. Manu se comportou de forma mais introvertida, apresentando alguma dificuldade para descrever eventos. Procurou-se levantar informações sobre a relação da cliente com sua família, amigos, namorado e professores. Foi formado um bom vínculo terapêutico, garantindo o retorno da cliente à terapia. A terapeuta considerou a cliente extremamente simpática, agradável e com fala um pouco dificultada pela emoção.

Demais encontros

Foram realizados encontros semanais, totalizando 29 encontros, nos quais se procurou trabalhar com a demanda da cliente. Cada sessão durava 50 minutos. Os recursos utilizados no processo terapêutico consistiram em textos e exercícios de:

(a) auto-observação: solicitou-se à cliente que registrasse, durante o final de semana, tudo o que ocorresse (comportamentos públicos e privados). Esse registro foi feito ao longo de toda a terapia.

(b) levantamento da história de reforçamento, cujo objetivo foi conhecer e elucidar as contingências responsáveis pela aquisição de alguns de seus comportamentos e crenças. Esse exercício foi feito fornecendo à cliente uma lista com vários comportamentos potencialmente emitidos por seus pais, na qual ela deveria marcar os que foram presentes na sua história passada. Após isso, houve uma discussão sobre os mesmos.

(c) história de reforçamento de acordo com as fases de vida da cliente. Neste exercício, solicitou-se à cliente que relembrasse fatos ocorridos em alguns períodos de sua vida, em intervalos de cinco anos, até a idade atual.

(d) autoconhecimento: conhecendo os reforçadores negativos e os positivos. Solicitou-se à cliente que registrasse o que costumava fazer para evitar sentir-se mal (respostas emocionais de alívio) e o que fazia para sentir-se bem (respostas emocionais de prazer).

(e) conhecendo os objetivos de vida da cliente, solicitando que registrasse em um papel como gostaria de estar 10 anos mais tarde.

(f) modelação do comportamento, por meio da leitura de textos.

(g) *role-playing* e inversão de papéis, no qual terapeuta e cliente trocavam de papéis, simulando situações que faziam parte da vida da cliente.

O procedimento terapêutico teve por objetivos levar a cliente a:

(i) aprender a observar seu ambiente de forma apropriada, descrevendo as contingências presentes no mesmo de forma acurada.

(ii) fazer análises funcionais de seus comportamentos.

(iii) construir regras mais "funcionais".

(iv) ampliar seu repertório comportamental (no momento, emitia mais comportamentos de fuga-esquiva).

(v) desenvolver habilidades sociais (iniciar uma conversação; técnicas de aproximação; assertividade – negar pedidos).

(vi) desenvolver contracontrole (com namorado, sogra, mãe).

O trabalho foi desenvolvido tentando seguir a ordem descrita, mas os procedimentos não eram excludentes. A cliente era extremamente responsável, sempre realizando os exercícios de casa propostos.

História de vida

Relação com o Pai: Disse nunca ter se dado bem com o pai, pois ele sempre foi muito autoritário e punitivo. Manu relacionava esse comportamento do pai ao fato de ele ser militar. Dizia que sua casa mais parecia um quartel, onde todos tinham que obedecer às ordens do pai, sem questioná-lo. Ele sempre bebeu muito e ficava agressivo quando estava alcoolizado. Contava que, quando era criança, seu pai brigava com sua mãe na sua frente. Manu não sentia vontade de se aproximar dele. Ele já havia traído a esposa e a cliente ficava triste em ver sua mãe triste. No início da terapia, a relação deles se baseava somente em cumprimentos.

Relação com a Mãe: Disse ser um pouco melhor que a relação com o pai, mas elas não eram amigas ("ela não é minha amiga, é minha mãe"). De sua infância até o início da terapia, Manu procurava fugir dos assuntos dos quais não gostava de falar, relatando assuntos "bobos" ao invés do assunto que a incomodava. Isso porque sua mãe era muito crítica e, ao não falar certas coisas, evitava comentários de sua mãe que a chateavam e dos quais ela não sabia se defender. Falava que a mãe era muito "tradicional"; portanto, não conversavam sobre o namoro dela. Manu tinha receio de que falassem sobre sexo, pois a mãe achava errado ter relações sexuais antes do casamento.

Relação com os Irmãos: Possuía um irmão que faleceu – na época, ela tinha 15 anos e ele 18. Disse não saber se isso era um problema para ela. Era o irmão com o qual tinha maior vínculo. A causa da morte até o início da terapia não era conhecida, uns achavam que ele tinha se suicidado, outros que havia sido homicídio. O fato havia acontecido em uma chácara, em um final de semana, e haviam concluído que ele tinha utilizado drogas nesse período. Manu sabia que o irmão era usuário de drogas. Após a morte deste irmão, procurou se aproximar dos outros. Relatava que a irmã a conhecia muito bem e, só de olhar, sabia o que ela estava pensando. Por conta disso, quando estava com a irmã, ou fugia ou ia falando logo do problema para não ter de ouvir críticas.

Profissional e Educacional: Estudou desde a 5ª série no Colégio Militar. Sempre foi ótima aluna e chegou a receber um alamar (corda amarrada ao braço que simboliza que o aluno tirou grande porcentagem de notas acima de 9.0). No início da terapia, fazia faculdade e adorava seu curso. Fazia dois estágios, um pela faculdade e outro por um Tribunal. No Tribunal, trabalhava com um professor que achava sério (muito inteligente). Dizia não fazer questão de se aproximar. No estágio da faculdade (dava aula de ginástica olímpica para crianças deficientes), empenhava-se bastante e o encarava como um grande desafio (dava aula sozinha e, por isso, achava que não tinha tanto medo de errar).

Relacionamentos Interpessoais: Manu não gostava de falar de si. Evitava falar algo que pudesse diminuí-la, que a deixasse vulnerável e inferior. Media muito as palavras antes de falar, por medo de ser criticada. Possuía muita dificuldade em fazer amizades. Namorava há aproximadamente um ano e não conseguia fazer amizade com os amigos do namorado. Achava que só deveria falar assuntos agradáveis e interessantes, mas, como pensava que não iria agradar, ficava quieta. Disse que recentemente havia entrado um membro novo no grupo de amigos do namorado, o qual já era amigo de todos (sentia-se diminuída por isso).

Relacionamentos Amorosos: Sempre amou dançar e esse sempre foi um problema em seus relacionamentos, pois seus ex-namorados não gostavam de dançar e ela acabava deixando de praticar essa atividade para agradá-los. Teve seu primeiro namorado aos 17 anos. Na época da terapia, namorava há aproximadamente um ano; ele tinha 23 anos, era professor de dança e Manu dizia que se davam muito bem. Ela teve sua primeira relação sexual com ele, aos 21 anos. Disse que o sexo era bom (essa informação foi buscada pela terapeuta. A cliente não trouxe esse assunto novamente à terapia). O namorado a ajudava nos momentos em que ficava triste, ligando e querendo saber o que ela estava sentindo. Para ela, isso era muito reforçador. Reclamava que ele não era muito carinhoso, não telefonava muito para ela (no cotidiano "normal") nem escrevia cartões. Ela telefonava para ele todos os dias, mandava cartões e era carinhosa. Dizia que ele não era ciumento e que isso a incomodava. Não se dava bem com a mãe do namorado. Dizia que a sogra era uma na frente do namorado e outra quando estavam somente as duas. Como Manu tinha uma moto, sempre ia à casa do namorado com a mesma. A sogra achava que andar de moto não era coisa de "boa moça" e dizia isso para Manu quando não estavam na presença do filho/namorado. A cliente passou a evitar ir à casa do namorado para não precisar encontrar com a sogra.

Autoimagem: Achava-se feia; dizia que queria ser mais esperta (atrair mais a atenção dos outros, negar pedidos) e mais inteligente (dizer coisas que agradassem aos outros).

O Quadro 13.1 apresenta algumas das análises funcionais realizadas.

O Quadro 13.1 descreve análises funcionais feitas pela terapeuta após as cinco primeiras sessões com a cliente. Essas análises foram discutidas com Manu, que ficou surpresa ao entrar em contato com as contingências de reforçamento em vigor. Apesar de terem sido informações trazidas pela mesma, ela nunca havia feito essas relações entre os eventos.

Nos registros de comportamento, efetuados de sexta-feira até segunda-feira, os sentimentos registrados eram negativos. Quando perguntado a ela o porquê de ter se sentido triste nos dias descritos, não sabia explicar. O registro foi analisado e, durante todos os dias registrados, ela havia sido ignorada pelo namorado, mas fingia estar tudo bem (mesmo diante dele). Tinha medo de brigar e perdê-lo. Não contava a ninguém seus problemas, pois tinha medo de ser julgada e gostava

Quadro 13.1 Exemplos de Análises Funcionais realizadas em decorrência dos relatos da cliente

Antecedente	Comportamento	Consequente
Diante de alguma situação que envolva ser criticada	Falar de assuntos banais; abandonar a situação (desistir, não perseverar)	esquivar-se das críticas; preservação de sua imagem; sensação de alívio
Diante da falta de carinho materno e paterno; da desatenção do namorado	Procurar o namorado ou a mãe; isolar-se (momentos de "baixos")	companhia do namorado, mais atenção e carinho do mesmo; preocupação de algumas pessoas: mãe e irmã
Diante das queixas da mãe; da sogra	Calar-se; fazer o que a mãe solicita (respondentes como ansiedade, raiva)	diminuição do tempo de fala da mãe e da sogra (alívio)

de estar bem diante dos amigos. A ênfase na descrição das contingências vivenciadas pela cliente ao longo da semana, quando se pedia à cliente para relatar alguns fatos registrados em seu diário e que ela achasse relevante, foi uma forma de ensiná-la a emitir tatos puros.

Foram realizadas análises funcionais junto com a cliente e retiradas algumas regras que estavam sendo empregadas de forma descontextualizadas. Por exemplo, as autorregras: "não devo brigar com as pessoas"; "as pessoas que são mais aceitas são aquelas que estão sempre bem" e "para gostarem de mim, tenho que agradar mais do que ser agradada".

Foi mostrado à cliente o porquê de as regras terem sido estabelecidas (história de reforço contingencial a responder conforme a vontade dos pais) e foi feito o questionamento socrático. Algumas perguntas feitas foram: "Será que essas regras correspondem à realidade? Por que não devemos brigar? Por exemplo, quando sua mãe ou seu namorado discordam de você ou questionam algo que você disse ou fez, você passa a gostar menos deles? Suas amigas a procuram para contar seus problemas? O que você acha desse comportamento delas?" A terapeuta e a cliente verificaram se o emprego das regras era apropriado a todas as situações.

O Quadro 13.2 descreve os comportamentos apresentados pelos pais da cliente durante a sua infância.

O que ficou mais evidenciado no exercício foi a aceitação da cliente, por parte dos pais, condicional a seus comportamentos, principalmente em relação ao desempenho escolar (regra do pai: "aluno inteligente só tira nota 9 e 10"). Desde que se lembrava, a cliente relatava ir bem na escola, mas os pais não a elogiavam diretamente; apenas relatavam para seus amigos

Quadro 13.2 Exemplos de comportamentos apresentados pelos pais da cliente

Comportamentos
Comportamento verbal/visual restrito
Não demonstravam afeto
Pouca atenção disponível
Preferência por outro filho
Insensível aos seus sentimentos e dos outros irmãos
Filhos não eram uma prioridade
Aceitação, valorização de você condicional às suas atitudes
Conduta dos filhos baseada em regras
Decidiam pelos filhos
Diziam o que você devia fazer
Facilitavam a vida para você
Empregavam castigos e punições
Forte nível de exigência

os comportamentos exemplares emitidos por seus filhos. O pai nunca falava com ela diretamente; as proibições sempre eram feitas por intermédio da mãe. Era proibida de questionar a mãe; caso contrário, seu comportamento era punido pelo pai. A constituição de sua família era a forma tradicional: pai provedor e mãe cuidadora.

A mãe da cliente escolhia, quando ela era mais nova, o que ela deveria vestir e comer e ditava como uma moça educada deveria se portar. Manu sempre lidou mais com críticas do que com elogios, e isso ainda ocorria no momento em que procurou terapia. Manu lidava com queixas de sua mãe em relação à sua organização, cuidados com o animal de estimação, alimentação, atenção despendida a ela (mãe) e a vaidade da filha. A mãe só demonstrava preocupação excessiva quando a cliente passou a apresentar momentos de "baixo astral" e a se isolar. A cliente reclamava que, independente de suas ações (se ela arrumasse a cama ou não, se ela alimentasse a gata ou não, se ela saísse com a mãe ou não, etc.), a mãe sempre reclamava. Nunca estava bom o suficiente.

Manu nunca se sentiu amada pelos pais (simplesmente por ser ela mesma). Disse que eles viajavam muito e que a mãe preocupava-se exageradamente com o marido, esquecendo-se um pouco de dar atenção aos filhos. Sentia-se preterida pelo irmão que faleceu.

A cliente sentia-se responsável pela felicidade de sua mãe, pois a mesma tinha descoberto uma traição do marido (aproximadamente, cinco anos antes do início da terapia), continuava submissa a ele e não tinha outros reforçadores em sua vida. Cobrava que a cliente a acompanhasse a vários lugares (a cliente não gostava de acompanhá-la, mas o fazia para agradá-la).

A mãe, na época da terapia da cliente, tinha voltado a estudar e pedia para a filha fazer buscas na internet para ela. A cliente não julgava correto simplesmente atender ao pedido da mãe sem ensiná-la a trabalhar com o computador. Para ela, o correto seria contar com a participação da mãe no processo, que se recusava em aprender (fazia chantagem emocional, dizendo que a filha não a amava, por isso não o fazia para ela). A cliente relatava se sentir mal diante da fala da mãe e, assim, fazia o trabalho sozinha.

Quando a cliente decidia comprar algo para ela mesma, seu comportamento era punido pela mãe, que dizia que deveria guardar o dinheiro para quando elas precisassem. A cliente acabou parando de comprar agrados para si. Esses fatos relacionavam-se à autorregra: "para ser amada, tenho que fazer pelo outro".

Procurou-se analisar a história de reforçamento de acordo com as fases da vida da cliente, conforme apresentado no Quadro 13.3.

Quadro 13.3 História de reforçamento de acordo com fases da vida

De 0 a 5 anos	De 5 a 10 anos	De 10 a 15 anos	De 15 a 20 anos
Brincadeiras de fazer comidinha ou pular elástico ↓ Regras dos pais proibindo	Estudo e amizades ↓ Preocupações inadequadas dos pais	Brincadeiras na rua, saída com amigos ↓ Regras dos pais, proibindo ou limitando	Igreja ↓ Regras; aprender a lidar com perda do irmão

O Quadro 13.3 descreve a história de reforçamento da cliente de acordo com suas fases de vida. Nota-se que, durante a infância da cliente, havia uma preocupação excessiva dos pais com sua integridade física. Nota-se, também, que a cliente possuía preocupações inadequadas para sua idade (muito preocupada em tirar boas notas). Após essas fases, ela passou a frequentar a Igreja Católica. A cliente relatou que era muito religiosa, participava de um grupo jovem e que isso a ajudou muito após a morte do irmão (sentiu-se amparada por Deus e, de acordo com citações bíblicas, seu sofrimento seria recompensado). Depois de um tempo, parou de frequentar a igreja, por achar que a instituição ditava muitas normas, sem deixar espaço para a reflexão. Relatou continuar acreditando em Deus e nos seus ensinamentos.

O Quadro 13.4 apresenta os comportamentos que eram reforçados negativa e positivamente, resultantes de um exercício no qual procurou-se conhecer o que Manu fazia para evitar sentir-se mal e o que fazia para sentir-se bem.

Nos relatos, a cliente disse não poder falhar, porque, do contrário, perderia o prestígio com as pessoas. Com relação a essa autorregra, foram feitas análises situacionais da vida da cliente, de momentos em que ela havia falhado (p. ex., reprovou na prova da autoescola, não conseguiu aprender a tocar violão). Novamente, foram feitas perguntas para a cliente, tais como: "De que forma o fato de você não ter passado na prova ou não ter aprendido a tocar violão influenciou no prestígio que você tem com as pessoas? Será que o prestígio que temos com os outros é construído devido a uma única ação nossa? Será que as pessoas de grande sucesso não erram? O que gera mais prestígio: não se envolver em algumas situações para evitar o erro; errar, mas dissimular ou aprender com os erros e assumi-los?"

Na análise funcional, feita junto com Manu, discutiu-se que essa regra foi estabelecida ainda na infância da cliente e era mantida pela comunidade verbal, na qual a aprovação social é maior por aqueles que tiram notas altas, comportam-se de acordo com as normas da sociedade e mostram bons desempenhos.

Durante o exercício que levantou objetivos para o futuro, observou-se a preocupação de Manu em aprimorar-se profissionalmente ("formar-se e cursar mestrado"), adquirir sua independência financeira ("arranjar um bom trabalho") e conviver de forma harmônica com as pessoas de quem gostava ("estar feliz com as pessoas de que gosto"). Foi trabalhado o que ela estava fazendo para atingir esses objetivos. A cliente apresentou medo e resistência de pensar sobre o futuro, pois achava que seus planos podiam falhar e, aí, a frustração seria maior. Foram levantados outros medos da cliente, como ter filhos (regra – não queria ter filhos, pois achava que é

Quadro 13.4 Exemplos de comportamentos reforçados negativa e positivamente

Reforçamento Negativo	Reforçamento Positivo
(a) Não puxava assunto quando não estava totalmente segura. (b) Não entrava na conversa dos outros quando não tinha intimidade. (c) Evitava situações nas quais sentia medo. (d) Desistia quando achava que não daria conta	(a) Sempre ficava próxima das pessoas com as quais tinha mais intimidade. (b) Pedia ajuda sempre que possível. (c) Topava desafios que achava que daria conta. (d) Tentava priorizar o que gostava de fazer.

preciso ter uma família estruturada e que não conseguiria, por não ser passível de ser amada para sempre), pular de ponta em piscinas, ir a cachoeiras, assistir a filmes de terror. Manu chorou muito ao relatar isso: a regra que possuía é que pessoas fortes, capazes, não têm medo de nada. Esses medos foram trabalhados, fazendo análises funcionais das regras e demonstrando que foram formuladas com base na história passada da cliente.

Após a leitura do texto "Seja Você Mesmo" (o anexo), foram discutidos os trechos que passavam novas regras mais "funcionais", tais como "aceite a vida como ela é, que ela aceitará você do seu jeito. Todo mundo erra. Os erros mostram o que não sabíamos", "seja você mesmo e se tornará deslumbrante", "não tente agradar ninguém. Os outros são tantos e querem tantas coisas contrárias, que é impossível agradar a todos".

Nas sessões em que foi trabalhado o desenvolvimento de habilidades sociais, procurou-se fazer um levantamento de como a cliente vinha interagindo com grupos de amigos e com pessoas desconhecidas. A dificuldade estava em iniciar conversas com desconhecidos ou pessoas com as quais não tinha tanta intimidade. Preocupava-se em iniciar um papo que fosse do agrado do outro, que fosse julgado "inteligente". Durante as sessões, foi incentivada a fala descompromissada, propondo-se conversar sobre assuntos diversos, reforçando o conhecimento que a cliente possuía. Foram trabalhados o comportamento não verbal e as técnicas de aproximação. A assertividade da cliente também foi foco de atenção, buscando, por meio de *role-playing*, modelar o comportamento de defender seus direitos.

Após quatro meses de terapia, a cliente já apresentava comportamentos de permitir que os outros fizessem por ela (pagar jantar, dar presentes) e que ela mesma fizesse o que gostava (comprar o que tinha vontade, independente da crítica da mãe; conversar com pessoas estranhas – no trabalho, na faculdade –; falar para o namorado sobre o que não gostou no comportamento dele). Ela estava agindo de acordo com as novas regras que foram formuladas ao longo das sessões e também já estava interagindo com as contingências reforçadoras naturais advindas desses novos repertórios.

A fim de possibilitar o contracontrole, foram levantados junto à cliente comportamentos de sua mãe que a desagradavam, que a agradavam e quais comportamentos que ela gostaria que a mãe tivesse (esse exercício foi feito pela dificuldade da cliente em defender seus direitos em casa e sua queixa de falta de atenção da mãe). Verificou-se que o comportamento da mãe de passar algumas regras relacionadas a horário e alimentação estava sendo mantido pela atenção e seguimento que a cliente dava às mesmas. Algumas regras da cliente foram confrontadas com as contingências reais vivenciadas por ela (p. ex., "tenho que fazer mais pelos outros para que gostem de mim").

Na 29ª sessão, foi discutido todo o trabalho que cliente e terapeuta fizeram juntas, ressaltando-se todos os ganhos. A cliente passou a emitir mais tatos puros, a exercer mais contracontrole (com namorado, sogra, amigos, mãe), diminuiu o relato de momentos de "baixo astral", passou a permitir que as pessoas fizessem mais por ela e a mostrar que queria esse acolhimento (tanto com os amigos quanto em casa). Além disso, passou a se ver de forma diferente (estava se achando mais bonita e mais inteligente).

CONSIDERAÇÕES FINAIS

O estudo de caso descrito ilustra bem o sofrimento e o repertório comportamental restrito de um indivíduo que possui o comportamento predominantemente governado por regras. Esse aspecto corrobora o que foi dito por Skinner (1974/1982): o sentimento predominante de seguir uma regra para evitar punição é o medo, diferente do sentimento de valoração pessoal, mais provavelmente presente quando é o próprio indivíduo que aprende interagindo com as contingências. Nota-se uma coerência com os relatos da cliente, nos quais esta apresentava um medo generalizado, comportando-se mais para esquivar-se de situações aversivas, e relatava não se sentir inteligente ou esperta o suficiente, por falta de repertório verbal adequado.

Cabe lembrar que a cliente apresentava comportamentos de esquiva social, principalmente no próprio ambiente familiar. Pode-se supor que seus irmãos apresentavam esse mesmo padrão comportamental, pelo fato de irem visitar a família com baixa frequência e pela falta de contato físico quando estavam próximos, podendo ser essa uma forma de evitar entrar em contato com algo aversivo. O envolvimento do irmão mais novo com drogas também pode caracterizar uma esquiva comportamental. Esses padrões estão de acordo com o descrito por Skinner (1953/1998), quando relata os subprodutos do controle aversivo.

Manu evitava contato com seu pai ou, quando entrava em contato com o mesmo, era agressiva; não sabia exercer contracontrole com sua mãe e com seu namorado, o que resultava em "momentos de tristeza". Esses comportamentos também são caracterizados por Skinner (1953/1998), quando relata sobre os comportamentos de revolta contra o agente controlador, de fuga-esquiva e de resistência passiva. Os subprodutos emocionais do controle são o medo, a ansiedade, a raiva e a depressão. A presença desses respondentes podia ser notada em algumas respostas emocionais de Manu.

Essas ideias também vão ao encontro do pensamento de Matos (2001), pois demonstram a importância da comunidade verbal na qual a criança está inserida para a formação de adultos preparados, espontâneos e com iniciativa. A cliente apresentava um receio muito grande de iniciar conversações, contra-argumentar, impor suas vontades e direitos, talvez por essa falta de treinamento com base na modelagem (exposição direta às contingências), ou seja, exposição a situações que requeressem dela a emissão de comportamentos dessa classe. É interessante ressaltar que Skinner (1953/1998) também fala sobre essa falta de repertório verbal de indivíduos que interagem constantemente com regras.

O fato de a cliente ter estudado em uma Escola Militar também pode ter favorecido o fortalecimento de regras já ditadas por seu pai, como "só os melhores são valorizados" (no Colégio Militar, as classes são formadas com base na classificação); "questionamentos são feitos por pessoas indisciplinadas" (conotação: "pessoas sem futuro") e "seguir regras é sinônimo de aceitação social". Além disso, a cliente frequentou a Igreja Católica durante cinco anos, participando inclusive de grupo de jovens. Como exposto por Vandenberghe (2005), a religião pode ter uma função alienante. No caso da cliente, a religião a ajudou no momento de luto pela morte do irmão. Devido aos ensinamentos bíblicos, tais como "Deus jamais abandona seus filhos" e "felizes aqueles que sofrem, pois serão consolados", a cliente passou a sentir-se consolada e a enfrentar a morte de forma diferenciada. Cabe ressaltar que, mais uma vez em sua vida, a cliente buscou regras que norteassem suas ações. Assim, em sua visão, o mérito por ela ter enfrentado esse momento de forma serena foi de Deus e não dela.

A cliente queixava-se por não se sentir bonita, esperta ou inteligente, o que poderia ser denominado "baixa autoestima". Esses comportamentos, tanto públicos como privados, podem ser consequência do comportamento governado por regras e das respostas emocionais (como o medo e a ansiedade) geradas pelo excesso de controle aversivo. Dessa forma, a cliente se esquivava de situações que poderiam ser reforçadoras, como trabalhos desafiadores, conversas com desconhecidos, etc. Notou-se também que, quando Manu emitia comportamentos que tinham êxito (estava seguindo regras), atribuía geralmente mérito a quem ditou as regras, o que muitas vezes a fazia sentir-se incapaz. Frequentemente, sentia-se aliviada ao ter um bom resultado (não teria seu comportamento punido), ao invés de observá-lo e exaltá-lo. Todos esses comportamentos emitidos pela cliente ilustram formas de atuar que favoreçam o desenvolvimento de um repertório comportamental que denominamos "baixa autoestima".

Complementando ainda o exposto acima, a cliente era reconhecida, exclusivamente, quando emitia comportamentos que se enquadravam naquilo que os pais achavam adequado, o que acabava caracterizando a relação com os pais como uma relação de troca. A vivência da cliente mostrou que ela fazia mais pela mãe do que o contrário. Como a autoestima é resultado de contingências de reforçamento de origem social, percebe-se o porquê da queixa da cliente.

Esse tipo de relação de troca também pode ser verificado no relacionamento da cliente com amigos e namorado. Ela costumava fazer mais pelos outros, como se, ao fazer "o que deve ser feito pelo outro", ela passaria a receber mais reconhecimento, carinho, amizade e amor.

O seguimento de regras, como referenciado por Guedes (2001), tem seus aspectos positivos (p. ex., a sobrevivência da espécie e do organismo). Os pais da cliente devem ter educado os filhos com base em regras por acharem que dessa forma estariam preservando seus filhos de possíveis infortúnios. Isso pode ser verificado na preocupação excessiva dos pais no tipo de brincadeira, na educação e nos valores morais da filha. Infelizmente, esse comportamento dos pais resultou em um medo da cliente em inserir-se em situações novas/perigosas.

O comportamento de ditar regras também serve para evitar a emissão de comportamentos indesejados (Matos, 2001). No caso de Manu, depara-se com a visão tradicional dos pais frente ao relacionamento sexual dos jovens na atualidade. De acordo com os pais da cliente, ter relação sexual antes do casamento era inadequado. Diante da postura tradicional dos pais e do relato da cliente de não ter problemas na área sexual, deve-se questionar até que ponto as regras da cliente (agradar a todos e ser perfeita em tudo) realmente não interferiram nesse campo de sua vida.

Como aponta Meyer (2005), o comportamento governado por regras evoca desempenhos mais apropriados e eficazes, o que talvez acabe reforçando o comportamento dos pais de ditarem ordens ou aconselharem seus filhos. Apontar para a cliente o porquê dos pais terem emitido tais comportamentos ajuda no processo de autoconhecimento e, consequentemente, no tipo de comportamentos respondentes (deixar de sentir raiva) que serão eliciados quando uma situação similar acontecer novamente.

Tornar o indivíduo "consciente" de seus comportamentos ou ensiná-lo a descrever as fontes controladoras de seus comportamentos permite que o mesmo exerça contracontrole ou emita comportamentos que alterem tais contingências em vigor (Guilhardi, 2005). O trabalho feito com a cliente seguiu esse direcionamento, pois buscava ajudá-la a ver que existia uma "saída" para seu problema e o caminho que deveria ser seguido para encontrá-la.

Aprender a descrever as contingências de reforçamento, ou seja, a emitir tatos, ajuda a favorecer a variabilidade comportamental, de acordo com Meyer (2005). O grau de discriminabilidade das contingências em vigor é um dos fatores que influenciam na insensibilidade às contingências. Outro fator referenciado pela autora é o contato do indivíduo com a discrepância entre instrução e contingência atual. No estudo de caso apresentado, a cliente não discriminava as contingências em vigor, o que favorecia a emissão de comportamentos governados por regras não correspondentes à realidade. Em algumas situações, respondia de acordo com as regras e autorregras, tendo seu comportamento reforçado naturalmente pelas contingências imediatas (reforço social – todos a achavam muito educada, muito simpática e uma "super amiga"). Em outras situações, a cliente esquivava-se de situações potencialmente aversivas, não entrando em contato com as discrepâncias.

A cliente apresentava um alto gasto de energia para esquivar-se de situações ameaçadoras à sua "imagem social". Corroborando o que foi dito por Banaco (2001), esse comportamento gerava sofrimento, sendo seguido por insegurança e pela falta de autoconfiança da cliente.

Devido às autorregras formuladas em consequência da interação com as contingências (Matos, 2001), ou da generalização das regras do agente específico que as elaborou (os pais) para outros indivíduos da comunidade verbal a que pertencia, Manu passou a observar pequenos detalhes no comportamento das pessoas, que lhe serviam de sinais, estímulos discriminativos, para a emissão de comportamentos de fuga-esquiva (p. ex., começar a conversar e achar que está desagradando quando o ouvinte olhava para o lado, não a reforçava com a cabeça ou não sorria). Em casos desse tipo, a intervenção do terapeuta é dificultada, tendo em vista que o indivíduo não interage com as contingências e, portanto, não tem a oportunidade de alterar suas regras "disfuncionais" (aquelas que trazem sofrimento). O terapeuta age ensinando a cliente a observar os sinais sem interpretá-los com antecedência, favorecendo a aproximação da mesma com outras pessoas, tendo o comportamento reforçado naturalmente por isso. As regras "disfuncionais" passam a ser paralisantes, não permitindo ao indivíduo uma série de vivências, como, por exemplo, uma tarefa como pensar sobre o futuro.

O comportamento da cliente era exemplar durante as sessões, sendo disciplinada em relação às tarefas que lhes eram passadas, aos horários e o seu comprometimento com a terapia era altíssimo. Esses comportamentos presentes não só nas sessões, mas em vários contextos de sua vida, como trabalho, faculdade, em casa, no namoro, já foi foco de discussão de Guilhardi (2005), que relata que o "eu racional e responsável" é produto de uma história de reforçamento, na qual o comportamento é governado, basicamente, por regras. Como já dito anteriormente, o contato com várias instituições, ou agências controladoras, como a família, a igreja, a escola, especialmente as vivenciadas pela cliente, deve ter reforçado a emissão desses comportamentos por ela.

Outro aspecto apresentado pela cliente foi sua alta tolerância à frustração, observada através do desenvolvimento de estratégias de enfrentamento (fuga/esquiva comportamental) utilizadas durante um período longo de sua vida, mas que nem sempre eram as mais funcionais. Coube à terapeuta desenvolver um repertório comportamental que permitisse à cliente sentir-se protegida, mas que, diferente das estratégias de enfrentamento estabelecidas por ela, fosse "funcional" e trouxesse maiores benefícios em longo prazo (habilidades interpessoais).

Na primeira sessão com Manu, a terapeuta procurou ser bem acolhedora, favorecendo a escuta e sendo uma audiência não punitiva. Esses fatores, como descritos por Skinner (1953/1998), podem ter favorecido o estabelecimento do vínculo terapêutico e o retorno da cliente. A cliente, sentindo-se aceita pela terapeuta, emitiu vários "comportamentos-problema" durante as sessões (que poderiam ser denominados comportamentos clinicamente relevantes do tipo 1, conforme Kohlenberg e Tsai, 1991/2001), favorecendo a intervenção no aqui-e-agora.

Diante dos fatos apresentados, questiona-se qual está sendo o papel das "células-base", como a família e a escola, na formação dos cidadãos, já que deveriam proporcionar condições, e não apenas ditar regras, para que os indivíduos possam se desenvolver "cognitiva" e emocionalmente, sendo cidadãos ativos em nossa sociedade, reflexivos e espontâneos.

Sabe-se que o papel das instituições religiosas é propiciar crescimento espiritual e pessoal a seus fiéis. Nota-se, porém, que em muitos casos as regras transmitidas por essas instituições tornam-se alienadoras, sendo empregadas em situações descontextualizadas pelos indivíduos (Vandenberghe, 2005). Existiria um modo de esse efeito negativo ser eliminado, partindo de uma mudança de comportamento das autoridades religiosas?

Refletir sobre o papel das regras na formação de um indivíduo é muito importante, mas refletir sobre a forma de minimizar o sofrimento causado pelas mesmas, quando tornam o comportamento alienado, também o é. Ajudar o cliente a aprender a fazer análises funcionais, intervir e alterar contingências de reforçamento, desenvolver habilidades sociais, é essencial para eliminar *déficits* comportamentais gerados por uma ampla história de reforçamento por seguir regras.

REFERÊNCIAS

Albuquerque, L. C. (2001). Definições de regras. Em H. J. Guilhardi, M. B. B. Madi, P. P. Queiroz & M. C. Scoz (Orgs.), *Sobre Comportamento e Cognição: Vol. 7. Expondo a variabilidade* (pp. 132-140). Santo André: ESETec.

Banaco, R. A. (1997). Autorregras e patologia comportamental. Em D. R. Zamignani (Org.), *Sobre Comportamento e Cognição: Vol. 3. A prática da análise do comportamento e da terapia cognitivo-comportamental* (pp. 80-88). Santo André: ESETec.

Baum, W. M. (1994/1999). *Compreender o Behaviorismo: Ciência, Comportamento e Cultura* (M. T. A. Silva, G. Y. Tomanari & E. E. Z. Tourinho, trads.). Porto Alegre: Artmed.

Álvarez, M. P. (1996/2002). O sujeito na modificação do comportamento: Uma análise comportamental. Em V. E. Caballo (Org.), *Manual de Técnicas de Terapia e Modificação do Comportamento* (pp. 61-79) (M. D. Claudino, trad.). São Paulo: Santos.

Catania, A. C., Matthews, B. A. & Shimoff, E. L. (1990). Properties of rule-governed behavior and their implications. Em D. E. Blackman & H. Lejeune (Eds.), *Behavior Analysis in theory and practice: Contributions and controversies* (pp. 215-230). Hove, England: Erlbaum.

de-Farias, A. K. C. R. (2001). *Regras e iniquidade entre reforços: Influência sobre a escolha entre cooperação e competição.* Dissertação de Mestrado não publicada, Universidade de Brasília, Brasília, DF.

Delitti, M. (2001). "Mudanças do controle por regras falsas para o controle por contingências" ou: "Dê uma chance para as contingências". Em M. Delitti (Org.), *Sobre Comportamento e Cognição: Vol. 2. A prática da análise do comportamento e da terapia cognitivo-comportamental* (pp. 175-180). Santo André: ESETec.

Guedes, M. L. (2001). O comportamento governado por regras na prática clínica: Um início de reflexão. Em R. A. Banaco (Org.), *Sobre Comportamento e Cognição: Vol. 1. A prática da análise do comportamento e da terapia cognitivo-comportamental* (pp. 136-144). Santo André: ESETec.

Guilhardi, H. J. (2002). Autoestima, autoconfiança e responsabilidade. Em M. Z. Brandão, F. C. S. Conte & S. M. B. Mezzaroba (Orgs.), *Comportamento Humano: Tudo (ou quase tudo) que você gostaria de saber para viver melhor* (pp. 63-98). Santo André: ESETec.

Guilhardi, H. J. (2005). Interação entre a história de contingências e contingências presentes na determinação de comportamentos e sentimentos atuais. Em H. J. Guilhardi & N. C. de Aguirre (Orgs.), *Sobre Comportamento e Cognição: Vol. 15. Expondo a variabilidade* (pp. 226-247). Santo André: ESETec.

Hayes, S. C., Brownstein, A. J. & Zettle, R. D. (1986). Rule-governed behavior and sensitivity to changing consequences of responding. *Journal of the Experimental Analysis of Behavior, 45*, 237-256.

Kohlenberg, R. J. & Tsai, M. (1991/2001). *Psicoterapia Analítica Funcional: Criando relações terapêuticas e curativas* (F. Conte, M. Delitti, M. Z. da S. Brandão, P. R. Derdyk, R. R. Kerbauy, R. C. Wielenska, R. A. Banaco, R. Starling, trads.). Santo André: ESETec.

Matos, M. A. (2001). Comportamento governado por regras. *Revista Brasileira de Terapia Comportamental e Cognitiva, 3*, 51-66.

Meyer, S. B. (2005). Regras e autorregras no laboratório e na clínica. Em J. Abreu-Rodrigues & M. R. Ribeiro (Orgs.), *Análise do Comportamento: Pesquisa, Teoria e Aplicação* (pp. 211-227). Porto Alegre: Artmed.

Michael, J. (1982). Distinguish between discriminative and motivational functions of stimuli. *Journal of the Experimental Analysis of Behavior, 37*, 150-164.

Otto, T. L, Torgrud, L. J. & Holborn, S. W. (1999). An operant blocking interpretation of instructed insensitivity to schedule contingencies. *Journal of the Experimental Analysis of Behavior, 49*, 663-684.

Pierce, W. D. & Epling, W. F. (1995). *Behavior Analysis and Learning*. New Jersey: Englewood Cliffs.

Reis, A. A., Teixeira, E. R. & Paracampo, C. C. P. (2005). Autorregras como variáveis facilitadoras na emissão de comportamentos autocontrolados: o exemplo do comportamento alimentar. *Interação em Psicologia, 9*, 57-64.

Schlinger, H. D., Jr. (1993). Separating discriminative and function-altering effects of verbal stimuli. *The Behavior Analyst, 16*, 9-23.

Simonassi, L. E. (1999). Cognição: Contato com contingências e regras. *Revista Brasileira de Terapia Comportamental e Cognitiva, 1*, 83-93.

Simonassi, L. E., de Oliveira, C. I., Gosh, C. S. & Carvalho, M. V. (1997). Efeitos de palavras-chave sobre a solução de problemas e regras. *Psicologia Teoria e Pesquisa, 13*, 197-202.

Skinner, B. F. (1953/1998). *Ciência e Comportamento Humano* (J. C. Todorov & R. Azzi, trads.). São Paulo: Martins Fontes.

Skinner, B. F (1957/1978). *O Comportamento Verbal* (M. da P. Villalobos, trad.). São Paulo: Cultrix.

Skinner, B. F. (1969/1980). *Contingências de reforço* (R. Moreno, trad.). São Paulo: Abril Cultural.

Skinner, B. F. (1974/1982). *Sobre o Behaviorismo* (M. da P. Villalobos, trad.). São Paulo: Cultrix.

Vandenberghe, L. (2005). Religião, Espiritualidade, FAP e ACT. Em H. J. Guilhardi & N. C. de Aguirre (Orgs.), *Sobre Comportamento e Cognição: Vol. 15. Expondo a variabilidade* (pp. 323-336). Santo André: ESETec.

Vargas, E. A. (1975). Rights: A Behavioristic Analysis. *Behaviorism – A forum for critical discussion, 3*, 178-190.

Apêndice

Texto: Seja Você Mesmo

Toda pessoa tem um estilo próprio que se reflete em tudo; na voz, no modo de andar, de dançar, de sentir e de gostar. Quando começamos a descobrir esse estilo pessoal, encontramos uma unidade, uma harmonia em nós mesmos. Essa é a origem da beleza íntima de cada pessoa, que nenhuma operação plástica pode trazer. É como um instrumento afinado. Essa beleza todos os seres humanos podem desenvolver em si. Quando somos nós mesmos, todo fingimento se apaga e nos tornamos radiantes.

Descubra a sua maneira própria de ser, o seu jeito de vestir, de falar, de pensar, de sentir. Um jeitinho que no fundo é só seu. Seja você mesmo. É simples: basta acreditar. Orgulhe-se dos seus sentimentos. Expresse sua emoção com liberdade. Tenha coragem de ser feliz. Confie em si mesmo! Aceite a vida como ela é, que ela aceitará você do seu jeito, na sua consciência, na sua vontade, no seu coração. Entenda que errar é aprender. Todo mundo erra. Os erros mostram o que não sabíamos. E assim a gente vai ficando esperto, não é mesmo?

Descubra como expressar sua realidade de modo agradável e espontâneo. A harmonia é uma coisa maravilhosa, por isso fascina as pessoas que estão em volta. Quem olha sente que nunca encontrou alguém assim, pois, não há no mundo ninguém igual a você. Portanto, seja você mesmo e se tornará deslumbrante. Não tente agradar ninguém. Os outros são tantos e querem tantas coisas contrárias, que é impossível agradar a todos. Sendo sincero e verdadeiro, você vai agradar às pessoas que realmente importam. Aquelas que lhe correspondem. Aquelas que tem afinidade com você. Ao lado dessas pessoas você poderá ser feliz.

Gente não se faz dentro de uma forma. Seja livre. A liberdade está em você. Ser livre é sentir-se livre. Na verdade, ninguém pode impedi-lo de ser você mesmo. Quando parece que os outros nos impedem, é porque estamos guardando medo, acomodação ou insegurança. Quando disserem que você precisa ser mais sério, mais isso ou aquilo, perceba: você só precisa ser mais você! Mas ser livre também significa respeitar o direito das pessoas serem diferentes e até discordarem de você. Não cobre que os outros sejam da mesma forma que você.

Por fim, brinque, sorria, cante, dance, aprenda sempre, com tudo; Aceite a vida. Desfrute do que ela lhe oferece. O que você tem de diferente transforme em seu maior charme, aquilo que o torna único e original. Seja feliz agora, pois o tempo é um eterno presente.

Capítulo 14

Relação Terapêutica em um Caso de Fobia Social[1]

Luciana Freire Torres
Ana Karina C. R. de-Farias

Há um grande número de estudos sobre a natureza dos Transtornos de Ansiedade. A ansiedade caracteriza-se pela presença dos seguintes sintomas: tensão, preocupação, irritação, angústia, dificuldade de concentração, tonturas, cefaleia e dores musculares. O indivíduo com intensas "crises de ansiedade" (ou melhor, alterações comportamentais, como as citadas) evita o contato ou a exposição a determinadas situações por temer uma possível perda de controle ou um ataque cardíaco. Assim, esse indivíduo visa o controle de eventos relatados como "internos" e "externos", havendo uma tendência de esquiva de situações que envolvam um maior grau de ansiedade (Caballo, 1996/2002; Dalgalarrondo, 2000. Ver também o capítulo de Bravin e de-Farias e o de Fugioka e de-Farias neste livro).

Dentre os diversos transtornos de ansiedade, destaca-se aqui a fobia social, que se caracteriza por um medo intenso de situações sociais que envolvam um grupo de pessoas, de falar em público, de contato com pessoas estranhas e com pessoas que possam ser consideradas superiores a ela (APA, 2002; Campbell, 1986; Falcone, 1999).

Muitas explicações desses transtornos baseiam-se em fatores biológicos, neurológicos e químicos. Para os analistas do comportamento, que consideram a Psicologia como ciência que visa investigar relações organismo-ambiente, essas explicações não seriam satisfatórias. Isso não quer dizer que os analistas do comportamento excluam afirmações sobre os fatores acima citados, mas somente que descartam explicações que não levem em consideração a totalidade das interações entre organismo e seu ambiente, do qual o biológico seria apenas uma parte. Assim, os comportamentalistas não separam a pessoa de um "eu essencial" ou entidade localizada atrás do indivíduo, e sim estudam o indivíduo na sua relação com o ambiente passado e atual (Skinner, 1953/1998, 1974/1993 e 1989/1991; Todorov, 1989).

Não se pode dizer que essa visão é a mais comum em Psicologia. Os analistas do comportamento têm sido denominados simplistas/reducionistas, o que demonstra o mau conhecimento, por parte dos críticos, da filosofia que embasa sua abordagem: o Behaviorismo Radical. Essas críticas decorrem, provavelmente, da sua história.[2] Watson, fundador do Behaviorismo, defendia o ideal de que somente uma ciência cujo objeto de estudo fosse publicamente observável seria confiável. Propôs, então, fazer da Psicologia o estudo das leis que regem dois tipos de eventos publicamente observáveis: os estímulos (S) e as respostas (R), leis que possibilita-

---

[1] O presente trabalho é parte da monografia de conclusão do curso de graduação em Psicologia, na Universidade Católica de Goiás, defendida pela primeira autora sob orientação da segunda.

[2] Ver o capítulo de Marçal, neste livro, para maior discussão acerca das críticas formuladas ao Behaviorismo.

riam prever as respostas quando se tivesse um conhecimento dos estímulos (Doron e Parot, 2000; Matos, 1997).

O Behaviorismo Metodológico (assim denominado devido à ênfase no método científico) não tomava como objeto de estudo os comportamentos internos, mas também não negava sua existência – Watson afirmava apenas que não havia formas objetivas de observá-los/estudá-los, pela impossibilidade de consenso público. Skinner (1953/1998, 1974/1993 e 1989/1991), com o Behaviorismo Radical, propõe-se a estudar eventos internos, entendendo a introspecção como a observação do próprio comportamento, sendo resultado de aprendizagem (Matos, 1997).

Os analistas do comportamento deram um grande passo ao desenvolverem o conceito de comportamento operante. Até então, o conceito disponível referia-se a uma relação de S→R, na qual o estímulo antecedente seria o determinante da resposta observável. Esse tipo de relação é denominado comportamento reflexo ou respondente. E, dentro do conjunto de respostas, pode ser verificada a presença de eventos privados, como as "emoções" e os "sentimentos de medo" (Baum, 1994/1999; Matos, 1997; Skinner, 1974/1993).

Quando Skinner utiliza o termo eventos privados, refere-se tanto a estímulos (p. ex., condições corporais fisiológicas) quanto a respostas, tais como pensar, lembrar, etc. (Skinner, 1953/1998, 1974/1993, 1989/1991; Tourinho, 1999). Nessa visão, os comportamentos privados poderiam assumir controle sobre as condutas humanas. No entanto, não são apontados como causa principal, mas sim como mais uma das variáveis determinantes dos comportamentos que o indivíduo emite, o que encoraja a busca por determinantes ambientais. Por exemplo, um cliente pode relatar uma "angústia muito grande", uma "tristeza", um "vazio interior", como sendo causas do comportamento público de comer compulsivamente. Isso é esperado, tendo em vista que a comunidade verbal nos ensina a tratar sentimentos como causas de comportamento (Tourinho, 1999). O terapeuta comportamental buscaria eventos que, em seu ambiente (antecedente e consequente), contingenciaram tanto o comportamento de comer compulsivamente quanto o relato verbal do cliente.

Segundo Banaco, Zamignani e Kovac (1997), os defensores da Análise Comportamental Clínica rejeitam a noção de causas mentais, mas prestam bastante atenção a eventos privados. Atuam, preferencialmente, usando a própria situação terapêutica como ambiente natural, modelando os comportamentos verbais do cliente enquanto ocorrem, analisando as contingências das trocas interpessoais dentro da própria terapia, em função dos problemas do cliente (Cabral, 2005; Cabral e de-Farias, 2005; Kohlenberg e Tsai, 1991/2001. Ver o capítulo de Dutra, o de Assunção e Vandenberghe e o de Fugioka e de-Farias neste livro).

Ao fazer uma análise dos eventos tidos como privados, assim como no caso dos públicos, o analista do comportamento utiliza a análise funcional, ou seja, a avaliação das variáveis de controle e levantamento de possíveis contingências que mantêm o padrão do comportamento (Matos, 1997). Uma vez reconhecida a aquisição de repertórios, bem "adaptados" ou não[3], o analista do comportamento utiliza-se da análise funcional para a obtenção de resultados positivos em relação à superação do indivíduo frente a seus problemas específicos. Dentre esses problemas, como já foi dito, os transtornos de ansiedade e a fobia social têm recebido crescente atenção dos psicólogos clínicos.

---

[3] O critério para julgar um comportamento como "desadaptativo" ou "disfuncional" seria o fato de causar sofrimento ao indivíduo e/ou a pessoas que convivam com ele.

No Manual Diagnóstico e Estatístico de Transtornos Mentais (DSM-IV-TR), da Associação Americana de Psiquiatria (APA, 2002), a fobia social está enquadrada como um dos tipos de transtorno de ansiedade, sendo definida como um estado de medo intenso e persistente apresentado por uma pessoa ao ser exposta a determinadas situações sociais nas quais deduz que possa ser negativamente criticada ou rejeitada em função de seu comportamento (Rangé, 2001. Ver também Bravin e de-Farias neste livro).

A Análise do Comportamento, segundo Conte e Brandão (2001), compreende que a base da fobia social é o medo que as pessoas têm de enfrentar situações novas ou de risco. Uma vez que a pessoa passe a evitar ou a fugir de tais situações, pode construir uma série de fantasias catastróficas sobre as consequências potenciais de sua exposição a situações temidas, podendo essas fantasias adquirir um potencial altamente aversivo. Isso elicia importantes reações emocionais e leva a pessoa a tentar evitar as situações reais.

Nesse sentido, o presente trabalho teve como objetivo pesquisar comportamentos diagnosticados como transtorno de ansiedade ou fobia social. Para tanto, será apresentado um estudo de caso, no qual métodos de intervenção comportamentais foram aplicados, visando à modificação de comportamentos (públicos e privados) de um cliente do sexo masculino, que afirmou sofrer de fobia social há 26 anos.

CASO CLÍNICO
Cliente e histórico da queixa

Paulo (nome fictício), sexo masculino, iniciou a terapia com 39 anos. Havia parado de estudar 20 anos antes, tendo cursado até a 4ª série do ensino fundamental. Estava casado há 14 anos e não tinha filhos. O cliente relatou já ter feito tratamento com um psicanalista durante um ano.

A queixa inicial do cliente foi verbalizada como: "sofro há 26 anos de fobia social". Essa fobia vinha comprometendo sua vida nos diferentes aspectos como, por exemplo, "não consegui terminar nem a 4ª série", "não consigo um bom emprego" e "não consigo manter contato com pessoas desconhecidas".

Desde a infância, seus pais afirmavam que ele era medroso, que "não dava conta de nada", o que o levou a sair de casa e se mudar para a "cidade grande" aos 17 anos para trabalhar em garimpos. Imaginava que era a possível solução para seu problema. Retornou aos 26 anos para sua cidade e, antes de completar 27 anos, casou-se com uma antiga conhecida, que não era seu "ideal de esposa", mas, ao menos, não precisaria "paquerar" outra mulher.

Durante muitos anos, consumiu bebidas alcoólicas para diminuir sua ansiedade: "Ela (a bebida) me relaxa, ficava menos ansioso". Parou de beber 10 anos antes do início do tratamento, quando procurou um psiquiatra numa tentativa de diminuir seu medo de se expor. O psiquiatra receitou-lhe Bromazepan, sendo consumido um comprimido por dia, e Fluoxetina. O cliente relatou que não fazia uso constante dos medicamentos por ter medo de se "viciar", suspendendo, temporariamente e por conta própria, o uso quando se sentia melhor. Às vezes, ele alternava o uso dos medicamentos, dando preferência ao Bromazepan, pois com esse tinha "sono melhor". Com relação aos benefícios que os medicamentos trouxeram à sua vida, relatou que o "medo" não diminuiu, mas que tinha sensação de alívio pelo simples fato de estar procurando ajuda.

Seu cunhado lhe arranjou um emprego de operador de máquinas, no qual permanecia há 14 anos. Seu lazer, após o casamento, resumia-se em assistir a filmes pornôs sozinho e ir a bailes comunitários uma vez por mês: "eu ia dançar, ter casos extraconjugais rápidos". Não tinha mais que um ou dois encontros com uma mesma mulher por ter "medo de não ter assunto, não saber o que conversar". Afirmou que, sozinho, não saberia como lidar com seu problema e tinha medo de "chegar ao fim". Questionado sobre o que era esse "fim", foi respondido que seria o momento onde não haveria mais solução.

Ambiente e materiais

As sessões foram realizadas no Centro de Estudos, Pesquisa e Prática Psicológica, da Universidade Católica de Goiás, em um consultório padronizado para atendimento terapêutico, que continha uma porta, uma janela, um armário, uma mesa com duas cadeiras e duas poltronas.

Durante as sessões, foram utilizadas folhas de papel A4 para registros de comportamentos, lápis, canetas, jornais, CDs e textos para biblioterapia. Em uma sessão de acompanhamento psicoterápico, a terapeuta acompanhou o cliente a um restaurante, próximo à universidade, onde almoçaram.

Procedimento

Havia uma ou duas sessões semanais (dependendo da disponibilidade e da necessidade do cliente), com duração de 50 minutos, nas quais foram realizadas análises funcionais de seus comportamentos. O total de sessões, até o momento em que este trabalho foi redigido, era de 40.

Nas primeiras sessões, foi realizada uma apresentação da terapia comportamental, com o objetivo de criar um ambiente de confiança e, consequentemente, estabelecer um vínculo terapêutico. Foi também estabelecido o contrato terapêutico, deixando claras as normas da instituição e o método a ser trabalhado nas sessões.

A história de vida do cliente (familiar, social, profissional e a relação com sua esposa) foi levantada por meio de entrevistas semiestruturadas e de tarefas de casa. Foi solicitado a Paulo que fizesse anotações sobre as situações que lhe causavam medo, apontando seus comportamentos, públicos e privados, diante de tais situações.

Na segunda fase do processo, foram utilizadas técnicas comportamentais: reforçamento diferencial, biblioterapia, treino de habilidades sociais e de solução de problemas, ensaio comportamental, escrita terapêutica e registro de seus comportamentos privados. O objetivo geral era desenvolver, em Paulo, um repertório de análises funcionais precisas.

Discussão do caso

No início do processo terapêutico, foram feitas algumas entrevistas com fins avaliativos de sua queixa e o que ele fazia para enfrentamento das situações. O cliente expôs sua problemática como:

> Meu caso começou quando eu tinha 14 anos[4], no interior do Tocantins, quando eu fazia a 4ª série e a professora me mandava fazer leitura em voz alta para toda turma. Tentava fugir, indo ao banheiro, mas ela sempre me esperava. (...) Pensava que ia desmaiar, suava muito, parecia que ia morrer, me dava taquicardia e me dava vontade de sair correndo dali, tinha muito medo! (...) Por isso, saí do Tocantins para ir trabalhar no garimpo, pois pensava que ia diminuir meu medo de me expor, pois acreditava que rodan-

---

[4] O cliente nunca deixou claro o motivo de seu atraso na escola – geralmente, as crianças cursavam a 4ª série do ensino fundamental com 10 ou 11 anos. Pode-se hipotetizar que parte de suas dificuldades sociais poderia ser explicada pela diferença de idade em relação aos outros alunos, por dificuldades de aprendizagem propriamente ditas, por críticas de outrem devido à idade avançada, etc.

do o mundo ia perder o medo de me relacionar com as outras pessoas."

Especificando melhor as classes de respostas que consistiram nas queixas de Paulo, ele esquivava-se de manter contato com quaisquer pessoas que poderiam julgá-lo. Por exemplo, expor-se no refeitório para obtenção de comida, procurar um novo emprego, voltar a estudar, almoçar com familiares e/ou conhecidos, conversar com pessoas com maior grau de escolaridade ou mulheres bonitas, escrever na presença de outras pessoas. Além disso, o cliente apontou dificuldades em relatar o que o incomodava, podendo ser citado como exemplo o fato de seu cunhado dar-lhe apelidos, dos quais não gostava, e ele não reclamar.

Tendo em vista suas queixas, foram levantados, em conjunto com o cliente, objetivos terapêuticos e meios para alcançá-los. O Quadro 14.1 apresenta alguns procedimentos empregados, com os respectivos objetivos e relatos do cliente durante o processo.

Na 12ª sessão, foi realizada uma tentativa de exposição gradual a estímulos, com a leitura em voz alta de um texto ("O medo nosso de cada dia", Shinohara, 2003). A leitura foi realizada na presença da terapeuta, sempre fazendo pausas e pedindo desculpas, relatando que estava com gagueiras e que não estava fazendo a pontuação. A terapeuta reforçava seu comportamento, sorrindo para o cliente, dizendo que a compreensão da leitura estava boa e que ele podia continuar.

O cliente falou de alguns comportamentos privados que estava sentindo naquela sessão. No início, apresentou sudorese, mas, com o decorrer da sessão e os reforçadores liberados pela terapeuta, sentiu-se mais à vontade. Ao fazer uma comparação com situações externas à terapia, o cliente observou que seus comportamentos respondentes (que consistiam em sudorese, tremor e taquicardia) aconteciam com uma intensidade menor no ambiente terapêutico. Com o decorrer do processo terapêutico, Paulo relatou diminuição desses respondentes também em seu ambiente natural.

Como já dito, a esquiva de situações ansiogênicas estava limitando-o, por exemplo, a procurar um novo emprego. "Quando penso na ideia de preencher uma ficha para um novo emprego e, depois, ter de ficar de frente com uma pessoa que vai me julgar para ver se eu sou competente para o emprego, tenho medo, começo a suar só de pensar nisso, e desisto da ideia".

Então, Paulo foi convidado pela terapeuta a preencher currículos durante a sessão. O cliente relatou ser ambidestro, mas acreditava que sua escrita com a mão direita era mais bonita e lenta do que com a esquerda.[5] A terapeuta pediu ao cliente que preenchesse os currículos, alguns com a mão direita e outros com a mão esquerda, e, sem o conhecimento do cliente, marcou o tempo usado para assinar os currículos com cada uma das mãos. Posteriormente, avisou ao cliente que havia marcado os tempos; perguntou se havia, por parte dele, interesse em compará-los e ele disse que sim. Com a mão esquerda, o preenchimento se deu em 56 segundos e, com a mão direita, 54, ou seja, uma diferença insignificante. Relatou ele: "pensava que escrevia mais rápido com a mão direita, mas agora acho que não tem diferença. Agora quem sabe posso escrever somente com a mão

---

[5] Isso era um problema para o cliente em diversas situações. Por exemplo, ao ter que assinar mensalmente recibos de vales-alimentação, na presença de outras pessoas, ficava no final da fila, torcendo para que todos os colegas saíssem, experienciando todos os respondentes anteriormente citados. Tinha muitas dúvidas entre "escrever bonito" (com a mão direita) ou "escrever rápido" (com a esquerda).

Quadro 14.1 Resumo de procedimentos adotados com o cliente Paulo, com os respectivos objetivos, assim como relatos verbais do cliente acerca de suas queixas

Início	Objetivos	Respostas do Cliente
Entrevistas iniciais.	Conhecimento da "queixa", aspectos históricos e familiares e repostas a medicamentos.	Paulo expõe algumas autorregras, tais como: "As pessoas são mais do que as outras", "pode ser um espírito que causa meu problema"; "sou um medroso"; "não existe medo"; "o medicamento me ajuda no sentido de me deixar paralisado, me sinto meio bobo"; "parei de estudar por ter medo, gostaria de retornar os estudos e procurar um novo trabalho".
Solicitar ao cliente registro de seus comportamentos, sendo de início os mais e os menos prazerosos.	Conhecer seus reforçadores, positivos e negativos, com familiares, esposa, colegas de trabalho, em atividades que Paulo executava todos os dias.	"Levo uma vida normal"; "Trabalho honestamente e tenho um casamento bom. Vou ocasionalmente aos forrós sem minha esposa"; "Tenho alguns relacionamentos extraconjugais, mas não me mantenho neles, até porque não tenho coragem de ligar para outra pessoa, e também sou casado"; "Assisto a filmes pornôs em cinemas pornôs e minha esposa não gosta".
Solicitação ao cliente que continuasse a relatar as situações que considerava mais estressoras.	Coleta de dados; observação das respostas frente ao terapeuta, consistindo em um treino de fala para futuras exposições; estabelecimento de um melhor vínculo terapêutico, devido à ausência de punição.	"Tenho medo de falar com pessoas estranhas; com meus cunhados; não vou à casa de amigos por pensar que terei de falar alto. Quando vou à casa deles, almoço no quarto. No meu serviço, sou o último a comer, pois tenho vergonha de mulheres bonitas ou de pessoas que considero superiores a mim. Todo mês, sofro uma semana antes por ter de pegar os vales-transportes, tendo de escrever na frente dos outros".
Solicitar que Paulo diga "oi" para alguma pessoa desconhecida.	Observar a reação das pessoas, expor-se às contingências sociais fora do ambiente terapêutico.	"Acho que não vou conseguir". A terapeuta o encoraja e dá alguns modelos: "Pode ser uma conversa curta, 'oi', 'boa tarde'".
A terapeuta convida Paulo a subir e descer de elevador várias sessões consecutivas.	Treino de habilidades sociais.	No primeiro dia, Paulo se manteve calado e a terapeuta iniciou uma breve conversa com uma desconhecida no elevador.

direita, pois aí minha letra vai sair mais bonita".

A terapeuta levou, duas vezes, lanches para a sessão, com o objetivo de manejar contingências sociais para futuras generalizações, realizando observação do comportamento do cliente e exposição gradual a situações estressoras. Posteriormente, foi agendado um almoço em restaurante frequentado por pessoas de classe média, muito frequentado por estudantes universitários. "Me senti melhor, importante. Fiquei trêmulo no começo, mas fiquei te observando e parei. Percebi que as pessoas não ficam observando as outras comerem, então fiquei à vontade". Após essa sessão, o comportamento de comer em público tornou-se mais frequente.

O Quadro 14.2 enfatiza algumas mudanças de comportamentos de Paulo no decorrer das sessões. Esse quadro consiste em uma comparação, para cada uma de suas queixas e objetivos, entre o que se observou no início da terapia e o momento em que o presente trabalho foi escrito (quando a terapeuta solicitou que Paulo fizesse uma avaliação da terapia).

Essa comparação nos permite afirmar que o processo terapêutico estava sendo bem sucedido em alcançar seus objetivos. Vale ainda ressaltar que a terapeuta conseguiu fazer com que o cliente estabelecesse contato com o psiquiatra que lhe mandava, há mais de três anos, as receitas de Bromazepan e Fluoxetina mesmo sem consultá-lo. O cliente deixou de fazer uso desses medicamentos no decorrer do processo terapêutico e relatava sentir-se bem.

CONSIDERAÇÕES FINAIS

O diagnóstico proposto pelo psiquiatra de Paulo (fobia social) pôde ser aceito, tendo em vista o medo excessivo de enfrentamento a novas situações e a grande dificuldade em estabelecer vínculos afetivos com novas pessoas, tendo medo do enfrentamento alheio, e construindo fantasias catastróficas sobre as possíveis consequências desse enfrentamento (APA, 2002; Conte e Brandão, 2001; Rangé, 2001).

A análise funcional nesse caso de "fobia" mostrou-se efetiva, pois foi possível uma melhor observação dos comportamentos tidos como "disfuncionais" (ou perturbadores – ver capítulo de Bravin e de-Farias, neste livro, para maior discussão do termo), incluindo uma análise dos eventos privados. Entre outros benefícios, foi possível uma melhor compreensão de sua história de reforçamento e punição, responsável pelo estabelecimento e seguimento de regras "disfuncionais". O cliente acreditava que não daria conta de enfrentar determinadas situações e que as pessoas sempre estariam observando seus comportamentos. Segundo ele, ao não conseguir emitir as respostas adequadas, ficaria muito ansioso, apresentando respostas de gaguejar e de tremer, por exemplo. Nesse momento, as pessoas zombariam do seu desempenho. Em virtude dessa autorregra, Paulo se esquivava de algumas situações como as apresentadas na primeira coluna do Quadro 14.2.

Diversos autores têm ressaltado o papel da relação terapêutica na terapia comportamental (p. ex., Kohlenberg e Tsai, 1991/2001). O estabelecimento e a manutenção de uma boa relação terapêutica, segundo Banaco (1993), têm sido atribuídos a características e habilidades pessoais do terapeuta. Como exemplos, pode-se citar os comportamentos de dirigir-se ao cliente por seu nome, manter contato visual com ele, manter uma fisionomia receptiva, acenar com a cabeça, não interromper o discurso do cliente. Por sua vez, Silva (2003) afirma que deve haver disponibilidade e flexibilidade, por parte do terapeuta, para interagir com o outro, sendo essa relação espontânea que proporciona momentos autênticos no processo terapêutico.

Quadro 14.2 Comparação entre as queixas iniciais de Paulo e seu relato verbal após intervenções terapêuticas

Dados Iniciais	Relato Verbal Atual
Medo de falar com mulheres desconhecidas.	"Antes não descia de elevador; hoje já desço e consigo falar com as pessoas". "Tive que conversar com a médica da minha mãe; fui atrás dela no carro, pedindo para minha mãe não ficar na fila de espera".
Ficava sem comer para evitar contato com o chefe e uma colega de serviço que admirava.	"Almoço com os colegas no horário e consigo receber visitas para o almoço lá em casa".
Fortes respostas emocionais durante toda a semana que antecedia o recebimento de vales-transportes. Supunha que os demais funcionários observariam sua demora e tremor ao assinar o recebimento.	"Neste mês, fiquei mais calmo no recebimento do vale-transporte. Me lembrei do que já tínhamos conversado aqui. Então, quando estava na fila, me ofereci para ajudar o encarregado, buscando alguns documentos em outra sala. Sendo assim, brinquei, chamando ele de 'meu chapa'; me senti melhor e vi que dou conta, vi que as pessoas não estavam me observando".
Preocupação com as críticas da esposa e dos familiares sobre a sua problemática. "Me sinto mal quando minha esposa me diz que sou medroso, que não faço as coisas porque sou mole e não quero".	"Não me preocupo mais com o que ela diz; já tentei explicar para ela que posso ser diferente, que preciso de um tempo".
Medo de expor-se frente ao seu chefe. "Gostaria de falar para meu chefe das minhas vontades, como retornar a estudar, fazer cursos profissionalizantes, mas tenho muito medo. Tenho medo, não consigo".	"Falei com meu chefe e ele me disse que é isso mesmo, que tenho que me profissionalizar. Achei bom, pois agora ele sabe o que eu quero e percebi que não fiquei trêmulo, ansioso como pensava".
"Gostaria de voltar a estudar, mas só de pensar, passo mal. Parece que é um espírito que vem de repente".	"Procurei várias escolas, mas não consegui um horário que dê certo com meu trabalho; mas iniciei um curso de computação, mesmo sabendo que vou ter de faltar muitas aulas devido ao meu serviço. Conversei com o professor e ele compreendeu. Estou gostando do curso, e mesmo estando difícil, quero terminar e, depois quero voltar aos meus estudos".
Não conseguia pedir ou negar nada para a terapeuta, nem telefonava para avisar que ia faltar à terapia. Não expressava seus "sentimentos", por se considerar "mole e muito sentimental".	Conseguia dizer "não" na presença da terapeuta. Ligava para avisar que não poderia comparecer à sessão. No seu primeiro dia de curso de computação, ligou para a terapeuta relatando o que havia acontecido e o quanto estava feliz.

(Continua)

Quadro 14.2 *Continuação*

Dados Iniciais	Relato Verbal Atual
Não conseguia se impor diante de seu cunhado, que lhe colocava apelidos. "Meu cunhado me chama de gordo, bolinha de gude, etc., mas não consigo falar para ele que não gosto; dá vontade de brigar com ele, mas não consigo".	"Hoje meu cunhado me chama de 'gordo' e eu já retruco ele com outra piada, chamando ele de 'seco'".
Medo de leitura frente a outras pessoas, "receio de gaguejar, suar demais, desmaiar e não conseguir terminar a leitura".	"Fiz a leitura do texto sobre violência no trânsito para aquela moça, mesmo não tendo tanto conhecimento sobre o assunto. Pensei que não ia dar conta e vi que eu tenho mesmo é que me mostrar".

Verificou-se, no caso de Paulo, que a relação terapêutica trouxe benefícios inquestionáveis ao cliente. Sem desaprovação, como acontecia em seu ambiente externo, a terapeuta lhe escutou relatar sobre sua infância, assim como sobre seus medos atuais. Quando o cliente expunha seus medos (p. ex., aos 12 anos, tinha medo de dormir no escuro), seus pais o chamavam de "mole". Ao respeitar suas dificuldades e estimular sua exposição, em um ambiente não punitivo, as intervenções terapêuticas propiciaram mudanças comportamentais na presença da terapeuta e consequentes generalizações para o ambiente natural do cliente (Cabral, 2005; Cabral e de-Farias, 2005; Fugioka, de-Farias e Torres, 2005).

Com o objetivo de aumentar a generalização dos efeitos da terapia para o ambiente natural, a terapeuta optou por evocar os comportamentos-alvo durante a sessão ou em seu ambiente natural – como quando foram ao restaurante (ver Kohlenberg e Tsai, 1991/2001, para uma discussão dos procedimentos da Psicoterapia Analítica Funcional – FAP). Uma tarefa proposta a Paulo, ainda não citada no presente trabalho, ilustra essa tentativa de evocar comportamentos clinicamente relevantes. Foi treinada, com o cliente, a leitura de textos na presença da terapeuta. Ao se propor a exposição do texto "Violência no trânsito" (*Jornal O Popular*, Goiânia, 16/08/2004, p. 2) para quatro pessoas, Paulo mostrou-se entusiasmado. Porém, no dia da apresentação, o cliente ligou para avisar que não poderia apresentar por não ter conhecimento do tema, o que caracteriza um comportamento de esquiva.

Sidman (1989/1995) diz que a esquiva impede que um evento indesejado aconteça: as esquivas bem-sucedidas afastam o cliente do "choque". Como já visto, o comportamento de esquiva é frequente em indivíduos que apresentam transtorno de ansiedade (Fugioka et al., 2005). No caso, o cliente esquivava-se de possíveis críticas (os "choques") decorrentes de uma má apresentação. O cliente concordou em apresentar o texto em uma sessão individual. Após 30 minutos de leitura e apresentação, a terapeuta reforçou o comportamento do cliente (pontuando sua apresentação, discutindo os exemplos colocados, etc.). Seguiu-se o diálogo:

– "Comecei a ler o texto em casa e pensei que não ia dar conta e resolvi te ligar..."
– "E agora, se fosse para você apresentar só para uma pessoa, você consegue?"
– "Sim."

Então, foi convidada uma mulher, estagiária e colega da terapeuta, com características que o cliente considerava aversivas (desconhecida, maior grau de escolaridade), que estava na sala de espera da clínica-escola. A apresentação do texto foi boa, com exemplos mais elaborados do que os utilizados na sessão individual com a terapeuta. Ao final da apresentação, Paulo tomou a iniciativa de pedir um *feedback* de sua ouvinte.

Como já dito, o processo terapêutico ainda não havia se encerrado no momento em que o presente trabalho foi escrito, mas foram observadas melhoras significativas de Paulo em seu repertório comportamental à medida que entrava em contato com contingências tidas como aversivas. A utilização de reforçamento positivo, assim como o papel da terapeuta como uma audiência não punitiva, mostrou-se fundamental para ser estabelecido um melhor vínculo, o que facilitou a utilização de técnicas e procedimentos comportamentais, tais como a modelagem (exposição direta às contingências), modelação (aprendizagem por observação), ensaio comportamental (*role-playing*), etc. O reforçamento positivo gerou também, durante o processo terapêutico, uma melhor adesão ao tratamento.

Ficou evidente que a aliança terapêutica é de suma importância, pois cria um ambiente de aceitação e de interesse para a mudança de comportamento, despertando cooperação e confiança, o que possibilitou uma relação espontânea e produziu momentos autênticos de apoio (Brandão, 1999; Cabral, 2005; Cabral e de-Farias, 2005; Fugioka et al., 2005).

REFERÊNCIAS

Associação Americana de Psiquiatria (APA, 2002). *Manual diagnóstico e estatístico de transtornos mentais – DSM-IV-TR*. Porto Alegre: Artmed.

Banaco, R. A. (1993). O impacto do atendimento sobre a pessoa do terapeuta. *Temas em Psicologia, 2*, 71-79.

Banaco, R. A., Kovac, R. & Zamignani, D. R. (1997). O estudo de eventos privados através de relatos verbais de terapeuta. Em R. A. Banaco (Org.), *Sobre Comportamento e Cognição: Vol. 1. Aspectos teóricos, metodológicos e de formação em análise do comportamento e terapia cognitiva* (pp. 289-301). São Paulo: ARBytes.

Baum, W. M. (1994/1999). *Compreender o Behaviorismo: Ciência, comportamento e cultura* (M. T. A. Silva; G. Y. Tomanari & E. E. Z. Tourinho, trads.). Porto Alegre: Artmed.

Brandão, M. Z. S. (1999). Abordagem contextualizada na clínica psicológica: Revisão da ACT e proposta de atendimento. Em R. R. Kerbauy & R C. Wielenska (Orgs.), *Sobre Comportamento e Cognição: Vol. 4. Psicologia Comportamental e Cognitiva: da reflexão teórica à diversidade na aplicação* (pp. 149-156). Santo André: ARBytes.

Caballo, V. E. (1996/2002). O Treinamento e Habilidade Sociais. Em V. E. Caballo (Org.), *Manual de técnicas de terapia e modificação do comportamento*. São Paulo: Livraria Santos Editora.

Cabral, R. do P. (2005). *Psicoterapia Comportamental Infantil: Desenhos, Fantasias e Sonhos como Instrumentos de Acesso aos Comportamentos Encobertos*. Monografia de Conclusão de Curso não publicada, Universidade Católica de Goiás, Goiânia.

Cabral, R. do P. & de-Farias, A. K. C. R. (2005). *Desenhos, Fantasias e Sonhos como Instrumentos de Acesso aos Comportamentos Encobertos*. Painel apresentado no XIV Encontro Anual da Associação Brasileira de Psicoterapia e Medicina Comportamental, Campinas, 22 a 25 de agosto de 2005.

Campbell, R. J. (1986). *Dicionário de Psiquiatria* (A. Cabral, trad.). São Paulo: Martins Fontes.

Conte, F. C. S. & Brandão, M. Z. S. (2001). Psicoterapia analítico-funcional: a relação terapêutica e a análise do comportamento. Em R. R. Kerbauy & R C. Wielenska (Orgs.), *Sobre Comportamento e Cognição: Vol. 4.*

Psicologia Comportamental e Cognitiva: da reflexão teórica à diversidade na aplicação (pp. 133-147). Santo André: ESETec.

Dalgalarrondo, P. (2000). *Psicopatologia e semiologia dos transtornos mentais*. Porto Alegre: Artmed.

Doron, R. & Parot, F. (1998). *Dicionário de Psicologia*. Goiânia: Ática.

Falcone, E. M. O. (1999). Técnicas cognitivo-comportamentais no tratamento da fobia social. Em D. R. Zamignani (Org.), *Sobre Comportamento e Cognição: Vol. 3. A aplicação do comportamento e da terapia cognitivo-comportamental no hospital geral e nos transtornos psiquiátricos* (pp. 115-127). Santo André: ESETec.

Fugioka, R. O., de-Farias, A. K. C. R. & Torres, L. F. (2005). *Confrontação frente a um Repertório de Fuga e Esquiva*. Painel apresentado no XIV Encontro Anual da Associação Brasileira de Psicoterapia e Medicina Comportamental, Campinas, 22 a 25 de agosto de 2005.

Kohlenberg, R. J. & Tsai, M. (1991/2001). *Psicoterapia Analítica Funcional: Criando relações terapêuticas e curativas* (F. Conte, M. Delitti, M. Z. da S. Brandão, P. R. Derdyk, R. R. Kerbauy, R. C. Wielenska, R. A. Banaco, R. Starling, trads.). Santo André: ESETec.

Matos, M. A. (1997). Com o que o Behaviorismo Radical trabalha. Em R. A. Banaco (Org.), *Sobre Comportamento e Cognição: Vol. 1. Aspectos teóricos, metodológicos e de formação em análise do comportamento e terapia cognitiva* (pp. 45-53). Santo André: ARBytes.

Rangé, B. (2001). Relação terapêutica. Em B. Rangé (Org.), *Psicoterapia Comportamental e Cognitiva de Transtornos Psiquiátricos* (Vol. 2, pp. 43-61). Campinas: Pleno Rio.

Shinohara, H. (2003). O medo nosso de cada dia. Em M. Z. S. Brandão, F. C. de S. Conte & M. B. Mezzamroba (Orgs.), *O comportamento humano II: Tudo (ou quase tudo) que você precisa saber para viver melhor* (pp. 75-80). Santo André: ESETec.

Sidman, M. (1989/1995). *Coerção e suas implicações* (M. A. Andery & T. M. Sério, trads.). Campinas: Editorial Psy.

Silva, S. N. (2003). Relação terapêutica. Em R. M. Caminha, R. Wainer, M. Oliveira & N. M. Picoloto (Orgs.), *Psicoterapias Cognitivo-Comportamentais: Teoria e prática* (pp. 47-52). São Paulo: Casa do Psicólogo.

Skinner, B. F. (1953/1998). *Ciência e Comportamento Humano* (J. C. Todorov & R. Azzi, trads.). São Paulo: Martins Fontes.

Skinner, B. (1974/1993). *Sobre o Behaviorismo* (M. da P. Villalobos, trad.). São Paulo: Cultrix.

Skinner, B. F. (1989/1991). *Questões Recentes na Análise Comportamental* (A. L. Neri, trad.). São Paulo: Papirus.

Todorov, J. C. (1989). A Psicologia como estudo das interações. *Psicologia: Teoria e Pesquisa, 5*, 347-356.

Tourinho, E. Z. (1999). Eventos privados: o que, como e porque estudar. Em R. R. Kerbauy & R. C. Wielenska (Orgs.), *Sobre Comportamento e Cognição: Vol. 4. Psicologia comportamental e cognitiva: da reflexão teórica à diversidade de aplicação* (pp. 13-22). Santo André: ESETec.

Capítulo 15

Fuga e Esquiva em um Caso de Ansiedade[1]

Regiane Oliveira Fugioka
Ana Karina C. R. de-Farias

Por mais explorado que tenha sido o tema ansiedade, percebem-se diversas maneiras de enfocar o mesmo problema, até porque os quadros clínicos desenvolvidos pelos indivíduos também apresentam diversidades. Shinohara (2003) relata que, quando se sente mais ansiedade do que o necessário, seja em intensidade ou frequência, ou em situações nas quais a maioria das pessoas não sofreria tanto, pode-se apontar um transtorno. Em outras palavras, se a ansiedade atrapalha a vida de um indivíduo, por impedir que este faça o que gostaria ou precisaria fazer, então é provável que haja um problema, o qual deve ser avaliado por um especialista.

Tendo em vista a complexidade do comportamento humano e para entender como algumas relações com o meio adquirem propriedade na vida das pessoas, faz-se necessário buscar informações referentes à filogênese e à ontogênese (Neves et al., 2003; Skinner, 1953/1998). A filogênese envolve a passagem de características ao longo das gerações entre os indivíduos de determinada espécie, enquanto a ontogênese consiste na manutenção de certos comportamentos por meio de relações entre um organismo específico e seu meio ambiente. No caso da ontogênese, deve-se buscar entender, por meio da história individual de reforçamento e punição, como esses comportamentos foram condicionados (Baum, 1994/1999; Catania, 1998/1999; Skinner, 1953/1998, 1974/1982, 1989/1991).

A palavra punição vem do latim "poena", "pain" (sofrimento) ou "penalty" (pena ou castigo). A punição, para a Análise do Comportamento, consiste em uma forma de controle do comportamento em que as consequências ambientais do responder tornam-no menos provável. Quando um estímulo aversivo segue um desempenho e é observada uma diminuição na frequência desse comportamento, denomina-se o processo de punição positiva. Por outro lado, quando um reforçador positivo é retirado ou adiado devido à emissão de uma resposta e a probabilidade de emissão dessa resposta diminui, fala-se em punição negativa.

Um importante efeito colateral da punição é o fato de que comportamentos que permitem o evitamento ou o término da punição são reforçados. O processo de aumento da probabilidade ou frequência de tais comportamentos é denominado reforçamento negativo (Baum, 1994/1999; Catania, 1998/1999; Ferster, Culbertson e Poren, 1978/1992; Millenson, 1967/1975; Moreira e Medeiros, 2007; Skinner, 1953/1998).

Quando se entende melhor essa relação estabelecida entre punição e reforço é que se pode, então, esclarecer melhor os conceitos de fuga e esquiva. De acordo com Skinner (1953/1998), a diferença entre fuga e esquiva reside no fato de que, na esquiva, o evento aversivo não chega a ocorrer; ele é evitado ou adiado e não afeta diretamente o organismo. Na fuga, o

---

[1] O presente trabalho é parte da monografia de conclusão do curso de graduação em Psicologia, na Universidade Católica de Goiás, defendida pela primeira autora sob orientação da segunda.

evento já está presente quando a resposta ocorre, e o efeito desta é remover ou terminar o evento aversivo.

Como já dito, a palavra esquiva denota uma circunstância na qual o organismo se evade de uma situação antes que ocorra. Uma resposta apropriada leva a pessoa a se esquivar de uma situação sem que tivesse um aumento de estimulação ou uma retirada de reforçadores positivos. Quando se obtém sucesso, a resposta é negativamente reforçada e aumenta em frequência (Whaley e Malott, 1971).

Um estímulo que preceda caracteristicamente um forte estímulo aversivo terá um duplo efeito. Elicia fortes respostas emocionais e também evoca um comportamento de esquiva, que foi condicionado pela redução de ameaças semelhantes. A vítima do bandido não apenas entrega a carteira e exibe grande probabilidade de correr, mas também passa por violentas reações emocionais, dentre as quais a ansiedade. A ansiedade refere-se a estados corporais muito diversificados, que são gerados por estímulos aversivos e são sentidos de diferentes maneiras pelo indivíduo. Entretanto, deve-se ressaltar que "ansiedade" é não apenas ter, por exemplo, seus batimentos cardíacos acelerados (alteração corporal). Envolve também todo um repertório comportamental operante (alteração de probabilidade de resposta), produto das relações do organismo com o ambiente externo (Skinner, 1953/1998, 1989/1991; Tourinho, 1997. Ver também o capítulo de Bravin e de-Farias neste livro).

Desse modo, a punição enfrentada pelos indivíduos no seu dia a dia pode repercutir em toda a sua relação com o seu ambiente externo e/ou interno, trazendo graves consequências. Uma forte história de punição pode levar a uma exarcebação das respostas de ansiedade de um indivíduo. Segundo Shinohara e Nardi (2001), a ansiedade patológica não foi reconhecida como uma entidade diagnóstica independente até o final do século passado. A maioria dos clínicos via a ansiedade apenas como um traço humano normal, não importando o prejuízo que viesse a trazer ao paciente.

O Manual Diagnóstico e Estatístico de Transtornos Mentais (DSM-IV-TR), da Associação Americana de Psiquiatria (APA, 2002), aponta uma série de critérios para diagnosticar algum tipo de Transtorno de Ansiedade (p. ex., Ansiedade Generalizada, Fobia Social, Transtorno de Estresse Pós-Traumático[2]). Com relação à Fobia Social, uma análise funcional descritiva da categoria diagnóstica inclui: (i) comportamentos – pessoa não apresenta comportamentos esperados de contato social, ou tem dificuldades de assertividade, é hipersensível a críticas e avaliações, foge e se esquiva de situações sociais, apresenta comportamentos autonômicos; (ii) antecedentes – ser apresentado a outras pessoas, ser criticado, ser observado e falar em público são circunstâncias usuais para o aparecimento de um ou mais dos comportamentos; (iii) consequentes – fuga ou esquiva da situação social ou de desempenho é a principal consequência (Caballo, 1996/2002).

Já no caso do Transtorno de Estresse Pós-Traumático, a característica essencial é o desenvolvimento de sintomas característicos após a exposição a um estressor traumático extremo, envolvendo a experiência pessoal direta de um evento real ou ameaçador que envolve morte (APA, 2002). Os sintomas característicos resultantes da exposição a um trauma extremo incluem uma revivência persistente do evento traumático, esquiva persistente de estímulos associados ao trauma, embotamento da responsividade geral e sintomas persistentes de excitação aumentada.

---

[2] O Capítulo 7 apresenta critérios diagnósticos para esses transtornos.

Por sua vez, a Ansiedade Generalizada caracteriza-se pela presença de sintomas ansiosos excessivos, na maior parte dos dias, por pelo menos 6 meses. A pessoa vive angustiada, tensa, preocupada, nervosa ou irritada. Dentre os sintomas psicológicos, podem-se citar insônia, dificuldade em relaxar, irritabilidade aumentada e dificuldade em concentrar-se. Com relação aos sintomas físicos, os pacientes podem apresentar taquicardia, tontura, cefaleia, dores musculares, formigamentos, sudorese fria (APA, 2002; Dalgalarrondo, 2000).

Costello e Borkovec (1998) afirmam que, para a pessoa portadora do distúrbio de ansiedade generalizada, o mundo, e especialmente o futuro, é encarado na maior parte do tempo como perigoso, e o indivíduo acredita não ter recursos para enfrentá-lo. A ansiedade frequentemente faz parte do controle de comportamentos de esquiva e fuga, definidos anteriormente. Para Caminha e Borges (2003), quando a pessoa evita sair à rua, evita a ansiedade sentida ao estar exposta novamente à situação originária do trauma, está-se reforçando negativamente o comportamento de esquiva, fazendo com que o mesmo aumente de frequência, ou seja, não sair à rua supostamente permite o controle ou a redução da ansiedade para a pessoa.

No entanto, quando uma resposta de esquiva bem-sucedida é emitida, a consequência importante é que nada ocorre ao organismo. Assim, com a esquiva, a pessoa é impedida de constatar que o ambiente evitado pode não realmente apresentar a aversão temida (Catania, 1998/1999; Sidman, 1989/1995; Skinner, 1953/1998).

Nos transtornos de ansiedade, a ênfase do tratamento está na reavaliação das situações e dos recursos com os quais as pessoas lidam com a ameaça. Com a terapia comportamental, as pessoas podem ser ensinadas a identificar os comportamentos ansiosos e avaliar quando eles são válidos ou "adaptativos" (Peres, 2001).

O presente estudo resultou de um atendimento psicoterápico, baseado na abordagem comportamental, de um cliente cuja queixa envolvia diferentes sintomas de ansiedade diante de situações sociais, sintomas esses que se agravaram após a ocorrência de um assalto. Marcelo (nome fictício), 22 anos, sexo masculino, apresentava comportamentos de fuga e/ou esquiva do ambiente que ele considerava aversivo. A terapia teve como objetivo expor gradualmente o cliente às contingências sociais, visando o desenvolvimento de habilidades sociais e a consequente diminuição das respostas de ansiedade.

CASO CLÍNICO

Cliente

Marcelo, 22 anos, sexo masculino. Nasceu no interior de Tocantins, sendo o primeiro filho de três irmãos, em uma família composta, durante a infância e adolescência, pelos dois avós maternos, por sua mãe e por uma tia. Sua avó tinha falecido havia cinco anos. Um irmão morava em Brasília e o caçula morava com o avô. Mudou-se para Goiânia aos 20 anos, sozinho.

O cliente estava cursando o 2º ano do ensino médio. Tinha reprovado duas vezes (uma na 7ª série do ensino fundamental e outra na 1º ano do ensino médio). Nunca trabalhou; gostaria de trabalhar, mas não conseguia definir em que área. Marcelo tinha uma cicatriz de um tiro sofrido durante um assalto e a aparência física de um jovem garoto, estatura e porte físico medianos.

Ambiente e materiais

As sessões eram realizadas em uma sala padrão de clínica-escola, no Centro de Estudos, Pesquisa e Prática Psicológica da Universidade Católica de Goiás, com uma janela e uma porta. A sala tinha um armário de arquivo, uma mesa e duas cadeiras, além de duas poltronas.

Durante as sessões, foram realizadas entrevistas cujos pontos principais eram registrados utilizando-se papel e lápis. Além disso, foi solicitado ao cliente que assistisse a filmes em canal aberto de televisão, fizesse desenhos (folhas em branco de papel e lápis) e preenchesse folhas de registro de comportamentos.

Procedimento

Ocorria uma sessão semanal, com duração de 50 minutos, totalizando 30 sessões. Foram realizadas análises funcionais de seus comportamentos, ou seja, as causas dos comportamentos foram buscadas na relação do cliente com o ambiente externo.

As seguintes técnicas foram utilizadas para acelerar o processo de avaliação e intervenção:

1) Reforçamento diferencial do comportamento verbal do cliente, com o objetivo de desenvolver análises funcionais precisas.
2) Deveres de casa, utilizando filmes, redações e histórias para que Marcelo pudesse aprender a relatar, com maiores detalhes, situações, objetos e fatos que ocorriam em seu ambiente.
3) Técnicas de relaxamento ativo e/ou passivo, com o intuito de minorar sua ansiedade em situações novas e/ou que exigissem um comportamento "ativo", ou seja, decisões e conversas.
4) Treino de habilidades de solução de problemas, a fim de propiciar um maior envolvimento do cliente em seus próprios problemas (e não fuga-esquiva, como vinha acontecendo), assim como a consequente diminuição da ansiedade frente a situações problemáticas.
5) Treinamento Assertivo, com o intuito de possibilitar uma diminuição de sua submissão frente às pessoas, nos mais diferentes ambientes, fazendo com que conseguisse expor seus argumentos e suas "vontades".

Evolução da terapia

Nas primeiras sessões, foram realizados procedimentos de coleta de informações por meio de entrevistas, assim como um esclarecimento sobre os objetivos da Terapia Comportamental. O cliente Marcelo poderia receber o diagnóstico de fobia social. A formulação de seu caso deixou clara uma falta de assertividade e, basicamente, uma falta de habilidade no repertório de comunicação com os colegas, fator também percebido na relação terapêutica (por exemplo, ficando muito tempo calado ou dando respostas curtas). Seu histórico familiar apontou um ambiente não favorável ao desenvolvimento de um repertório comportamental satisfatório no que diz respeito à assertividade, ao enfrentamento de situações aversivas e que exigiam uma postura ativa. O cliente não se considerava capaz de demonstrar e defender sua opinião, dizer "não" e fazer pedidos (sendo, todas estas formas de assertividade). Além disso, a dificuldade de se relacionar e de fazer amizades impediu um contato com pessoas alheias ao seu meio familiar.

Por não ter tido um ambiente favorável ao desenvolvimento de comportamentos assertivos, porque sempre foi muito quieto e quase não manifestava sua posição nos assuntos de família, o cliente não sabia como lidar diretamente com situações que exigissem sua exposição. Sua opinião não era solicitada pelos demais membros da família (não havendo espaço para a modelagem do repertório assertivo). Além disso, seu avô materno e seu pai foram descritos (pelo cliente, por sua tia e pelo próprio avô, em sessões com a terapeuta) como "muito quietos", podendo servir de modelos para o comportamento do cliente.

Após sofrer um assalto, seu comportamento de esquiva tornou-se mais intenso no que diz respeito a relacionamentos com pessoas alheias: Marcelo passou a esquivar-se ainda mais de contatos sociais, evitando sair de casa e/ou manter qualquer forma de comunicação que eliciasse respostas de ansiedade. Esse fato específico poderia levar a um diagnóstico de Transtorno de Estresse Pós-Traumático, caso não se considerasse todo seu histórico. Devido a esses relatos, a técnica de dessensibilização sistemática foi aplicada, produzindo mudanças comportamentais (ver Quadro 15.1).

Os objetivos terapêuticos acertados com o cliente envolveram: (i) reduzir a ansiedade e o comportamento de esquiva relacionados ao convívio social; (ii) treiná-lo a realizar análises funcionais; (iii) ampliar as atividades de lazer, no sentido de possibilitar um maior contato com potenciais amigos e locais diferenciados daqueles frequentados em momentos de estudo; e (iv) treinar novos repertórios verbais que proporcionassem maior assertividade.

A relação terapêutica e os procedimentos adotados (principalmente registros diários de comportamentos) contribuíram para a discriminação das

Quadro 15.1 Dados comparativos entre a avaliação inicial e a situação do cliente Marcelo quando o presente trabalho foi redigido, contendo observações da terapeuta quanto à evolução do tratamento

Dados Iniciais	Relato Verbal Atual	Observações da Terapeuta
Receio de sair de casa após o assalto ocorrido em sua cidade.	"Consegui ir à festa, onde tinha várias pessoas, e não fiquei nervoso."	Ainda ocorriam alguns comportamentos de esquiva, porém Marcelo apresentava uma evolução acentuada quando se tratava de entrar em contato com situações anteriormente temidas.
Não tinha colegas com quem pudesse conversar ou ter uma atividade externa ao seu convívio familiar.	"Estou frequentando um grupo de jovens; lá eu participo de atividades de grupo e fiz amizade com diversas pessoas."	O grupo de jovens contribuiu bastante para que Marcelo pudesse se expor a novos repertórios de relação social. No entanto, suas amizades ainda continuavam superficiais.
Marcelo evidenciava o objetivo de fazer cursos paralelos ao do Ensino Médio. Todavia, deparava-se com a dificuldade de apresentar essa ideia ao avô, que poderia financiar esses cursos.	"Estou fazendo um curso de computação e depois quero fazer um outro para aprender a trabalhar com a parte técnica do computador."	O cliente terminou o curso, tendo um desempenho promissor. Demonstrou disponibilidade para fazer outros cursos. Os cursos propiciariam um contato com pessoas fora do âmbito familiar.

(Continua)

Quadro 15.1 *Continuação*

Dados Iniciais	Relato Verbal Atual	Observações da Terapeuta
Apresentava um nível expressivo de ansiedade quando tinha de se expor em público. Isso era evidenciado por comportamentos observados na sessão (tremores nas pernas, sudoreses e voz trêmula).	"Outro dia, na escola, antes de apresentar um seminário, fiz o exercício de relaxamento que você me ensinou e consegui apresentar sem muito problema".	Percebeu-se nas sessões que Marcelo diminuiu expressivamente o nível de ansiedade. Antes de iniciar a sessão semanal, ele não apresentava mais tremores nem sudorese.
Quando solicitado que Marcelo realizasse determinadas tarefas, o cliente não se mostrava cooperativo, inventando desculpas para a não realização.	"Esqueci de trazer as folhas". "Não vi o filme". "Não convidei ninguém para sair". "Não peguei o número de telefone dos meus colegas".	O cliente demonstrava-se constrangido (abaixava a cabeça e ficava em silêncio) em não trazer a tarefa de casa. Isso extinguiu, por certo tempo, o comportamento da terapeuta em refazer a proposta de novas tarefas.
Por orientação da terapeuta, Marcelo deveria anotar os números de telefones dos colegas para eventuais contatos. Ao solicitar tal tarefa, foi percebida uma dificuldade maior que a prevista na avaliação da linha de base.	"Eu nunca fiz uma agenda telefônica. Não tenho o número do telefone do meu irmão de Brasília".	O cliente ligou para parentes em Tocantins para saber notícias do avô e dos demais familiares. E pediu o telefone do irmão em Brasília.
Confrontação. A terapeuta disse a Marcelo que, se ele não participasse mais ativamente do processo terapêutico, a terapia seria encerrada.	"Ah, não. Não vamos encerrar. Eu quero continuar a sessões, eu ainda tenho que melhorar algumas coisas, e melhorei muito, mas acho que posso melhorar mais".	Marcelo passou a ser mais participativo, realizando as tarefas propostas durante a sessão e fora do *setting* terapêutico.
Novos pedidos para que trouxesse as folhas de registro de comportamentos preenchidas.	"As anotações semanais ajudaram a perceber porque me sinto tão só. Geralmente isso acontece mais quando não tem ninguém em casa para conversar".	O comportamento de registrar antecedentes, resposta e consequências, permitiu ao cliente a realização de análises funcionais. Marcelo relatou que sua solidão estava relacionada à ausência de pessoas com quem pudesse conversar. Isso, aliado a outras intervenções, propiciou uma mudança de comportamento: Marcelo passou a ligar para parentes a fim de conversar.

consequências de seus comportamentos, o que possibilitou a consciência de seu papel ativo nas contingências ambientais. Por exemplo, o cliente aprendeu a observar as reações reais que os outros apresentavam aos seus comportamentos, ao invés de observar/inferir apenas o que seriam suas "inadequações". Assim, foi possível discutir suas regras "disfuncionais" (aquelas que trazem sofrimento) sobre controle de comportamento, que apontavam uma incapacidade para efetivar mudanças no seu ambiente social.

Quanto à ampliação das atividades de lazer, o cliente passou a participar de um grupo de jovens de uma igreja, o que favoreceu a exposição a pessoas diferentes do seu cotidiano. O grupo foi importante para que Marcelo desenvolvesse um novo repertório verbal, com atividades tais como a participação em gincanas nas quais teve a possibilidade de interação com pessoas desconhecidas ("eu pedia para pessoas doarem alimentos para nossa equipe, e elas, na maioria das vezes, doavam").

A seguir, será apresentada uma comparação, para cada uma das queixas/objetivos de Marcelo, entre o que se observou no início da terapia e o momento no qual o presente artigo foi redigido.

CONSIDERAÇÕES FINAIS

O cliente Marcelo respondeu bem ao tratamento. Na sessão anterior à elaboração do presente trabalho, disse: "Eu sinto que melhorei, porque agora consigo falar mais com meus colegas de escola", e atribuiu o sucesso à intervenção terapêutica. A Terapia Comportamental, com ênfase na colaboração cliente-terapeuta, no treinamento das habilidades de autoavaliação e com uma abordagem orientada para o problema, provou ser um meio eficaz de superar as reservas de Marcelo no que se referia ao seu relacionamento com as demais pessoas, ajudando-o a superar a ansiedade, um estado que interferia na sua interação social (Kohlenberg e Tsai, 1991/2001; Shinohara, 2003).

Como já mencionado, o cliente poderia ter recebido o diagnóstico de Transtorno de Estresse Pós-traumático, caso não se analisasse toda a sua história e não se percebesse que os sintomas de ansiedade, assim como um grande repertório de fuga-esquiva, já eram bastante presentes antes do assalto. Nesse sentido, o diagnóstico mais apropriado seria o de Ansiedade Generalizada ou Fobia Social. Entretanto, apontar um diagnóstico formal não foi o objetivo da terapeuta. Independente do diagnóstico que um psiquiatra ou psicólogo pudesse fornecer[3], a análise das contingências em vigor na vida de Marcelo permitiu verificar o papel das consequências sobre seu repertório comportamental como um todo, o que serviu de base para uma intervenção eficiente.

Esse cliente participou de um acompanhamento com seis meses de duração, num total de 30 sessões. Durante esse programa, ele assistia a filmes para emitir sua "opinião" sobre os mesmos, com o objetivo de treinar o seu repertório verbal. Os exercícios de relaxamento foram utilizados com o objetivo de possibilitar ao cliente um maior controle das reações fisiológicas de ansiedade, como destaca Caballo (1996/2002). Essa técnica mostrou-se de um valor imprescindível, pois os resultados apresentados pelo cliente foram visíveis durante a sessão, assim como propiciaram uma generalização para o ambiente natural (como quando o cliente aplicou a técnica em si mesmo, no contexto escolar – ver Quadro 15.1).

Nos últimos três meses, Marcelo preencheu um formulário diário, no qual foram verificadas variáveis ambientais

---

[3] Para uma discussão acerca da utilização do DSM por terapeutas comportamentais, ver Cavalcante e Tourinho (1998).

eliciadoras das respostas de ansiedade e estratégias de enfrentamento que ele havia utilizado para lidar com a ansiedade e com as preocupações. Esses formulários eram discutidos na sessão semanal. Com isso, o cliente passou a discriminar a relação entre seus comportamentos (públicos e privados) e eventos ambientais.

Os registros diários permitiram o acesso, por parte da terapeuta, a informações não prestadas anteriormente por meio de questionamentos diretos. Por exemplo, Marcelo relatou que não telefonava para outras pessoas (para não se sentir tão só) porque não tinha o número de telefone, ou seja, havia um déficit em seu repertório comportamental maior do que o inicialmente suposto pela terapeuta. É comum atribuir-se problemas de relacionamento a uma inabilidade no trato direto com outras pessoas (Edelstein e Yoman, 1996). Entretanto, Marcelo demonstrava uma dificuldade ainda mais básica: não ter sequer um meio de contato com essas pessoas. Esse exemplo ressalta a relevância de um levantamento cuidadoso dos comportamentos-alvo nas entrevistas iniciais com o cliente, assim como de uma avaliação contínua de seu progresso em relação a essa Linha de Base (Godoy, 1996).

Segundo Edelstein e Yoman (1996), em terapia, o cliente pode apresentar três tipos de resistência, a saber: (i) incompetência do papel – quando se depara com a falta de repertórios comportamentais necessários para que ele cumpra com o seu papel na terapia (p. ex., Marcelo não conseguia relatar detalhadamente os acontecimentos, não mantinha contato visual com a terapeuta, respondia monossilabicamente às questões); (ii) fuga/evitação do papel, que ocorre quando os comportamentos necessários trazem consequências negativas para o paciente (fator evidenciado em sua relação de esquiva com o ambiente externo e em seu pouco contato direto com a terapeuta, até o momento da confrontação); (iii) não execução do papel – quando o cliente não vê benefícios na emissão de comportamentos solicitados (p. ex., não via relação entre tarefas, tais como descrever um filme e o desenvolvimento de um repertório de autotato, não realizava as tarefas de casa), o ambiente social do cliente reforça seu comportamento maladaptado (p. ex., Marcelo foi acolhido pelos colegas quando deixou de ir à escola após o assalto e era inicialmente acolhido pela família quando não cumpria as tarefas propostas pela terapeuta) ou o paciente não aceita/entende a interpretação do terapeuta, etc.

A esquiva mostrou-se um comportamento comum no repertório do cliente, principalmente após o assalto, no qual levou um tiro. Diversos autores afirmam que o cliente que possui poucas habilidades sociais e dificuldades de assertividade apresenta, por outro lado, hipersensibilidade a críticas e avaliações, assim como comportamentos de fuga e esquiva de situações ambientais de forma muito mais frequente que o esperado. O assalto sozinho não explicaria os comportamentos de Marcelo, as notas baixas não seriam suficientes para controlar seu comportamento "calado" e "desinteressado" em sala de aula, mas o conjunto de interações passadas e atuais com seu ambiente justificam seus "comportamentos-problema" (Calhoun e Resick, 1993/1999; Skinner, 1974/1982; Torres e de-Farias, 2005; Whaley e Malott, 1971).

É importante ressaltar que, ao longo do processo, foi se estabelecendo um vínculo entre terapeuta-cliente, o que foi crucial para que, em dado momento, houvesse uma confrontação com Marcelo. A terapeuta viu-se desmotivada em persistir com as solicitações de tarefas para casa e de preenchimento dos registros diários (ver Quadro 15.1). A relevância dessas tarefas, assim como a dificuldade da terapeuta iniciante em confrontar o cliente, foram discutidas no grupo de supervisão. Constatou-se a existência de um bom vínculo terapêutico e a necessidade de mudanças na forma de interagir com o cliente. Ao confrontá-lo, abriu-se a oportunidade para emissão de comportamentos assertivos que não eram frequentes na sessão terapêutica (p. ex., ao questionar-se a possibilidade de encerramento da terapia, Marcelo pediu para continuar, expondo sua necessidade de mudanças comportamentais como motivo).

A ocorrência de temas incômodos para o manejo da relação terapêutica (no caso, a confrontação) pode ser um teste da qualidade dessa relação. Kohlenberg e Tsai (1991/2001) e Rosenfarb (1992) defendem a ideia de que há comportamentos que podem ser modificados diretamente na relação terapêutica. Essa relação atua como mediadora e pano de fundo das mudanças terapêuticas, já que serve como palco para a implementação das técnicas (Cabral e de-Farias, 2005; Torres e de-Farias, 2005[4]).

Na análise funcional psicoterápica, cultivar sentimentos genuínos tem como objetivo possibilitar um processo de mudança (Kohlenberg e Tsai, 1991/2001). Assim, mudanças no comportamento da terapeuta, no sentido de expor seu descontentamento com o processo, possibilitaram mudanças comportamentais do cliente. Como dito anteriormente, Marcelo passou a realizar as tarefas de casa e a expor sua opinião durante as sessões, mesmo contrariando as afirmações da terapeuta.

A esquiva de situações sociais ansiogênicas foi bloqueada na relação terapêutica, o que propiciou maior contato com as contingências reais e a diminuição dos comportamentos de esquiva durante a sessão. Isso, aliado às outras estratégias utilizadas, promoveu condições necessárias à generalização para o ambiente natural do cliente (Catania, 1998/1999; Kohlenberg e Tsai, 1991/2001; Skinner, 1953/1998. Ver também o capítulo de Dutra, neste livro).

O cliente permanecia em terapia quando o presente trabalho foi escrito, demonstrando-se motivado para realizar análises funcionais, bem como mudanças nos seus comportamentos públicos e privados. Bloquear a esquiva mostrou-se fundamental para diminuir as respostas de ansiedade apresentadas pelo cliente no início do tratamento (Catania, 1998/1999; Kohlenberg e Tsai, 1991/2001; Skinner, 1953/1998), o que se tornou possível apenas após o estabelecimento de uma relação terapêutica genuína e colaborativa.

REFERÊNCIAS

Associação Americana de Psiquiatria (APA, 2002). *Manual diagnóstico e estatístico de transtornos mentais – DSM-IV-TR*. Porto Alegre: Artmed.

Baum, W. M. (1994/1999). *Compreender o Behaviorismo: Ciência, comportamento e cultura* (M. T. A. Silva; G. Y. Tomanari & E. E. Z. Tourinho, trads.). Porto Alegre: Artmed.

Caballo, V. E. (1996/2002). O Treinamento e Habilidade Sociais. Em V. E. Caballo (Org.), *Manual de técnicas de terapia e modificação do comportamento*. São Paulo: Livraria Santos Editora.

Cabral, R. do P. & de-Farias, A. K. C. R. (2005). *Desenhos, Fantasias e Sonhos como Instrumentos de Acesso aos Comportamentos Encobertos*. Painel apresentado no XIV Encontro Anual da Associação Brasileira de Psicoterapia e Medicina Comportamental, Campinas, 22 a 25 de agosto de 2005.

Calhoun, K. S. & Resick, P. A. (1993/1999). Transtorno do Estresse Pós-Traumático. Em D. H. Barlow (Org.), *Manual Clínico dos Transtornos Psicológicos* (M. R. B. Osório, trad.). Porto Alegre: Artmed.

Caminha, R. M. & Borges, J. L. (2003). Terapia Cognitiva do Transtorno de Estresse Pós-Traumático. Em R. M. Caminha, R. Wainer, M. Oliveira & N. M. Piccoloto (Orgs.),

---

[4] Ver também o capítulo de Dutra, o de Assunção e Vandenberghe e o de Torres e de-Farias, neste livro.

Psicoterapias Cognitivo-Comportamentais: Teoria e Prática (pp. 155-171). São Paulo: Casa do Psicólogo.

Catania, A. C. (1998/1999). *Aprendizagem: Comportamento, linguagem e cognição* (A. Schmidt, D. das G. de Souza, F. C. Capovilla, J. C. C. de Rose, M. de J. D. dos Reis, A. A. da Costa, L. M. de C. M. Machado & A. Gadotti, trads.) Porto Alegre: Artmed.

Cavalcante, S. N. & Tourinho, E. Z. (1998). Classificação e diagnóstico na clínica: possibilidades de um modelo analítico-comportamental. *Psicologia: Teoria e Pesquisa, 14*, 139-147.

Costello, E. & Borkovec, T. D. (1998). Distúrbio da ansiedade generalizada. Em A. Freeman & F. M. Dattilio (Orgs.), *Compreendendo a Terapia Cognitiva* (pp. 71-87). São Paulo: Editorial Psy.

Dalgalarrondo, P. (2000). *Psicopatologia e Semiologia dos Transtornos Mentais*. Porto Alegre: Artmed.

Edelstein, B. A. & Yoman, J. (1996). A Entrevista Comportamental. Em V. E. Caballo (Org.), *Manual de técnicas de terapia e modificação do comportamento*. São Paulo: Livraria Santos Editora.

Ferster, C. B., Culbertson, S. & Poren, M. C. P. (1978/1992). *Princípios do Comportamento*. São Paulo: Hucitec.

Godoy, A. (1996). O processo da avaliação comportamental. Em V. E. Caballo (Org.), *Manual de técnicas e verificação do comportamento*. São Paulo: Livraria Santos Editora.

Kohlenberg, R. J. & Tsai, M. (1991/2001). *Psicoterapia Analítica Funcional: Criando relações terapêuticas e curativas* (F. Conte, M. Delitti, M. Z. da S. Brandão, P. R. Derdyk, R. R. Kerbauy, R. C. Wielenska, R. A. Banaco, R. Starling, trads.). Santo André: ESETec.

Millenson, J. R. (1967/1975). *Princípios de Análise do Comportamento*. Brasília: Ed. Brasília.

Moreira, M. B. & Medeiros, C. A. (2007). *Princípios Básicos de Análise do Comportamento*. Porto Alegre: Artmed.

Neves, S. M., Vieira, T., Oliveira, L. H., Oliveira, J. S., Vandenberghe, L. M. A., Lobo, C., Auad, P., Martins, W. & Moreira, M. B. (2003). Efeitos dos estímulos ameaçadores filogenéticos, ontogenéticos e neutros na emergência da equivalência. *Estudos: Vida e Saúde, 30*, 1001-1022.

Peres, J. P. (2001). Modelo cognitivo da ansiedade. Em R. C. Wielenska (Org.), *Sobre Comportamento e Cognição: Vol. 6. Questionando e ampliando a teoria e as intervenções clínicas e em outros contextos* (pp. 230-234). Santo André: ESETec.

Rosenfarb, I. S. (1992). A behavior analytic interpretation of the therapeutic relationship. *The Psychological Record, 42*, 341-354.

Shinohara, H. & Nardi, A. E. (2001). Transtorno de Ansiedade Generalizada. Em B. Rangé (Org.), *Psicoterapias cognitivo-comportamentais* (pp. 217-229). Porto Alegre: Artmed.

Shinohara, H. (2003). O medo nosso de cada dia. Em M. Z. S. Brandão, F. C. de S. Conte & S. M. B. Mezzaroba (Orgs.), *Comportamento Humano II – Tudo (ou quase tudo) que você precisa saber para viver melhor* (pp. 75-80). Santo André: ESETec.

Sidman, M. (1989/1995). *A coerção e suas implicações* (M. A. Andery & T. M. Sério, trads.). Campinas: Editorial PSY.

Skinner, B. F. (1953/1998). *Ciência e Comportamento Humano* (J. C. Todorov & R. Azzi, trads.). São Paulo: Martins Fontes.

Skinner, B. (1974/1993). *Sobre o behaviorismo* (M. da P. Villalobos, trad.). São Paulo: Cultrix.

Skinner, B. F. (1989/1991). *Questões Recentes na Análise Comportamental* (A. L. Neri, trad.). São Paulo: Papirus.

Torres, L. F. & de-Farias, A. K. C. R. (2005). Relação terapêutica em um caso de fobia social. Painel apresentado no XIV Encontro Anual da Associação Brasileira de Psicoterapia e Medicina Comportamental, Campinas, 22 a 25 de agosto de 2005.

Tourinho, E. Z. (1997). Evento privado: função e limites do conceito. *Psicologia: Teoria e Pesquisa, 13*, 203-209.

Whaley, D. L. & Malott, R. W. (1971). *Princípios Elementares do Comportamento*. São Paulo: EPU.

Capítulo 16

"Prefiro não Comer, a Começar e Não parar!" Um Estudo de Caso de Bulimia Nervosa[1]

Gabriela Inácio Ferreira Nobre
Ana Karina C. R. de-Farias
Michela Rodrigues Ribeiro

O presente capítulo tem por objetivo apresentar a análise funcional – e intervenções dela decorrentes – de um caso clínico de Bulimia Nervosa. Para tanto, apresentará os critérios diagnósticos tradicionais para esse transtorno e as particularidades do caso de Bia (nome fictício). Pretende-se defender a ideia de que uma análise global, sistêmica, da vida do(a) cliente leva a resultados mais satisfatórios do que um tratamento baseado apenas no diagnóstico tradicional.

TRANSTORNOS ALIMENTARES (TA)
Classificação e critérios-diagnósticos

Os transtornos alimentares caracterizam-se por severas perturbações no comportamento alimentar. Três diagnósticos específicos estão descritos na sessão de transtornos alimentares da American Psychiatric Association (2002): a Anorexia Nervosa a Bulimia Nervosa e a Compulsão Alimentar Periódica (não abordada no presente texto).

A Anorexia Nervosa e a Bulimia Nervosa são transtornos estreitamente relacionados por apresentarem uma base psicopatológica comum, com intensa preocupação com a forma e o peso corporais, levando a pessoa a recorrer a estratégias para evitar o ganho de peso. A Anorexia Nervosa é marcada por uma acentuada perda de peso resultante de uma abstinência alimentar voluntária. Observa-se também intenso temor de engordar e busca pela magreza. Já na Bulimia Nervosa, há ingestão compulsiva de grandes quantidades de comida, seguida de estratégias para evitar ganho de peso, como vômitos autoinduzidos, abuso de laxantes e diuréticos e exercícios extenuantes (Abuchaim, Somenzi e Duchesne, 1998; Cordás, 2004). Atualmente, pesquisadores propõem uma terceira categoria, a do transtorno da alimentação sem outra especificação. Essa categoria serve para transtornos da alimentação que não satisfazem os critérios para qualquer transtorno da alimentação específico (APA, 2002).

O termo "anorexia" não é o mais pertinente psicopatologicamente, pois não há falta de apetite. A negação do apetite e o controle obsessivo do corpo tornam o termo alemão "Pubertaetsmagersucht" (adolescentes em busca da magreza) mais adequado, apesar de ser de difícil pronúncia. Já o termo "bulimia nervosa" foi cunhado por Russel e vem dos termos gregos "boul" (boi) ou "bou" (grande quantidade) associado com "lemos" (fome), ou seja, uma fome intensa ou suficiente para

---

[1] O presente trabalho é parte da monografia de conclusão do curso de Especialização em Análise Comportamental Clínica, no Instituto Brasiliense de Análise do Comportamento, defendida pela primeira autora sob orientação das demais autoras.

devorar um boi (Salzano e Cordás, 2004, citado por Eggers e Liebers, 2005).

Os transtornos alimentares podem ocorrer concomitantemente a outros transtornos ou doenças, sendo necessária uma investigação meticulosa. Devem-se examinar as possibilidades da síndrome de Kleine-Levin e da síndrome de Kluver-Bucy, tumores cerebrais, doenças gastrointestinais, perda ou utilização calórica excessiva, diabetes, hipertireodismo, transtorno do humor, transtorno obsessivo-compulsivo e transtorno dismórfico corporal (Duchesne, 1995). Não é raro que os transtornos alimentares sejam acompanhados do abuso de álcool e drogas (Eggers e Liebers, 2005).

Os critérios diagnósticos propostos pela APA (2002) para Anorexia Nervosa são:

(a) Recusa a manter o peso corporal em um nível igual ou acima do mínimo normal adequado à idade e à altura (p. ex., perda de peso levando à manutenção do peso corporal abaixo de 85% do esperado; ou incapacidade de atingir o peso esperado durante o período de crescimento, levando a um peso corporal menor que 85% do esperado).

(b) Medo intenso de ganhar peso ou de engordar, mesmo estando com peso abaixo do normal.

(c) Perturbação no modo de vivenciar o peso ou a forma do corpo; influência indevida do peso ou da forma do corpo sobre a autoavaliação, ou negação do baixo peso corporal atual.

(d) Nas mulheres pós-menarca, amenorreia, isto é, ausência de pelo menos três ciclos menstruais consecutivos. (Considera-se que uma mulher tem amenorreia se seus períodos ocorrem apenas após a administração de hormônio, p. ex., estrógeno.)

Especificar tipo:

Tipo Restritivo: durante o episódio atual de anorexia nervosa, o indivíduo não se envolveu regularmente em um comportamento de comer compulsivamente ou de purgação (isto é, indução de vômito ou uso indevido de laxantes, diuréticos ou enemas).

Tipo Compulsão Periódica/Purgativo: durante o episódio atual de anorexia nervosa, o indivíduo envolveu-se regularmente em um comportamento de comer compulsivamente ou de purgação (isto é, indução de vômito ou uso indevido de laxantes, diuréticos ou enemas) (p. 560).

Os critérios diagnósticos propostos pela APA (2002) para Bulimia Nervosa são:

(a) Crises bulímicas recorrentes. Uma crise bulímica é caracterizada pelos seguintes aspectos:

(1) ingestão, em um período limitado de tempo (p. ex., dentro de um período de duas horas), de uma quantidade de alimentos definitivamente maior do que a maioria das pessoas consumiria durante um período similar e sob circunstâncias similares;

(2) um sentimento de falta de controle sobre o comportamento alimentar durante o episódio (p. ex., um sentimento de incapacidade de parar de comer ou de controlar o tipo e a quantidade de alimento).

(b) Comportamento compensatório inadequado e recorrente, com o fim de prevenir o aumento de peso, como indução de vômito, uso indevido de laxantes, diuréticos, enemas ou outros medicamentos; jejuns ou exercícios excessivos;

(c) A crise bulímica e os comportamentos compensatórios inadequa-

dos ocorrem, em média, pelo menos duas vezes por semana, por três meses;
(d) A autoimagem é indevidamente influenciada pela forma e peso do corpo;
(e) O distúrbio não ocorre exclusivamente durante episódios de anorexia nervosa.

Especificar tipo:

Tipo purgativo: durante o episódio atual de bulimia nervosa, o indivíduo envolveu–se regularmente na indução de vômitos ou no uso de laxantes, diuréticos ou enemas.

Tipo não purgativo: durante o episódio atual de bulimia nervosa, o indivíduo usou outros comportamentos compensatórios inadequados, tais como jejuns ou exercícios excessivos, mas não se envolveu regularmente na indução de vômitos ou no uso indevido de laxantes, diuréticos ou enemas" (p. 564-565).

Pesquisas epidemiológicas têm demonstrado que as taxas de prevalência de Anorexia Nervosa e Bulimia Nervosa giram em torno de 0,5 e 1%, respectivamente (Morgan e Azevedo, 1998). Os transtornos alimentares são mais prevalentes em mulheres do que em homens, numa proporção de 10:1. Atualmente, muitas mulheres fazem dieta e sentem-se insatisfeitas com seu corpo, mesmo quando não estão acima do peso normal. Há evidências de que esses comportamentos têm se manifestado cada vez mais cedo, inclusive em pré-púberes e em crianças (Morgan e Azevedo, 1998). Os cientistas da Universidade de Leeds, no Reino Unido, chegaram à conclusão de que uma a cada cinco meninas com 9 anos de idade fazem dieta porque, na escola, os colegas fazem piadas a respeito do seu aspecto físico (Ballone, 2005).

Fatores de desenvolvimento e manutenção

Os transtornos alimentares são multideterminados, desenvolvendo-se a partir da interação de diversos fatores predisponentes (Duchesne, 1995; Duchesne e Appolinário, 2001). Dentre esses fatores, podem-se citar os biológicos, socioculturais, familiares, individuais e um desenvolvimento de uma distorção da imagem corporal.

Anorexia Nervosa e Bulimia Nervosa são mais comuns entre parentes biológicos de primeiro grau. Portanto, os fatores genéticos *parecem* atuar como uma vulnerabilidade para o desenvolvimento dos transtornos alimentares (Duchesne, 1995). As alterações nos neurotransmissores moduladores da fome e da saciedade como a noradrenalina, serotonina, colecistoquinina e diferentes neuropeptídeos são postulados como associados aos transtornos alimentares (Eggers e Liebers, 2005).

Deve-se ressaltar, no entanto, o papel de "valores" e "ideias" individuais ou subjetivas, influenciados pelo contexto cultural, sobre o desenvolvimento e manutenção dos transtornos alimentares. A partir do contato com outras pessoas, os humanos aprendem por modelos ou por regras formuladas socialmente (quando as regras são formuladas pelo próprio indivíduo em questão, denominam-se autorregras). Regras ou instruções consistem em estímulos verbais que descrevem ou especificam contingências, ou seja, relações entre eventos ambientais ou entre eventos ambientais e comportamentais. O comportamento governado por regras tem diversas vantagens em relação àquele diretamente modelado pelas contingências, tais como "pular etapas", economizando tempo no aprendizado, ou colocar o comportamento do indivíduo sob controle de consequências atrasadas ou pouco prováveis. No entanto, uma pessoa a quem sempre foi dito o que fazer e que não teve a chance de entrar em contato com as contingências naturais, pode tornar-se dependente de regras sobre como agir. Ela se torna dependente das correspondências descritas entre eventos sociais e naturais e do comportamento verbal do outro, e seu comportamento torna-se insensível a contingências naturais (Baum, 1994/1999; Catania, 1998/1999; Matos, 2001; Meyer, 2005. Ver também Silva e de-Farias neste livro).

Socialmente, a beleza, a felicidade e o autovalor estão relacionados a um corpo magro. Há uma evolução do padrão de beleza feminino em direção a um corpo cada vez mais magro. Essa pressão cultural para emagrecer é considerada um elemento fundamental da etiologia dos transtornos alimentares (Duchesne, 1995; Salzano e Cordás, 2006). Seria interessante acrescentar que parece haver prevalência maior dos transtornos alimentares em sociedades industrializadas, nas quais existe abundância de alimentos (Ballone, 2005).

Uma característica comum às famílias de pacientes com transtornos alimentares é o hábito de privilegiar as aparências. São pessoas rígidas, exigentes, resistentes a mudanças e com dificuldades para se ajustar às demandas maturacionais de seus integrantes. Há dificuldades de comunicação e de expressão de sentimentos, além de superproteção, o que dificulta a solução de conflitos (Duchesne, 1995; Heller, 2003).

Pacientes que sofrem de transtornos alimentares sentem-se, muitas vezes, envergonhados do seu comportamento e são muito sensíveis aos indícios de desaprovação e rejeição. Eles tendem a se avaliar em termos de fatores externos de referência. Tendem a ser autocríticos, perfeccionistas, sensíveis à crítica, vulneráveis às pressões sociais, com baixa autoestima e alto grau de ansiedade. Percebem-se como inadequados nas áreas pessoal e social. Normalmente, seu comportamento é dirigido por outras pessoas e demonstram pouca capacidade de controle sobre sua vida (Duchesne, 1995; Heller, 2003; Ribeiro e Carvalho, 2007; Wilson e Pike, 1999).

A imagem corporal, um conceito de origem claramente cognitivista, é multidimensional e dinâmica, e possui componentes perceptivo, cognitivo, afetivo e comportamental. O componente perceptivo nos fornece a imagem que temos do nosso corpo. O cognitivo diz respeito aos pensamentos que temos em relação ao nosso corpo e à aparência. O afetivo, a como nos sentimos e às emoções diante de nossos atributos físicos. E, finalmente, o comportamental diz respeito a como agimos em relação às nossas características físicas. A imagem corporal seria como uma impressão digital, ou seja, cada pessoa possui uma experiência corporal que é única, percebendo e avaliando de formas diferentes as várias partes de seu corpo, atribuindo a elas diferentes graus de importância e satisfação (Castilho, 2004). A forma de se relacionar com seu corpo se dá a partir das inúmeras experiências que o indivíduo tem com o corpo em diferentes situações. A construção dessa identidade é idiossincrática, pois ela corresponde às aprendizagens daquele indivíduo em interação com o ambiente.

A imagem corporal se forma a partir da infância. Aos poucos, o corpo vai representando a identidade da criança, e a mesma começa a pensar sobre como os outros a veem. Aprende que a sociedade enxerga diferentes características físicas. Então, a imagem corporal vai tomando forma à medida que as crianças aprendem conceitos do que é valorizado socialmente, ou seja, como "deveria" ser sua aparência, assim como também "não deveria ser". As crianças começam a julgar de que forma sua própria aparência corporal se adequa ao modelo que lhes é transmitido como socialmente aceito, o que pode trazer consequências aos sentimentos de autovalor (Castilho, 2004). Em outras palavras, a criança aprende a valorizar em si exatamente aquilo que é valorizado pelo seu grupo e a desvalorizar aquilo que o grupo também desvaloriza – sua autoimagem é construída por sua relação com o ambiente físico e social (Ingberman e Lohr, 2003).

Há uma forte pressão cultural a favor da magreza, principalmente na cultura ocidental, o que aumenta ainda mais a discrepância entre o peso corporal real e o desejado (Eggers e Liebers, 2005). Portanto, se o indivíduo não souber discriminar os fatores importantes a respeito de saúde e satisfação do grupo e, além disso, se ele não for socialmente habilidoso (defendendo seus direitos), ele tem uma grande probabilidade de distorcer sua "imagem corporal", ou seja, de seguir regras e modelos que tragam sofrimento.

Complicações físicas e tipos de tratamentos

Na Anorexia Nervosa, as complicações se dão em função da inanição. Já na bulimia nervosa, se devem aos episódios de excesso alimentar, seguidos ou não de purgação (Channon e Wardle, 1994).

As complicações físicas podem ser: com relação à perda de peso – severa fraqueza muscular, suscetibilidade a infecções, hipertensão, amenorreia, infertilidade e osteoporose. Com relação à rápida realimentação ou bulimia – dilatação e perfuração gástrica e sobrecarga de sódio com edema e insuficiência cardíaca. Com relação aos vômitos autoinduzidos – erosão dentária, turgecência da parótida, alcalose hipocalêmica, doença renal, arritmias cardíacas, tetania e fraqueza muscular, assim como o Sinal de Russel, que seriam as calosidades nos nós dos dedos (Domínguez e Rodríguez, 2005). E, finalmente, com relação ao abuso de laxantes – alcalose hipocalêmica, desinervação e atonia do cólon (Channon e Wardle, 1994).

O tratamento dos transtornos alimentares exige um enfoque multidimensional e uma equipe interdisciplinar constituída por psicólogos, psiquiatras, nutricionistas, endocrinologistas, clínicos gerais, entre outros (Duchesne, 1995; Salzano e Cordás, 2006; Silva, 2005). A terapia farmacológica e a terapia comportamental foram as duas terapias mais estudadas, sendo mais completas e bem documentadas (Wilson e Pike, 1999).

Segundo Wilson e Pike (1999), vários estudos controlados mostraram que diferentes classes de drogas antidepressivas, incluindo tricíclicos, inibidores da monoaminoxidase e inibidores seletivos da recaptação de serotonina, são mais efetivas do que uma pílula placebo na redução da compulsão alimentar e da purgação, ao fim da terapia. No entanto, a maioria dos pacientes recai rapidamente ou desiste. Levando-se em conta a ausência de evidências em longo prazo, a alta taxa de desistência e a relutância geral de parte dos pacientes para aceitar a medicação como a única forma de terapia, faz-se necessário um tratamento psicológico efetivo para esse transtorno.

Na terapia, deve-se fazer a avaliação das condições atuais de saúde do cliente. É essencial que haja uma formulação do problema e o esclarecimento dos fatores de desenvolvimento e manutenção, assim como a interligação entre os sintomas do transtorno alimentar e outras áreas problemáticas. A formulação deve ser continuamente checada e reformulada à luz de novas observações (Duchesne, 1995).

O tratamento comportamental é individual, semiestruturado, voltado para o problema e basicamente preocupado com o presente e com o futuro. É um processo ativo e o responsável pela mudança é o cliente (Fairburn e Cooper, 1997). A Análise do Comportamento é uma abordagem psicológica que busca compreender o ser humano a partir de sua interação com seu ambiente (mundo físico, mundo social, história de vida e interação com nós mesmos). Identifica-se como as pessoas interagem com seus ambientes (realizando análises funcionais) a partir de conceitos como Condicionamento Pavloviano, Condicionamento Operante, Esquemas de Reforçamento, Discriminação de Estímulos, etc., para tentar prever e controlar o comportamento (público ou privado). Quando se trata de comportamento operante, as consequências que uma determinada resposta produz selecionam essa resposta – predição. Mudanças no comportamento só se dão quando ocorrem mudanças nas contingências (Meyer, 1997). Portanto, se mudarmos as consequências do comportamento hoje, o comportamento será alterado (controle). Isso nos ajuda a entender por que as pessoas se comportam da forma como o fazem em alguns momentos. Torna-se possível, portanto, fazer com que as pessoas se comportem de forma diferente (Canaan-Oliveira, Neves, Silva e Robert, 2002; Moreira e Medeiros, 2007).

Dominguez e Rodrigues (2005) sugeriram que o tratamento dos transtornos do comportamento alimentar (TA) estruture-se em cinco módulos: (i) a normalização do comportamento alimentar, incluindo a tomada de consciência da doença, estabelecimento da relação terapêutica, a educação nutricional, a renutrição e a realimentação e o controle de estímulos; (ii) a reestruturação cognitiva (um analista do comportamento diria: alterar comportamento privado em relação às regras e modelos observados); (iii) a aquisição de recursos e habilidades básicas de enfrentamento, incluindo a melhora da autoestima, o treinamento em habilidades sociais, o grupo de imagem corporal e o treinamento em relaxamento; (iv) a eliminação da distorção da imagem corporal, que incluiria técnicas de exposição à visualização do corpo no espelho, relaxamento, técnicas psicomotoras, exercícios de ajuste da silhueta e exposição e prevenção da resposta e, por último, (v) a preparação para a alta e a prevenção de recaídas.

O objetivo do presente trabalho foi apresentar fragmentos de um caso no qual a análise funcional e o treinamento em habilidades sociais trouxeram benefícios para uma cliente com diagnóstico de bulimia nervosa. Ou seja, é possível afirmar que, conhecendo-se melhor, aprendendo a fazer análises funcionais ou de contingências, uma pessoa com diagnóstico de bulimia estará em melhores condições para diminuir as crises e para se expressar adequadamente, de maneira socialmente habilidosa, respeitando a si mesma e aos outros. Os conceitos de análise funcional e de habilidades sociais serão brevemente expostos a seguir.

ANÁLISE FUNCIONAL

Análise funcional implica no exame das relações funcionais de um organismo com o seu meio, tanto interno como externo. De acordo com Skinner (1974/1982):

> As variáveis externas, das quais o comportamento é função, dão margem ao que pode ser chamado de análise causal ou funcional. Tentamos prever e controlar o comportamento de um organismo individual. Essa é a nossa "variável dependente" – o efeito para o qual procuramos a causa. Nossas "variáveis independentes" – as causas do comportamento – são as condições externas das quais o comportamento é função. Relações entre as duas – as relações de "causa e efeito" no comportamento – são as leis de uma ciência (p. 31-32).

Na clínica, o terapeuta precisa esclarecer se o comportamento que seu cliente está emitindo faz parte de seu repertório geral ou se ocorre especificamente no controle de estímulos da situação terapêutica. Um outro cuidado, indispensável para a eficácia da análise funcional, é que o terapeuta continue ligado aos dados de pesquisa, às novas descobertas. Segundo Delitti (1997), o modelo clínico da TC (Terapia Comportamental) baseou-se na proposta do Behaviorismo Radical, na qual o conhecimento empírico dos dados obtidos em laboratório seria indispensável para a compreensão do homem e a consequente utilização na análise do comportamento humano.

A análise funcional é um dos instrumentos mais valiosos para a prática clínica. A partir dela, é possível o levantamento correto dos dados necessários para o processo terapêutico. "A identificação das variáveis e a explicitação das contingências que controlam o comportamento permitem que sejam levantadas hipóteses acerca da aquisição e manutenção dos repertórios considerados problemáticos e, portanto, possibilita o planejamento de novos padrões comportamentais" (Delitti, 1997, p. 38).

Obviamente, o comportamento do cliente tem uma função. Cabe ao terapeuta descobrir em que contingências esse comportamento se instalou e como ele se mantém. E isso se faz pela análise funcional que, em clínica, envolve a história passada do cliente, o comportamento atual do mesmo e a relação que se estabelece entre cliente e terapeuta. De modo geral, é por meio do relato verbal que o terapeuta tem acesso à história de vida do cliente (Delitti, 1997; Fontaine, 1987).

Tendo em vista a procura por relações funcionais entre o comportamento e seu ambiente, assim como a grande relevância do relato verbal do cliente para o levantamento de dados e a avaliação de intervenções, todo processo terapêutico tem como objetivo final o autoconhecimento por parte do cliente. Dentro do referencial teórico do Behaviorismo Radical, o autoconhecimento é resultado de contingências sociais (Guilhardi e Queiroz, 1997; Skinner, 1974/1982; Tourinho, 2006). De forma geral, as contingências sociais são de extrema relevância para o estabelecimento e manutenção de nossos comportamentos. Grande parte dos estímulos discriminativos, motivacionais e reforçadores provêm do ambiente social (Skinner, 1953/1998). Isso torna as "habilidades sociais" fundamentais para o repertório humano. Conhecendo-se melhor e aprendendo a fazer análises funcionais coerentes, essa pessoa estará em melhores condições de se expressar adequadamente, de maneira socialmente habilidosa, respeitando a si mesma e aos outros. O conceito de habilidades sociais será melhor exposto a seguir.

HABILIDADES SOCIAIS (HS)

O comportamento socialmente hábil é o conjunto de comportamentos emitidos por um indivíduo em um contexto interpessoal, que expressa sentimentos, atitudes, desejos, opiniões ou direitos desse indivíduo de modo adequado à situação, respeitando esses comportamentos nos demais, e que geralmente resolve os problemas imediatos da situação enquanto minimiza a probabilidade de futuros problemas (Caballo, 2003, p. 6).

Segundo Caballo (2003), os componentes das HS seriam os comportamentais, os cognitivos e os fisiológicos. Basicamente, a referência para os estudos são os elementos comportamentais, publicamente observáveis, seja em abordagens cognitivistas ou na própria TC.

A aprendizagem de comportamentos sociais e de normas de convivência inicia-se na infância, primeiramente com a família e depois em outros ambientes como vizinhança, creche, pré-escola e escola.

Essa aprendizagem depende das condições que a criança encontra nesses ambientes, o que influi sobre a qualidade de suas relações interpessoais subsequentes. Assim, de acordo com Del Prette e Del Prette (2005), haveria três modos gerais para conduzir as relações interpessoais. O primeiro seria considerar somente a si mesmo, desconsiderando os outros. O segundo seria sempre colocar os outros antes de você. E o terceiro e último, a "regra de ouro", seria considerar a si mesmo e também os outros.

A criança exposta a um ambiente pobre em estímulos adequados poderá ter dificuldades em seguir a "regra de ouro" para conduzir suas relações interpessoais. Ela pode desenvolver e manter alguns comportamentos que podem ser considerados "inadequados", "disfuncionais" ou "desadaptativos" (ou seja, que trazem sofrimento), tais como transtornos alimentares. A apresentação do caso clínico de Bia visa mostrar a relação entre ambiente físico e social, autoconhecimento, habilidades sociais e transtornos alimentares.

CASO CLÍNICO

Participante e procedimento psicoterapêutico

Bia tinha 17 anos, era do sexo feminino, solteira e estudante. Era a caçula de três filhas. Residia com os pais e as duas irmãs. Um ano antes de o presente trabalho ser redigido, procurou ajuda para o seu caso, com o diagnóstico de bulimia nervosa, apresentando uma ótima adesão à terapia. Segundo Bia, a bulimia teve início com o término de um namoro, somado ao fato de ela ter feito um trabalho para a escola sobre transtornos alimentares (época em que começou a induzir o vômito). Depois, começou a ouvir que estava magra: "mas aí eu já não achava!". Mesmo antes disso, já controlava a sua alimentação, fato que poderia ter engatilhado o começo de desmaios. No início da terapia, pesava 63 kg e media 1,72 m.

Nove meses após o término do namoro e o trabalho escolar, passou a demonstrar uma ansiedade acentuada. Chegou a pensar em suicídio, apesar de não ter havido nenhuma tentativa. Dizia-se muito nervosa, sem paciência com tudo e todos, o que acabava resultando em discussões com as pessoas. Começou a comer e a purgar, fazendo uso do vômito autoinduzido (era característico o sinal de Russel em sua mão direita). Bia não sabia discriminar as sensações de ter fome e de estar saciada. Quando ficava menos em casa, se estivesse distraída, ocupada, cansada e/ou tranquila, ela comia menos e, consequentemente, também purgava menos.

O pai praticava esportes "e ninguém das minhas irmãs gosta assim... só eu gosto de malhar. Ele é atleta... o sonho dele é que uma de nós praticasse algum esporte". A mãe era estilista, tinha uma confecção e, portanto, encontrava-se frequentemente envolvida com o mundo da moda. As irmãs (assim como a mãe) sempre se preocuparam em manter a forma fazendo uso de algumas dietas e, às vezes, algum medicamento apropriado, que auxiliasse no emagrecimento. Ela se comparava muito com as irmãs, tanto no que deveria quanto no que não deveria fazer. Não se permitia cometer os mesmos erros das outras duas, por menores que fossem. Dentre os familiares, Bia tinha maior afinidade com a avó materna (que era calma, falava baixo, etc.).

O processo terapêutico teve início três meses após a acentuação de sua ansiedade. As sessões (em um total de 61) se deram uma ou duas vezes por semana, de acordo com a necessidade e a disponibilidade da cliente, com duração de 50 minutos cada. Normalmente, iniciavam-se com a tarefa de casa estabelecida na sessão anterior.

Depois, partia-se para a análise funcional de suas relações com o ambiente ou para o uso de outros instrumentos. Feito isso, ao final da sessão, cliente e terapeuta faziam um resumo do ocorrido durante a mesma. Logo em seguida, a terapeuta estabelecia uma nova tarefa de casa e pedia um *feedback* para a cliente de todo o processo.

As primeiras sessões se destinaram ao estabelecimento do *rapport*, confiança, contrato, socialização da cliente na psicoterapia, coleta de dados, levantamento de hipóteses diagnósticas, informações à cliente sobre seu transtorno e desenvolvimento de algumas metas (ver Fairburn e Cooper, 1997; Ribeiro, 2001, para uma descrição das etapas da Terapia Comportamental).

A intervenção propriamente dita envolveu (i) informações sobre o transtorno alimentar; (ii) análise funcional; (iii) treinamento em habilidades sociais; (iv) aplicação de técnicas comportamentais – biblioterapia, dessensibilização sistemática, treino respiratório, relaxamentos progressivo e sugestivo, ensaio comportamental, tarefas de casa e monitoração alimentar e de pensamentos e sentimentos "disfuncionais", assim como de situações mais ou menos propícias tanto para a compulsão alimentar quanto para a indução do vômito, por meio de registros; (v) diminuição da restrição alimentar para diminuir a ocorrência de ataques e, consequentemente, diminuir a purgação e (vi) implementação gradual de um padrão de alimentação regular, incluindo três refeições e três lanches planejados. Foram feitas sessões de orientação aos pais, assim como também foram feitas orientações à cliente, sobre como estudar e sobre problemas com a articulação temporomandibular (ATM), quadro clínico apresentado por Bia.

No início, Bia e seus pais estavam muito ansiosos, sem saber ao certo como agir. A mãe tentava energicamente fazê-la comer na sua presença, sempre de olho no sinal de Russel que ela apresentava. Esse fato aumentava ainda mais a tensão entre elas. Por isso, foram necessárias duas sessões de orientação aos pais. Nestas, foram esclarecidos o transtorno, suas características, as características comuns na família, a importância da participação da mesma no processo, o que seria trabalhado com Bia (autoconhecimento, habilidades sociais, independência, etc.). Realizou-se um apanhado geral de como era a dinâmica familiar, de como Bia normalmente se comportava e de como eles reagiam aos seus comportamentos. Foi solicitado que a escutassem sem julgamentos, mostrassem a ela suas potencialidades, encorajando-a a fazer o que tivesse condições, elogiando os seus ganhos (por menores que fossem), reconhecendo as dificuldades e mostrando que ter dificuldades é natural. Além disso, não compará-la com ninguém, não forçar a ingestão de alimentos, não fazer as coisas por ela, e sim ensiná-la a fazer (a se cuidar, a fazer escolhas, a opinar, etc.).

Bia não tinha o hábito de estudar. Portanto, foram feitas algumas orientações de como e o que estudar, em que ordem, definição de horários, e assim por diante. Principalmente, tentou-se mostrar a ela que cada um de nós teria suas facilidades e dificuldades, assim como interesses, e que seria extremamente importante nos observarmos e descobrirmos qual seria o nosso limite para podermos respeitá-lo.

Como é o objetivo de toda terapia comportamental, foi realizado o treino de análises funcionais. Foi dito à Bia que isso a tornaria mais ativa, ao perceber as situações diversas nas quais ela teria que se comportar, e que esse seu comportamento teria um resultado (consequência) que alteraria a probabilidade de vir a se comportar daquela forma novamente. Realizou-se também treinamento em habilidades sociais, trabalhando o seu autoconhecimento, ensinando-a a se perceber, observar o que estava sentindo, pensando ou querendo e a valorizar tudo o que percebia.

No que se refere ao que se denomina distorção da imagem corporal, fez-se uma dessensibilização sistemática em relação à visualização de seu corpo e da "gordura". Bia fez uma hierarquia das partes de seu corpo, identificando quais seriam as mais e as menos ansiogênicas, pontuando-as de 1 a 10 (sendo 10 a parte que lhe causaria maior desconforto, ansiedade). Após isso, Bia foi exposta à dessensibilização em relação ao seu corpo e a algumas situações sociais. Em princípio, isso foi feito durante o relaxamento sugestivo (usando a imaginação), ensinando-a a respirar apropriadamente, assim como também a sinalizar quando estivesse experimentando momentos de tensão/ansiedade. Depois, partiu-se para situações reais.

Por fim, foi explicada a disfunção da ATM, em que os músculos e as articulações não trabalham harmonicamente, causando comprometimentos musculares como espasmo, tensão, dor e comprometimento das estruturas ósseas.[2] A cliente consultou um odontólogo e relatou melhora com as técnicas de relaxamento.

---

[2] Há outras manifestações: ruídos na movimentação mandibular, como estalos e crepitações (ruído de areia); limitações na abertura bucal; desvios mandibulares na fala, na deglutição, na mastigação ou simplesmente na abertura e no fechamento bucal; alterações nas funções mastigatórias e zumbidos ou sensação de ouvido tapado. Essa disfunção seria de etiologia multifatorial, podendo ser causada por problemas oclusais, estresse, hábitos parafuncionais, alterações musculares, problemas psicológicos. Hoje em dia, sabe-se que o aspecto psicológico influencia no aparecimento, no desenvolvimento e na manutenção dessa disfunção, principalmente em indivíduos que vivem em grandes centros urbanos, onde o estresse e a competição estariam sempre presentes. Então, o tratamento envolveria profissionais da área de saúde, como odontólogos, ortodontistas, fonoaudiólogos, psicólogos e fisioterapeutas (Heller, 2003; Silva, 2005; Szuminski, 1999).

Resultados

No início do processo, os intervalos entre as refeições eram muito espaçados. Ou seja, eram feitas poucas refeições (duas ou três) ao dia, com um grande tempo entre elas (em torno de 4 horas). Bia comia erroneamente, não se alimentando pela manhã e ia aumentando a quantidade de alimento durante o dia, ou seja, comendo mais à noite, horário mais propício para comer e purgar. O vômito acontecia diariamente, após a maioria das refeições.

Em Bia, era característico o sinal de Russel, em sua mão direita, como consequência do vômito autoinduzido. Já apresentava algumas mudanças físicas, decorrentes do vômito, tais como dores de garganta e de estômago, intestino preso, cãibras, dificuldades para dormir e menstruação irregular.

Ela evitava alguns alimentos como arroz, carne (optou por ser vegetariana), "coisas gordurosas", doces, refrigerantes, etc., e começou a comer saladas e a tomar iogurtes. Houve algumas artimanhas para facilitar o vômito: não comia arroz e feijão, tomava líquido após as refeições, comia mais as frutas ("sai mais fácil"), principalmente melancia (diurético, além de facilitar o vômito). Segundo ela, "biscoitos de queijo e roscas machucam para voltar. Então a comida mais pastosa é melhor". Bia demonstrou períodos de "ponderação" (sem comer compulsivamente e/ou em grande quantidade), jejum completo e de superalimentação.

Fez-se uma tentativa de registro do comportamento alimentar de Bia, que em princípio aceitou e deu continuidade. Porém, à medida que ela foi observando que estava comendo mais do que o esperado e purgando em demasia, ela imediatamente parou de registrar. Ela fez registros diários por, aproximadamente, dois meses.

No primeiro registro, apresentado no Quadro 16.1, pôde-se perceber que Bia,

Quadro 16.1 Primeiro registro alimentar

Data:15/09	Horário: 06:35	Horário: 12:30
Alimentos ingeridos	• 1 xícara de café • 2 copos de suco • 1 pedaço de bolo	• 1 prato de salada • Suco • 1 fruta • 1 colher de carne moída com batata • 2 bolinhos de arroz
Comeu muito? (sim/não)	"Sim."	"Sim."
Vômito? (sim/não)	"Sim."	"Não."
O que pensou?	"Em nada. Comi correndo para ir ao colégio."	"Os bolinhos de arroz têm muita gordura e a batata também engorda."
O que sentiu? (1-10)	"Depois me senti cheia (7). Não dava conta nem de respirar."	"Nada."
Consequência?	"Vômito, sensação de alívio."	"Não devia ter comido o tanto que comi, pois já tinha comido muito de manhã. Arrependimento."

em um período de alimentação ponderada (ou seja, não impulsiva e/ou não em grande quantidade), demonstrou uma insatisfação/arrependimento com o que havia comido. A "insatisfação" parece ter funcionado como um estímulo aversivo condicionado, do qual ela fugiu quando o vômito foi induzido. O segundo registro assemelhou-se ao primeiro.

No terceiro registro, apresentado no Quadro 16.2, pôde-se perceber que Bia, em um período de superalimentação, demonstrou uma falta de controle diante dos alimentos, seguido por indução do vômito, o que novamente lhe trouxe alívio (reforçamento negativo), e houve, depois disso, uma tentativa de jejum, segundo seus relatos. No entanto, novamente fugiu ao seu controle e acabou comendo os doces, justificando que estavam no lugar de algo salgado.

Após a 7ª sessão, Bia fez uma cirurgia (miniplástica) no abdômen: "eu sempre quis... estou muito feliz agora! É tudo que eu queria! Comecei a engordar com 11, 12 anos, e a barriga já incomodava". Observou-se maior aceitação dessa parte de seu corpo depois da cirurgia; no entanto, ainda estava insatisfeita: "queria que ela ficasse totalmente retinha!". Após a cirurgia, o que mais a incomodava em seu corpo, numa ordem crescente de desconforto, eram: espinhas, olheiras, cor amarelada da pele (excesso de betacaroteno, vitamina A), pouco seio, braço grosso, perna grossa, bumbum grande, cabelo ondulado, quadril largo e os pés.

Entre a 16ª e a 17ª sessões, aceitou fazer também um acompanhamento com uma nutricionista e, por aproximadamente dois meses, seguiu bem suas recomendações, mas depois abandonou. Diante de uma dieta balanceada, com três refeições principais e três lanches planejados, ela começou a tomar café da manhã e a comer melhor no almoço, mas não fazia todos os lanches. Começou a se permitir comer coisas antes

Quadro 16.2 Terceiro registro alimentar

Data: 18/09	Horário: 19:00	Horário: 02:00
Alimentos ingeridos	• 2 pacotes de torrada • 1 pedaço de bolo • 1copo de vitamina • 5 ameixas	bombons, no mínimo uns cinco
Comeu muito? (sim/não)	"Sim."	"Sim."
Vômito? (sim/não)	"Sim."	"Não."
O que pensou?	"Estou com fome, mas não quero comer muito... mas comi, fiquei beliscando..."	"Como não comi comida salgada, posso comer doce."
O que sentiu? (1-10)	"Raiva (9). Eu estava com raiva da minha irmã!"	"Estava me sentindo incomodada (9). Não conhecia ninguém."
Consequência?	"Vômito, no banho. Sensação de alívio."	"Achei melhor não fazer nada. Não vomitei."

proibidas, tais como: sanduíches, doces e refrigerantes, e a não purgar necessariamente após todas as vezes em que comia algo do tipo. Isso aconteceu depois de, aproximadamente, cinco meses de terapia.

Começou a ser medicada por um gastroenterologista, logo antes de fazer a sua cirurgia plástica. Usaram Logot® (para úlcera duodenal gástrica, pós-operatória), Motílium® (para refluxos e vômitos) e Triptanol® (antidepressivo que, segundo a nutricionista e a psiquiatra que a acompanharam, poderia estar lhe abrindo o apetite e aumentando sua ansiedade, deixando-a com o intestino preso e muito sono). A psiquiatra, a partir da 37ª sessão, passou a medicá-la com Prozac® (antidepressivo, com o qual obteve melhores resultados). Vale ressaltar que todos os seus médicos sabiam de sua condição.

A análise da dinâmica familiar de Bia e das sessões com seus pais mostraram-se relevantes para coleta de dados e intervenção. Na sessão 43, ela afirmou que sua mãe era um "modelo de boa mãe" ("Ela é atenciosa, pode até faltar uma conversa ou outra, mas ela gosta de todas [as filhas] do mesmo jeito"). O mesmo foi dito em relação ao pai ("só que ele quer me ajudar, mas não faz do jeito certo. Quando me vê chorando, ele diz: 'isso chora! Chora mesmo!'; ele é mais seco, não faz carinho"). Quanto às irmãs, a cliente relatou que:

C: Eu queria conversar mais com elas. Queria que elas se abrissem mais comigo. As duas são mais juntas. Quando é para ficar só nós três lá em casa, elas não gostam que eu fique, acham que dou trabalho e que vou fofocar. "Você não vai ficar, não! Vai dar trabalho, pedir para eu te levar não sei aonde, fazer isso, aquilo". E eu queria participar mais.

O trecho seguinte foi retirado da sessão 46[3]:

T: Como você acha que os seus pais a idealizam? O que eles esperam de você?

---

[3] As respostas foram registradas, pela terapeuta, em uma folha de papel à medida que Bia as respondia.

C: Tem hora que acho que estou enganando os meus pais. Não estou estudando tanto... acho que a Bia ideal seria aquela que estuda, se gosta, se valoriza... e acho que eles me veem me cobrando; não sei se engano a eles ou a mim mesma; eu não quero levar mais problema para eles[4]; me veem como estudiosa, alguém que está tentando melhorar aos poucos... Acho que mudei demais de quando era criança. Esteticamente, eu era mais relaxada, não usava brincos, usava óculos, me escondia... isso até uns 12, 14 anos. Agora sou mais aberta com todo mundo. Estudo eles cobram, fazem perguntas, se preocupam...

T: E essa preocupação é boa ou ruim?

C: É boa porque é uma preocupação, um cuidado. Mas é ruim, porque, às vezes, a gente vira o centro das atenções.

Esses momentos, associados a diversos outros da terapia, deixaram claro que Bia seguia a regra familiar – afirmavam que se constituía em uma "família exemplar" –, apesar de observar e apontar problemas com os quatro outros membros. Além disso, ficava clara sua frequente preocupação com a opinião de seus pais (e também de suas irmãs) em relação a seus comportamentos e, em alguns momentos, sua culpa por não atingir os critérios exigidos pela família. As sessões de orientação aos pais de Bia tiveram um resultado satisfatório, já que se conseguiu esclarecer vários pontos e, ao mesmo tempo, tranquilizar um pouco mais a cliente e sua família. Essas sessões proporcionaram a eles melhores momentos de convivência entre todos.

---

[4] Quando questionada sobre quais seriam esses problemas, respondeu que chorar, estar na TPM, preocupada com o vestibular, dentre outros.

Acrescentando à análise da dinâmica familiar, fez-se uma análise de contingências, de variáveis, de forma mais específica. Foram feitas duas listas de hierarquia: para a compulsão alimentar e para o vômito. Esses registros foram pedidos a Bia como tarefa de casa na sessão 47.

No registro da compulsão alimentar, apresentado no Quadro 16.3, percebeu-se em que situações ou contextos seria mais ou menos provável que Bia comesse muito. Nas situações em que se encontrava sozinha, ou em casa, principalmente ao final da tarde, e diante de alimentos preferidos, ou quando ansiosa (p. ex., na véspera de sua menstruação ou em período de provas), a probabilidade de comer compulsivamente era maior. E, consequentemente, ela purgaria mais vezes.

Foi explicado a ela que, com a indução do vômito, poderia apresentar erosão do esmalte dos dentes, com descalcificação da superfície dos mesmos, além de várias outras consequências, tais como cabelos e unhas quebradiças, algumas complicações pulmonares, cardíacas, etc. Além disso, que o nosso corpo, logo após o vômito, preparar-se-ia absorvendo mais do que normalmente ele absorveria em uma próxima refeição. Discutiu-se também que a digestão começaria na boca, ou seja, nem tudo iria embora com o vômito. Então, Bia começou a se questionar "por que vou fazer isso? Não sei se vai adiantar mais! Vou me sentir mal depois!". Após isso, houve algumas tentativas de controle dos vômitos, a ponto de ficar uns quatro ou cinco dias sem purgar. Deve-se lembrar que purgar era comum em praticamente todas as refeições e todos os dias – ou seja, comparando-se à linha de base, obtiveram-se ganhos no decorrer do processo terapêutico. Mas, como em todo processo, existiram pontos altos e baixos. Não se havia obtido ainda uma estabilização.

No registro do vômito, apresentado no Quadro 16.4, percebeu-se que, assim como

Quadro 16.3 Lista de hierarquias – compulsão alimentar

Sempre posso resistir à tentação	50/50 de chance	Nunca posso resistir à tentação
• "Quando não estou nervosa, ansiosa". • "Quando estou fazendo regime e digo que não vou comer". • "Na frente dos meus amigos". • "Quando estou bem comigo mesma". • "Quando não fico em casa". • "Quando consigo perceber que estou sem fome". • "Quando não gosto do que está na mesa". • "No almoço eu me controlo". • "Se estiver distraída, conversando; quando acompanhada.	• "Quando saio". • "Quando não como em casa". • "Doce". • "Refrigerante".	• "Quando estou de TPM". • "Quando ansiosa acabo comendo muito". • "Época de prova". • "Quando como algo que gosto muito (ex.: Pão de queijo, bolo, rosca, salada de fruta, frutas, balinhas...), se como um, não consigo parar; se não como, não sinto vontade". • "Quando fico em casa". • "Da tarde para a noite, quando na cozinha, ataco o que estiver pela frente". • "Quando estou só".

havia estímulos que sinalizavam a ocorrência do comer compulsivo, também os havia para a purgação (vômito). Nas situações em que Bia estava sozinha, ansiosa, nervosa diante de algo, alguém com uma conversa que a chateava, ou quando brigava com alguém ou brigavam com ela (inabilidade social), ela comia mais. Parar para se observar no espelho, ficar insatisfeita (distorção da imagem corporal) e lembrar-se de que

Quadro 16.4 Lista de hierarquias – vômito

Sempre posso resistir à tentação	50/50 de chance	Nunca posso resistir à tentação
• "Quando não como muito"; • "Quando conto as calorias certinhas e fico menos ansiosa"; • "Quando estou muito ocupada"; • "Quando estou acompanhada, estudando com alguém, me divertindo".	• "Quando estou cansada". • "Quando estou na escola". • "Quando como um doce". • "Quando não paro para pensar nas calorias."	• "Quando vejo que comi muito (contagem das calorias)". • "Quando estou nervosa e como muito". • "Quando é uma situação ou conversa que me chateia, ou quando brigo ou brigam comigo". • "Quando me olho no espelho e vejo meu corpo". • "Quando penso que não estou malhando". • "Quando tomo muito líquido". • "Quando estou sozinha."

não estava fazendo atividade física (por estar cursando o 3º ano do ensino médio) sinalizavam a ocorrência do vômito.

Trabalhou-se a "distorção da imagem corporal", fazendo-se uma dessensibilização da mesma, com observações de seu corpo e situações sociais. Respeitou-se a hierarquia criada por Bia, que sinalizava as partes de seu corpo que mais lhe deixavam ansiosa. Isso foi feito usando relaxamento sugestivo (imaginação). No início do relaxamento, Bia chegava a fazer caretas quando visualizava algumas partes do seu corpo, deixando bem claro o seu incômodo. Depois, com a exposição continuada, isso foi melhorando.

O seguinte trecho, da sessão 51, exemplifica a melhor aceitação de seu corpo:

T: Como tem sido a sua vida? Você tem feito coisas que lhe dão prazer?

C: Sinto prazer em ir ao colégio; lá eles não pressionam, tenho liberdade; eles procuram saber o que eu quero, os amigos são cuidadosos, gosto de ver todo mundo, conversar, me entreter; lá eu tenho reconhecimento. Sou uma pessoa extrovertida; sei que gostam de mim, sei que estão bem só de estarem do meu lado... Gosto de usar o computador, ir a shows, festas, de sair, de beijar... só malhar é que não está dando.

(...)

T: O que você pensa sobre beleza? Os critérios estão longe de você?

C: Tem que estar com tudo certinho. Ter um corpo bom, de quem malha, trabalha, cuida de si mesmo, arruma o cabelo, faz as unhas, se depila... também tem que ter saúde, se preocupar, mas não tanto. Isso está um pouco longe de mim. Eu tento, mas... o corpo mesmo, não estou malhando. Acho que é fase mesmo (vestibular).

Como Bia não tinha o hábito de estudar, a chegada do 3º ano foi assustadora, fazendo-se necessárias algumas orientações nessa área. Dessa forma, a cliente conseguiu se organizar melhor para estudar. Percebeu algumas das suas dificuldades e pôde dedicar-se de forma diferenciada a cada matéria. Começou a observar e a aprender quais seriam os seus limites e a respeitá-los. Bia começou a se conhecer, mas tinha condições de se observar e de se conhecer ainda mais.

Além disso, aprendeu a realizar análises funcionais. Após uma semana se "preparando" para ir a um show, desmaiou quando estava lá, "curtindo". "Sei porque desmaiei!". Relatou que, naquela semana, ela mesma criou uma dieta de 800 calorias por dia e, no dia do show, comeu menos ainda. Então, desmaiou por estar mal alimentada. Acrescentou que, por ter feito isso, na semana seguinte, que era uma semana de provas, o que a deixaria ansiosa, ela se permitiu comer mais e, consequentemente, purgou mais.

Descreveu também que tentou resolver uma prova de vestibular que já havia acontecido e não deu conta. Então, pôs-se a chorar: "Não estou preparada!". Após fazer uma análise, percebeu que era natural aquilo ter acontecido. Não era porque ela era incapaz ou porque não tinha estudado. Ela identificou que se encontrava no período pré-menstrual, fase em que normalmente se encontrava muito sensível – era quando chorava fácil –, que estava cansada e tinha acabado de fazer a inscrição para o vestibular de uma universidade federal, o que lhe reavivou todas as suas autocobranças.

Bia começou a compreender que existia uma preocupação muito grande com o que os outros (família e pessoas novas) poderiam pensar ou dizer a seu respeito, principalmente com relação à sua forma física. Ela relatou ter sido uma criança gordinha, sem vaidades, e com dificuldades no estudo. Em contrapartida, quando começou a se cuidar e emagreceu, já no início da adolescência, entrou em contato com vários reforçadores positivos. Dentre esses, começou a fazer atividade física e a modelar o seu corpo, recebeu elogios da família e dos amigos, fez mais amizades, a vida social tornou-se mais ativa, com festas, shows e reuniões. Houve uma maior aceitação por parte de todos com relação à moda, a como vestir-se, houve uma maior variabilidade de roupas que lhe caíam bem, etc.

A cliente relatou uma dificuldade para discriminar o que sentia. As pessoas normalmente faziam inferências sobre como ela se sentia e o que ela queria. "Sou perfeccionista, sistemática, desconfiada e tenho a personalidade forte. É o que dizem, e eu fico confusa.... acabo seguindo os outros e não a mim!". Ela não se permitia ter sentimentos e emoções negativas, com medo de magoar ou decepcionar as pessoas. Então, uma ótima oportunidade surgiu para que pudesse trabalhar essas questões: um amigo passou no vestibular, antes do final do ensino médio, e deixou de frequentar as aulas com ela. Ela dizia que estava muito feliz por ele, mas sempre dizia isso aos prantos. Logo que isso foi sinalizado, ela se deu conta de que poderia ter mais de um sentimento ou emoção com relação ao mesmo fato. E que, inclusive, poderia ter alguns sentimentos ruins, como tristeza, inveja, etc., sem que isso representasse "falha de caráter".

Foi retirado um trecho da sessão 54, o qual exemplifica a dificuldade de Bia comportar-se de forma socialmente habilidosa diante de uma inferência feita sobre como ela se sentia. A partir disso, ela pôde identificar porque seus pais pensavam da forma que pensavam a respeito dela.

T: Como seus pais se comportam quando você faz algo de forma adequada? Eles lhe fazem carinho, dão beijos, abraços?

C: Eles se surpreendem, eles falam, elogiam. Eu me acho carinhosa, mas eles me acham fria, sistemática... É, não sei... e às vezes não posso demonstrar. Quando minha irmã adoeceu, minha outra irmã chorava, e eu sentia, sofri, mas não mostrava...

T: Então, já que eles não poderiam ver como você se sentia, não seria natural eles acharem que você fosse fria ao invés de carinhosa, como você diz ser?

C: É... pode ser, né?!

T: Mas de alguma forma precisava extravasar, não é mesmo?

C: É... acho que o problema na minha boca (ATM) é isso.

T: É! Ansiosa e com os músculos do corpo todo tensionados, você teve problemas com a ATM. Provavelmente, foi o que você deu conta de fazer com o seu sofrimento.

T: E comer e vomitar, também não seria uma forma de extravasar?

C: É... pode ser!

Bia aprendeu a valorizar o que pensava e sentia e começou a agir de acordo com isso. Um exemplo disso é o contato com uma amiga, com a qual não concordava em alguns pontos, achando-a mimada e imediatista. Porém, mesmo pensando assim e discordando de algumas opiniões, continuava calada, passiva e acabava sofrendo muito. Certo dia, sua amiga lhe procurou, como de costume, e opinou com relação a algo que Bia discordava. Ela conseguiu dizer o que achava e conseguiu manter a sua opinião e ouvir, pela primeira vez, um pedido de desculpas que não tivesse partido dela. Foi embora satisfeita com o seu desempenho, por ter se expressado adequadamente, respeitando-se e ao outro também, levando em conta os seus direitos e deveres perante os outros. Então, observar que a consequência de seu comportamento foi extremamente reforçadora e que ela foi socialmente habilidosa, fez com que ela se comportasse assim mais vezes, e em diferentes contextos (generalização). E foi o que ela fez com outros amigos, e também com as irmãs. No que se refere à relação terapêutica, ela já havia conseguido negociar um melhor horário para a sessão, recusar pedidos, dizer não e mantê-lo; sugerir, dar sua opinião e fazer convites.

Com relação à independência, Bia também obteve ganhos. Ela foi a alguns lugares a pé ou de táxi; foi capaz de fazer compras no supermercado sozinha; levou a cachorra ao veterinário; foi à farmácia comprar remédio quando precisou, etc.

Como Bia estava cursando o 3º ano do ensino médio, por falta de tempo, não pôde ir à academia, ficando sem atividade física. Somado a isso, ansiosa e com os músculos de todo o corpo tensionados, ela teve "problemas com a articulação temporomandibular" (ATM). Bia, estando ansiosa, voltou a comer mais, e como não conseguia abrir a boca para purgar, assim como também não conseguia fazer uma atividade física, ficou ainda mais ansiosa e voltou a restringir sua alimentação. Programava dietas de baixa caloria, o que se mantinha também pela proximidade de sua formatura e pela necessidade de se "preparar" (fisicamente) para participar. Ela mesma foi capaz de fazer essas análises funcionais, identificando as causas de sua fase de baixo rendimento em relação ao processo (terapêutico) como um todo, assim como a sua autocobrança.

O trecho abaixo (sessão 56) exemplifica a autocobrança de Bia, comportando-se de forma a não se permitir errar, assim como também em corrigir os erros que suas irmãs cometessem. Da mesma forma, esse mesmo trecho, mostrou claramente um momento em que o comportamento da mãe foi extremamente reforçador para a manutenção do comportamento de Bia de comer/purgar, como uma forma de manter o peso.

T: Há ou houve momentos de comparação e/ou rejeição na sua história de vida?

C: Quando eu era criança, minha irmã era mais estudiosa; eu era mais burrinha e fiz aulas particulares. Hoje, minha mãe já fala para as meninas se controlarem como eu faço, para não engordar, mas pede para elas não serem tão rígidas como eu.

T: E o que acha disso?

C: Ah... não vou negar, eu acho bom! E com relação à rejeição, eu achava que minha irmã mais velha era a preferida, mas ela também achava que a preferida era eu, então! Mas eu acho ela dependente dos meus pais; ela dorme, não se envolve com a faculdade... e isso me incomoda. A outra irmã, ela já quer fazer um estágio... eu quero fazer as coisas do jeito que tem que ser.

T: O que é valioso para uma pessoa? Como uma pessoa deve ser?

C: Ah... valioso seria ser feliz, ter uma educação; estudo ninguém tira, né?! Já o dinheiro ele pode acabar. Eu dou mais valor a coisas pequenas, sentimentos, amizades... me apego muito às pessoas. Acho que uma pessoa deve ser humilde, sincera, respeitar o próximo... Não sei odiar ninguém, não quero que falem de mim, então também não falo dos outros... É estar bem consigo mesma, bem com o que é certo para ela... o que a pessoa acha que é certo.

T: E o que seria ser feliz para você?

C: Ser feliz é estar bem comigo mesma, olhar no espelho e gostar de mim... Tenho tudo, meus pais fazem tudo para mim!

T: Quais mudanças você observou nos seus comportamentos depois que começamos esse processo de terapia?

C: Hoje eu mesma ajudo as pessoas, fico menos embaraçada. Estou me aceitando melhor, mas ainda falta muito para ficar bom. Estou mais alegre; o meu humor oscila, mas é menos do que antes, e passa rápido. Descobri que não guardo mágoa das pessoas; isso eu não sei se aconteceu agora, ou se antes já era assim, e agora eu percebi. Me entendo mais; sempre me lembro do "antes, do meio e o depois"[5]; me observo mais, me percebo mais, mesmo não aceitando alguns atos que faço, como alimentação, mas eu não me reprimo tanto. Vejo que me cobro, e não é com relação aos estudos, é com relação à alimentação...

CONSIDERAÇÕES FINAIS

De acordo com Wilson e Pike (1999), os transtornos alimentares apresentam-se como enfermidades modernas e predominantemente ocidentais. A grande maioria das pessoas vive sob o ideal da magreza e da boa forma física. Então, esse padrão se impõe, especialmente para as mulheres, para as quais a aparência física representa uma importante medida de valor pessoal. Não é difícil observarmos que, dia após dia, estão sendo feitos investimentos cada vez maiores no desenvolvimento de novas dietas, academias, aparelhos de ginástica, cosméticos e cirurgias plásticas. Todo esse aparato, visando um corpo perfeito e, na sua grande maioria, inatingível (ver Ribeiro e Carvalho, 2007).

Como Eggers e Liebers (2005) afirmaram, há uma forte pressão cultural a favor da magreza, principalmente na cultura ocidental, o que aumenta ainda mais a discrepância entre o peso corporal real e o desejado. Portanto, se o cliente não se conhecer bem, se não souber fazer análises funcionais coerentes e ser socialmente habilidoso, ele tem uma grande probabilidade de distorcer sua imagem corporal. Foi o caso de Bia. Ela não se conhecia suficientemente bem para saber como realmente era. Não se aceitava e teve dificuldades para lidar com o seu corpo.

Channon e Wardle (1994) falaram sobre as complicações físicas e que estas se deviam aos episódios de excesso alimentar seguido de purgação. No caso de Bia, ela apresentou dores de garganta e de estômago, intestino preso, cãimbras, dificuldades para dormir e menstruação irregular. Os autores também apontam que os transtornos alimentares poderiam ocorrer concomitantemente a outros transtornos ou doenças, sendo necessária uma investigação minuciosa. No caso de Bia, ela apresentou sintomas de depressão e foi medicada com Prozac® (antidepressivo), obtendo melhores resultados.

Segundo Duchesne (1995) e Silva (2005), o tratamento dos transtornos alimentares exigiria um enfoque multidimensional e uma equipe interdisciplinar constituída por psicólogos, psiquiatras, nutricionistas, endocrinologistas, clínicos gerais, entre outros. Felizmente, Bia tinha condições financeiras de ter um tratamento mais completo, como o proposto acima, o que não é comum na realidade brasileira.

O objetivo da TC seria educar e/ou reeducar, ensinar técnicas de autocontrole[6] e ensinar o cliente a fazer análises funcionais, para que aprenda que o seu comportamento tem uma função: que há contingências que favorecem a instalação e a manutenção do mesmo, envolvendo sua

---

[5] Texto discutido em sessão com a cliente (Starling, 2002).

[6] Para maior discussão acerca da definição e relevância do autocontrole, ver o Capítulo 6.

história passada, o seu comportamento atual e sua relação com o terapeuta (Franks e Wilson, 1975, citado por Franks, 1999). Isso foi feito com Bia, apresentando bons resultados. Por exemplo, ela aprendeu a valorizar o que pensava e sentia, passou a ser mais assertiva e independente, a se alimentar melhor e a analisar funcionalmente os momentos de restrição alimentar ou de purgação.

De acordo com Guilhardi e Queiroz (1997), o processo terapêutico tem como objetivo final o autoconhecimento por parte do cliente. Dentro do referencial teórico do Behaviorismo Radical, o autoconhecimento é resultado de contingências sociais. No caso de Bia, fez-se o treinamento em habilidades sociais, assim como também foi ensinado a realizar análises funcionais, para que ela pudesse se expressar adequadamente, respeitando a si mesma e aos outros.

Segundo Del Prette e Del Prette (2005), a aprendizagem de comportamentos sociais e normas de convivência são iniciadas na infância, e essa aprendizagem vai depender das condições que a criança encontrar nesses ambientes. Portanto, se for um ambiente pobre em estímulos adequados, provavelmente essa criança vai ter dificuldades para seguir a "regra de ouro" para conduzir as suas relações interpessoais. Ela pode desenvolver e manter alguns comportamentos que possam ser inadequados. No caso de Bia, o seu ambiente externo ofereceu poucas condições que propiciariam o seu crescimento pessoal. Foi um contexto superprotetor e muito envolvido com a estética e a moda. Portanto, houve uma forte preocupação com a forma e o peso corporais, o que a fez recorrer a estratégias para evitar o ganho de peso. Bia desenvolveu bulimia nervosa, restringindo a sua alimentação (tanto com relação à qualidade quanto à quantidade – e isso foi o que remeteu, em princípio, ao quadro de anorexia). Tal restrição era acompanhada da ingestão de forma compulsiva de grandes quantidades de comida, seguidas de estratégias para evitar ganho de peso, como vômitos autoinduzidos, diuréticos naturais (melancia) e exercícios exagerados (comportamentos relatados por Abuchaim et al., 1998; Duchesne e Appolinário, 2001; dentre outros).

Como Duchesne (1995) afirmou, os transtornos alimentares são multideterminados. Ou seja, haveria vários fatores que estariam em relação com o indivíduo e o seu ambiente. Dentre os que se aplicam ao caso de Bia, podem-se citar os modelos e as ideias individuais influenciados pelo contexto cultural: a beleza, a felicidade e o autovalor relacionados a um corpo magro. O contexto no qual ela vivia fornecia muitos reforçadores para esses comportamentos inadequados. A família de pacientes com transtornos alimentares, em geral, privilegia as aparências, é rígida, resiste a mudanças e tem dificuldades de comunicação e de expressão de sentimentos. Normalmente, as pessoas que apresentam esse tipo de transtorno, são pessoas que se sentem envergonhadas do seu comportamento e são muito sensíveis aos indícios de desaprovação e rejeição, tendem a se avaliar em termos de fatores externos de referência e a fazer avaliações negativas de si mesmos. Esse tipo de comportamento, no caso de Bia, poderia causar outros, tais como a baixa frequência de comportamentos assertivos, a baixa confiança e segurança em si mesma, a dificuldade para lidar com as pessoas e os problemas que surgiam, assim como o comportamento alimentar inadequado. Bia tinha ganhos em manter o seu comportamento alimentar inadequado. Ela relatou ter sido uma criança gordinha, sem vaidades, e com dificuldades no estudo. Em contrapartida, quando começou a se cuidar e emagreceu, já no início da adolescência, entrou em contato com vários reforçadores positivos: começou a fazer atividade física e a modelar o seu corpo; recebeu elogios da família e dos amigos; fez mais amizades; a vida social tornou-se mais ativa, com festas, shows e reuniões. Houve uma maior aceitação por parte de todos com relação à moda e a como vestir-se; uma maior variabilidade de roupas que lhe caíam bem; era cuidada de forma diferenciada (com relação às irmãs); era mais difícil para os pais lhe dizerem "não!", etc.

Esses fatores foram somados ao fato de se encontrar em um dos períodos mais ansiosos pelo qual já passou: época de experienciar muitas coisas novas, romances mais apimentados, novos relacionamentos ("ficantes"), uma maior exposição do corpo; acentuação e confronto de regras e tabus; época de vestibular e de definir sua vida pessoal e profissional, buscando crescimento e aceitação social; vontade de se empregar e de ter condições de se sustentar e ajudar financeiramente os pais, etc. Bia foi adiando alguns fatos importantes na sua vida como: desfiles, fotos do "book de 15 anos" e estudos, até emagrecer. Por que até emagrecer? Talvez porque adequar sua aparência aos moldes culturais tenha sido um marco em sua vida. Momento no qual ela começou a se comportar diferente, a se cuidar mais e a emagrecer e, então, teve acesso a reforçadores poderosos, como os que mencionamos anteriormente.

Uma dificuldade encontrada foi o trabalho com a família. Não que eles não tenham colaborado, muito pelo contrário. Foram ativos, participativos. O fato é que qualquer família tem uma estrutura, uma "dinâmica familiar", "hábitos arraigados". No caso de Bia, os pais foram muito protetores, não a deixando entrar em contato diretamente com as contingências. Portanto, ela normalmente se comportava seguindo regras. Regras tais como: "mulher magra é que é bonita", ou "para estar feliz, tenho que estar magra", etc. Sua família era bem estruturada, carinhosa e disposta a ajudar os filhos, mas teve dificuldades para aliviar a superproteção e para não reforçar comportamentos inadequados. Tiveram também dificuldades para generalizar os comportamentos adequados aprendidos. Há o fato de o contexto no qual eles vivem (descendência libanesa – mesa farta e envolvimento com a moda e com os esportes) também reforçar positivamente os comportamentos inadequados de Bia, como comer e purgar, como uma forma de manter seu peso e todos os outros reforçadores aos quais teve acesso.

Com a terapia, Bia foi capaz de se conhecer melhor, de aprender a fazer análises funcionais coerentes, de agir de forma mais habilidosa socialmente, de valorizar-se mais e de sentir-se menos culpada diante de algumas situações. Além disso, estava mais segura, mais confiante, com uma melhor autoestima e autocontrole, mas a autocobrança ainda continuava frequente.

A terapeuta estava tendo dificuldades para ensiná-la a generalizar os novos comportamentos aprendidos, porque esbarrava em seu contexto, ainda muito propício para que ela mantivesse alguns dos comportamentos inadequados. Como Bia aderiu bem ao processo psicoterapêutico, com um bom prognóstico, e desenvolveu uma grande empatia com a terapeuta, o caminho a seguir consistiria em tentar colocá-la em contato com outras contingências e, consequentemente, com outros reforçadores positivos, para que tivesse mais de uma opção na busca de uma melhor qualidade de vida.

Bia entrou para o curso de Nutrição em uma faculdade particular. Mostrou-se uma aluna dedicada, interessada, estudiosa (baseando-se em seus relatos e no dos seus pais). Começou a ajudar sua mãe na confecção; dizia não ter mais purgado em alta frequência. Nas vezes em que ainda as purgações aconteciam, ela sabia observar e descrever as contingências. Portanto, tinha um maior controle sobre esse comportamento. Estava menos ansiosa; manteve o peso (até o momento da redação do presente trabalho), e tanto ela quanto seus pais estavam satisfeitos com as mudanças comportamentais. Na sessão 61 (última), terapeuta e cliente conversaram sobre a importância de se planejar em curto e longo prazo para tudo o que se propõe a fazer. Logo depois dessa sessão, já no final do ano de 2005, vieram as festividades, as férias, as viagens. Bia disse estar bem e que voltaria a procurar a terapeuta caso houvesse necessidade.

REFERÊNCIAS

Abuchaim, A. L. G., Somenzi, L. & Duchesne, M. (1998). Aspectos psicológicos. Em M. A. A. Nunes, J. C. Appolinário, A. L. G. Abuchaim & W. Coutinho (Orgs.), *Transtornos alimentares e obesidade* (pp. 62-76). Porto Alegre: Artmed.

American Psychiatric Association (APA, 2002). *Manual diagnóstico e estatístico de transtornos mentais (DSM-IV-TR)*. Porto Alegre: Artmed.

Ballone, G. J. (2005). *Transtornos Alimentares*. Retirado no dia 27/10/2005 do site http://www.psiqueweb.med.br/.

Baum, W. M. (1994/1999). *Compreender o Behaviorismo: Ciência, Comportamento e Cultura* (M. T. A.Silva, trad.). Porto Alegre: Artmed.

Caballo, V. E. (2003). *Manual de Avaliação e Treinamento das Habilidades Sociais*. São Paulo: Editora Santos.

Canaan-Oliveira, S., Neves, M. E. C. das, Silva, F. M. e, Robert, A. M. (2002). *Compreendendo seu filho: Uma análise do comportamento da criança*. Belém: Paka-tatu.

Castilho, S. M. (2004). Obesidade infantil e auto-estima. Em D. C. L. Heller (Org.), *Obesidade Infantil – Manual de prevenção e tratamento* (pp. 25-30). Santo André: ESETec.

Catania, A. C. (1998/1999). *Aprendizagem: Comportamento, linguagem e cognição* (A. Schmidt, D. G. de Souza, F. C. Capovila, J. C. C. de Rose, M. de J. D. Reis, A. A. da Costa, L. M. de C. M. Machado & A. Gadotti, trads.). Porto Alegre: Artmed.

Channon, S. & Wardle, J. (1994). Transtornos alimentares. Em J. Scott, J. M. G.Williams & A. T. Beck (Orgs.), *Terapia cognitiva na prática clínica: Um manual prático* (pp. 155-191). Porto Alegre: Artmed.

Cordás, T. A. (2004). Transtornos alimentares: Classificação e diagnóstico. *Revista de Psiquiatria Clínica, 31*, 154-157.

Cunha, J. A. (2001). *Manual da versão em português das escalas Beck*. São Paulo: Casa do Psicólogo.

Del Prette, Z. A. P. & Del Prette, A. (2005). *Psicologia das habilidades sociais na infância-teoria e pratica*. Petrópolis: Editora Vozes.

Delitti, M. (1997). Análise funcional: o comportamento do cliente como foco da análise funcional. Em M. Delitti (Org.), *Sobre Comportamento e Cognição: Vol. 2. Aspectos teóricos, metodológicos e de formação em análise do comportamento e terapia cognitivista* (pp. 37-44). São Paulo: ARBytes.

Dominguez, S. M. & Rodrigues, S. V. (2005). Características clínicas e tratamento dos transtornos do comportamento alimentar. Em V. E. Caballo & M. A. Simon (Orgs.), *Manual de Psicologia Clínica Infantil e do Adolescente – Transtornos gerais* (pp. 261-289). São Paulo: Editora Santos.

Duchesne, M. (1995). Transtornos alimentares. Em B. Rangé (Org.), *Psicoterapia Comportamental e Cognitiva de Transtornos Psiquiátricos* (pp. 185-198). Campinas: Editorial Psy II.

Duchesne, M. & Appolinário, J. C. (2001). Tratamento dos transtornos alimentares. Em B. Rangé (Org.), *Psicoterapias cognitivo-comportamentais: Um diálogo com a Psiquiatria* (pp. 317-331). Porto Alegre: Artmed.

Eggers, C. & Liebers, V. (2005). Quero Mais. *Revista Viver Mente & Cérebro*, ano XIII, n. 152, 48-55.

Fairburn, C. G. & Cooper, P. J. (1997). Distúrbios alimentares. Em K. Hawton, P. M. Salkovskis, J. Kirk & D. M. Clark (Orgs.), *Terapia cognitivo-comportamental para problemas psiquiátricos – Um guia prático* (pp. 391-443). São Paulo: Martins Fontes.

Fontaine, O. (1987). *Introdução às terapias comportamentais*. São Paulo: Verbo Lisboa.

Franks, C. M. (1999). Origens, história recente, questões atuais e estados futuros da terapia comportamental: Uma revisão conceitual. Em V. E. Caballo (Org.), *Manual de técnicas de terapia e modificação do comportamento* (pp. 3-22). São Paulo: Santos.

Guilhardi, H. J. & Queiroz, P. B. P. S. (1997). Análise funcional no contexto terapêutico, o comportamento do terapeuta como foco da análise. Em M. Delitti (Org.), *Sobre Comportamento e Cognição: Vol. 2. Aspectos teóricos, metodológicos e de formação em análise do comportamento e terapia cognitivista* (pp. 45-97). São Paulo: ARBytes.

Heller, D. C. L. (2003). Transtornos alimentares: A escravidão do corpo perfeito. Em M. Z. da S. Brandão, F. C. de S. Conte & S. M. B. Mezzaroba (Orgs.), *Comportamento Humano II: Tudo (ou quase tudo) o que você gostaria de saber para viver melhor* (pp. 51-58). Santo André: ESETec.

Ingberman, Y. K. & Lohr, S. S. (2003). Pais e filos: Compartilhando e expressando sentimentos. Em F. C. de S. Conte & M. Z. da S. Brandão (Orgs.), *Falo? Ou não falo? Expressando sentimentos e comunicando ideias* (pp. 85-96). Arapongas: Mecenas.

Matos, M. A. (2001). Comportamento governado por regras. *Revista Brasileira de Terapia Comportamental e Cognitiva, 3*, 51-66.

Meyer, S. B. (1997). O conceito de análise funcional. Em M. Delitti (Org.), *Sobre Comportamento e Cognição: Vol. 2. Aspectos teóricos, metodológicos e de formação em análise do comportamento e terapia cognitivista* (pp. 31-36). São Paulo: ARBytes.

Meyer, S. B. (2005). Regras e autorregras no laboratório e na clínica. Em J. Abreu-Rodrigues & M. R. Ribeiro (Orgs.), *Análise do Comportamento: Pesquisa, Teoria e Aplicação* (pp. 211-227). Porto Alegre: Artmed.

Moreira, M. B. & Medeiros, C. A. (2007). *Princípios Básicos de Análise do Comportamento*. Porto Alegre: Artmed.

Morgan, C. M. & Azevedo, A. M. C. (1998). Aspectos Socioculturais. Em A. A. Nunes, J. C. Appolinário, A. L. G. Abuchaim & W. Coutinho (Orgs.), *Transtornos alimentares e obesidade* (pp. 86-93). Porto Alegre: Artmed.

Ribeiro, M. R. (2001). Terapia analítico-comportamental. Em H. J. Guilhardi, M. B. B. P. Madi, P. P. Queiroz & M. C. Scoz (Orgs.), *Sobre Comportamento e Cognição: Vol. 8. Expondo a variabilidade* (pp. 99-105). Santo André: ESETec.

Ribeiro, M. R. & Carvalho, M. V. (2007). Análise comportamental de um caso de bulimia: A paz a qualquer preço? Em A. K. C. R. de-Farias & M. R. Ribeiro (Orgs.), *Skinner vai ao cinema* (pp. 137-154). Santo André: ESETec.

Salzano, F. T. & Cordás, T. A. (2006). Transtornos da Alimentação. Em C. N. de Abreu, F. P. Tápia, F. Vasques, R. Cangelli Filho, T. A. Cordás (Orgs.), *Síndromes Psiquiátricas: diagnóstico e entrevista para profissionais de saúde mental* (pp. 111-117). Porto Alegre: Artmed.

Silva, A. B. B. (2005). *Mentes insaciáveis*. Rio de Janeiro: Ediouro.

Skinner, B. F. (1953/1998). *Ciência e comportamento humano* (J. C. Todorov & R. Azzi, trads.). São Paulo: Martins Fontes.

Skinner, B. F. (1974/1982). *Sobre o Behaviorismo* (M. da P. Villalobos, trad.). São Paulo: Cultrix.

Spielberger, C. (1979). *Introdução de ansiedade-estado-Idate*. Rio de Janeiro: Cepa.

Starling, R. R. (2002). O antes, o do meio e o depois. Em M. Z. S. Brandão, F. C. S. Conte & S. M. B. Mezzaroba (Orgs.), *Comportamento humano: Tudo (quase tudo) que você gostaria de saber para viver melhor* (pp. 13-38). Santo André: ESETec.

Szuminski, S. M. (1999). *A fonoaudiologia e as disfunções da articulação temporomandibular*. Retirado no dia 27/10/2005 do site http://www.foa.org.br/cursos/paginas_academias/biofisica/dowloads/teses.pdf.

Tourinho, E. Z. (2006). *O autoconhecimento na Psicologia Comportamental de B. F. Skinner*. Santo André: ESETec.

Wilson, G. T. & Pike, K. M. (1999). Transtornos alimentares. Em D. H. Barlow (Org.), *Transtornos psicológicos* (pp. 313-354). Porto Alegre: Artmed.

Capítulo 17

Disfunções Sexuais e Repertório Comportamental
Um Estudo de Caso Sobre Ejaculação Precoce

Alceu Martins Filho
Ana Karina C.R. de-Farias

Observando o ínterim do pensamento psicológico, desde Aristóteles na Grécia antiga às teorias psicodinâmicas surgidas em meados do século XIX, a vida mental, a consciência, as emoções e os sentimentos, sempre fizeram parte do interesse dos pensamentos sobre os assuntos humanos. No início do século XX, no entanto, iniciou-se o movimento de cientificidade da Psicologia. Nesse contexto, os critérios selecionados para "observação e explicação" das ações humanas levaram em consideração, apenas, aquilo que poderia ser diretamente observado pelo cientista; no caso, o comportamento e suas determinações encontradas no ambiente externo/público. Dessa maneira, a ciência sobre os atos dos seres humanos adotava uma metodologia já empregada nas ciências naturais (Catania, 1998/1999; Moore, 1990; Skinner, 1938, 1953, 1957, 1963, 1971, 1976, 1981). Apesar da exclusão da vida mental do objeto de estudo da Psicologia, esse movimento, denominado behaviorista e ambientalista, não desconsiderava a existência dos processos mentais, apenas os excluía de seu objeto de estudo (Baum, 1994/1999; Lattal e Chase, 2003; Matos, 1997; Skinner, 1976).

Para além dessa concepção, surgiu o Behaviorismo Radical (Skinner, 1953, 1971, 1976). Neste, o que concerne à preocupação da Psicologia reside no ambiente que permeia o comportamento dos organismos. Ou seja, o comportamento decorre de suas relações funcionais com estímulos provenientes do ambiente (tanto público como privado). A noção da existência de algum evento que, por uma relação de contiguidade com o comportamento, o determina (relação de causa-efeito) foi substituída pela relação de funcionalidade entre o comportamento (nos termos behavioristas: resposta) e eventos ambientais que selecionam, mantêm ou apresentam a ocasião para que esse ocorra.

Por relação de contiguidade, entende-se o imediatismo da resposta dado alguma estimulação ambiental, ou o imediatismo de outro estímulo dado alguma estimulação ambiental. No condicionamento Clássico (ou Pavloviano), a relação de causalidade entre um estímulo e uma resposta existirá se ambos forem temporalmente próximos. Já quando nos referimos a comportamentos mais complexos, utilizando a noção de relação funcional, somos capazes de apreender a multideterminação (por variáveis ambientais) da resposta em questão. Em outras palavras, podemos avaliar o papel mesmo de eventos ambientais que se encontram temporalmente distantes, mas "influenciam" a ocorrência de tal comportamento (Moore, 1990; Skinner, 1953, 1976, 1989).

A Análise do Comportamento é uma proposta de ciência da Psicologia que desenvolveu, entre outras coisas, um conjunto de técnicas e tecnologias aplicadas provenientes do Behaviorismo Radical.

Os elementos primordiais para a análise do comportamento são: (a) a situação na qual se desenvolve o comportamento (situação antecedente ou contexto); (b) a "ação" do organismo sobre esse ambiente (a resposta) e (c) as alterações ambientais relacionadas com tal "ação" (situação consequente). Trata-se, então, da contingência de três termos (Skinner, 1953). Para o autor, a definição de ambiente antecedente e consequente envolve tudo aquilo que é externo (físico, social) e interno (biológico, histórico) ao indivíduo e que pode influenciar/controlar seu comportamento.

As consequências ambientais, terceiro elemento da contingência tríplice, são uma condição essencial para a análise do comportamento no sentido em que descrevem os aspectos do ambiente que selecionam e mantêm o responder. Dizer que selecionam e mantêm consiste em afirmar que as consequências (reforços) possuem uma relação funcional com o responder, alterando a probabilidade de dada resposta recorrer em uma ocasião futura. Na Análise do Comportamento, o interesse pela situação que ocorre após a resposta tornou-se majoritariamente importante, particularmente quando consideramos aspectos como apresentados pela Lei do Efeito, inicialmente descrita por Thorndike. Essa lei descreveria importantes variáveis das quais o comportamento pode ser função, isto é, a ocorrência da resposta é seguida por certos eventos ambientais que, por sua vez, aumentam a probabilidade de essa resposta ocorrer novamente. Vale ressaltar, nesse momento, que a relação de contiguidade, embora não seja necessária para a determinação de um comportamento operante, é responsável por características inerentes à resposta. A relação funcional existente entre esses três aspectos referentes ao comportamento operante (antecedente, resposta, consequência) denomina-se contingência (Catania, 1998/1999; Lattal e Perone, 1998; Skinner, 1938, 1953).

Mais objetivamente, todavia de forma simplificada para tornar-se mais didático, entende-se relação funcional entre variáveis da seguinte forma:

$$B = f(a_s, a_i)$$

onde "B" é o comportamento em questão (a resposta), "a_s" são as variáveis provenientes do ambiente externo ao indivíduo e "a_i" são as variáveis experimentadas pelo indivíduo internamente. Ao longo da história dos estudos empíricos na Análise do Comportamento, a confluência dessas variáveis na determinação do comportamento, nos diz que, em grande medida, aquelas oriundas do ambiente externo ao indivíduo são as que possuem maior probabilidade de "influenciar" a ocorrência da resposta. Já as variáveis ocorridas internamente ao organismo, dizem-nos melhor sobre as características das respostas *per se*, tais como magnitude, latência e topografia. Dizemos que os eventos internos consistem em variáveis moduladoras das respostas dos organismos (Catania, 1998/1999; Lattal e Perone, 1998; Skinner, 1953). Alguns dos eventos existentes no "mundo sob a pele" (Skinner, 1976, 1989), e que se caracterizam como variáveis moduladoras, são os comportamentos respondentes. Como tais, entendemos ser as relações funcionais entre estímulos (unicamente) antecedentes e respostas (Figura 17.1). Consistem em reflexos incondicionados (como quando nossa pupila se contrai ao ser exposta à luz mais intensa) e reflexos condicionados (um estímulo neutro adquire a função de eliciar uma resposta que antes era incondicionada devido a sucessivas ocorrências em paralelo com o estímulo incondicionado) (Skinner, 1953).

Já a relação funcional entre as respostas dos organismos e as variáveis ambientais que os antecedem *e* sucedem, é o que entendemos por comportamento operante

```
US  ⟹  UR

NS
US  ⟹  UR

Após sucessivas ocorrências

CS  ⟹  CR
```

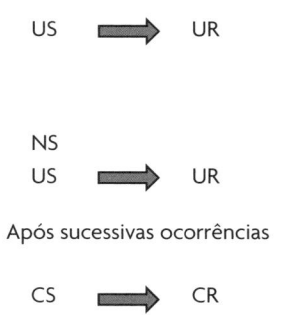

Figura 17.1 Condicionamento respondente: US – estímulo incondicionado; UR – resposta incondicionada; NS – estímulo neutro; CS – estímulo condicionado; CR – resposta condicionada.

(Skinner, 1953, 1969, 1981). Os operantes são de fundamental importância na história de aprendizagem das pessoas, pois permeiam a enormidade de ações que empreendemos diariamente. Desde abrirmos uma porta até assistirmos a uma aula de "psicanálise pós-freudiana", todos são comportamentos operantes.

Dado o modelo de contingências, mais especificamente de contingências de reforçamento, surge da Análise do Comportamento um movimento tecnológico de aplicação do conhecimento empírico em um contexto clínico. Tal como proposto pela funcionalidade de relação entre o comportamento dos organismos e os fatores ambientais que para ele contribuem, a Terapia Comportamental Operante observa a ocorrência das contingências que estão e/ou estiveram em funcionamento durante a história do indivíduo para aferir as razões pelas quais a pessoa procurou a terapia. Por meio dessa análise, são propostos métodos de intervenção no sentido de selecionar e manter contingências melhor adaptadas aos contextos nos quais o indivíduo está inserido (Rangé e Guilhardi, 1995).

A partir do momento em que fazemos uso de uma tecnologia de intervenção clínica baseada nos pressupostos do Behaviorismo Radical e da Análise Experimental do Comportamento, o ambiente (público e/ou privado) assume o papel principal, pois selecionou e manteve em funcionamento as respostas pouco adequadas ou inadequadas[1] do cliente em relação aos contextos nos quais ele se comporta. Essa afirmação é também válida para aqueles casos em que os comportamentos respondentes do cliente mostram-se mais cabais do que os operantes, para que procurasse auxílio da terapia comportamental. Mesmo nesses casos, identificamos o controle operante sobre o repertório comportamental do indivíduo como um todo, e sobre sua queixa, em particular. Como discutiremos ao longo da apresentação do caso clínico abaixo, o controle operante, mais precisamente, aquele exercido por consequências no âmbito das relações funcionais do cliente Ronaldo (nome fictício) em seu contexto social, foi fundamental para o desenvolvimento da disfunção de seu descontrole ejaculatório (que, inicialmente, poderia ser visto como um problema de comportamento reflexo ou respondente).

DESCONTROLE EJACULATÓRIO: DEFINIÇÃO E POSSÍVEIS DETERMINANTES

Discutir o conceito de disfunções sexuais pode nos conduzir ao impasse com relação ao que incluiremos nessa hierarquia (Abdo e Fleury, 2006; Carey, 2003; Carvalho, 2001). Dizer que uma pessoa possui uma disfunção porque apresenta comportamentos sexuais desviantes dos "padrões normais" não nos ajuda em nada. Definir padrões de respostas sexuais em um determinado ambiente complexo como os que

---

[1] Deve-se ressaltar que o julgamento acerca da "adequação" ou não de um comportamento refere-se à produção de sofrimento no cliente e/ou em pessoas próximas a ele.

"deveriam" ou "seriam" normais nos induz a um erro que, muito provavelmente, dificultará a observação e descrição das variáveis, as quais contribuíram para que tais padrões comportamentais, e não outros, fossem selecionados.

Seria mais interessante contextualizar a referida disfunção em termos das consequências apreciadas durante a relação sexual. Desse modo, os cônjuges, namorados, amantes e/ou parceiros apreciariam uma relação sexual satisfatória no momento em que as contingências (essas que formam uma classe operante encadeada complexa) em funcionamento na situação resultarem em consequências reforçadoras positivas primárias.[2] Todavia, como estamos tratando de um episódio social complexo, é esperado que também existam consequências reforçadoras condicionadas.

No âmbito mais específico, a disfunção sexual abordada neste capítulo será o transtorno de ejaculação precoce. O interesse nessa discussão decorre do atendimento de Ronaldo, diagnosticado com o referido transtorno, e das particularidades apresentadas na história de exposição às contingências que levaram ao seu desenvolvimento.

De acordo com o DSM-IV-TR (Manual Diagnóstico e Estatístico de Transtornos Mentais, em sua quarta edição, revisada pela Associação Americana de Psiquiatria, APA, 2002), o tempo recorrente da ejaculação dos indivíduos do sexo masculino é relativo a inúmeros fatores. Dentre eles, idade, experiência em outras relações sexuais, novidade da parceira, situação sexual, frequência da atividade sexual recente, dependência e/ou abstinência de opioides e consumo situacional de substâncias ansiolíticas. Três critérios são apontados como necessários para que se caracterize o quadro da disfunção:

1. Critério A: Ejaculação persistente ou recorrente devido à estimulação sexual mínima, antes, durante ou logo após a penetração, e no tempo não desejado pelo indivíduo.
2. Critério B: A disfunção é reconhecida como contribuinte para o sofrimento e insatisfação com a própria vida sexual e a do cônjuge.
3. Critério C: A situação de ejaculação não deve ser efeito de algum tipo de substância psicoativa ingerida naquele momento.

Para tanto, deve-se levantar a história de vida do cliente, no que se refere a prováveis condicionamentos respondentes e operantes, incluindo-se o que denominamos "controle verbal".[3] Este capítulo trata, principalmente, do condicionamento dos operantes verbais que decorreram durante a história de contingências de reforçamento de Ronaldo.

Comportamento verbal é definido por Skinner (1957) como um operante diferenciado, pois necessita da mediação de reforçadores, generalizados ou não, por outros indivíduos. Com essa definição, poderíamos acreditar ser o comportamento verbal e o social o mesmo tipo de operante, já que ambos partilham da mediação do reforço por outros indivíduos

---

[2] Consequências reforçadoras positivas primárias (ou incondicionadas) referem-se àqueles estímulos que são naturalmente reforçadores para todos os membros de uma dada espécie. Por sua vez, as condicionadas referem-se a estímulos que adquiriram função reforçadora a partir do emparelhamento com um estímulo previamente reforçador (sendo, portanto, "subjetivas", individuais).

[3] Entram aí as "crenças" e as "expectativas" irreais, os mitos que a sociedade (comunidade verbal) formula e transmite aos membros, tais como os relacionados à duração de uma relação sexual ou ao número de relações ocorridas em uma só noite (ver, por exemplo, Abdo e Fleury, 2006).

(de-Farias, 2005; Skinner, 1953). Entretanto, deve-se ressaltar que o comportamento verbal difere no aspecto em que a mediação deve, necessariamente, ser feita por uma audiência especialmente treinada dentro de uma comunidade verbal. Esse operante, como qualquer outro, é adquirido, fortalecido e extinto de acordo com o modelo de contingências, no qual as variáveis de controle dos comportamentos situam-se no ambiente externo ao indivíduo. O comportamento verbal permite ao ser humano beneficiar-se da experiência de outros organismos, por meio de regras ou instruções. Regras são definidas como estímulos verbais antecedentes à contingência que controlam e possuem a característica de alterar a função de algum estímulo antecedente neutro, tornando-o discriminativo (Abreu-Rodrigues e Sanabio, 2004; Albuquerque, Paracampo e Albuquerque, 2004; Galizio, 1979; Meyer, 2005; Okouchi, 1999; Otto, Torgrud e Holborn, 1999).

É presumível que o comportamento de um indivíduo seja controlado por instruções quando, de certa maneira, já existir uma história de reforçamento em que seguir esse tipo de regra proporcionou consequências positivas para ele. Tais consequências positivas podem decorrer de um reforçamento natural em que o seguir a regra proporcionou uma estimulação reforçadora positiva natural ou, então, esse comportamento pode ser mantido por consequências sociais arbitrárias proporcionadas pela comunidade verbal na qual o indivíduo teve seu repertório selecionado (Hayes, Brownstein e Zettle, 1986). O controle por regras será ilustrado pela descrição do caso de Ronaldo.

CASO CLÍNICO

O descontrole ejaculatório que Ronaldo apresentava era bem acentuado e persistia desde a sua primeira experiência em contatos mais íntimos com pessoas do sexo oposto e com a relação sexual propriamente dita. A cada nova experiência sexual, uma situação de frustração, seguida por sentimento de culpa, apresentava-se ao cliente. Isso compôs um contexto geral de aversividade, que contribuiu, por fim, para uma "baixa autoconfiança" (comportamento verbal) de que ele conseguiria um dia ter uma relação sexual adequada – ou, pelo menos, da forma como desejava.

O terapeuta compõe sua intervenção no intuito de alterar tais contingências, tornando-as reforçadoras positivas. Nesse caso em particular, a situação aversiva decorria da extrema falta de repertório[4] que tanto o cliente quanto sua esposa possuíam em relação a comportamentos que resultariam na atividade sexual reforçadora.

Devido a uma história frustrante em relação à atividade sexual, os estímulos discriminativos (S^{Ds}) que sinalizavam a emissão de tal classe de respostas (aproximar-se da parceira, falar sobre sexo, fazer "as preliminares", etc.) adquiriram propriedades aversivas, tornando-se estímulos discriminativos pré-aversivos (S^{AVs}). Dessa maneira, as contingências em questão produziam comportamentos respondentes colaterais ansiosos cada vez mais pungentes, bem como foram extremamente efetivos em selecionar repertórios de esquiva cada vez mais elaborados de sua parceira. Diante do contexto aversivo, respostas de

---

[4] Segundo Catania (1998/1999), repertório comportamental refere-se ao conjunto de comportamentos que um indivíduo pode emitir. Esses comportamentos possuem probabilidade de ocorrência maior que zero, ou seja, durante a história de contingências do indivíduo, seu repertório foi modelado e, caso algumas respostas sejam extintas, poderão facilmente ser reinstaladas. O organismo não necessita estar engajado no dado comportamento para que se possa afirmar que ele exista em seu repertório.

evitação do parceiro sexual eram reforçadas negativamente[5]. Em muitas ocasiões, quaisquer comportamentos de sua esposa que pudessem sugerir ou levar o encadeamento comportamental à relação sexual eram evitados.

O caso de Ronaldo será melhor descrito em seguida, apresentando-se sua história de exposição às contingências de reforçamento e punição, seu comportamento-problema, a intervenção realizada e os resultados obtidos.

Queixa

O cliente chegou à clínica após procurar um posto de saúde. Fora atendido por um médico urologista e dois psicólogos. Havia passado por várias clínicas de atendimento em Psicologia, mas relatou não ter se beneficiado das intervenções. Quando os atendimentos iniciaram, estava medicado com Paroxetina (antidepressivo), que lhe foi receitado pelo urologista no posto de saúde por possuir o efeito colateral de retardar a ejaculação. Essa foi a verbalização de sua queixa: "o problema maior, ela (a secretária) deve ter passado para você, é ejaculação precoce".

História

O cliente era do sexo masculino e tinha 26 anos. Trabalhava havia oito anos em uma empresa como inspetor de qualidade, e esse foi seu único trabalho. Iniciara como estagiário nessa organização durante o ensino técnico e não procurara quaisquer outras oportunidades de emprego. Estava casado há quase quatro anos; sua esposa era poucos meses mais jovem. Possuíam uma filha de três anos, que foi concebida antes do casamento. A única mulher com a qual teve relações sexuais foi sua atual esposa, que também não possuía quaisquer experiências sexuais anteriores.

C: Bom, ahh.... eu fui o primeiro dela, e ela foi.... vice-versa. Ela foi primeiro comigo, e eu fui a primeira vez com ela. Aí então, eu não sabia e ela não sabia direito, principalmente ela não sabia; eu em teoria: filme, TV.

O cliente, embora tivesse tido outras oportunidades, nunca conseguira engajar-se em uma relação sexual bem-sucedida, pois ejaculava precocemente todas as vezes, antes da penetração. A falta de exposição prévia de ambos, o cliente e sua esposa, a contingências para que seu repertório de comportamentos sexuais pudesse ser modelado contribuiu enormemente para que a disfunção se iniciasse e perdurasse até então. O urologista afirmou que ele não possuía problemas fisiológicos ou anatômicos; receitou Anafranil e, depois, Paroxetina, ambos antidepressivos. O urologista encaminhou o cliente para a psicóloga do Posto de Saúde, que não pôde dar continuidade ao tratamento devido à longa fila de espera.

Quando estava sob efeito da medicação, ele relatava uma substancial melhora no tempo relativo que demorava a ejacular. Contudo, devido à demora em conseguir consultas no Posto de Saúde, eventualmente ele parava de tomar o remédio por falta de receitas. Esse tipo de medicação, ao ser interrompida bruscamente, leva a um estado de ansiedade aumentado, o que, nesse caso, piorava ainda mais a condição sexual.

Ronaldo relatava haver outras oportunidades para ter uma relação sexual; contudo, devido a uma ansiedade muito grande, acabava por ejacular precocemente (para maior discussão acerca do papel da ansiedade nas diferentes disfunções sexuais, ver, por exemplo, Carvalho, 2001). Conseguiu realizar sua primeira relação sexual com

---

[5] Reforçamento negativo refere-se ao procedimento/processo de fortalecer uma resposta que remove ou adia a apresentação de um estímulo aversivo (Catania, 1998/1999; Skinner, 1953).

idade entre 20 e 21 anos. Seus comportamentos sexuais foram selecionados tardiamente e, devido à ansiedade, como já dito, adquiriram um caráter aversivo.

C: O que, até essas datas, eu tive, acho que só uma oportunidade antes, que no esfrega-esfrega, eu acabei ejaculando, e aí tipo, já era... acho que o principal não foi falta de vontade, nem falta de oportunidade (...).

C: Me senti, logo como a M [terapeuta anterior] falou, me senti, falei assim: 'porra, se não tivesse gozado eu teria feito relação com a menina'. É um prazer gozar, mas eu queria continuar e sem ejacular para fazer o serviço completo, por assim dizer.

O caráter aversivo das relações sexuais malsucedidas começou a ser selecionado em sua história ontogenética desde os primeiros contatos com as contingências sexuais, visto que, quanto maior era seu insucesso, maior era sua ansiedade e mais rápido ele ejaculava. As relações funcionais entre as respostas emitidas pelo cliente e o ambiente foram, cada vez mais, contribuindo para que seu estado ansioso aumentasse.

Diante de uma classe de estímulos presentes no ambiente, estímulos os quais caracterizam uma situação em que a probabilidade da relação sexual é elevada, o cliente emitia suas respostas operantes que eram moduladas pela enormidade de seus comportamentos respondentes. Tais respostas acabavam por formar uma situação consequente desagradável. Muitas vezes, tal situação era punitiva negativa[6], pois eram retirados os reforçadores, de ordem primária e condicionada, que poderiam ter consequenciado positivamente suas respostas naquela situação. A exposição continuada a essa contingência resultou na falta de modelagem de comportamentos adaptados à situação e os estímulos característicos do ambiente que precedem a relação sexual adquiriam função de estímulos pré-aversivos (sinalizando a contingência punitiva que estaria por vir). A Figura 17.2 ilustra esse condicionamento.

Várias exposições às contingências sexuais ocorreram com consequências aversivas para o cliente, sendo simples perceber que a situação antecedente, como um todo, da relação sexual adquiriu um caráter extremamente aversivo, de modo que passou a eliciar cada vez mais comportamentos respondentes de ansiedade e, ocasionando a ejaculação precoce e mais um insucesso na relação sexual.

C: Ficava desapontado, né. Aí que eu falei "pô, tem alguma coisa errada comigo"... E eu sabendo do problema, falava pra ela que "ah, tava muito cansado", "trabalhei hoje o dia inteiro"; a gente se encontrava de noite, e, se fosse rápido, tão rápido, falava que eu tava muito cansado.

O cliente, devido à aversividade das contingências que estavam em vigor durante a relação sexual, começou a emitir cada vez mais frequentemente comportamentos de fuga ou esquiva para adiar ou mesmo interromper a contingência aversiva antes mesmo que ela entrasse em operação, ou seja, começou a evitar o contato sexual com sua esposa.[7] Contudo, essa

---

[6] Punição consiste em diminuição na frequência da resposta que produz (i) a adição de estímulos aversivos (ou estímulos reforçadores negativos), quando se denomina "punição positiva" ou (ii) a retirada/adiamento de estímulos reforçadores positivos, quando se denomina "punição negativa" (Catania, 1998/1999; Skinner, 1953).

[7] Fuga e esquiva são tipos de reforçamento negativo (ou seja, as respostas são fortalecidas, mantidas no repertório do indivíduo). Fuga consiste na apresentação de uma resposta que elimina um estímulo aversivo presente no ambiente. Por sua vez, a esquiva produz adiamento ou falta de contato de um estímulo aversivo (Catania, 1998/1999; Skinner, 1953).

```
Classe de S^antecedentes  •  Classe de Resposta  ⟹  Classe de S^P.

Após exposição continuada

Classe de S^pré-aversivas  •  Classe de Resposta  ⟹  Classe de S^P.
                                      ⇕
                           Comportamentos Respondentes
```

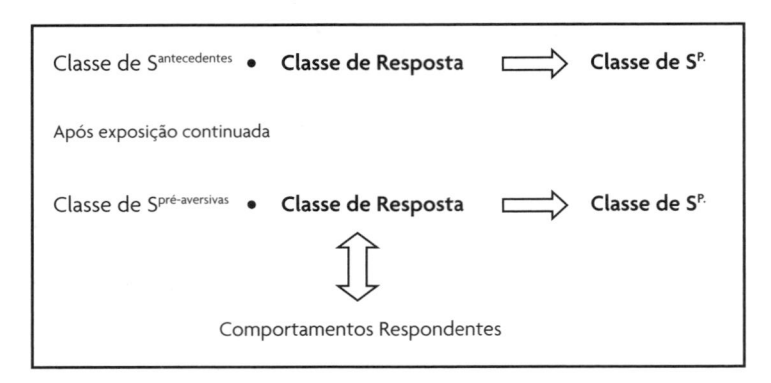

Figura 17.2 Característica aversiva do contexto.

situação começou a incomodá-lo enormemente, sendo, talvez, o motivo principal que o fez procurar o Posto de Saúde e aderir ao tratamento.

Embora Ronaldo relatasse sutileza nas consequências que sua esposa proporcionava diante da situação aversiva, elas continuavam a eliciar comportamentos respondentes desagradáveis nele. Os trechos abaixo ilustram as consequências aversivas por parte da esposa:

C: "Ela reclama [da ejaculação precoce] só quando para ela está gostoso mesmo... Porque homem, para homem, está bom todo dia... Para mulher, nem sempre. Então, principalmente nos dias em que ela estava achando bom, estava gostando, não está só acontecendo uma transa, está sendo feito amor.... Nesses dias, ela sente essa falta [de mais tempo de relação sexual]: 'Pô, mas já acabou?!'. Alguma coisa nesse sentido; ela diz que está sendo rápido, mas diz com jeitinho. Sem achar que eu sou o culpado assim, direto, não.... ela fala com jeitinho, que não me deixa desapontado."

C: "Então, eu fico chateado, tipo assim, 'poxa eu poderia ter continuado.... não consegui....', me sinto culpado... Só que eu tento também, até certo ponto, não me rebaixar [não assumir a culpa ou o "transtorno"]."

C: "Mas eu sempre tento dar carinho para ela.... para não ser só sexo.... para relação ser um amor, né? Vamos fazer amor, não transar"...

Pode-se dizer, portanto, que existia em seu repertório a discriminação entre o significado de dois comportamentos: um deles seria "fazer amor" e o outro "transar", esse segundo com um caráter pejorativo. Em diversas sessões, o cliente explicou que, com sua esposa, ele queria "fazer amor", o que nem sempre conseguia devido à disfunção sexual já instalada. Todavia, quando relatava oportunidades que teve com outras mulheres (sem sucesso) de engajar-se em uma relação sexual, referia-se a essas como quase ter "transado".

Demasiados eram os momentos em que a regra fazia-se predominante sobre as consequências da contingência que estaria em funcionamento. Em um indivíduo que não teve seu comportamento devidamente selecionado, gerando uma disfunção que acarreta grande sofrimento para ele, fazer com que ele fique sensível às consequências do ambiente natural, se é que elas existem, é fato primordial para a construção de um repertório adequado às contingências da relação sexual com sua esposa. Entretanto, as consequências liberadas por sua esposa, na situação sexual, apenas possuíam um papel de eliciar comportamentos respondentes desagradáveis no cliente. A esposa nunca forneceu consequências adequadas às respostas do marido no sentido de selecionar uma classe operante bem adaptada. Nesse caso, o papel da esposa em construir a disfunção sexual do cliente foi fundamental, pois ela proporcionava as principais consequências aos comportamentos do cliente.

Além disso, no início de sua adolescência, o cliente esteve inserido em um ambiente muito conservador, que condenava quaisquer práticas sexuais, inclusive a masturbação. Como ele era um ótimo seguidor de regras, ou seja, seu comportamento era em grande medida controlado pela descrição verbal de contingências feitas por outras pessoas, teve muita dificuldade em desenvolver um repertório inicial de conhecimento de seu próprio corpo, o que viria a tornar-se um problema maior quando fosse experimentar sua primeira relação sexual com sua esposa.

C: Pelo fato de eu saber que elas [mãe e avó] achavam que era feio, era pecado, eu fazia tudo para não me pegarem. Eu ia ao banheiro, sem ninguém perceber, ou conseguia uma revistinha.... Era tudo por baixo dos panos.

Um fato bem característico observado para a fundamentação da falta de repertório de respostas adequadas à situação sexual foi a inabilidade de o cliente conhecer seu próprio corpo. Já possuía poucas oportunidades para explorar sua sexualidade, visto a rigidez quanto às regras da família, e quando as possuía não obtinha sucesso no comportamento em que tentara se engajar. O cliente relatou que não conseguira ejacular em uma masturbação até completar seus 21 anos. Deduziu-se que a impossibilidade de ele conseguir algum tempo satisfatório para dedicar à masturbação, devido a contínuas interrupções por parte de seus familiares enquanto utilizava o banheiro, confluiu para que o cliente não tivesse a oportunidade de explorar e descobrir seu próprio corpo satisfatoriamente. Tudo isso culminou no fato de não conhecer a sua própria sexualidade e, posteriormente, a de sua esposa.

C: Ver [na adolescência] os caras falando: "pô, fui tomar um banho... gozei... sujou até o azulejo". E eu sem conseguir gozar. Demorava um pouco, sei lá, não conseguia entender... Talvez por ser acomodado... ficava meio assim, só pelo fato de ser acomodado... Aí, quando ouvia alguma coisa, ficava com aquilo na cabeça; aí quando ia para tentar solucionar, tentava e não dava... "deixa assim... tá bom...". Não dava tanto valor, por assim dizer. Aí foi, né? Sou um homem e sei qual o meu problema. Meu problema não é só meu... É da minha esposa, apesar de que ela não acha que não é nem meu... Ainda bem... porque se fosse... Até certo ponto, eu tive sorte... Se fosse uma outra mulher... Até eu vejo reportagem que mulher chega ao ponto de querer largar do marido [que tem problemas sexuais], assisti em uma reportagem do Jornal Nacional.

A cultura na qual ele se inseria tinha um papel fundamental em lhe "apresentar" os contextos nos quais deveria emitir determinada resposta e as consequências que poderia esperar. Dessa maneira, durante toda sua história de reforçamento, ele se expôs muito pouco a contextos nos quais não teria repertório adequado para se inserir. Pouquíssimos comportamentos seus haviam sido modelados (ou seja, Ronaldo apresentava baixa variabilidade comportamental); o responder pelo controle instrucional era sempre a "melhor" e mais provável alternativa.

O controle instrucional de como suas respostas deveriam ser era tão presente, que após um mês de namoro (com sua atual esposa), a resposta que seu ambiente e cultura ditavam ser correta era que eles firmassem um compromisso. A partir de diversos relatos de Ronaldo, pôde-se inferir que os motivos que o levaram a iniciar tal relacionamento pouco tinham a ver com a simpatia ou o afeto que ele nutria pela mulher, mas sim com o fato de seu ambiente social proporcionar estímulos reforçadores condicionados generalizados (p. ex., elogios, atenção, evitar críticas).

C: Isso. Então, aí, eu..... como estava ficando com ela há um mês e meio, pedi ela em namoro. Então, depois eu depositei um pouco mais de confiança em mim, depois de quase um mês a gente ficando... por isso, eu estava conhecendo ela mais.... sabendo que ela não era daqui, era do Nordeste, e falava para mim que era virgem... bom, isso daí eu não posso negar... uma menina de 22 anos..... uma coisa meio rara... não é impossível, mas meio raro uma mulher nessa idade estar virgem ainda. Bonito de se ver, né?.

C: E ela sempre falava para mim que nunca ia transar comigo; só depois do casamento dela; tanto comigo quanto com qualquer outra pessoa, era uma... promessa dela.... também para uma disciplina familiar. Aí, começamos a ficar mais íntimos, o namoro começou a ficar um pouco mais quente.

Em vários momentos levantou-se a hipótese de o cliente ter procurado alguém que justamente não lhe fizesse uma demanda comportamental à qual ele não poderia corresponder. Vê-se que encontrou alguém que não liberava muitas consequências aversivas para seus comportamentos "inadequados". Contudo, sua esposa também pouco produzia consequências reforçadoras positivas para seus comportamentos; desse modo, não ocorriam quaisquer seleções quanto a um repertório adequado à relação sexual.

C: A mulher, apoio ela, mas estava a ponto de largar... Talvez se minha esposa tivesse alguma experiência anterior, com algum outro homem, eu "estaria lascado"; nosso namoro teria durado pouco... Até eu achar uma virgem para eu poder me casar.

Após algumas sessões de análise das contingências presentes na história de vida do cliente, bem como as em operação no momento da terapia, pôde-se constatar algumas que selecionaram e mantiveram os padrões comportamentais que ele apresentava:

Na sua história de vida, o cliente:

1. Seguia as regras determinadas pela família.
2. Quando as regras não eram seguidas, o comportamento era punido, produzindo comportamentos de esquiva e sentimentos de culpa.
3. Não apresentava variabilidade comportamental, desenvolvendo um repertório restrito e estereotipado.
4. A família descrevia os comportamentos sexuais como inadequados (para um indivíduo que se "especializou" em seguir regras, tal descrição de contingência pode tê-lo engajado em muitas situações de culpa).
5. O cliente desenvolveu pouco repertório social: falava pouco em público, não tinha amigos, quase nunca ia a festas e raramente tentava sair ou "ficar" com alguma menina.
6. Não emitiu comportamento de masturbar-se (temia possíveis punições sociais e sentimentos de

culpa), não vindo a conhecer o próprio corpo.
7. Na primeira experiência sexual, teve ejaculação precoce. Esse evento aversivo o levou a se esquivar de outras tentativas, ficando com um repertório restrito e baixa "autoconfiança", mantida por contingências aversivas.

No momento da terapia, o cliente:

8. Apresentava déficit de repertório social: não tinha amigos, não se expunha às situações sociais, falava pouco no trabalho e sua baixa assertividade o levava a cumprir demasiadas horas-extras.
9. Seu repertório era muito governado por regras: religiosas, familiares e do trabalho.
10. Não variava seus comportamentos, não expressava suas ideias e seus sentimentos.
11. Tinha uma relação mantida por contingências amenas com a esposa e pouco se relacionavam com outros casais ou amigos.

Com a descrição feita acima, pode-se claramente constatar que a história de contingências de reforçamento do cliente convergiu para selecionar um repertório que o expôs a um ciclo vicioso, no qual suas respostas para inúmeros contextos do ambiente social (e sexual) eram "inadequadas", ou mesmo, inexistentes. Fechando o ciclo, o repertório que "sobrou" ao cliente não lhe proporcionava contextos para que fossem selecionadas respostas alternativas, que poderiam ser mais adequadas ao seu âmbito social.

Intervenção

Em muitas ocasiões, as disfunções sexuais decorrem da falta de repertório social ou das contingências que selecionaram respostas inadequadas ao relacionamento interpessoal das pessoas, ou seja, de um repertório social inadequado. No âmbito social, as contingências encontram-se inter-relacionadas, de forma que estímulos reforçadores são mediados por outros indivíduos. Na realidade, quaisquer dos três termos das contingências dos indivíduos se comportando em dado grupo podem ser parte das contingências de outros; dessa forma, as contingências se entrelaçam, fazendo com que os estímulos assumam virtualmente quaisquer funções naquele momento, ou mesmo posteriormente (Skinner, 1953, 1957).

Atualmente, na Análise do Comportamento, vem-se discutindo e aprimorando um referencial teórico que tem como objetivo estender a tecnologia até hoje desenvolvida na área do comportamento individual para grupos de pessoas. Assim, insere-se ao modelo o estudo de práticas culturais, crenças religiosas, nações, conceitos étnicos, saúde pública, criminalidade, entre outros (Biglan, 1995; Lamal, 1997; Todorov e de-Farias, 2008).

O funcionamento dessas "grandes contingências" do comportamento tem se inserido no paradigma conceitual behaviorista radical sob o termo "metacontingências" (Glenn, 1986, 1988, 1991, 1993, 2004; Glenn e Malott, 2004; Goldstein e Pennypacker, 1998; Mallot, 2003; Todorov, 1987). Metacontingências são compostas por pelo menos dois indivíduos se comportando, e seus comportamentos fornecem variáveis que partilham funções de estímulos uns aos outros (contingências entrelaçadas), em prol de um resultado final comum: um produto agregado (Glenn, 1988). Ao falar em metacontingências, deve-se estar atento para o aspecto de que elas descrevem relações funcionais em um nível distinto do comportamento individual; elas descrevem as relações entre práticas culturais e seus produtos. Tais produtos podem ser empiricamente observados ou medidos.

No tocante ao relacionamento entre as contingências entrelaçadas que compõem uma metacontingência, os produtos agregados proporcionados por essa prática cultural selecionam e mantêm a metacontingência em funcionamento, ou seja, eles selecionam as contingências entrelaçadas; entretanto, não são eficazes em selecionar e manter o comportamento individual. Esse, por sua vez, é controlado pelas próprias consequências que o seu operar sobre o ambiente produz (Glenn, 1988).

Ronaldo esteve em contato com diferentes indivíduos (família, amigos, membros da igreja e da escola, garotas) e contingências ambientais. As práticas culturais referentes à sexualidade diferiam entre esses grupos. O intercâmbio entre essas práticas de grupos distintos, a falta de exposição do cliente a contingências específicas e o reforçamento para o seguimento de regras fizeram com que Ronaldo não conseguisse emitir respostas que produzissem determinadas consequências para si próprio e para suas parceiras.

Embora o cliente possuísse enorme falta de repertório de comportamentos sociais, e, sabendo que a intervenção ideal seria quanto à modelagem e seleção de comportamentos sociais mais adequados, o terapeuta preferiu iniciar a intervenção na área sexual, pois o cliente ansiava demasiadamente por obter resultados mais satisfatórios durante a relação sexual com sua esposa. Mesmo o terapeuta discriminando que uma intervenção em seu repertório social, de uma maneira geral, provavelmente o levaria a obter maiores resultados em sua relação conjugal, fazia-se necessário uma primeira intervenção pontual em decorrência de quão pequeno era seu repertório e tamanho era seu sofrimento por não "corresponder às expectativas" de sua esposa – analiticamente falando, não estar apto para ter um ato sexual adequado com sua parceira, proporcionando-lhe estímulos reforçadores primários, o que funcionalmente lhe era extremamente punitivo. As seguintes verbalizações do cliente, somadas às anteriores, confirmam essa hipótese:

> **C:** (...) quando a gente está transando e, de repente, ocorre de eu estar gozando antes do que ela queria, ela sente um descontentamento (...) ela não gostou.

> **C:** Eu me... ficava meio assim: "pô, o cara consegue e eu não consigo". Às vezes, eu me menosprezava; de repente, até hoje eu me menosprezo...

Ciente da análise até aqui desenvolvida, o terapeuta iniciou sua intervenção essencialmente descrevendo contingências. Atentou-se para que cada termo fosse exaustivamente explorado. Os estímulos antecedentes aos comportamentos sexuais foram explorados de diversas maneiras, na tentativa de ser a regra elaborada pelo terapeuta um estímulo alterador de função. Em outras palavras, o trabalho visou que essas particularidades do ambiente, as quais "julgávamos" críticas, se tornassem estímulos discriminativos (S^D).

As respostas que ele deveria emitir nesses contextos foram delineadas, em conjunto com o cliente, em suas topografias, frequências, magnitudes e latências. No que se refere aos estímulos que deveriam ser consequências para suas respostas, as mesmas descrições acuradas foram feitas. Tamanho cuidado foi utilizado porque o cliente, devido à sua história de reforçamento, havia se tornado um ótimo seguidor de regras. Quaisquer que fossem os estímulos verbais proferidos pelo terapeuta, teriam grande probabilidade de controlar os comportamentos do cliente. Dessa forma, o terapeuta analisou, testou essa hipótese, e exatamente assim ocorreu.

As regras consistiram em:

1. Descrever a anatomia do aparelho sexual do homem e da mulher, enfatizando prioritariamente a parte externa (visível).
2. Fazer descrições, com possíveis funções de S^D, para que o cliente discriminasse o seu próprio comportamento e, posteriormente, o comportamento da esposa.
3. Descrever possíveis novos comportamentos a serem emitidos com a esposa, tais como beijá-la e tocá-la (preliminares sexuais), até chegar a descrições de possíveis comportamentos no ato sexual.
4. Ensinar a observar e ficar sob controle do comportamento da esposa diante dos seus comportamentos.
5. Descrever a importância das consequências advindas da esposa na seleção e na manutenção dos seus comportamentos públicos e sentimentos (possivelmente, gerando menos ansiedade e mais autoconfiança).

Os procedimentos foram introduzidos gradualmente (*fading-in*). A partir dos relatos do cliente sobre as topografias de suas respostas e as consequências liberadas pela esposa, ousava-se ou dosava-se as respostas que o cliente deveria emitir.

Resultados

Consistentemente, o cliente passou a observar mais as respostas emitidas pela sua esposa, respostas que, funcionalmente, eram consequências aos seus comportamentos. Em alguns momentos, tais consequências eram estímulos reforçadores positivos eficientes em selecionar as respostas adequadas do cliente. Essa estimulação eliciou cada vez menos respostas condicionadas (de ordem fisiológica), ou seja, o que comumente chamamos de ansiedade passou a atuar de forma menos contundente nas contingências operantes do ato sexual. Quanto menores eram as respostas condicionadas do cliente, menor era o descontrole ejaculatório e mais adequada era sua relação sexual com a esposa. Ciclicamente, as contingências em funcionamento durante a relação sexual se tornaram reforçadoras positivas. Como veremos mais adiante, essa informação é verídica para nosso cliente; todavia, para sua esposa, as relações funcionais que encetaram nesse momento eram, de certa maneira, aversivas.

Ao serem selecionados comportamentos mais adequados do cliente na relação sexual, ele passou a trazer à terapia novas descrições de topografias de respostas que emitia, quais eram selecionadas pela apreciação de sua esposa e quais não eram. Dessa forma, ele apresentou maior variabilidade operante. Emitia respostas cada vez mais diversificadas no contexto das preliminares sexuais.

No momento em que as contingências em atuação tornaram-se reforçadoras positivas, o cliente relatou "desejar" mais frequentemente ter relações sexuais com sua esposa. Não poderíamos esperar diferente: como é bastante demonstrado por estudos empíricos no laboratório com animais não humanos e humanos, consequências reforçadoras positivas aumentam a probabilidade de recorrência futura da resposta à qual foi relacionada funcionalmente. Em última análise, é justamente esse efeito que entendemos como seleção. Entretanto, a despeito de as relações funcionais entre suas respostas e consequências serem positivas para Ronaldo, para sua esposa as respostas emitidas por nosso cliente passaram a ter caráter aversivo. No início da terapia, não se esperava que ela começasse a emitir comportamentos de fuga e esquiva de relações sexuais mais duradouras.

Ele observou que as respostas emitidas pela esposa durante a relação sexual eram pouco frequentes e, provavelmente, de baixa magnitude. Tal fato, e provalvemente o controle instrucional proporcionado ao cliente pelo terapeuta, fez com que ele ficasse sob controle discriminativo dos comportamentos da esposa e, por fim, relatasse a "descoberta" de que a falta de repertório nesse contexto não era apenas sua. Ao discriminar essa peculiaridade quanto ao comportamento de sua esposa, houve uma regressão quase que instantânea nos avanços comportamentais que ele demonstrara até o presente momento. O cliente relatou sentir-se "mal" e sem direções de ação; em linhas gerais, ele não possuía repertório para lidar com essa contingência aversiva que se iniciou.

Nessa situação, o terapeuta alterou o rumo da intervenção. Não mais eram descritas contingências possíveis no ato sexual, mas sim respostas que ele poderia emitir no sentido de se reaproximar de sua esposa. Conjuntamente, emitir respostas que tivessem função de S^D para que ela pudesse se comportar e o cliente selecionar algum repertório dela. Todavia, as respostas da esposa pouco se alteraram. Além disso, ela apresentou uma variabilidade operante de comportamentos de fuga-esquiva muito sofisticada nas situações em que seu marido tentava quaisquer aproximações, culminando em sua filha ser alocada para dormir na mesma cama que ambos, "no meio do casal". Isso ocorreu sem quaisquer outros motivos aparentes, pois a menina possuía um quarto próprio e não sofria de nenhuma enfermidade ou outra condição que merecesse um cuidado maior.

Com a inflexibilidade demonstrada por sua esposa, inúmeras contingências em funcionamento no cotidiano do cliente adquiriram caráter aversivo, principalmente a terapia que, desde seu início, não era "vista com bons olhos" por ela. Dessa maneira, ele diminuiu a frequência às sessões. Seu absenteísmo foi bastante grande, o que resultou no desligamento do serviço provido pelo instituto no qual era atendido.

Devido à direção que a terapia adquiriu em seu final, conclui-se analisando que, nos casos de disfunção sexual, é extremamente importante que haja o conluio de ambos os cônjuges. Mesmo que um deles não frequente a terapia, é necessário que haja o acordo na identificação da disfunção e na disponibilidade para trabalhar em prol da solução (Carey, 2003; Carvalho, 2001). Esse caso mostra claramente que, apesar das mudanças bem-sucedidas nas contingências às quais o cliente se expunha, o fato de sua esposa não aderir à terapia, ou mesmo não trabalhar para a mudança nessas contingências, foi fundamental para que os comportamentos mais adequados na relação sexual não fossem eficazmente selecionados, muito menos mantidos em funcionamento por longos períodos de tempo.

REFERÊNCIAS

Abdo, C. H. N. & Fleury, H. J. (2006). Transtornos Psicossexuais. Em C. N. de Abreu, F. P. Tápia, F. Vasques, R. Cangelli Filho, T. A. Cordás (Orgs.), *Síndromes Psiquiátricas: diagnóstico e entrevista para profissionais de saúde mental* (pp. 183-191). Porto Alegre: Artmed.

Abreu-Rodrigues, J. & Sanabio, E. T. (2004). Instruções e autoinstruções: contribuições da pesquisa básica. Em C. N. de Abreu & H. J. Guilhardi (Orgs.), *Manual prático de técnicas em psicoterapia comportamental, cognitiva e construtivista* (pp. 152-168). São Paulo: Rocca.

Albuquerque, N. M., Paracampo, C. C. & Albuquerque, L. C. (2004). Análise do papel de variáveis sociais e de consequências programadas no seguimento de instruções. *Psicologia: Reflexão e Crítica*, 17, 31-42.

Associação Americana de Psiquiatria (APA, 2002). *Manual Diagnóstico e Estatístico de Transtornos Mentais – DSM-IV-TR*. Porto Alegre: Artmed.

Baum, W. M. (1994/1999). *Compreender o Behaviorismo: Ciência, comportamento e cultura* (M. T. Silva, M. A. Matos & G. Y. Tomanari, trads.). Porto Alegre: Artmed.

Biglan, A. (1995). *Changing cultural practices: A contextualist framework for intervention research*. Reno: Context Press.

Carey, M. da P. (2003). Tratamento cognitivo-comportamental das disfunções sexuais. Em V. E. Caballo (Org.), *Manual para o tratamento cognitivo-comportamental dos transtornos psicológicos: Transtornos de ansiedade, sexuais, afetivos e psicóticos* (pp. 267-298). São Paulo: Santos Livraria Editora.

Carvalho, A. (2001). Disfunções Sexuais. Em B. Rangé (Org.), *Psicoterapias Cognitivo-comportamentais: Um diálogo com a Psiquiatria* (pp. 412-429). Porto Alegre: Artmed.

Catania, A. C. (1998/1999). *Aprendizagem: Comportamento, linguagem e cognição* (A. Schmidt, D. G. de Souza, F. C. Capovila, J. C. C. de Rose, M. de J. D. Reis, A. A. da Costa, L. M. de C. M. Machado & A. Gadotti, trads.). Porto Alegre: Artmed.

Darwich, R. A. & Galvão, O. F. (2001). Integração de razão e emoção: Acerca da importância do condicionamento respondente para a noção operante. Em H. J. Guilhardi, M. B. Madi, P. P. Queiroz & M. C. Scoz, *Sobre Comportamento e Cognição: Vol. 8. Expondo a variabilidade* (pp. 82-85). Santo André: ESETec.

de-Farias, A. K. C. R. (2005). Comportamento social: Cooperação, competição e trabalho individual. Em J. Abreu-Rodrigues & M. R. Ribeiro (Orgs.), *Análise do comportamento: Pesquisa, teoria e aplicação* (pp. 265-281). Porto Alegre: Artmed.

Galizio, M. (1979). Contingency-shaped and rule-governed behavior: Instructional control of human loss avoidance. *Journal of the Experimental Analysis of Behavior, 31*, 53-70.

Glenn, S. S. (1986). Metacontingencies in Walden Two. *Behavior Analysis and Social Action, 5*, 2-8.

Glenn, S. S. (1988). Contingencies and metacontingencies: Toward a synthesis of behavior analysis and cultural materialism. *The Behavior Analyst, 11*, 161-179.

Glenn, S. S. (1991). Contingencies and metacontingencies: Relations among behavioral, cultural, and biological evolution. Em P. A. Lamal (Ed.), *Behavior analysis of societies and cultural practices* (pp. 39-73). New York: Hemisphere Publishing Corporation.

Glenn, S. S. (1993). Windows on the 21st century. *The Behavior Analyst, 16*, 133-151.

Glenn, S. S. (2004). Individual behavior, culture, and social change. *The Behavior Analyst, 27*, 133-151.

Glenn, S. S. & Malott, M. (2004). Complexity and selection: Implications for organizational change. *Behavior and Social Issues, 13*, 89-106.

Goldstein, M. & Pennypacker, H. (1998). From candidate to criminal: The contingencies of corruption in elected public office. *Behavior and Social Issues, 8*, 1-8.

Hawton, K., Salkovskis, P. M., Kirk, J. & Clark, D. M. (1997). *Terapia cognitivo-comportamental para problemas psiquiátricos: Um guia prático*. São Paulo: Martins Fontes.

Hayes, S. C., Brownstein, A. J. & Zettle, R. D. (1986). Rule-governed behavior and sensitivity to changing consequences of responding. *Journal of the Experimental Analysis of Behavior, 45*, 237-256.

Lamal, P. A. (1997). *Cultural contingencies: Behavior analytic perspectives on cultural practices*. Westport: Praeger Publishers.

Lattal, K. A. & Chase, P. N. (2003). *Behavior theory and philosophy*. New York: Kluwer Academic/Plenum Publishers.

Lattal, K. A. & Perone, M. (1998). *Handbook of research methods in human operant behavior: Applied clinical psychology*. New York: Plenum Press.

Mallot, M. E. (2003). *Paradox of organizational change: Engineering organizations with behavioral systems analysis*. Reno: Context Press.

Matos, M. A. (1997). O behaviorismo metodológico e suas relações com o mentalismo e o behaviorismo radical. Em R. A. Banaco (Org.), *Sobre Comportamento e Cognição: Vol. 1. Aspectos teóricos, metodológicos e de formação em análise do comportamento e terapia comportamental* (pp. 54-67). Santo André: ARBytes.

Meyer, S. B. (2005). Regras e autorregras no laboratório e na clínica. Em J. Abreu-Rodrigues & M. R. Ribeiro (Orgs.), *Análise do Comportamento: Pesquisa, Teoria e Aplicação* (pp. 211-227). Porto Alegre: Artmed.

Moore, J. (1990). On the causes of behavior. *The Psychological Record, 40*, 469-480.

Okouchi, H. (1999). Instructions as discriminative stimuli. *Journal of the Experimental Analysis of Behavior, 72*, 205-214.

Otto, T. L., Torgrud, L. J. & Holborn, S. W. (1999). An operant blocking interpretation of instructed insensitivity to schedule contingencies. *The Psychological Record, 49*, 663-684.

Rangé, B. P. & Guilhardi, H. J. (1995). História da psicoterapia comportamental e cognitiva no Brasil. Em B. P. Rangé (Org.), *Psicoterapia comportamental e cognitiva: Pesquisa, prática, aplicações e problemas* (pp. 55-70). Campinas: Editorial Psy.

Skinner, B. F. (1938). *The behavior of organism: An experimental analysis.* New York: Appleton-Century-Crofts.

Skinner, B. F. (1953). *Science and human behavior.* New York: Macmillan Co.

Skinner, B. F. (1957). *Verbal behavior.* New York: Appleton-Century-Crofts.

Skinner, B. F. (1963). Operant Behavior. *American Psychologist, 18*, 503-515.

Skinner, B. F. (1969). An operant analysis of problem solving. Em B. F. Skinner, *Contingencies of reinforcement* (pp. 133-157). New York: Appleton-Century-Crofts.

Skinner, B. F. (1971). *Beyond freedom and dignity.* New York: Knopf.

Skinner, B. F. (1976). *About behaviorism.* New York: Vintage Books.

Skinner, B. F. (1981). Selection by consequences. *Science, 213*, 501-504.

Skinner, B. F. (1989). *Recent issues in the analysis of behavior.* Columbus: Merrill.

Todorov, J. C. (1987). A constituição como metacontingência. *Psicologia: Ciência e Profissão, 7*, 9-13.

Todorov, J. C. & de-Farias, A. K. C. R. (2008). Desenvolvimento e modificação de práticas culturais. Em J. C. M. Martinelli, M. A. A. Chequer & M. A. C. L. Damázio (Orgs.), *Ciência do Comportamento: Conhecer e Avançar* (Vol. 7). Santo André: ESETec.

Capítulo 18

Intervenções Comportamentais em uma Paciente com Insônia Crônica[1]

Mônica Rocha Müller

Podemos entender o sono como uma função biológica com papel fundamental na consolidação da memória, visão binocular, função termorregulatória, conservação e restauração da energia (Reimão, 1996), ou como responsável pela restauração do metabolismo energético cerebral (Ferrara e De Gennaro, 2001). Devido a essas importantes funções, as perturbações do sono podem acarretar alterações ou prejuízos no funcionamento físico, ocupacional, cognitivo, interpessoal e psicológico, que comprometem a qualidade de vida do indivíduo.

De acordo com Martinez (1999), o sono é um fenômeno de rotina desde o nascimento do homem e, talvez por esse motivo, sua importância não seja considerada por muitos indivíduos. A necessidade do sono faz com que o homem se recolha para dormir, e sua privação o incapacita para o trabalho e para as atividades de lazer.

O sono normal sofre variações ao longo do desenvolvimento humano, quanto à duração, distribuição de estágios e ritmo circadiano (Poyares e Tufik, 2003; Thorleifsdottir et al., 2002). De acordo com Ferrara e De Gennaro (2001), é durante a infância que as variações na quantidade de sono são mais intensas. Nos primeiros dias de vida, um bebê dorme em média 16 horas por dia, que são reduzidas para 14 ao final do primeiro mês. No sexto mês, o tempo total de sono é de aproximadamente 12 horas. A partir dessa idade, o tempo de sono da criança diminui 30 minutos por ano até os 5 anos, quando há a modificação em seu ambiente, geralmente na fase de ingresso na pré-escola. Dessa forma, a influência dos fatores externos na quantidade do sono é percebida desde a infância.

Com o avanço da idade, o sono sofre interferências negativas em sua duração, manutenção (Ferrara e De Gennaro, 2001) e qualidade (Tribl et al., 2002). Muitas vezes, essas interferências são condições médicas comuns na terceira idade, que rompem o sono pelo efeito da dor, de medicações ou pela consequência direta da condição clínica (McCrae et al., 2003).

Os distúrbios do sono comprometem a qualidade de vida e a segurança pública ao contribuírem para acidentes industriais e de tráfego, muitas vezes fatais (Martinez, 1999). Em revisão da literatura, Ferrara e De Gennaro (2001) encontraram que as estimativas sobre o índice de acidentes e mortes causados por sonolência ou cansaço variam de 2 a 41%, com alto custo financeiro e em termos de vida.

Na literatura, os distúrbios do sono são numerosos e definidos em três principais sistemas de classificação, que são independentes e utilizam diferentes critérios de inclusão:

1. Classificação Internacional dos Distúrbios do Sono (ICSD, 1997):

---

[1] Este trabalho é parte da monografia de conclusão do curso de Especialização em Análise Comportamental Clínica, no Instituto Brasiliense de Análise do Comportamento. A autora agradece à professora Ana Karina C. R. de-Farias pela revisão de sua monografia.

classificação detalhada e a mais utilizada pelos profissionais da área da Medicina do Sono.

2. Manual Diagnóstico e Estatístico de Transtornos Mentais (DSM-IV, APA, 1994): classificação psiquiátrica, que divide os transtornos do sono em (a) primários; (b) relacionados a transtornos mentais; (c) relacionados à condição médica geral e (d) induzidos por substância.

3. Classificação Internacional de Doenças (CID-10, OMS, 1997): classificação utilizada por médicos em geral, que agrupa os transtornos em (a) distúrbios do início e da manutenção do sono; (b) distúrbios do sono por sonolência excessiva ou hipersonia; (c) distúrbios do ciclo vigília-sono; (d) irregularidade do ritmo vigília-sono; (e) apneia de sono; (f) narcolepsia e cataplexia; (g) outros distúrbios do sono e (h) distúrbios do sono não especificados.

Com sistemas tão diversificados, encontramos na literatura problemas para definir a insônia, pois os critérios são inconsistentes (Buysse e Ganguli, 2002; Harvey, 2001; Roberts, Roberts e Chen, 2002), dificultam a interpretação de resultados e comprometem o diagnóstico da insônia na população geral (Roth et al., 2002).

Apesar de reconhecer a importância dos atuais sistemas de classificação, Hauri (1998) ressalta a necessidade da criação de um sistema de classificação comum e aceitável que possibilite comparar resultados de estudos que investigam a prevalência de distúrbios do sono em populações diferentes. A falta de um conceito operacional contribui para o surgimento de altos índices de insônia nos estudos e pode sugerir que nem todos os sujeitos apresentem o distúrbio (Ohayon e Roth, 2001).

Poucos estudos investigam os problemas decorrentes dos critérios usados para definição da insônia (Rocha, Guerra e Lima-Costa, 2002a). Na maioria das vezes, esse distúrbio é definido como a queixa de "iniciar ou manter o sono", "sono não restaurador" (Littner et al., 2003; Ohayon e Roth, 2001; Pallesen et al., 2001), "despertares noturnos" (Rocha et al., 2002b), ou conforme avaliação de frequência ou intensidade desses sintomas, através do uso de escalas (Ohayon e Roth, 2001).

A variação nos critérios-diagnósticos da insônia, tanto em número quanto na duração dos sintomas, e associação com outros distúrbios do sono e transtornos mentais, dificulta a comparação entre os resultados obtidos em diferentes estudos (Ohayon e Hong, 2002; Ohayon e Roth, 2001; Ohayon e Shapiro, 2002; Ohayon e Smirne, 2002; Pallesen et al., 2001; Rocha et al., 2002 a, b).

Outro motivo que impossibilita as comparações entre os diferentes estudos é o entendimento da insônia como sintoma ou síndrome (Eddy e Walbroehl, 1999; Harvey, 2001; Ohayon e Shapiro, 2002). Como sintoma, a insônia é secundária às condições médicas, psiquiátricas ou ambientais. E, como síndrome, ela é uma desordem primária, que requer tratamento direto.

De acordo com Hauri (1998), apesar de a insônia não possuir uma definição exata, ela pode ser classificada conforme sua duração em (a) transitória, com duração de alguns dias; (b) de curto período, com duração de algumas semanas; (c) crônica, que persiste por meses ou anos. Quando a insônia dura alguns dias, pode ser resultado de estresse agudo (Li et al., 2002), e quando aguda ou crônica, consiste em fator de risco para o absenteísmo no trabalho e para problemas comportamentais (Day et al., 2001).

Em agosto de 2002, foi criado o Consenso Brasileiro de Insônia (Poyares e Tufik, 2002), baseado na literatura e em definições de insônia de outros países. Considerando as diferenças culturais, a insônia foi definida como a dificuldade de iniciar e/ou manter o sono e sono não reparador, com o comprometimento das atividades diárias. Esse critério leva em conta a associação da insônia com transtornos psiquiátricos, distúrbios do sono, fatores ambientais, higiene do sono inadequada, doenças e uso de substâncias, conforme os resultados de pesquisas sobre esse distúrbio.

PREVALÊNCIA DOS DISTÚRBIOS DO SONO

A prevalência dos distúrbios do sono na população adulta é estimada em 15 a 27%. Nos Estados Unidos, a estimativa é de aproximadamente 70 milhões de pessoas com algum tipo de distúrbio de sono, dos quais 40 milhões têm distúrbios crônicos. A síndrome da apneia obstrutiva do sono e a insônia são os distúrbios de maior prevalência (Roth et al., 2002).

No Brasil, os estudos epidemiológicos investigam a prevalência de distúrbios específicos ou de queixas de sono em populações específicas. São exemplos desses estudos a investigação da sonolência diurna e performance acadêmica em estudantes de Medicina (Rodrigues, Viegas, Abreu e Silva e Tavares, 2002); a investigação do tipo e incidência das queixas de sono entre idosos (Rocha et al., 2002b); a prevalência da insônia e dos fatores sociodemográficos associados (Rocha et al., 2002a) entre moradores da cidade de Bambuí (MG); e a investigação da cultura da sesta em uma tribo indígena Terena, no Mato Grosso do Sul (Reimão et al., 2000).

A prevalência da insônia na população geral varia entre os estudos, devido à inconsistência dos critérios utilizados e à metodologia empregada (Pallesen et al., 2001; Rocha et al., 2002a, 2002b). A criação de um critério diagnóstico preciso permitiria a comparação entre pesquisas e a implementação de programas que prevenissem consequências sociais, como acidentes de trabalho e de trânsito (Pallesen et al., 2001). Apesar de a prevalência desse distúrbio variar entre os estudos epidemiológicos, os pesquisadores reconhecem o poder da insônia em comprometer a qualidade de vida dos sujeitos (Janson et al., 2001; Littner et al., 2003).

CONSEQUÊNCIAS DOS DISTÚRBIOS DO SONO

A maioria dos distúrbios do sono não é detectada e tratada porque, em geral, as pessoas desconhecem que essa condição é clínica e passível de tratamento. Outro possível motivo, normalmente decorrente do primeiro, é a ausência de relatos sobre problemas de sono por parte do paciente durante as consultas médicas, dificultando o acesso do profissional às informações que permitiriam o diagnóstico e o tratamento (Roth et al., 2002). Esse resultado foi verificado no estudo de Ohayon e Hong (2002), com uma amostra representativa da população da Coreia do Sul, na qual apenas 6,8% da amostra relataram buscar assistência médica para tratar das dificuldades com o sono.

As consequências dos distúrbios do sono são numerosas, importantes e envolvem questões econômicas e de saúde, como o aumento de hospitalizações, do absenteísmo, de riscos de acidentes de trânsito e de desenvolvimento de distúrbios mentais (Ohayon e Smirne, 2002). De acordo com Ferrara e De Gennaro (2001), nos últimos anos houve um interesse maior pelos problemas relacionados ao sono, principalmente pela alta incidência da sonolência e fadiga na população geral, que contribuem para erros humanos e acidentes nas sociedades industrializadas.

Roberts, Roberts e Chen (2001 e 2002) observaram que jovens com distúrbios do sono relatavam mais depressão, ansiedade, irritabilidade, medo, raiva, tensão, instabilidade emocional, falta de atenção, problemas de conduta, uso de álcool e drogas, ideação ou tentativa de suicídio, fadiga, falta de energia, dores de cabeça e de estômago e percepção da diminuição na saúde do que seus pares sem problemas de sono. Os autores encontraram poucos estudos que comprovassem a ocorrência de déficits nos funcionamentos somático, interpessoal e psicológico entre jovens com distúrbios do sono.

Roth e colaboradores (2002) observaram relatos de saúde precária, menos energia e pior funcionamento cognitivo em portadores de distúrbios do sono quando comparados com pessoas com o sono normal. De maneira geral, os estudos evidenciam a associação dos distúrbios do sono com problemas de saúde, funcionamento diário e bem-estar.

Vários estudos mostram que os distúrbios do sono também estão associados ao desencadeamento de transtornos psiquiátricos. Por exemplo, os sintomas de depressão ocorrem com frequência tanto na insônia como em outros distúrbios do sono, levando à hipótese de que a insônia favoreça o surgimento desse transtorno (Hublin, Kaprio, Partinen e Koskenvuo, 2001; Morawetz, 2003; Walsh, 2004). Rocha e colaboradores. (2002b) sugeriram a relação da insônia com o humor depressivo, ansiedade e acontecimentos pessoais recentes.

Ohayon e Hong (2002), ao investigarem a prevalência e associações da insônia na Coreia do Sul, concluíram que pessoas que sofriam de insônia costumavam apresentar queixas de distúrbios respiratórios e/ou doenças cardíacas, insatisfação com a vida social, diminuição do funcionamento diário, doenças psiquiátricas, estilo de vida estressante e doenças físicas, acompanhadas ou não por dor. Os autores concluíram, ainda, que consequências diurnas imediatas, como fadiga, sonolência e alterações no humor são prevalentes em cerca de 12% das populações estudadas na América do Norte e Europa.

Vicent e Walker (2000) verificaram os efeitos negativos do perfeccionismo no surgimento ou agravamento da insônia, além de aumentar a latência do sono e reduzir o tempo do sono noturno. O perfeccionismo foi definido pelos autores como a preocupação excessiva com erros, percepção do aumento da expectativa, exagero na precisão, ordem e organização e padrões de exigência excessivamente altos. Os resultados mostraram que os indivíduos perfeccionistas com transtornos do sono apresentavam mais dúvidas sobre suas ações e se preocupavam excessivamente com a possibilidade de erros.

A literatura especializada mostra que a insônia frequentemente está associada ao sexo feminino e ao avanço da idade (Davidson, 2008; Ohayon e Hong, 2002), doenças somáticas (Edinger, Wohlgemuth, Radtke, Marsh e Quillian, 2001a; Edinger et al., 2001b; Janson et al., 2001), dor (Janson et al., 2001; Zammit, Weiner, Damato, Sillup e McMillan, 1999), distúrbios psiquiátricos (Babar et al., 2000; Eddy e Walbroehl, 1999; Hublin et al., 2001; Li et al., 2002; Pallesen et al., 2001). Além disso, pessoas separadas ou em inatividade, em situação de aposentadoria ou serviços domésticos (Ohayon e Roth, 2001), desempregadas e de baixa classe socioeconômica (Li et al., 2002) têm maior probabilidade de apresentarem insônia, ocasionando maiores custos com serviços de saúde (Edinger et al., 2001b; Littner et al., 2003).

Dentre os prejuízos ocupacionais resultantes da insônia, os mais citados são o absenteísmo (Littner et al., 2003; Zammit et al., 1999), diminuição na qualidade (Zammit et al., 1999) e na produtividade do trabalho (Edinger et al., 2001a; Zammit et al., 1999), maiores riscos de acidentes de trabalho (Edinger et al., 2001a), menor número de promoções em relação a pessoas com sono normal (Hauri, 1998). Além disso, Zammit e colaboradores (1999) verificaram em indivíduos insones a falta de otimismo ao considerar carreira e emprego futuros, dificuldades em lidar com situações estressantes, tomar decisões, solucionar problemas e relacionar com os colegas. Esses prejuízos são potencializados pelos déficits cognitivos provocados pelo distúrbio, como desatenção, desconcentração e falhas de memória (Buysse e Ganguli, 2002; Day et al., 2001; Zammit et al., 1999).

A insônia também está associada ao uso de substâncias como o álcool, a nicotina (Janson et al., 2001) e medicações regulares (Li et al., 2002; Edinger et al., 2001a). O álcool, por ter propriedades sedativa e hipnótica, geralmente é utilizado por insones para induzir sono, mas de fato ele causa fragmentação, alteração da arquitetura (Babar et al., 2000) e interrupção do sono (Harvey, 2002; Souza e Guimarães, 1999), piorando sua qualidade (Eddy e Walbroehl, 1999). Ohayon e Hong (2002) observaram que pessoas que utilizavam o álcool para dormir mais, facilmente relatavam dificuldade para manter o sono, e não para iniciá-lo, confirmando as observações clínicas.

INTERVENÇÕES COMPORTAMENTAIS NO TRATAMENTO DA INSÔNIA

Como podemos ver, a literatura aponta que a insônia é um transtorno de sono que afeta a qualidade de vida da pessoa em diferentes níveis, tais como saúde, aspectos afetivos/de humor, ocupacionais e lazer. Na clínica comportamental, ao fazermos a análise funcional, percebemos alguns padrões de comportamentos que mantêm o transtorno, assim como comportamentos que a pessoa emite para enfrentar os sintomas adversos da insônia, como sonolência diurna, alterações no humor, cansaço físico e prejuízos nas funções cognitivas.

Por exemplo, a postergação ou o atraso nas atividades é comum em pessoas que sofrem desse transtorno. Em função de sintomas como o cansaço e sonolência excessiva, o trabalho não é realizado dentro de um prazo estipulado ou sem a atenção e cuidado necessários. Dessa forma, as consequências ocupacionais podem ser extremamente aversivas: perder uma promoção, rebaixamento de função, demissão, prejuízo nas relações de trabalho, baixa autoestima e perda da motivação. Essas consequências adversas afetam tanto o comportamento da pessoa no trabalho, como também desencadeiam outras consequências nos diversos ambientes em que se comporta, já que consideramos a interação recíproca entre organismo e ambiente. De acordo com Skinner (1953/1979): "não se nega a importância, qualquer que seja nossa filosofia do comportamento, do mundo que nos cerca. Podemos discordar quanto à natureza ou à extensão do controle que o ambiente mantém sobre nós, mas que há algum controle é óbvio" (p. 142).

No tratamento comportamental da insônia, o trabalho do terapeuta não é diferente dos demais casos: ele deverá realizar a análise funcional dos comportamentos

Quadro 18.1 Exemplos de contingências tríplices implicadas na determinação da insônia aguda ou crônica

Separação conjugal: ansiedade, tristeza, privação do sono → Insônia
Mudança de cidade: tristeza, isolamento, ansiedade → Insônia
Uso de medicação estimulante: alteração no humor → Insônia

do cliente, verificando as variáveis das quais o comportamento é função. Podemos pensar em diferentes exemplos de contingências tríplice na determinação da insônia, seja ela aguda ou crônica.

CASO CLÍNICO

A seguir, será apresentado o caso da paciente Zélia (nome fictício), de 54 anos. Zélia foi encaminhada por um neurologista, que recomendou a Terapia Comportamental para tratamento de insônia crônica. A paciente era casada, funcionária pública aposentada e residia com o esposo e suas três filhas (19, 25 e 26 anos). Foi prescrito em seu tratamento neurológico a melatonina (hormônio natural para facilitar a indução e a manutenção do sono). Além disso, Zélia já fazia uso de Synthroid®, para a reposição de hormônio tireoidiano.

O tratamento foi composto de seis sessões, realizadas em consultório particular. Na primeira sessão, Zélia formulou o seu mandato terapêutico: "Quero dormir pelo menos uma noite inteira". Não houve o relato de outras demandas para o trabalho psicoterapêutico, a não ser tratar a insônia, que persistia há mais de quatro anos. Foi solicitado e autorizado pela paciente o consentimento (verbal) para que este trabalho fosse redigido.

O sono da paciente piorou cerca de 6 anos antes do processo terapêutico (início do processo de menopausa) e agravou-se com o primeiro surto da filha mais velha, que sofria de transtorno bipolar e já havia apresentado quatro tentativas de suicídio. Sua insônia caracterizava-se pela dificuldade de iniciar e manter o sono (despertares noturnos). Com frequência, o seu dia não "rendia" da maneira que desejava, em função da sonolência e do cansaço diurno que a acometia. Apesar desses sintomas, Zélia não tirava cochilos diurnos, pois estava envolvida com os cuidados com a casa e com o neto (filho de sua primogênita).

Na primeira sessão, foi possível identificar que fatores externos e internos estavam envolvidos com sua insônia, interferindo na qualidade e na quantidade de seu sono. Como fatores externos, podemos citar problemas na família do esposo e na organização na da casa. Os comportamentos privados eram notados no período que a paciente deitava-se para dormir, geralmente relacionados com a filha mais velha (se havia chegado em casa, se estava bem, se havia tomado as medicações, dentre outros pensamentos). Como resultado, o sono de Zélia era superficial e apresentava vários despertares noturnos.

Intervenções realizadas

Na área da Medicina do Sono, a Terapia Comportamental consiste num dos tratamentos não farmacológicos mais eficazes. Dentro das técnicas utilizadas, pode-se apontar: controle de estímulos, relaxamento muscular progressivo, *biofeedback*, restrição do sono, educação em higiene do sono (Chesson, 1999; Morin, Colecchi et al., 1999; Morin, Bootzin et al., 2006). Neste caso, foram utilizadas técnicas para controle de estímulos, educação de higiene do sono e restrição do sono. É importante mencionar que o sucesso de tais intervenções depende de fatores como a motivação e o engajamento do paciente, além de um profissional que tenha um bom preparo para empregá-las. Zélia estava muito motivada a seguir as recomendações e sua adesão ao tratamento renderam bons resultados sobre o seu sono.

Controle de estímulos

Um condicionamento muito comum em pacientes que sofrem de insônia é o emparelhamento do estímulo "cama" com a ideia de que passarão mais uma noite sem dormir, mesmo que apresentem sonolência. O controle de estímulos consiste numa série de instruções que orientam o paciente a deitar e levantar-se da cama em momentos adequados, de forma a maximizar a associação da cama com "sonolência" ou "sono".

O paciente é orientado a ir para a cama apenas quando estiver com sono; utilizar a cama apenas para três funções: dormir, restabelecimento de uma doença e atividade sexual; retirar ou esconder o despertador (caso verifique insistentemente o tempo gasto para dormir); retirar aparelhos eletrônicos do quarto que possam prejudicar o sono (TV, computador, *ipod*, despertador, celular), levantar-se da cama caso não adormeça em torno de 15 minutos.

Ao sair da cama, os pacientes são recomendados a se engajarem num tipo de atividade que seja relaxante/entediante, já que os estímulos têm diferentes funções para os indivíduos. Por exemplo: a leitura à noite pode ser uma ótima estratégia para quem não gosta de ler, mas não é indicada para um escritor ou leitor compulsivo. É importante, portanto, levantar com os pacientes, durante a sessão, quais seriam os estímulos mais indicados para promover o relaxamento. No caso de Zélia, foram escolhidas a leitura e a música clássica.

Educação em higiene do sono

Tais orientações referem-se à avaliação de comportamentos, às condições ambientais e a outros fatores relacionados ao sono que podem ser ajustados (Stepanski e Wyatt, 2003). Durante a sessão, a rotina do paciente é investigada, de forma que o terapeuta identifique comportamentos "disfuncionais" que prejudiquem a qualidade do sono.

De maneira geral, recomenda-se:

(a) Evitar a ingestão de estimulantes (cafeína, nicotina, drogas como anfetamina) durante o dia, pois elas podem dificultar a iniciação do sono e reduzir sua qualidade.

(b) Não ingerir bebidas alcoólicas antes de dormir, pois o etanol fragmenta o sono e provoca despertares precoces.

(c) Evitar jantar até duas horas antes do sono, para que a digestão ocorra.

(d) Fazer atividade física regular, no final da tarde ou início da noite, mas não próximo do horário de dormir, para que a pessoa não fique muito estimulada.

(e) Tomar um banho relaxante antes de dormir (água morna, e nunca quente), para que haja uma redução da temperatura do corpo, o que facilita a indução do sono.

(f) Expor-se à luz do sol pelo menos 30 minutos todos os dias, para a secreção da melatonina.

(g) Avaliar se o local de dormir oferece condições adequadas para dormir: conforto, temperatura, ruídos.

No tratamento de Zélia, foram necessárias as seguintes modificações ambientais: restringir o consumo de cafeína, expor-se diariamente ao sol (quando fazia caminhadas pela manhã), fazer atividade aeróbica no final da tarde. Apontamos como um fator positivo o fato de Zélia procurar uma nutricionista por iniciativa própria, pois a paciente queria e precisava perder peso.

Restrição do sono

O objetivo desta intervenção é provocar um débito de sono nos pacientes, de forma que, ao deitar-se à noite, ele esteja bastante sonolento e cansado. Como resultado, observamos em curto prazo a redução significativa da latência do sono (tempo que demora a dormir), aumento da eficiência e manutenção do sono. Ressalta-se a importância de uma avaliação do padrão de sono do paciente para determinar qual o esquema mais adequado de restringir seu sono. A restrição não se configura, portanto, numa técnica padronizada e de simples aplicação, pois ela irá interferir sobre o ritmo circadiano do paciente.

Zélia deitava-se muito cedo (aproximadamente, às 21h), mesmo que não estivesse com sono. Como consequência, tinha dificuldade para iniciar o sono e ficava ansiosa ao perceber que estava demorando a dormir. Foi orientada a tomar suas medicações às 23h, deitar-se a partir de 00h e despertar todos os dias às 7h, independentemente de como ocorreu o seu sono naquela noite.

RESULTADOS E CONSIDERAÇÕES FINAIS

As intervenções aplicadas ao longo de seis semanas geraram resultados positivos para Zélia, que se mostrou motivada e empenhada em seguir as orientações. Nesse período, a paciente perdeu peso ao adotar uma dieta mais saudável (que foi estendida para toda a família); manteve a atividade física diariamente (caminhada e musculação); obteve um sono eficiente e sem interrupções, resultante da restrição do sono.

A terapeuta levantou as demandas na primeira sessão, que se resumiram às intervenções sobre o seu sono. O tratamento foi realizado e foi discutida com Zélia a importância de cada vez mais discriminar seus comportamentos, de forma a identificar o que estava alterando o padrão de sono e como manejar a situação. Por exemplo, falamos sobre a sua ansiedade e preocupação excessiva com a primogênita, que foi uma contingência específica na determinação de seu diagnóstico. Zélia reconheceu essa interferência e verbalizou que estava preparada para manejar problemas dessa natureza. Dessa forma, sua decisão foi atendida e o tratamento encerrado.

Se o comportamento, segundo Skinner (1953/1979), é selecionado por suas consequências, acreditamos que as consequências positivas na rotina e funcionamento diário de Zélia, tais como melhora da disposição, humor e motivação para engajar-se em outras atividades (outro curso de graduação), tendiam a se manter pelo seu caráter reforçador.

REFERÊNCIAS

American Psychiatric Association (1994). *Manual Diagnóstico e Estatístico dos Transtornos Mentais*. Porto Alegre: Artmed.

American Sleep Disorders Association (1997). *International Classification of Sleep Disorders, revised: Diagnostic and Coding Manual*. Rochester, Minn: American Sleep Disorders Association.

Babar, I., Enright, P., Boyle, P., Foley, D., Sharp, D., Petrovitch, H. & Quan, S. (2000). Sleep disturbances and their correlates in elderly japanese american men residing in Hawaii. *Journal of Gerontology, 55*, 406-411.

Buysse, D. & Ganguli, M. (2002). Can sleep be bad for you? Can insomnia be good? *Archives of General Psychiatry, 59*, 137-138.

Davidson, J. R. (2008). Insomnia: Therapeutic Options for Women. *Sleep Medicine Clinics, 3*, 109-119.

Day, R., Guido, P., Helmus, T., Fortier, J., Roth, T., Koshorek, G. & Rosenthal, L. (2001). Self-reported levels of sleepiness among subjects with insomnia. *Sleep Medicine, 2*, 153-157.

Eddy, M. & Walbroehl, G. S. (1999). Insomnia. *American Family Physician, 59*, 1911-1916.

Edinger, J. D., Wohlgemuth, W. K., Radtke, R. A., Marsh, G. R. & Quillan, R. E. (2001). Does Cognitive-Behavioral insomnia therapy alter dysfunctional beliefs about sleep? *Sleep, 24*, 591-599.

Edinger, J., Gleen, D., Bastian, L., Marsh, G., Daile, D., Hope, T., Young, M., Shaw, E. & Meeks, G. (2001). Sleep in the laboratory and sleep at home II: Comparisons of middle-aged insomnia suffers and normal sleepers. *Sleep: Journal of Sleep and Sleep Disorders Research, 24*, 761-770.

Ferrara, M. & De Gennaro, L. (2001). How much sleep do we need? *Sleep Medicine, 5,* 155-179.

Harvey, A. (2001). Insomnia: symptom or diagnosis? *Clinical Psychology Review, 21,* 1037-1059.

Hauri, P. (1998). Sleep Disorders: Insomnia. *Clinics in Chest Medicine, 19,* 157-168.

Hublin, C., Kaprio, J., Partinen, M. & Koskenvuo, M. (2001). Insufficient Sleep: A population-based study in adults. *Sleep: Journal of Sleep and Sleep Disorders Research, 24,* 392-400.

Janson, C., Lindberg, E., Gislason, T., Elmasry, A. & Boman, G. (2001). Insomnia in men – a 10 year prospective population based study. *Sleep: Journal of Sleep and Sleep Disorders Research, 24,* 425-430.

Li, R., Wing, Y. & Fong, S. (2002). Gender differences in insomnia – A study in the Hong Kong Chinese population. *Journal of Psychosomatic Research, 53,* 601-609.

Littner, M., Hirshkowitz, M., Kramer, M., Kapen, S., Anderson, W., Bailey, D., Berry, R., Davilla, D., Johnson, S., Kushida, C., Loube, D., Wise, M. & Woodson, T. (2003). Practice parameters for using polysomnography to evaluate insomnia: An update. *Sleep, 26,* 754-760.

Martinez, D. (1999). *Prática da Medicina do Sono.* São Paulo: BYK.

McCrae, C. S., Wilson, N. M., Lichstein, K. L., Durrence, H. H., Taylor, D. J., Bush, A. J. & Riedel, B. W. (2003). "Young old" and "old old" poor sleepers with and without insomnia complaints. *Journal of Psychosomatic Research, 54,* 11-19.

Morawetz, D. (2003). Insomnia and depression: Which comes first? *Sleep Research Online, 5,* 77-81.

Morin, C., Colecchi, C. C., Stone, J., Sood, R. & Brink, D. (1999). Behavioral and pharmacological therapies for late-life insomnia. *The Journal of the American Medical Association, 281,* 991-998.

Morin, C. M., Bootzin, R. R., Buysse, D. J., Edinger, J. D., Espie, C. A. & Lichstein K. L. (2006). Psychological and behavioral treatment of insomnia: update of the recent evidence (1998-2004). *Sleep, 29,* 1398-1414.

Ohayon, M. M. & Smirne, S. (2002). Prevalence and consequences of insomnia disorders in the general population of Italy. *Sleep Medicine, 3,* 115-120.

Ohayon, M. M. & Hong, S. C. (2002). Prevalence of insomnia and associated factors in South Korea. *Journal of Psychosomatic Research, 53,* 593-600.

Ohayon, M. M. & Roth, T. (2001). What are the contributing factors for insomnia in the general population? *Journal of Psychosomatic Research, 52,* 745-755.

Ohayon, M. M. & Shapiro, C. M. (2002). Tenses of insomnia epidemiology. *Journal of Psychosomatic Research, 53,* 525-527.

Organização Mundial de Saúde (1997). *Classificação de Doenças Mentais da CID-10* (10ª Ed.). Porto Alegre: Artmed.

Pallesen, S., Nordhus, I. H., Nielsen, G. H., Havik, O. E., Kvale, G., Johnsen, B. H. & Skjotskift, S. (2001). Prevalence of insomnia in the adult norwegian population. *Sleep: Journal of Sleep and Sleep Disorders Research, 24,* 771-779.

Poyares, D. & Tufik, S. (2003). I Consenso Brasileiro de Insônia. *Hypnos Journal of Clinical and Experimental Sleep Research, 4,* 1-45.

Reimão, R. (1996). *Sono: Estudo Abrangente.* São Paulo: Atheneu.

Reimão, R., Souza, J.C., Gaudioso, C.E.V., Guerra, H.C., Alves, A. C., Oliveira, J. C. F., Gnobie, N. C. A. & Silvério, D. C. G. (2000). Siestas Among Brazilian Native Terena Adults. *Arquivos de Neuropsiquiatria, 58,* 39-44.

Roberts, R. E., Roberts, C. R. & Chen, I. G. (2001). Functioning of adolescents with symptoms of disturbed sleep. *Journal of Youth and Adolescence, 30,* 1-18.

Roberts, R. E., Roberts, C. R. & Chen, I. G. (2002). Impact of insomnia on future functioning of adolescents. *Journal of Psychosomatic Research, 53,* 561-569.

Rocha, F. L., Guerra, H. L. & Lima-Costa, M. F. F. (2002). Prevalence of insomnia and associated socio-demographic factors in a Brazilian community: The Bambuí study. *Sleep Medicine, 3,* 121-126.

Rocha, F. L., Uchoa, E., Guerra, H. L., Firmo, J. O. A., Vidigal, P. G. & Lima-Costa, M. F. (2002). Prevalence of sleep complaints and associated factors in community-dwelling older people in Brazil: The Bambuí Health and Ageing Study (BHAS). *Sleep Medicine, 3*, 231-238.

Rodrigues, R. N. D., Viegas, C. A. A., Abreu e Silva, A. A. A. & Tavares, P. (2002). Daytime sleepiness and academic performance in medical students. *Arquivos de Neuropsiquiatria, 60*, 6-11.

Roth, T., Zammit, G., Kushida, C., Doghramji, K., Mathias, S., Wong, J. M. & Buysse, D. J. (2002). A new questionnaire to detect sleep disorders. *Sleep Medicine, 3*, 99-108.

Skinner, B. F. (1953/1979). *Ciência e comportamento humano* (J. C. Todorov & R. Azzi, trads.). São Paulo: Martins Fontes.

Souza, J. C. & Guimarães, L. A. M. (1999). *Insônia e qualidade de vida*. Campo Grande: Editora UCDB.

Thorleifsdottir, B., Björnsson, J. K., Benediktsdottir, B., Gislason, Th. & Kristbjarnarson, H. (2002). Sleep and sleep habits from childhood to young adulthood over a 10-year period. *Journal of Psychosomatic Research, 53*, 529-537.

Tribl, G. G., Schmeiser-Rieder, A., Rosenberger, A., Saletu, B., Bolitschek, J., Kapfhammer, G., Katschnig, H., Holzinger, B., Popovic, R., Kunze, M. & Zeitlhofer, J. (2002). Sleep habits in the Austrian population. *Sleep Medicine, 3*, 21-28.

Vincent, N. K. & Walker, J. R. (2000). Perfectionism and chronic insomnia. *Journal of Psychosomatic Research, 49*, 349-354.

Walsh, J. K. (2004). Clinical and socioeconomic correlates of insomnia. *The Journal of Clinical Psychiatry, 65*, 13-19.

Zammit, G. K., Weiner, J., Damato, N., Sillup, G. P. & McMillan, C. A. (1999). Quality of life in people with insomnia. *Sleep: Journal of Sleep Research and Sleep Medicine, 22* (supl. 2), 379-385.

Capítulo 19

O Medo de Morte na Infância
Um Estudo de Caso[1]

Regiane de Souza Quinteiro

O conceito de infância traz alguns significados que são construídos socialmente, não sendo, portanto, um conceito estático, mas um conceito que sofre modificações em funções das determinações culturais e mudanças estruturais da sociedade.

De acordo com a lei apresentada pelo Estatuto da Criança e do Adolescente (1990), considera-se criança a pessoa com até 12 anos incompletos. Campos e Souza (2003) citam que, na visão de alguns estudiosos, a linha divisória entre a infância e a idade adulta está desaparecendo rapidamente em função das exigências culturais que vão se transformando ao longo do tempo. Observa-se, em contextos sociais diferentes, que as brincadeiras, as vestimentas, o contato com a família, a própria estrutura familiar, têm mudado bastante nas últimas décadas. A criança de hoje compartilha menos tempo com a sua família, porque esta precisa aumentar seu poder aquisitivo para oferecer condições mínimas de educação e subsistência para a criança.

Caldana (1998) também citou algumas transformações nas relações sociais e familiares, propondo-se a fazer uma análise qualitativa acerca de descrições da infância de pessoas nascidas entre 1896 e 1919. Ela identificou que a relação adulto-criança era caracterizada por obediência, limitações devido à escassez dos bens da família, trabalho árduo envolvendo os adultos, a presença da morte e da religiosidade e a preocupação em satisfazer os desejos infantis.

Atualmente, considera-se que os bens são abundantes por surgirem como uma consequência indireta do trabalho; a ação do homem é guiada por uma racionalidade tecnológica e a autoridade parece estar fora do lugar, não havendo espaço para a dor e para o limite, somente para o bem-estar individual.

A Análise do Comportamento considera que essas experiências vividas pelo indivíduo ao longo do seu desenvolvimento e seu crescimento são muito mais relevantes do que classificá-lo em função de sua idade cronológica. Nesse período chamado infância, o repertório da criança é selecionado por suas consequências, de acordo com a comunidade verbal na qual está inserida. Conforme Skinner (1953/2000) observou, as contingências observadas no ambiente social explicam mais facilmente o comportamento do indivíduo em formação. Assim, o nível de compreensão da criança sobre o que é a morte e o modo de lidar com a perda varia conforme o seu grupo social.

Torres (2002) fez um levantamento bibliográfico dos estudos realizados entre as décadas de 1940 e 1980, cujos objetivos visavam investigar o desenvolvimento do conceito de morte na criança. Dentre os resultados encontrados, verificou-se

---

[1] Este trabalho é parte da monografia de conclusão do curso de Especialização em Análise Comportamental Clínica, no Instituto Brasiliense de Análise do Comportamento. A autora agradece à professora Ana Karina C. R. de-Farias pela revisão de sua monografia.

que o conceito de morte é dependente da idade cronológica. Ou seja, à medida que a criança vai ficando mais velha, em torno dos 9 anos, ocorre uma evolução do conceito de morte: antes desse período, a criança acredita que a morte é um processo reversível e transitório.

Outras variáveis, como a influência da família, de suas condições socioeconômicas e da própria experiência da criança com a morte sobre o desenvolvimento desse conceito foram encontradas por essa mesma autora. No entanto, a metodologia utilizada na maioria dos estudos mencionados é de natureza descritiva, baseando-se em entrevistas, relatos, observações clínicas e testes psicológicos. Não deixaram de encontrar discordâncias acerca do nível de compreensão da criança sobre a morte em função das diferenças metodológicas, como algumas inconsistências nos próprios estudos (p.ex., imprecisão da definição de perda). Além disso, foram utilizadas análises estatísticas, englobando as crianças participantes em categorias pré-definidas (Torres, 2002).

O processo de luto pela perda de um ente querido varia conforme a cultura, os valores e os costumes de um determinado local e, em nossa sociedade, esses são considerados momentos difíceis, independente do modo como informam a criança e fazem-na com que participe de todo o processo.

No passado, as pessoas estavam mais perto de seus familiares durante a fase terminal e as crianças participavam de tudo. Hoje em dia, esse processo é diferente; a morte não está tão presente no cotidiano das pessoas, visto que a medicina avançou muito. Doenças que antigamente matavam, agora são curáveis. As pessoas estão convivendo muito mais com os doentes, de qualquer faixa etária, exigindo da sociedade uma preocupação maior com a qualidade de vida desses doentes (Lessa e Kovács, 2005). Quanto às crianças, elas têm mais acesso a filmes violentos, cenas de sexo e brigas, mas são afastadas dos doentes à beira da morte, evitando algo que seria importante para o seu processo de crescimento e desenvolvimento.

Lessa e Kovács (2005) acrescentam que muitas indagações sobre como lidar com os doentes e como falar de morte com eles são difíceis de responder, quando não impossíveis. No caso da criança, falar de morte para ela dependerá de sua experiência prévia com a morte de alguém de sua família.

De qualquer forma, a criança precisa adquirir repertórios adequados para compreender o que é a morte e expressar pensamentos e sentimentos, recebendo apoio e atenção de sua família ou de seus responsáveis.

Em determinados contextos, a criança pode aprender a emitir outros comportamentos não tão adequados, tais como expressar sensações de medo, apresentar irritabilidade, pesadelos, grito, choro, em situações como a hora de dormir, o momento em que se encontra sozinha em algum local da casa, a hora do banho ou quando assiste a algum programa de televisão sobre o tema morte. Esses comportamentos, se persistirem por um longo período, podem gerar danos e prejuízos para o desenvolvimento social da criança.

Geralmente, observa-se a ocorrência desses comportamentos nos momentos em que a família (i) encontra-se fragilizada e/ou desamparada e não oferece explicações adequadas por querer proteger a criança de algum sofrimento pela perda; (ii) associa a morte com metáforas como "partiu para o sono eterno" e deixa a criança confusa e com medo do sono (Lessa e Kovács, 2005) ou (iii) deixa de dar uma atenção adequada, não assumindo a responsabilidade de cuidar da criança.

Quando alguém morre, além de sentir a perda da pessoa, a criança geralmente fica com medo de morrer e de que outras pessoas próximas possam morrer também. Ela pode ficar assustada e insegura, sentir-se triste e impotente. Ela precisa de apoio, amor e estrutura em sua rotina diária. De acordo com a história de aprendizagem da criança, ela pode ainda não compreender o que é a morte e nem conseguir nomear e identificar os sentimentos relacionados à perda e ao luto. Lessa e Kovács (2005) colocam que a criança vai entender melhor tais conceitos quando estiver na idade escolar, apesar de possuir algum conhecimento sobre a morte por volta dos 2 anos e, portanto, conseguir distinguir alguns conceitos.

A situação ideal é preparar a criança para a perda, visto que isso atinge invariavelmente a todos. A melhor forma de fazer isso é dizer a verdade para a criança e dizer "não" quando for necessário. Se um animal de estimação morre, ou mesmo um parente próximo, a família não deve mentir para a criança. Nesse momento, ela pode aprender a identificar e a expressar sentimentos de tristeza e de medo como também aprender a compreender e a aceitar esse sofrimento, preparando-se para perdas futuras (Stuart, 2004).

Há casos em que a família ou um de seus membros pode encontrar-se numa fase depressiva e não consegue conversar com os outros sobre os seus próprios sentimentos e dificuldades para lidar com a morte. A criança, convivendo nesse contexto familiar, muitas vezes não entende o que está acontecendo e começa a se comportar de diferentes formas (p. ex., falando alto, pronunciando alguns palavrões, batendo, ficando calada, etc.) para interagir com as pessoas e buscar explicações para o seu próprio sofrimento e de seus familiares. Essa família, ou um de seus membros, acaba tornando-se insensível às contingências em vigor, não respondendo de forma adequada aos eventos ambientais disponíveis. Consequentemente, a criança também não recebe atenção da família, e seus comportamentos (tentativas de interação) começam a entrar em extinção.

A ocorrência da extinção, por um determinado período, de alguns comportamentos da criança dependerá da sua história de reforçamento. Ela pode perder o interesse por suas atividades e eventos habituais, deixar de ter acesso aos reforços disponíveis e isolar-se socialmente. Ou, em outro contexto, alguns comportamentos da criança podem tornar-se resistentes à extinção, ou seja, ela continua variando seu comportamento, e a família volta sua atenção para a criança, fazendo exigências e cobranças acerca das suas responsabilidades escolares e domiciliares (p. ex., tarefas de casa, organização do quarto, etc.). A criança aprende que ao deixar de cumprir suas "obrigações" é o momento em que recebe atenção e, portanto, continua emitindo esses comportamentos inadequados que são mantidos por reforçamento.

A criança pode, dependendo do nível de seu repertório verbal e de sua história de reforçamento, criar regras de que seus comportamentos públicos ou privados podem causar ou reverter a morte (p, ex., "se eu rezar todos os dias, a pessoa querida volta"). A atenção e o apoio da família nos momentos adequados, ouvindo e aceitando os medos da criança sem julgamentos e explicando porque eles ocorrem, podem alterar as regras apresentadas pela criança.

Se ela tem a oportunidade de conversar sobre o seu medo e de compartilhar experiências (seja na família, na escola ou na terapia), entendendo que o medo está presente na vida das pessoas (e que algumas vezes ele pode ser funcional por questões de sobrevivência do indivíduo), ela pode aprender a lidar melhor com esse novo contexto (Conte, 1999).

O medo infantil é uma classe de respostas que pode englobar comportamentos respondentes (p. ex., palpitação, tremores, sudorese, tensão da musculatura, sobressalto) e operantes (com topografias diferentes), eliciados ou emitidos diante de eventos ou situações aversivas. A aquisição e manutenção desses comportamentos podem ocorrer em função de diferentes variáveis antecedentes e consequentes, conforme o contexto familiar de cada criança.

Em função de variáveis como o nível socioeconômico e aspectos culturais, pode ser comum à criança assumir responsabilidades de adulto e/ou papel de cuidador para proteger e ajudar a sua família. Nesse contexto, é importante que ela não deixe de vivenciar a sua infância, participando de brincadeiras (sozinha ou com outras crianças) como forma de favorecer o seu crescimento e seu desenvolvimento. Assumir o papel de adulto repentinamente não garante a discriminação dos sentimentos envolvidos com a perda, nem a compreensão do que vem a ser a morte.

É importante, respeitando as idiossincrasias de cada família, que a criança participe do processo de luto (p. ex., ir ao velório, ir ao enterro, confortar os adultos enlutados, levar flores para o altar, fazer um desenho da pessoa para colocar no caixão, levar flores no cemitério e/ou assinar o livro de agradecimentos), sem obrigá-la, para aprender a lidar com a perda (Associação Brasileira de Cuidados Paliativos, 2003). Proteger a criança de enfrentar o processo de luto e da possibilidade de apresentar sentimentos (tristeza, medo, raiva) referentes à perda pode aumentar, em longo prazo, a ocorrência de comportamentos de fuga e esquiva em situações futuras que envolverão perda e, em curto prazo, aumentar a confusão da criança perante a situação de perda.

Oferecer condições para a criança se comportar de forma mais adequada pode envolver formas de expressões não verbais, tais como o desenho, a construção com argila ou massa de modelar ou de expressões verbais, como metáforas, escrita e leitura de estórias, entre outras. Outra possibilidade é encontrar situações do cotidiano para explicar para a criança sobre a morte e como lidar com ela no dia a dia, como a perda de um bichinho de estimação, a explicação do ciclo de vida de uma planta ou comentários de alguns programas de televisão que a família assiste (Stuart, 2004).

Quando a criança chega ao *setting* terapêutico, conforme a sua história de aprendizagem, ela pode apresentar alguns conceitos aprendidos sobre a morte e uma forma específica de interpretá-la. Para compreender melhor como esses comportamentos foram adquiridos, o terapeuta infantil precisa entender a relação da criança com cada membro da família (ou responsáveis); como essa família lida com o tema morte (no presente e no passado); como o tema foi conversado com a criança durante e após o processo de perda e de luto. Pode acontecer de a família não conversar sobre a morte com a criança, omitindo informações para a mesma, ou apresentar conceitos distorcidos que deixam a criança confusa sobre como falar de morte e enfrentar situações de perda.

Dessa forma, o terapeuta infantil precisa coletar, dentre outras informações, dados sobre a história atual e passada da criança, como a família está lidando com a perda, como ela está orientando a criança a vivenciar a perda, qual(is) a(s) queixa(s) apresentada(s) pela família, ou seja, os comportamentos inadequados que a criança vem emitindo e suas possíveis variáveis mantenedoras.

Outros recursos podem ser utilizados para o levantamento de informações, como observar diretamente o comportamento da família com a criança dentro e fora do *setting* terapêutico; pedir para a família observar o próprio comportamento em sua interação com a criança como também observar o comportamento desta última; realizar registros pela criança ou pela sua família daqueles comportamentos que são foco da terapia e os contextos em que ocorrem (Silvares, 2002).

Após o levantamento de informações, o terapeuta dá continuidade ao seu trabalho, realizando análises funcionais, levantando hipóteses acerca da ocorrência dos comportamentos inadequados da criança para, juntamente com a família, definir os objetivos terapêuticos e a proposta de intervenção. A seleção do tratamento, que implica em uma estratégia de atuação clínica de modo a alterar os "comportamentos-problema", e os objetivos terapêuticos são avaliados ao longo do processo terapêutico quanto ao seu desenvolvimento correto e às mudanças ocorridas (Silvares, 2002).

Muito provavelmente a família necessitará de apoio e orientações sobre como oferecer condições para a criança se comportar de forma mais adequada, aprendendo a utilizar o reforçamento diferencial, a auto-observação e a observação dos comportamentos da criança, a modelação de comportamentos alternativos mais adequados, assim como apresentar consequências reforçadoras positivas contingentes aos comportamentos adequados da criança. Para que esse apoio e orientação à família ocorram de forma satisfatória, o terapeuta precisa ter melhores condições de analisar a conduta dos familiares e de orientá-los. Para isso, ele precisa estar de posse das informações acerca das cadeias comportamentais envolvidas na queixa e as redes de determinantes que normalmente são bem amplas (Conte e Regra, 2002).

O trabalho do terapeuta infantil com a criança envolve ajudá-la a entrar em contato com seus sentimentos de medo e de tristeza e com os comportamentos emitidos em situações aversivas, utilizando o treino de auto-observação do próprio comportamento e de eventos ambientais relevantes. De acordo com Skinner (1989/1991), se a pessoa fala sobre seus comportamentos privados, ela pode fornecer pistas para o terapeuta sobre o seu comportamento passado e presente e as condições que o afetaram ou afetam.

Se a criança, no entanto, tem dificuldade de realizar a auto-observação, o terapeuta pode iniciar pela modelação do comportamento no *setting* terapêutico, utilizando os recursos lúdicos. A produção de autoconhecimento é uma meta fundamental na terapia infantil. Com esses procedimentos trabalhados com a família e a criança, é possível identificar as situações ou eventos que estabelecem a ocasião para a emissão de comportamentos de fuga e esquiva, como aquelas que eliciam comportamentos respondentes de medo; aprender comportamentos alternativos para enfrentar as situações aversivas ou situações que possuem semelhança funcional com a situação original; apresentar consequências reforçadoras positivas após a emissão de comportamentos adequados (Conte e Regra, 2002), o que, em outras palavras, consistiria em tornar o ambiente familiar mais reforçador para a criança.

Os recursos lúdicos podem ajudar no processo terapêutico de várias formas, começando por tornar o *setting* terapêutico e o próprio terapeuta infantil mais reforçadores para a criança. É também possível identificar os recursos potencialmente reforçadores, que podem ser usados para alterar as queixas e solucionar alguns problemas da criança em seu ambiente natural; os sentimentos, as sensações e os pensamentos que a criança tem diante de determinadas situações e pessoas; os conceitos e autorregras formulados por ela e de que forma estão relacionados com seus comportamentos públicos. O uso de recursos lúdicos, segundo Conte e Regra (2002), ainda possibilita modelar respostas alternativas mais adaptativas e, também, verificar e provocar o aparecimento de reações emocionais da criança e de seus familiares em situações específicas.

A terapia é indicada naqueles casos em que a criança não consegue lidar com a perda e começa a sofrer prejuízos em suas relações sociais e na aprendizagem escolar. Entender e definir operacionalmente o medo apresentado pela criança é o primeiro grande passo, visto que o fator motivador para a sua ocorrência pode variar de uma criança para outra, mesmo que ambas apresentem medo de morte. Por exemplo, o comportamento de uma criança de relatar que está com medo pode tornar-se funcional a partir do momento em que ela recebe atenção imediata da família, logo após a emissão desse comportamento. Tal consequência mantém alta a probabilidade futura de ocorrência do comportamento de relatar o medo, principalmente naqueles contextos em que a família mostra-se presente e atenciosa à criança somente quando relata seus medos, suas inseguranças ou comporta-se inadequadamente.

O papel do terapeuta infantil é fundamental para o estabelecimento de uma boa relação com a família e a criança na terapia. A família deixa de ser apenas mediadora, tornando-se analista do comportamento da criança e do próprio comportamento. Conforme Conte e Regra (2002), a relação do terapeuta com os familiares tem a função de evocar comportamentos adequados e fortalecê-los, além de ajudá-los a desenvolver análises funcionais. A criança, por sua vez, tem uma participação mais ativa na terapia, visto que ela aprende a observar o próprio comportamento, descrever o que observa e estabelecer relação entre o que se passa no seu mundo privado e no seu ambiente externo. Dessa forma, ela torna-se apta a modificar seu próprio comportamento e interferir nas contingências a ele relacionadas, ampliando seu repertório.

O presente trabalho foi realizado em função de um atendimento terapêutico infantil, cujo tema central foi a morte de um ente querido e próximo da criança. Tendo dificuldades em lidar com a perda, a família não conversou com a criança sobre a perda no momento em que ocorreu e, consequentemente, a criança começou a emitir alguns comportamentos inadequados como forma de buscar explicações para as mudanças comportamentais que observava no seu ambiente familiar. Esses comportamentos, ao longo do tempo, passaram a ser bastante funcionais para a criança, visto que recebia atenção dos familiares quando falava sobre seus medos e de morte.

A partir desse histórico, os objetivos traçados para esse trabalho foram:

a) Compreender como o contexto familiar interfere no nível de compreensão da criança sobre a morte.
b) Investigar as variáveis mantenedoras dos comportamentos inadequados emitidos pela criança e a sua funcionalidade.
c) Orientar a família no que diz respeito aos comportamentos mais adequados a serem emitidos e que favorecessem uma interação mais saudável com a criança, apresentando consequências reforçadoras positivas.
d) Ensinar a criança a emitir comportamentos alternativos e incompatíveis, de forma a obter a atenção de seus familiares de forma adequada, como também aprender a lidar com seu medo de morte.

CASO CLÍNICO
Cliente

Trata-se de uma menina de 9 anos, portadora de paralisia cerebral, filha mais nova (casal de irmãos adolescentes, sendo o irmão mais velho falecido) e que cursava a 2ª série do ensino regular.

A criança, que se locomovia por meio de cadeira de rodas, tinha um acompanhamento semanal num hospital de reabilitação, onde participava de atividades de lazer para favorecer a integração social e de treinos de locomoção da cadeira de rodas de forma independente.

Queixa

A mãe procurou atendimento terapêutico em função do encaminhamento do hospital de reabilitação. A criança vinha apresentando um medo excessivo de morrer, não querendo ficar sozinha em seu quarto ou na hora do banho, tendo pesadelos em algumas noites e chamando pela mãe durante a madrugada. A criança ainda relatava medo de caixão e de ficar dentro dele.

A criança relatava seus medos durante as refeições, momento em que toda a família estava reunida, começando a falar sobre medo de morte ininterruptamente, aumentando o volume da voz até que alguém da família lhe chamava a atenção ou brigava com a criança. Quando se encontrava sozinha no quarto ou no banheiro, a criança começava a chamar pela mãe, relatando que estava com medo, chegando ao ponto de gritar caso a mãe demorasse a comparecer.

Verificou-se que os pais da criança não compartilhavam da mesma opinião sobre as causas dos comportamentos de medo da filha, além de certa dificuldade entre eles em conversar sobre a perda do filho, morto em acidente dois anos e meio antes do início da terapia.

Entrevista com a família

O objetivo inicial foi o estabelecimento do vínculo terapêutico para tornar possível o levantamento de informações sobre a história presente e passada da criança (familiar, escolar e de saúde). Objetivou-se também oferecer informações sobre a terapia infantil e como a família poderia participar do processo terapêutico.

Ao longo do processo, foram realizadas sessões mensais com maior participação da mãe. O pai e a irmã da criança foram convidados a participar de uma sessão individualmente, para relatarem as próprias observações sobre a criança, serem informados sobre os avanços adquiridos e de que forma poderiam contribuir para uma melhor interação com a criança.

Entrevista com a criança

Inicialmente, foram realizadas brincadeiras livres para o estabelecimento do vínculo terapêutico; observação dos comportamentos da criança dentro e fora do *setting* terapêutico; levantamento de informações sobre a relação da criança com a sua família e como vinha lidando com seus medos.

Por meio de recursos lúdicos, a criança relatou o falecimento do irmão e a ocorrência de pesadelos durante algumas noites, seu medo de morrer e de perder a mãe, medo de ficar sozinha em alguns lugares. A criança estabeleceu uma boa interação com a terapeuta, aceitando contato físico e estabelecendo contato visual; apresentava um bom repertório verbal devido à convivência maior com adultos.

Análise do caso e o processo terapêutico

A criança gostava de brincar e aceitava a maioria das atividades propostas, não se intimidava em dizer quando não queria fazer algo. Trouxe, nas primeiras sessões, alguns brinquedos e jogos próprios que foram utilizados como uma brincadeira livre no final da sessão.

Com a criança, buscou-se a compreensão do processo de morte e dos medos apresentados, identificando eventos ambientais que favoreciam a ocorrência desse comportamento, de forma a alterar as contingências e aprender comportamentos mais adequados e incompatíveis com o medo. O relaxamento e atividades com bonecos vivenciando situações aversivas do cotidiano foram alguns dos recursos utilizados.

Foram levantados os potenciais reforçadores da criança a fim de serem utilizados pela terapeuta, dentro e fora do *setting* terapêutico, contingentes à emissão dos comportamentos mais adequados e incompatíveis aos gritos e aos relatos de morte.

Com base nas informações coletadas, observou-se que a criança apresentava dificuldade em aceitar a morte do irmão, discriminando que esse assunto deixava a família desestruturada. Como uma forma de ser ouvida e de receber a atenção da família, visto que o contato reduzia-se a poucos encontros e no cumprimento dos afazeres do cotidiano, a criança falava sobre morte e seus medos até o momento em que todos ou alguém parava para lhe dar atenção, mesmo que de maneira inadequada.

A criança soube da morte do irmão seis meses depois, após muitos questionamentos feitos à família sobre a ausência do irmão. A criança começou, a partir de então, a relatar medo de morrer e de permanecer sozinha em qualquer lugar. Teve pesadelos durante algum tempo, acordando assustada e chamando pela mãe.

Em seguida, a família mudou-se de cidade e iniciou-se uma nova rotina para todos. A criança havia melhorado quanto ao seu estado de humor triste e os relatos de medo diminuíram de frequência, mas ainda queixava-se de medo de ficar sozinha. A família foi observando que esses relatos variavam de frequência conforme a ocorrência de alguns eventos no ambiente familiar (p. ex., trechos de novela que apresentavam cenas de violência e morte) que favoreciam a emissão dos mesmos.

O contato do pai e da irmã com a criança ocorria na hora das refeições e à noite e, frequentemente, havia discussões entre os mesmos. A mãe permanecia mais tempo com a criança e lamentava-se por não ter um momento para si própria.

Dificilmente a família compartilhava momentos descontraídos com a criança. Observou-se que o comportamento da família de brigar com a criança quando ela falava sobre morte mantinha alta a frequência desses relatos. Todas as vezes que a criança relatava medo, ela obtinha atenção, principalmente da mãe. Não havia apresentação de reforçamento positivo contingente a comportamentos adequados da criança.

Com a oportunidade de conversar sobre a morte no processo terapêutico, a criança pôde entrar em contato com seus sentimentos de tristeza e de medo, quebrando as autorregras de que tais sentimentos e as conversas sobre morte eram proibidos.

Dois momentos desse processo foram essenciais para promover mudanças dos comportamentos da criança são descritos abaixo.

Leitura do livro de história infantil e confecção de boneca de sucata

Foram realizadas quatro sessões em que a contingência estabelecida consistiu em ler o mínimo de duas páginas do livro de história para, em seguida, confeccionar partes da boneca de sucata.

Essa leitura envolveu nomeação oral das palavras, interpretação do texto lido e das ilustrações apresentadas, expressão da própria opinião sobre o ocorrido, revisão oral do trecho lido em sessão anterior.

O objetivo foi apresentar uma situação fictícia semelhante à da criança para facilitar a conversa sobre os medos e o morrer, identificando as suas dificuldades em falar e lidar com o tema e ensinando formas mais adequadas para enfrentar o medo. Além disso, outros benefícios seriam obtidos, como treinar a leitura (dificuldade que a criança vinha apresentando na escola), aumentar a motivação para a leitura e investigar se a criança conseguia interpretar o que havia lido e relatar as informações em outro momento.

A confecção de partes da boneca de sucata envolveu a manipulação de diferentes materiais, como papel marchê, tinta, algodão, meia, lã, material de sucata. O objetivo dessa segunda atividade foi proporcionar momentos de relaxamento e descontração, sendo uma atividade reforçadora para a primeira tarefa, que demandava um custo de resposta maior. A criança também teve a oportunidade de explorar as sensações táteis e expressar as sensações corporais em relação a cada material manipulado, treinar a sua coordenação motora e emitir comportamentos como a cooperação, a independência na hora de manipular os materiais e a verificação de resultados por ela conquistados.

Atividades de desenho e fantoche

Essas atividades aconteceram após o recesso escolar da criança. Um livro infantil sobre *morte* foi escolhido como ponto de partida para o uso do desenho e fantoche, em função da morte de um parente distante durante o recesso. A criança, nas primeiras sessões, apresentou uma postura e expressão corporal diferentes, olhos lacrimejantes, falando pouco no *setting* terapêutico. Teve a oportunidade de relatar seus sentimentos de tristeza e medo que haviam diminuído de frequência antes desse acontecimento e que, agora, estavam ocorrendo novamente. Por meio dos recursos lúdicos, foi possível conversar com a criança sobre as suas próprias regras em relação à morte e situações que envolviam medo e modelar comportamentos mais adequados a serem emitidos em situações aversivas.

Como houve resistência, ou seja, comportamentos de fuga e esquiva da criança em prosseguir a atividade em folha de papel, a terapeuta adaptou algumas atividades para o uso de objetos concretos que possibilitassem um maior envolvimento da criança. Dentre eles, utilizou-se fantoches para nomear sentimentos e exemplificar situações do cotidiano em que eles poderiam ocorrer e a criança teve a oportunidade de relatar as próprias experiências e reproduzir as explicações da terapeuta no momento em que interagiu sozinha com os fantoches (modelação).

A terapeuta bloqueou a esquiva quando emitida pela criança durante a atividade. A relação da terapeuta com a criança estava bem fortalecida, sendo importante no momento dessa ação; caso contrário, a terapeuta poderia tornar-se uma audiência punitiva para a criança que poderia começar a se esquivar da terapia.

CONSIDERAÇÕES FINAIS

A partir do momento em que a criança conseguiu falar abertamente sobre seus medos e identificar os antecedentes que os evocavam, ela pôde usar os recursos aprendidos no *setting* terapêutico para lidar com o medo. A terapeuta ofereceu condições para a criança ampliar seu repertório comportamental adequadamente, proporcionando atividades, além daquelas descritas anteriormente, que favoreceram conversas sobre perda e morte como parte do ciclo de vida de um animal e de uma planta.

Essa atuação confirma o que Stuart (2004) relatou em sua apresentação, no que se refere à importância de conversar abertamente com a criança sobre a morte, encontrando situações do cotidiano para auxiliar nessa conversa. Ao utilizar recursos lúdicos ou aqueles disponíveis no ambiente natural da criança, ofereceu-se a ela um contexto para falar sobre seus comportamentos privados. Além disso, a criança forneceu pistas para a terapeuta sobre o seu comportamento passado e presente e as condições que o afetaram e afetam (Skinner, 1989/1991).

Quando a terapeuta teve condições de analisar a conduta dos familiares e de orientá-los a partir do levantamento de informações e de suas observações, a família, principalmente a mãe, passou a alterar as contingências de modo a trazer o pai para participar mais das atividades com a criança, e ela própria ter momentos mais reforçadores com a criança (momentos de brincadeira, de estarem juntas sem as cobranças e as reclamações do dia a dia). A mãe discriminou que a rotina da filha em ter compromissos todos os dias estava sendo cansativa para as duas, não havendo tempo livre para a criança brincar. Ela decidiu reavaliar a rotina da criança para o ano letivo seguinte, aumentando os momentos para as brincadeiras livres e priorizando alguns compromissos com profissionais das áreas de saúde e de educação.

Além disso, ela decidiu mudar a criança para uma escola mais próxima de sua casa, a fim de diminuir a distância do percurso casa-escola e por sua insatisfação com a escola anterior. A criança havia aprendido a exercer controle sobre todos os profissionais da escola, de modo que ela entrava e saía da sala de aula, telefonava para a mãe e ia ao banheiro no momento que quisesse. Todos permitiam que ela se comportasse dessa forma, não delimitando regras em função de sua condição física (uso de cadeira de rodas).

A mudança no contexto familiar observada reflete o que Conte e Regra (2002) apresentaram sobre a importância de o terapeuta estar de posse das informações acerca das cadeias comportamentais envolvidas na queixa e as amplas redes que se desenvolvem. A partir dessa etapa, a terapeuta ensinou a família a identificar as situações ou eventos que estabeleciam a ocasião para a emissão de comportamentos de fuga e esquiva da criança, como aquelas que eliciavam comportamentos respondentes de medo; alterar as contingências de modo a favorecer a emissão de comportamentos adequados da criança; aprender comportamentos alternativos para ensinar a criança a enfrentar as situações aversivas e, por fim, apresentar consequências reforçadoras positivas após a emissão de comportamentos adequados.

A relação da criança com a família, bastante conturbada no início da terapia, foi mudando. Ela própria relatava as mudanças nas contingências que proporcionavam momentos mais reforçadores entre eles. Percebeu-se que nesse momento a criança observou seu ambiente familiar, discriminando as novas contingências apresentadas pela sua família.

Os relatos de medo e os comportamentos inadequados diminuíram de frequência até o momento em que cessaram, mas a família foi orientada sobre como proceder a fim de evitar que tais comportamentos fossem emitidos novamente. A experiência de confrontar e entrar em contato com situações e sentimentos de tristeza e de medo trouxe desconforto para a criança, mas trouxe também a oportunidade de enfrentar a situação, emitindo comportamentos mais adequados. Conte (1999) também observou esse resultado quando trabalhou uma situação de fantasia por meio da dramatização com argila. A criança, nesse caso, passou a aceitar os sentimentos de medo e falar sobre o que percebia, sem esquivas.

Conforme já mencionado, para que a terapeuta conseguisse realizar esse trabalho, foi preciso deixar a criança à vontade no processo terapêutico (utilizando recursos lúdicos reforçadores e adaptando-os conforme a necessidade) garantindo, para isso, um vínculo bem estabelecido entre elas.

Após serem observadas as mudanças comportamentais da família e da criança (os objetivos terapêuticos atingidos), o processo de alta foi iniciado no final do ano de 2004, com as sessões ocorrendo quinzenalmente. A etapa seguinte (*follow-up*) consistiu em contatos semanais com a família que foram se espaçando, havendo um encontro no início de 2005, para uma reunião com os profissionais da nova escola. Como a cliente seria a primeira criança com necessidades especiais a frequentar essa escola de ensino regular, houve a necessidade de modificações na estrutura física do prédio, bem como uma orientação e acompanhamento dos profissionais. Havia a necessidade de eles conhecerem a história de vida da criança para que promovessem interações mais consistentes entre a criança, seus novos colegas e demais profissionais da escola, sem deixar que as regras fossem transgredidas. Ao mesmo tempo em que a criança precisaria ter relações afetuosas, ela também precisaria aprender a seguir regras e ter seus comportamentos adequados consequenciados de forma positiva, evitando a ocorrência do contracontrole por parte dela.

Essa experiência de atendimento clínico de uma criança portadora de paralisia cerebral traz algumas reflexões acerca da necessidade de o terapeuta rearranjar o *setting* terapêutico de modo a acolher a criança e deixá-la confortável. Havia a necessidade de mudança da localização da mobília da sala em função da cadeira de rodas e da própria oportunidade de colocar a criança no chão para realizar algumas atividades. A própria criança ensinou a terapeuta sobre a melhor forma de removê-la da cadeira de rodas e colocá-la numa posição mais confortável no chão.

Outro ponto importante a ser citado é a flexibilidade do terapeuta quando surgem imprevistos para uma determinada sessão que fora planejada com antecedência. Neste caso clínico, numa das sessões iniciais, a mãe deixou a criança no *setting* terapêutico solicitando diante da terapeuta que sua filha falasse sobre seus pesadelos e seus medos. A sessão que havia sido planejada precisou ser mudada em função da nova condição apresentada. A terapeuta adaptou a atividade na casinha de bonecas para uma dramatização referente à hora de dormir da criança. Observou-se que foi uma sessão que oportunizou falar sobre medos e morte por meio do uso de alguns brinquedos que representavam os seres vivos: pessoa, animal e planta. A terapeuta mostrou para a criança as fases de desenvolvimento de cada ser vivo (nascer – crescer – morrer), oferecendo condições para a criança expor suas dúvidas sobre a morte e relatar seus sentimentos de medo e tristeza.

Conforme o caso clínico atendido, pode surgir a necessidade de realizar os atendimentos fora do *setting* terapêutico, como na casa da cliente, por exemplo. No presente caso, em duas oportunidades, a terapeuta pôde observar os comportamentos da criança e sua relação com familiares em outro ambiente. Além disso, observou-se como a criança se locomovia sem a cadeira de rodas e a localização dos cômodos da casa (o quarto da criança, o dos pais e o banheiro), visto que esses ambientes estavam envolvidos na queixa da criança (medo de ficar sozinha no próprio quarto, na hora do banho).

Uma das limitações do atendimento clínico infantil é trazer a família para participar das sessões terapêuticas. Ela é o elemento essencial no desenvolvimento social da criança, sendo o seu modelo para interagir em outros ambientes, como a escola, a rua, etc. Trabalhar somente com a criança no *setting* terapêutico tem a sua relevância; no entanto, o tempo de contato entre terapeuta e criança é bastante reduzido. É importante a família participar das sessões regularmente, acompanhando o processo terapêutico e aplicando o que fora aprendido em outros ambientes, principalmente o ambiente familiar (Silvares, 2002). Entretanto, algumas famílias mostram-se resistentes em mudar seus comportamentos em relação à criança, visto que eles entendem que tudo o que fizeram até o presente momento foi buscando o melhor para a criança.

Neste caso clínico, a mãe participou ativamente do processo, enquanto o pai manteve-se mais afastado. O ponto positivo foi que a mãe começou a alterar as contingências em outros contextos (em casa, nos passeios), favorecendo a participação do pai nos cuidados com a filha e nos momentos de lazer.

Uma sugestão é trazer o familiar para dentro do *setting* terapêutico, sendo uma oportunidade de observar a interação deste com a criança; oferecer um momento bastante reforçador para ambos; oferecer modelos sobre como comportar-se com a criança e como reforçar positivamente seus comportamentos (Shriver, 1998). Esse pai participou de uma sessão terapêutica em um dos dias em que levou a criança para a terapia. Foi possível coletar informações sobre o modo como interagia com a criança; a terapeuta também teve a oportunidade de mostrar como interagir com a criança sem ser tão exigente com as regras de um jogo, por exemplo.

A proposta de trabalho apresentada mostrou a importância da relação entre a terapeuta, a cliente e os familiares para o desenvolvimento de um processo terapêutico satisfatório.

Verificou-se, portanto, a importância de ensinar a criança a emitir comportamentos alternativos e incompatíveis ao medo, como também a necessidade de realizar alterações nos contextos familiar e escolar para o alcance dos objetivos terapêuticos. Tal experiência mostrou para a família, principalmente, como oferecer condições para a criança se comportar de forma mais adequada, aprendendo a utilizar recursos, como, por exemplo, o reforçamento diferencial, a auto-observação e a observação dos comportamentos da criança.

REFERÊNCIAS

Associação Brasileira de Cuidados Paliativos (2003). *A criança e o pesar pela morte de um ente querido*. Retirado no dia 16/11/2005, do site http://www.cuidadospaliativos.com.br/

Bowen, G. (2006). Grounded Theory and Sensitizing Concept. *International Journal of Qualitative Methods, 5*. Retirado no dia 16/11/2005, do site http://www.cuidadospaliativos.com.br/artigo.php?cdTexto=102.

Caldana, R. H. L. (1998). A criança e sua educação na família no inicio do século: autoridade, limites e cotidiano. *Temas em Psicologia, 6*, 87-103.

Campos, C. C. G. & Souza, S. J. (2003). Mídia, cultura do consumo e constituição da subjetividade na infância. *Revista eletrônica Psicologia Ciência e Profissão*, on-line, vol. 23.1. Acesso em out. 2005. ISNN 1414-9893.

Conte, F. C. S. (1999). A terapia de aceitação e compromisso e a criança: uma exploração do uso de fantasia a partir do trabalho com argila. Em R. R Kerbauy & R. C. Wielenska, (Orgs.), *Sobre Comportamento e Cognição: Vol. 4. Psicologia Comportamental e Cognitiva – da reflexão teórica à diversidade na aplicação* (pp. 121-139). Santo André: ARBytes.

Conte, F. C. S. & Regra, J. A. G. (2002). A psicoterapia comportamental infantil: Novos aspectos. Em E. F. M. Silvares (Org.), *Estudos de caso em psicologia clínica comportamental infantil* (Vol. 1, pp. 79-136). Campinas: Editora Papirus.

Silvares, E. F. M. (2002). Avaliação e intervenção comportamental clínica. Em E. F. M. Silvares (Org.), *Estudos de caso em psicologia clínica comportamental infantil* (Vol. 1, pp. 13-29). Campinas: Editora Papirus.

Shriver, M. D. (1998). Teaching Parenting Skills. In T. S. Watson & F. M. Gresham (Eds.), *Handbook of child behavior therapy* (pp. 165-181). New York: Plenum.

Skinner, B. F. (1953/2000). *Ciência e Comportamento Humano* (J. C. Todorov & R. Azzi, trads.). São Paulo: Martins Fontes.

Skinner, B. F. (1989/1991). *Questões recentes na análise comportamental* (A. L. Neri, trad.). Campinas: Editora Papirus.

Stuart, A. (2004). A dor da Perda. *Associação Brasileira de Cuidados Paliativos*. Retirado no dia 22/10/2005, do site http://www.cuidadospaliativos.com.br/artigo.php?cdTexto=183.

Lessa, C. & Kovács, M. J. Falando sobre a morte. *Associação Viva e Deixa Viver*. Retirado no dia 22/10/2005, do site http://www.vivaedeixeviver.org.br/agenda/agenda_palestras.php.

Torres, W. C. (2002). *A criança diante da morte: Desafios*. São Paulo: Casa do Psicólogo.

Apêndice Geral

Gabarito dos Exercícios Propostos no Capítulo 2 (J. V. S. Marçal)

Item 1 – *Perfeccionismo*

a) Aquisição, história de vida

Variáveis Independentes (VIs)	Variáveis Dependentes (VDs)
• Tirava as melhores notas da escola. • Pais muito exigentes quanto ao desempenho. • Estudou em colégios exigentes. • Premiada por elevado desempenho. • Valorizada pelos pais apenas em função do desempenho. • Ambiente familiar competitivo e comparativo.	• Muito acostumada a fazer tudo bem feito. • Sempre gostou de ser a melhor em tudo. • Preferia atividades que exigiam muito. • Sempre sentiu necessidade de fazer bem feito. • Muito autoexigente.

b) Condições atuais que ajudariam a manter o padrão comportamental

Variáveis Independentes (VIs)	Variáveis Dependentes (VDs)
• É proprietária e gerencia uma empresa que sofre grande concorrência. • Têm grande prestígio entre os colegas de profissão; estes esperam muito dela. • Mãe reforça-a diferencialmente pelo desempenho.	• Pensa que só quem faz bem feito progride na vida. • Incomoda-se quando vê algo malfeito. • Quer continuar sendo assim.

c) Motivação para a mudança

Variáveis Independentes (VIs)	Variáveis Dependentes (VDs)
• Apresenta somatizações graves relacionadas ao perfeccionismo. • Marido, a quem ama, está se afastando dela. • Não está obtendo reforçadores relacionados ao lazer. • Perde oportunidades (reforçadores) valiosas por só querer coisas perfeitas.	• Não quer ser tão perfeccionista. • Acha que está precisando relaxar. • É determinada, consegue o que quer.

d) Recursos ou estratégias terapêuticas

Variáveis Independentes (VIs)	Variáveis Dependentes (VDs)
• Estar em situações reforçadoras que não tenham demandas por desempenho. • Vivenciar contextos reforçadores, em que haja boa probabilidade de ocorrerem imperfeições sem consequências punitivas.	• Precisa aprender a relaxar. • Mudar o pensamento: "nem tudo na vida é perfeito". • Não se cobrar tanto.

Item 2 – *Comodismo e falta de iniciativa*
a) Aquisição, história de vida

Variáveis Independentes (VIs)	Variáveis Dependentes (VDs)
• Seu irmão, três anos mais velho, fazia e resolvia quase tudo para ele (cliente). • Mãe facilitadora. • Foi pouco exigido na vida. • Acesso a muitos reforçadores sem muito esforço. • Insucesso ao tentar fazer algumas coisas por si.	• Tinha preguiça de fazer as coisas quando criança. • Era quieto desde criança. • Nunca teve força de vontade; • Sempre foi inseguro. • Tinha baixa autoestima.

Obs. Nem VI e nem VD:
- Seu avô, com quem nunca teve contato, também era acomodado;
- Seu signo revela uma pessoa acomodada.

b) Condições atuais que ajudariam a manter o padrão comportamental

Variáveis Independentes (VIs)	Variáveis Dependentes (VDs)
• Recebe boa mesada dos avós. • Não há contingências aversivas na vida que leva atualmente. • Família reforça sua capacidade persuasiva para ter o que quer.	• Não tem energia dentro de si. • Regra: "Se pudesse, passava o dia com as garotas". • Acha que é preguiçoso. • Acha que não tem que ser diferente.

c) Motivação para a mudança

Variáveis Independentes (VIs)	Variáveis Dependentes (VDs)
• Mãe deixou de facilitar sua vida. • Está perdendo reforçadores importantes (punição negativa) por não tomar iniciativa para adquiri-los. • Namorada, que amava, terminou com ele, pois achava que ele não progrediria na vida. • Passou a morar só, em outra cidade, onde mal conhece as pessoas.	• Acha que está na hora de mudar sua postura; • Concorda com o irmão quando este diz que ele está acomodado. • Sente que está mais corajoso. • Quer ser igual ao irmão.

d) Recursos ou estratégias terapêuticas

Variáveis Independentes (VIs)	Variáveis Dependentes (VDs)
• Terapeuta encerra a sessão no horário inicialmente previsto, mesmo o cliente chegando 40 minutos atrasado, mas sem uma justificativa adequada. • Vivenciar contextos reforçadores em que haja contingência específica para a produtividade; • Estar em situações em que as coisas dependam de si. • Inserir-se ou manter-se em ambientes exigentes, que punam o comodismo, mas que também disponibilizem reforçadores importantes.	• Identificar o lado bom de ter iniciativa, ser produtivo. • Aprender a se virar. • Ter mais força de vontade.

Item 3 – *Impulsividade e imediatismo*
a) Aquisição, história de vida

Variáveis Independentes (VIs)	Variáveis Dependentes (VDs)
• História de acesso fácil e frequente a reforçadores importantes, sem precisar ser persistente. • Teve vários empregados à disposição quando criança. • Suas exigências eram frequentemente reforçadas pelos adultos. • Poucas frustrações nas relações sociais próximas.	• É impulsivo desde criança. • Nunca foi paciente para esperar. • Era hiperativo. • Sempre foi parecido com o pai nos comportamentos.

b) Condições atuais que ajudariam a manter o padrão comportamental

Variáveis Independentes (VIs)	Variáveis Dependentes (VDs)
• No trabalho, tem muito poder, comanda várias pessoas dispostas a atendê-lo prontamente. • Há pressão no trabalho por resultados imediatos. • Não se "dá mal" quando age de forma considerada impulsiva.	• Tem TDAH (Transtorno do Déficit de Atenção/Hiperatividade); • Fica irritado com a lentidão dos outros. • Explosivo, quando contrariado. • É ansioso.

c) Motivação para a mudança

Variáveis Independentes (VIs)	Variáveis Dependentes (VDs)
• Brigou duas vezes na rua por gritar com outros. Foi bem-sucedido. • As coisas na vida continuam como na infância: muito poder. • Namora uma pessoa que lhe é submissa. • Dois amigos, dos quais gostava muito, afastaram-se dele.	• Considera-se explosivo, gostaria de mudar. • Reconhece que suas atitudes são às vezes inadequadas. • Tem sentido vontade de mudar.

d) Recursos ou estratégias terapêuticas

Variáveis Independentes (VIs)	Variáveis Dependentes (VDs)
• Estar em ambientes reforçadores, mas que lhes confiram pouco poder. • Atividades em que o acesso ao reforçador dependa da persistência. • Terapeuta não atende prontamente à sua solicitação para mudança de horário (cliente não gosta muito do horário em que está).	• Acreditar que pode mudar. • Estabelecer etapas para mudança gradativa. • Aprender a relaxar, a se controlar.

Índice

Em negrito: Casos clínicos

A

Ansiedade, fuga e esquiva em 263-271
Atendimento domiciliar 153-165
Autismo e atendimento domiciliar 153-165
Autocontrole e análise do comportamento 112-127
    aplicação na clínica 122-124
    behaviorismo radical, pressupostos básicos 113-114
    pesquisa básica 120-122
    visão da análise do comportamento 114-119

B

Behaviorismo radical 30-47, 113-114
    e prática clínica 30-47
        alcance da análise do comportamento na área clínica 43
        comportamento como interação organismo-ambiente 34-35
            implicações clínicas 35
        determinismo do comportamento 32-34
            implicações clínicas 33-34
        exercício 44-47
        visão contextualista 35-37
            implicações clínicas 36-37
        visão externalista 37-39
            implicações clínicas 37-
        visão monista e materialista 32
        implicações clínicas 32
        visão selecionista 39-43
            implicações clínicas 40-43
Bulimia nervosa 273-293
    análise funcional 278-279
    caso clínico 280-290
        paciente e procedimento terapêutico 280-282
        resultados 282-290
    habilidades sociais 279-280
    transtornos alimentares 273-278
        classificação e critérios diagnósticos 273-275
        complicações físicas e tipos de tratamento 277-278
        fatores de desenvolvimento e manutenção 275-277

C

Comportamento governado por regras 231-249
    caso clínico 238-245
        demais encontros 239
        história de vida 240-245
        primeiro encontro 238-239
Comportamento governado por regras na clínica comportamental 95-110
    regras 97-109
        não seguimento 102-105
            correspondência entre dizer e fazer 104-105
            distorção do tato 103-104
            formulação da autorregra "sou incompetente" 102-103
            resistência 104
        outras discussões sobre as regras 105-109
            condições especiais de fornecimento 105-107
            forma adequada de apresentação 107-108
            uso exagerado 108-109
        seguimento, efeitos indesejáveis 98-102
            dependência 98
            insensibilidade 98-99
            submissão ou baixa-assertividade 99-101
Construção do diagnóstico a partir do relato verbal e da descrição da diversidade de estratégias interventivas 179-198
    diagnóstico e intervenção analítico-comportamental 181-181
    estudo de caso 182-197
        dados da cliente 183
        diagnóstico comportamental 183
        intervenção 190-197
            análise funcional 195
            auto-observação e autodescrição 191-192
            extinção de comportamentos "disfuncionais" 192-193
            favorecimento à emissão de novos comportamentos 193-194
            favorecimento a uma maior correspondência dizer-fazer 194-195
            modelação 193
            reforçamento positivo de comportamentos mais "adaptados", "funcionais" 192
            treino em assertividade 197
            uso da psicoterapia analítica funcional 196
            utilização da terapia de aceitação e compromisso (ACT) 196-197
        variáveis históricas 183-190
    operantes verbais 179-181
CRBs 72, 75, 83, 90, 188, 189, 205, 206, 210, 217

D

Disfunções sexuais e repertório comportamental 295-308
   descontrole ejaculatório 297-308
   caso clínico 299-308
      história 300-305
      intervenção 305-307
      queixa 300
      resultados 307-308

E

Esquiva 201-214, 263-271
   experiencial na relação terapêutica 201-214
      comportamento de esquiva e o padrão de esquiva experiencial 201-204
      controle aversivo no contexto terapêutico 204-206
      bloqueio do comportamento de esquiva 206-208
      tolerância emocional 208-210
      contato com contingências aversivas levando a luta pessoal 210-213
   e ansiedade 263-271
Estratégias interventivas, descrição da diversidade de, diagnóstico a partir de 179-198

F

FAP. *Ver* Psicoterapia analítica funcional
Fobia social e relação terapêutica 252-261
Formulação comportamental 171-178
   caso clínico 171-178
      ambiente 171
      cliente 171
      formulação comportamental 173-178
      procedimento 171-172
      resultados 172-173
Fuga e esquiva em um caso de ansiedade 263-271
   caso clínico 265-269
      ambiente e materiais 265-266
      cliente 265
      evolução da terapia 266-269
      procedimento 266

H

Habilidades terapêuticas, investigação das 49-59
   análise de registros em diário 54-56
   discussão 56-58
      aplicação do questionário 56-57
      considerações quanto a si mesma, às sessões e às clientes 57-58
   método 52-53
      ambiente e material 52-53
      participantes 52
      procedimento 53
      questionário utilizado 62-65
   resultados 53-54
      análise das respostas do questionário 53-54

I

Insônia crônica 311-318
   caso clínico 316-318
      controle de estímulos 316-317
      educação em higiene do sono 317
      intervenções 316
      restrição do sono 317-318
      resultados 318
   consequências dos distúrbios do sono 313-315
   prevalência dos distúrbios do sono 313
   tratamento da insônia, intervenções comportamentais 315-316

M

Medo da morte na infância 321-332
   caso clínico 326-329
      análise do caso e o processo terapêutico 327-328
      atividades de desenho e fantoche 329
      cliente 326-327
      entrevista com a criança 327
      entrevista com a família 327
      leitura e confecção de boneca 328-329
      queixa 327
Morte, medo na infância 321-332

P

Pacientes autistas e quadros assemelhados, atendimento domiciliar 153-165
   fatores políticos e sociais 154-156
   manuais para treino de habilidades em pessoas autistas 162-164
   transtorno autista 156-158
   treino de pais e estagiários como coterapeutas 161-162
   treino e generalização de novos repertórios verbais em pessoas autistas 158-161
Prática clínica e behaviorismo radical. *Ver* Behaviorismo radical e prática clínica
Psicoterapia analítica funcional 25, 66, 71, 74, 77, 81, 83-85, 88, 89, 91, 92, 190, 196, 205-207, 209, 210, 212, 215-220, 222, 227, 228, 233, 238, 260

R

Relação terapêutica 66-93, 201-214, 252-261
   e esquiva experiencial 201-214

e fobia social 252-261
   caso clínico 254-258
      ambiente e materiais 255
      cliente e histórico de queixa 254-255
      discussão do caso 255-258
      procedimento 255
   perspectiva analítico-comportamental 66-93
      controle aversivo no contexto terapêutico 77-84
      influência dos behaviorismos 66-68
      intervenção 84-91
         atenção aos CRBs, 1ª regra 84
         reforçar os CRBs, 3ª regra 85-89
         observar os efeitos dos comportamentos potencialmente reforçadores, 4ª regra 89
         fornecer interpretações de variáveis que afetam o comportamento, 5ª regra 89
         reforçamento diferencial 89-91
         evocar CRBs 84-85, 2ª regra
      psicoterapia analítico-comportamental (PAC) 68-69
      reforçamento diferencial na relação terapêutica 73-77
      relação terapêutica 69-73
Relato verbal e descrição da diversidade de estratégias interventivas, diagnóstico a partir de 179-198
Rupturas no relacionamento terapêutico, releitura analítico-funcional 215-229
   estrutura conceitual das rupturas 218-221
      explorando rupturas na prática clínica 219
      marcadores de ruptura 219-220
      resolvendo rupturas 220-221
      ruptura como objeto de estudo na FAP 218-219
   estudo de caso 221-227
      método 221-222
         ambiente e materiais 221
         participantes 221
         procedimento 221-222
      resultados 222-227
         explorando e resolvendo rupturas 223-227

relacionamento terapêutico na FAP 216-218
vínculo terapêutico na terapia comportamental 215-216

S

Sono, distúrbios. *Ver* Insônia crônica

T

Transtorno de ansiedade generalizada (TAG) 130-150
   análise comportamental do TAG 144-146
   medo, ansiedade fisiológica, transtorno de ansiedade, conceitos 130-138
      agorafobia sem história de transtorno do pânico 135
      fobia específica 134
      fobia social 135
      transtorno de ansiedade devido a condição médica geral 134
      transtorno de ansiedade generalizada 137
      transtorno de ansiedade induzido por substância 134
      transtorno de ansiedade sem outra especificação 137
      transtorno de estresse agudo 136
      transtorno de estresse pós-traumático 136
      transtorno de pânico com agorafobia 135
      transtorno de pânico sem agorafobia 135
      transtorno obsessivo-compulsivo 136
   psicobiologia 146-147
   etiologia do TAG 138-144
      classes de resposta de ordem superior 143-144
      controle de estímulos 141-143
      operações estabelecedoras 144
   tratamento do TAG 147-149
      famacoterapia 149
      terapia analítico-comportamental 147-149
Transtornos alimentares 273-278

edelbra

Impressão e Acabamento
E-mail: edelbra@edelbra.com.br
Fone/Fax: (54) 3520-5000

IMPRESSO EM SISTEMA CTP